SPIRIT AND TRAUMA

성령과 트라우마

성령과 트라우마: 죽음과 삶 사이, 성토요일의 성령론

지은이/ 셸리 램보
옮긴이/ 박시형
펴낸이/ 김준우
초판 1쇄 펴낸날/ 2019년 4월 3일
초판 2쇄 펴낸날/ 2026년 2월 10일
펴낸곳/ 한국기독교연구소
등록번호/ 제8-195호(1996년 9월 3일)
경기도 고양시 일산동구 고봉로 32-9, 양우 331호 (우 10364)
전화 031-929-5731, 5732(Fax)
E-mail: honestjesus@hanmail.net
Homepage: http://www.historicaljesus.co.kr.
표지 디자인 / 디자인명작 (전화 031-774-7537)
인쇄처/ 조명문화사 (전화 498-3018)
Spirit and Trauma: A Theology of Remaining by Shelby Rambo

ISBN 978-89-97339-38-9 94230
ISBN 978-89-87427-87-4 94230(세트)

값 15,000원

성령과 트라우마

죽음과 삶 사이, 성토요일의 성령론

셸리 램보 지음 박시형 옮김

한국기독교연구소

Spirit and Trauma

A Theology of Remaining

by

Shelly Rambo

Louisville, Kentucky: Westminster John Knox Press, 2010.

Korean Translation

by

Sihyong Park

이 책은 한상익 박사님(가톨릭의대 정신건강의학과 명예교수)의 출판비 후원으로 간행되었습니다.

Korean Institute of the Christian Studies

목차

4장. 중간의 성령 _ 237

5장. 사랑 안에 남아 있기 _ 295

옮긴이의 말

한 권의 책이, 그것도 학문적인 작업을 담은 책이 누군가에게 큰 위로가 되는 일이 흔하지는 않을 것이다. 이 책은 나에게 그런 책이다. 이제 초등학교 5학년이 되는 나의 딸 이레는 임신 25주 1일만에 810g의 몸무게로 태어났다. 이레가 NICU(신생아 집중치료실)에서 수없이 생과 사의 경계를 넘나들던 다섯 달 동안, 우리 부부의 삶은 말 그대로 지옥에 있었다. 정상적 생활이 불가능했고, 삶은 "아무것도 할 수 없다"는 무기력과 절망으로 가득 찼다. 이레가 세상에 온 지 3개월이나 되는 동안 우리는 딸을 한 번 안아볼 수도, 가까이에서 볼 수도 없었다. 하루에 20분, 우리에게 허락된 그 시간 동안 마치 다른 세상으로 통하는 경계처럼 보이는 NICU의 유리창 밖에서 어린 딸을 '면회'할 수밖에 없었다. 우리는 삶과 죽음을 넘나드는 고통 가운데 있는 어린 딸을 그저 무기력하게 바라볼 수밖에 없었다.

트라우마, 그것은 죽음과 마주하는 경험에서 비롯된다. 갓 태어난 딸아이의 생명을 계속해서 위협하는 죽음의 그림자 앞에서 우리는 삶과 죽음이 뒤섞인 트라우마의 실체가 어떤 것인지 처절하게 경험했다. "하느님께서 선한 길로 인도하실 것"이라는 주변 사람들의 이야기는 그저 공허한 울림에 불과했고, "고통도 하느님의 뜻"이라는 이야기는 저주처럼 들렸다.

유학 시절 우연히 수업에서 발표하기 위해 읽었던 이 책은 내가 그저 "버텨냈다"고, 아니 여전히 "버티고 있다"고 생각했던 나의 트라우마와 고통 속을 살아가는 삶의 의미가 무엇인지 알려주었다. 책을 읽으며 수없이 울었다. 어느 누구도 나에게 이야기해주지 않았던 나의 고통의 의미를 이 책이 설명하고 있었다. "죽음의 고통을 목격하는 성령"이라는 신학적 통찰은 내가 그동안 씨름했던 고통의 문제를 신앙적으로 설명할 수 있는 실마리가 되었다.

이 책은 트라우마에 대한 신학적 성찰을 담고 있다. 이 책의 저자 램보는 기존 신학이 트라우마 경험을 설명하기에는 한계가 있다고 지적한다. 전통신학이 "신앙으로 죽음을 극복해야 한다"(혹은 "신앙으로 죽음은 극복될 수 있다")는 지나친 '승리주의'(triumphalism)의 관점을 가지고 있기 때문이다. 그러나 램보는 트라우마가 죽음과 마주했던 경험으로부터 생겨나며, 생존자는 트라우마 사건 이후에도 반복해서 그 트라우마를 다시 경험하기 때문에 승리주의로는 그들의 고통을 설명할 수 없다고 강조한다. 실제로 생존자들은 트라우마 사건의 플래시백(flashbacks: 갑자기 떠오르는 기억)과 몸을 통해 나타나는 여러 증상을 포함하는 '외상 후 스트레스장애'(PTSD)를 겪으며 트라우마를 재경험한다. 트라우마 전문가들은 대부분의 생존자가 트라우마의 후유증에 시달리며, 그중 일부는 평생 그 후유증을 안고 살아간다고 말한다.

트라우마에 대한 신학적 고찰을 통해 램보가 대안으로 제시하는 것은 십자가와 부활의 내러티브를 재해석하는 것이다. 그중에서도 램보는 성토요일(Holy Saturday)에 주목한다. 모든 것을 버리고 따랐던 예수의 갑작스럽고도 처참한 죽음 앞에서 아무런 희망도 없이 그저 고통 가운데 있어야만 했던 성토요일의 제자들, 성령은 그 제자들의 고통을 목격했다. 램보는 "신앙으로 죽음을 정복하는 승리와 기적"이 없었던 그 토요일에, 성령이 모든 고통을 목격하며 그들과 함께 있었으며, 그것이 바로 하느님의 사랑이었다고 역설한다.

램보는 성토요일의 성령을 "중간의 성령"(the middle Spirit)이라고 명명한다. 죽음과 삶이 공존하고, 삶이 죽음을 이길 것이라는 확실한 보장이 없는 곳, 성토요일의 심연(abyss)과 같은 그곳이 바로 성령이 있는 "중간"이다. 램보는 자신의 성령론을 보다 잘 설명하기 위해 캐서린 켈러(Catherine Keller)의 창조론을 언급한다. 켈러는 전통신학의 "무로부터의 창조"(*Ex nihilo*)가 하느님을 질서를 부여하는 지배의 주체로 상정함으로써 힘의 지배를 정당화하고 다양성을 묵살하는 내러티브로 쓰였다고 주장한다. 전통신학과는 달리 켈러는 "혼돈(chaos)으로부터의 창조"를 주장하면서, 온갖 가능성으로 가득한 "혼돈의 심연"에 있는 하느님의 영(*ruach elohim*)에 주목한다. 켈러는 창조 이야기 속에서 혼돈의 심연에 있는 성령은 지배하고 다름을 묵살하는 영이 아니라, 서로 다른 목소리들과 다른 존재들을 연결하는 영이라고 주장한다. 램보는 켈러의 성령론을 언급하며 "중간의 성령" 역시, 죽음과 삶이 공존하는 성토요일의 심연 위를 운행하는 영이라고 말한다. 예수의 수난에 대한 전통신학의 내러티브가 죽음 뒤에 이어지는 부활에 성급하게 초점을 맞추고 있는 반면, 램보는 성토요일의 어둠 가운데 머물러 있는 성령에 집중한다. 그리고 성토요일의 절망과 고통 속에서, 죽음과 삶이 공존하는 혼돈 속에서, 좌절과 절망을 목격하는 것이 바로 성령의 사랑이라고 강조한다.

NICU 창문 앞에서, 나는 여리디 여린 작은 몸으로, 죽음 앞에서 삶을 향한 사투를 벌이고 있는 이레를 무력하게 바라볼 수밖에 없었다. 이제 나는 그 바라봄(witness)이 사랑이었다고 말할 수 있다. 나는 내 아내의 고통을, 내 아내는 나의 고통을, 그리고 우리 부부는 이레의 고통을, 이레는 우리의 고통을 목격했고, 그것이 바로 우리 가족의 사랑이었다. 하느님이 부재한 것과 같았던 그 고통의 한가운데에, 말없이 우리의 고통을 목격하신 성령의 함께 하심이 바로 우리를 향한 하느님의 사랑이었다.

램보는 '신앙의 승리로 고통은 사라진다'는 '승리주의'의 메시지는 트라우마의 후유증(aftermath, 예를 들면 PTSD)을 거듭해서 겪는 생존자들의 고통을 설명할 수 없다고 말한다. 오히려 트라우마 생존자들의 사라지지 않는 고통과 아픔은 '곧 승리를 주실 하느님'에 대한 신뢰마저도 무너뜨리게 된다. 아무런 희망도 없었던 성토요일, 성령이 제자들과 예수님이 겪었던 고통의 목격자(witness)가 되신 것처럼, 트라우마라는 처절한 고통 가운데 있는 이들에게 성령께서 목격자가 되신다는 셸리 램보의 신학적 통찰은 "고통 받는 이들과 함께 하시는 성령의 사랑"을 보여준다. 램보는 성토요일의 이야기가 비극도 승리도 아닌, "사랑 이야기"(love story)라고 말한다. 그녀는 우리에게 묻는다: "우리는 그것을 목격하고 증언할 수 있는가?"(이 책 마지막 페이지)

안타깝게도 한국교회의 신학은 승리주의로 만연해 있다. 램보의 지적대로, 승리주의는 계속되는 고통 가운데 있는 이들의 아픔을 설명하지 못한다. 한국교회의 강단에서 고통은 신앙의 힘과 하느님의 은총으로 빨리 극복되어야 할 것으로 선포되며, 지속적인 고통 가운데 있는 이들은 부족한 신앙인으로 여겨지기까지 한다. 많은 교회들이 장애인 부서를 '소망부'나 '희망부' 등의 이름으로 부르는 것은 항구적인 장애조차 '천국의 소망'을 통해 극복해야 할 것으로 여기는 승리주의의 전형적인 예라고 할 수 있다. 그러나 장애를 겪는 이들과 그 가족들에게 항구적인 장애가 어느 날 갑자기 사라질 희망이나 죽음 뒤에 있을 천국의 소망만이 존재한다면, 그들의 삶의 고통은 어떻게 설명할 수 있을까? 아니, 그런 기적은 일어나지 않는다는 것을 도대체 어떻게 설명할 것인가?

그뿐 아니라, 승리주의는 현재 한국 사회의 구조적 문제로 인해 고통 받는 이들의 어려움에 연대하기보다는, 그들의 문제가 그저 "개인의 문제" 혹은 "그들의 행동의 결과"로 해석하게 한다. "고통은 신앙으로 극복될 수 있다"고 주장하는 승리주의는 사회적으로 고통 받는 이들을 또 다시 절망하게 만드는 일이다. 승리주의는 전지전능한 하느님을 상정하고 있지만, 모순되게도 고통의 문제를 한 개인의 부족한 신앙 탓으로 돌리며 남아 있는 희망마저도 앗아가 버린다.

트라우마나 항구적인 장애와 같이 사라지지 않는 고통은 우리들 안에 분명히 존재한다. 이 책이 의미 있는 이유는 그런 고통을 겪는 이들에게 신학적인 대안을 제시하기 때문이다. 이 책은 승리주의로 만연한 한국교회가 인간의 깊은 절망과 고통에 대해 다시금 성찰할 수 있는 실마리를 제공할 것이다.

사람들은 고통을 외면하고 싶어한다. 주디스 허먼(Judith Herman)은 트라우마가 억압되고 부정되는 것은 개인의 의식 속에서만 일어나는 일이 아니라 사회적 현상이라고 말한다(『트라우마』, 29). 어느 세월호 희생자 가족은 라디오 인터뷰에서 "이제 좀 그만하라"는 말이 가장 가슴 아프다고 말했다(노컷뉴스, 2016년 4월 16일). 사람들은 알게 모르게 세월호 참사로 인한 트라우마를 억압하고 부정하고 있다.

하지만 과거의 고통을 지워버리려고 하거나, 없었던 일처럼 살아가려고 해도 트라우마는 사라지지 않고 되돌아온다. 그렇기 때문에 주디스 허먼은 트라우마를 다루기 위해서는 트라우마 생존자와 목격자의 연대가 필요하다고 말한다(『트라우마』, 28). 우리는 특히 세월호 참사라는 트라우마 이후 아무런 희망이 보이지 않는 현실에서 그저 고통을 묵묵히 목격했던 수많은 목격자들과 함께 했다. 비록 아직도 진상규명조차 제대로 안 된 채 해결되지 않은 고통들이 계속되고 있지만, 많은 목격자들의 연대가 작지만 희망의 불씨를 이어오고 있다.

세월호 참사뿐 아니라 우리 역사에는 수많은 민간인 학살 사건들과 쌍용차 사태, 용산 참사, 가습기 살균제 사건 등 억울한 죽음들이 너무나 많다. 또한 시장전체주의라는 "악마의 맷돌"(칼 폴라니) 속에서, OECD 최악의 산재사망률과 자살률이 보여주듯이, 더욱 많은 이들의 몸과 마음이 으스러지고 있으며, 자연재해 역시 증가하고 있다. 이처럼 집단적이며 구조적인 고통을 진정으로 치유하기 위해 교회는 무엇을 해야 하는가? 트라우마들로 가득 차 있는 우리 시대는 트라우마 생존자들과 함께 할 목격자들을 필요로 한다. 사라지지 않는 트라우마 속에서 처절하게 삶의 의미를 찾는 이들에게 우리는 고통의 목격자요 증인으로 연대해야 한다. 그것이 성령을 받은 그리스도인을 향한 하느님의 부르심이며 이웃을 향한 참된 사랑일 것이다. 수많은 전쟁과 학살 때문에 "피에 물들지 않은 땅이 한 자락도 없는 한반도"(문규현)에서, 지금도 여전히 온갖 트라우마로 인해 생지옥을 견디는 이들과 그들 곁에서 할 말을 찾지 못한 채 두 손만 모으고 있는 이들이 성령과 함께 목격자요 증인이 되기를! "성토요일의 성령론"을 새롭게 전개한 이 책이 따스한 등불이 되어 생명을 찬미할 수 있기를!

서문

셸리 램보의 이 책을 누구나 읽을 수 있게 되어 참 다행이다. 이 책이 나오기도 전에 나는 이미 학교나 교회를 막론하고 어디에서나 이 책을 자주 언급해왔다.

한 번은 새로 교회를 개척한 지 얼마 되지 않은 한 여성 목회자와 이야기할 기회가 있었다. 그 교회 교인 중 절반은 이러저러한 학대로부터 회복되는 중이었다. 나는 그 목사와 대화를 나누면서 램보가 요한복음을 놀랍도록 예리하게 해석하고 있으며, 수시로 나타나는 트라우마를 통찰력 있게 다루고 있다고 소개했다. 그 교회 교인들은 십자가에서 부활로 바로 이어지는 승리주의 내러티브에 거부감을 가지고 있었고, 그 목사 역시 이런 상황에 마음을 쓰고 있었다.

얼마 후 나는 신학교 학생들과 함께 새로운 가능성이라는 유혹이 어떻게 과거가 현재에 영향을 미치게 하는지를 이야기하게 되었다. 한 학생은 히로시마와 홀로코스트라는 과거의 집단적 트라우마가 어떻게 아직까지 우리에게 남아 있게 되었는지, 신학적이고 목회적인 궁금함을 이야기했다. 램보는 과거 속으로 잊혀 사라지기를 거부하는 트라우마가 십자가 처형이라는 과거에서부터 부활의 희망으로 바로 도약하는 모든 신학적인 시도들에 어떻게 제동을 거는지 이야기했다. 나는 이런 램보의 통찰을 그 학생에게 소개하면서, 그동안 과소평가

되었던 성토요일(Holy Saturday)이라는 상징을 어떻게 램보가 살려냈는지를 설명했다. 램보에게 성토요일은, 삶의 영역까지 넘어와서 여전히 남아 있는 죽음의 어떤 것과 마주하는 전례상의 기회이다.[1)]

같은 주간에 있었던 드류대학교 박사과정 세미나에서는 더욱 고무적인 분위기가 연출되었다. 들뢰즈는 모든 것이 "언제나 중간에서, 사이의 것으로, 중간적 존재인 간주곡(*intermezzo*)"이 되는 장소인 "사이"에서 진동한다고 말했다.[2)] "중간"(the middle)이라는 램보의 새로운 개념은 그것의 전례적 리듬과 함께 들뢰즈의 철학적 개념에 신학적인 의미를 부여한다.

한 번은 동료 신학자들과 포스트모더니즘과 다원주의 환경에서 우리가 어떻게 성서를 읽어야 할지 이야기하게 되었다. 그 자리에서 나는 요한복음의 포도나무 이미지가 가진 상관주의(relationalism)에 감명을 받았고, 램보의 신학적 주석이 가진 풍부함을 깊이 느끼게 되었다. "내가 너희 안에 남아 있는 것처럼, 내 안에 남아 있으라"는 명령은 성령에 대한 새로운 해석과 연결된다. 이 해석은 제자들을 "죽음과 삶이 만나는 첨예한 지점"에 "미약한 증인들"(tenuous witnesses)로 있게 한다. 램보는 그리스어 '메네인'(*menein*)을 "머무르다"(abiding)가 아니라 "남아 있다"(remaining)로 번역하였다. 이것은 고통을 겪는 사람들 곁에, 특별히 고통을 이기지 못하고 완전히 해결하지 못한 사람들 곁에 서 있는 능력이 사람들 사이에 있다는 것을 깨닫게 한다.

램보의 신학 작업은 마치 넝쿨손을 뻗어 살아 움직이는 부분과

---

1) 이 책 108쪽 이하를 볼 것.

2) Gilles Deleuze and Felix Guittari, *A Thousand Plateaus: Capitalism and Schizophrenia* (Minneapolis: University of Minnesota Press, 1987), 27. 『천 개의 고원』 (새물결).

연결되려는 포도나무를 선명하게 보는 것처럼, 보다 통찰력 있는 그리스도인의 실천을 보여준다. 그렇더라도 하나의 신학 작업이 이처럼 다양한 영향력을 갖는 것은 흔치 않은 일이다. 이처럼 새로운 신학적 통찰이 지닌 강렬함은 우리가 가진 신학적 관점의 한계에 도전한다. 예를 들어, 나는 수난주간의 전례적 잠재력을 상실한 것에 대한 관심은 고사하고, 폰 발타자르(von Balthasar, 1905-1988)의 신학에도 별다른 관심이 없었다. 물론 트라우마 이론을 연구한 적도 없었다.

램보는 발타자르의 동료였던 스페이어(Speyr)의 신비한 환상들을 통해, 그리스도의 "지옥 정복"(the harrowing-of-hell)이라는 전통신학에 대한 대척점을 이끌어내는 폰 발타자르를 소개하면서, "남아 있는 것들, 혼돈, 지친 사랑, 졸졸 흐르는 무기력"과 같은 "사이(between)의 어휘들을 소개"한다. 램보는 이를 통해 "죽음에서 삶으로 이어지는 힘겨운 몸부림"을 찾아낸다. 나는 이런 램보의 작업을 보며 전율을 느꼈다. 또한 램보는 이런 "사이의 공간"을 승리주의에 저항하는 코넬 웨스트의 고찰과 연결시킨다. 전부터 나는 혼돈(chaos)이 젠더, 성, 주권 등, 식민화된 질서를 해체할 수 있는 잠재력이 있다고 보았다. 아마도 혼돈의 가장자리에 놓여 있는 창조에 대한 나의 이런 고찰이 램보의 신학적 고찰 가장자리로 나를 이끌었던 것 같다.

"중간의 성령"(the middle Spirit)이라는 램보의 기호를 통해 분명해지는 것은 무엇일까? 그것은 개인의 고통이나 집단의 고통에 직면할 때 우리를 실제로 버티게 해주는 성령론이다. 중간의 성령은 정직하지 못한 해결, 암울한 보장, 실망스러운 약속으로부터 우리를 해방하기 때문이다.(역자주: 저자는 전통적인 성령론이 제시하는 해결, 보장, 약속이 사실은 남아 있는 고통의 문제를 설명하지 못하기 때문에 역설적으로 이런 표현들을 사용하고 있다.) 중간의 성령은 숨을 내쉬며, 목격하고 증언하며, 남아서 우리를 이끌어 간다. 역사는 해결되지 않은 (그리고 때로는 해결될 수 없는) 상실들로 가득하다. 램보는 더 없이 아름다운 손길로 트라우마를 통과하는 치유의 길을 그려낸다. 이 길은 더 이상 끔찍한 길이 아니다. 이런 다차원적인 길에서 성령은 (몰트만이 이야기하는 것처럼) 단순히 생명과 **동일한** 존재가 아니며, 적어도 죽음 반대쪽에 있는 생명은 아니다. 성금요일과 부활절 사이, 죽음과 삶 사이, 날숨과 들숨 사이, 미래와 과거 사이, 바로 이 중간에서 성령이 미묘하게 진동한다. 그리고 이것은 요한복음 속의 사랑의 현장에서 넝쿨처럼 서로 연결된 모습으로 다시 나타난다. "남아있는"(remaining) 사랑의 은근한 힘으로, 중간의 성령은 "죽음과만 연결된 것이 아니라, 알려지지 않은 것(unknowing)과 연결된다." 트라우마와 신학 모두에게 중간의 성령은 그것이 가진 불안정한 느낌 때문에 꺼려질 수 있다. 이 성령은, 여전히 깊음의 수면 위를 진동하면서 (역자주: 마치 창세기에 나오는 수면 위를 운행하는 하느님의 영처럼), 우리가 경험하는 상실과 폭력과 절망이라는 깊은 고통을 목격한다. 셸리 램보의 이 책에 등장하는 이러한 성령의 모습은 정말 새로운 것이다. 이 성령은 정말 숨 막히도록 말 많은 서구식 경건을 침묵시킨다. 하지만 이것은 단순히 침묵이 아니라, 침묵의 주변부가 된 언어이며, 그렇게 깊은 호흡이 나타내는 언어이다.

사람들은 램보의 작업이 새로운 목소리를 들려주는 새로운 장르라고 느낄 것이다. 하지만 역사적으로 새로운 미래는 과거의 반대편에서 등장하는 것이 아니다. 예를 들어, 램보는 십자가를 거부하는 20세기의 반-가부장주의는 십자가와 부활을 둘로 나누는 전형적인 이분법과는 전혀 다른 모습이지만, 그런 이분법에서 비롯되었다고 비판한다. 물론 그럼에도 그것은 충분히 페미니즘적이다. 램보의 작업은 성서 및 신학의 전통과 함께 정말 새로운 방식으로 '남아 있다.' 이런 새로운 흐름이 시작되어 행복하다. 램보의 신학은 정통으로의 회귀가 아니라, 어떤 이가 이야기하는 것처럼, 정통 그 자체에 대한 다양한 정통적 가능성(polydox possibilities)을 보여주는 것이다. 이런 가능성은 트라우마 이론에 대한 목회적, 심리학적, 사회학적 논의가 뒷받침하는 초학문적(transdisciplinary) 담론에 의해 활성화된다. 동시에 신-시학(theopoetics)에 기반한 신비한 호흡이 학문적 명석함의 모범이라 할 수 있는 램보의 산문체 글에 스며있다. 이 책은 신학 그 자체가 가진 '남아 있음'의 힘을 보여준다.

2009년 11월 21일
뉴욕에서, 캐서린 켈러

감사의 말씀

우리는 서로를 책임지고 있다. 그렇지 않다면, 우리는 무엇인가?[1)]

— 앤 마이클스

나는 그에게 어떻게 그런 일을 하는 것이 가능하냐고 물었다. 한 정신과 의사가 살인사건 재판에서 피고의 심리평가를 제출하는 일을 맡았다. 그가 들어가는 법정은 형사 사법 제도의 종착점이었다. 그가 하는 일은 수감되어 있는 피고인의 삶을 연장하기 위해 그의 삶 전체를 평가하여 탄원서를 제출하는 일이었다. 재판이 있기 전, 몇 박스의 서류들이 페덱스(FedEx) 트럭에 실려 그의 집에 배달된다. 이 서류들은 가족관계에서부터 사회적 관계에 이르기까지 그 사람의 모든 것을 총망라한 것이다. 몇 주, 몇 달 동안 그는 이 서류들을 면밀히 검토하고, 피고인의 어린 시절부터 감옥에 수감되기까지의 삶의 궤적을 말해줄 수 있는 친구, 가족, 교사들을 면담한다. 초등학교 성적표에서부터 처음으로 중범죄를 저지른 기록까지, 그는 피고인의 삶을 구성하는 문서들을 살핀다. 법정에서 그는 마지막으로 피고인의 삶을 자세히 조사한 결과를 판사들에게 제출하며 자신의 주장을 펼친다. 그는 나에게 말하기를 자신이 하는 일은 한 사람이 사형수 감방에 갇

1) Anne Michaels, *Fugitive Pieces* (New York: Vintage Books, 1998), 22.

힌 범죄자가 되기까지 그 사람에게 영향을 끼친 여러 번의 트라우마들을 증언하는 것이라고 했다. 그가 선처를 호소하여 얻는 최선의 결과는 종신형이며, 최악의 결과는 사형이다.

나는 그에게 어떻게 그런 일을 하는 것이 가능하냐고 물었다. 내가 기대한 것은 정의에 대한 소명감이나 개인의 변화에 대한 믿음처럼 뭔가 있어 보이는 대답이었다. 하지만 나의 기대와는 달리 그는 이렇게 말했다. “이 일을 시작하기 전의 저와 지금의 저는 전혀 다른 사람입니다.” 그게 전부였다. 숭고함을 느낄 만한 대답은 아니었다. 뭔가 더 나아질 것을 기대하는 대답도 아니었다. 그저 무겁고 절망감으로 가득한 대답. 충격이었다. 나는 그의 말을 이해할 수 있었다. 우리가 특정한 세계에 발을 들여 놓을 때, 그 세계가 우리를 놓아주지 않는 경우가 있다. 신학자로서 나의 작업은 나를 법정으로 데려가지는 않는다. 하지만 트라우마는 내가 세상을 살아가는 방식을 변화시켰다. 10년 전에 비해 나는 세상이 얼마나 부서지기 쉬운지 절실하게 느끼고 있다. 사람들을 볼 때마다 깨어지기 쉬운 내면을 보게 되었고, 우리의 발자국으로 지구가 얼마나 상처입고 있는지를 알게 되었다. 나는 이런 사실에 책임을 느낀다. 나는 우리가 설명할 수도 없고 알지도 못하는 방법으로 서로 연결되어 있음을 믿게 되었다.

그렇기 때문에 나는 혼자서 이 책을 썼다고 생각하지 않는다. 책을 써내려 가면서 나는 많은 이들에게 책임을 느꼈고, 그들 덕분에 이 책을 완성할 수 있었다. 트라우마에 대한 나의 연구는 책에서 시작되었지만, 내가 생각하지 못한 방식으로 확장되어 갔다. 나는 군목들, 성폭력 생존자들, 자연재해의 피해를 입은 지역의 지도자들, 이민 단속이나 거리의 폭력의 실상을 이야기하는 도시지역의 지도자들과 대화하면서 개인과 공동체에 영향을 미치는 트라우마의 독특한 차원을 목격하게 되었다. 나는 솔직하고 절박했던 이 대화들이 너무 감사했다. 이 대화들 덕분에 이 책은 트라우마 경험에 솔직할 수 있었고, 트라우마를 신학적으로 다루는 일이 절실하게 필요하다는 것을 이야기할 수 있었다.

또한 매주 세미나실에 모여 하느님과 인간의 고통에 대한 가장 어려운 질문들을 붙잡고 씨름했던 보스턴대학교 신학대학원 학생들이 없었다면, 이 책은 결코 출판되지 못했을 것이다. 연구의 깊이를 더해 준 그들에게 감사를 전한다. 여러 공동체들이 나에게 통찰력을 주었고, 내가 계속해서 글을 쓸 수 있도록 힘이 되어 주었다. 오리건 평생교육 프로그램(Oregon Extension)의 멘토들과 친구들에게, 하버드 신학대학원 여성주의 종교학 프로그램에서 함께 했던 여성 학자들의 학문 공동체에, '교회를 돕는 교회들'(Churches Supporting Churches)에, 또 에모리대학교와 보스턴대학교 신학대학원 동료들에게 감사를 전하고 싶다. 브론윈 베커(Bronwyn Becker), 애덤 월리스(Adam Wallis), 카를로 슈미트(Carlo Schmidt), 돈 맥킴(Don McKim), 댄 브레이든(Dan Braden) 등 편집 과정을 맡아준 이들과, 웨스트민스터 존 낙스 출판사(Westminster John Knox Press)의 편집자들에게 감사를 전한다.

아직 진행 중인 작업을 이해하고 그 속에서 이제 막 싹이 트고 있는 아름다움을 보는 일은 예술이다. 여러 번 다시 태어난 내 책을 지켜봐 준 예술가이자 나의 스승인 이들에게도 감사의 말을 전하고 싶다. 세린 존스(Serene Jones)는 내가 신학을 시작하기 전부터 내 안에 있는 신학자 기질을 발견해 주었고, 돈 살리어스(Don Saliers)는 자신의 삶이 감사가 넘치는 춤이며 가능성으로 가득 찬 오케스트라라는 것을 나에게 보여주었다. 캐시 카루스(Cathy Caruth)는 끊임없이 내 분야를 다르게 볼 수 있게 했고, 웬디 팔리(Wendy Farley)는 신학적 통찰력과 도전이 실패했다고 한숨짓는 내 생각이 틀렸다는 것을 알려주었다. 마크 조던(Mark Jordan)은 책을 쓰는 것이 내가 할 수 있는 가장 체제 전복적이며 신앙적인 일이라는 믿음을 주었고 이 일을 계속할 수 있도록 격려해 주었다. 조던의 배려 깊고 지적인 마음과 지혜로운 그의 조언들이 이 책 곳곳에 스며있다.

지금의 내가 있도록 나와 함께 일상의 삶을 걸어 온 수많은 사람들이 있다. 내 부모님 루스와 데이비드 램보(Ruth and David Rambo)는 풍요로운 신학적 유산을 물려주셨고, 책과 생각을 사랑하는 법을 알려주셨다. 티(Ty), 헬레나(Helena), 와이어스(Wyeth), 베스(Beth), 마크(Mark), 데이비드(David), 스티븐(Stephen), 매튜(Matthew), 케이트(Kate), 인그리드(Ingrid), 밥(Barb), 줄리(Julie), 이들 나의 가족들은 우리가 한 가족이 되게 해 주었다. 나와 함께 이 세상을 살아갈 나의 쌍동이 자매 조디(Jody)에게 이 책을 바친다.

서론

폭풍은 지나갔지만 "폭풍 이후"는 늘 여기에 있습니다.

— 뉴올리언스의 줄리어스 리 집사

나는 줄리어스 리 집사의 집 뒤뜰에 서 있다. 이곳에 남은 것은 깨진 시멘트 조각들과 건물의 기초뿐이다. 오른편엔 폭풍으로 불어난 물에 휩쓸려간 집이 옆으로 쓰러져 있었다. 왼편에는 유명인의 후원으로 진행 중인 주택재건 계획을 상징하는 '핑크 시티'라는 견본주택들이 서 있었다. 앞쪽에는 새로 쌓은 제방이 보였다. 리 집사가 사는 지역은 허리케인의 피해가 제일 컸던 곳이다.

허리케인 카트리나(2005년 8월 30일에 발생, 주민들 2만 명 이상이 실종되었다.—역자주)가 미국 남동부를 강타한 지 29개월, 나는 피해복구를 돕기 위해 뉴올리언스에 온 보스턴대학교 신학대학원생들과 이곳에 함께 있다. 우리는 '교회를 돕는 교회들'(Churches Supporting Churches)이라는 모임의 월례회에 초대되었다. 허리케인의 여파 속에서 어떻게 지역사회의 재건을 도울 수 있을지 진지하게 고민하는 뉴올리언스의 목회자들과 교회 리더들의 모임이었다. 그곳에서 나는 퇴역 공군이며 성누가 침례교회 집사인 줄리어스 리의 이야기를 들었다. 그는 뉴올리언스가 정상으로 회복되었다고 주장하는 커다란 압박이 존재한다고 말했다. 회복과 재건의 말들은 사람들이 경험하는 엄연한 현실을 망각하게 만들었다. 리 집사는 뉴올리언스가 정상으로 회복되지 않았다고 말했다. "사람들은 우리에게 이제 그만 폭풍을 극복하라고 계속해서 이야기합니다. 물론 폭풍은 지나갔지요. 하지만 '폭풍 이후'는 늘 여기에 있습니다."

"늘 여기에 있다." 지난 십여 년 동안 트라우마를 연구하며 들은 어떤 말보다 가슴에 와 닿는 말이다. 리 집사의 말은 트라우마에 대한 깊은 통찰을 담고 있었다. 그는 허리케인 카트리나가 그저 2005년 8월에 한 번 지나쳐 간 사건이 아님을 증언했다. 카트리나는 지금도 끈질기게 계속되는 사건이다. 트라우마는 사라지는 않는다. 트라우마는 몸에 남은 증상들로, 느닷없이 떠오르는 끔찍한 기억들로 끈질기게 계속된다. 트라우마는 지역사회에 남은 여파로, 현재의 관계하는 방식에 영향을 끼치는 끔찍한 과거로, 전쟁 같은 현실에 기름을 끼얹는 것 같은 여러 증상들로 계속된다. 리 집사는 시간이 지나면서 자신들에 대한 대중의 관심과 연민이 어떻게 바뀌었는지를 드러내면서, 대중들은 고통을 견디지 못한다고 이야기했다. 대중들은 카트리나로 인한 트라우마를 불편해했고, 트라우마를 겪은 이들에게 트라우마를 극복해야 한다고 다그쳤다.

폭풍 이후의 삶은 뉴올리언스 사람들이 이전에 알던 삶과는 전혀 달랐다. 폭풍 이후의 삶은 죽음으로 얼룩졌다. 트라우마의 고통이 반복되었기에 도무지 이해하기 어려웠다. 해결되지 않고 되풀이되는 고통을 어떻게 설명할 수 있을까? 어떻게 하면 트라우마를 치료할 수 있을까?

폴 워맥(Paul Womack)은 세 번이나 전쟁터에 나갔던 퇴역군인이다. 그는 베트남전, 걸프전, 이라크전에 참전했다. 내가 퇴역군인을 위한 사역자들의 워크숍을 맡았을 때 그를 처음 만났다. 지금은 뉴욕주에서 사역자로 일하는 폴은, 민간인 사역자이자 동시에 퇴역군인이라는 두 가지 관점을 가지고 워크숍에 참가했다. 종교지도자들이 트라우마에 대해 알아야 할 내용들이 주로 다뤄졌다. 워크숍 후 폴이 내게 와서 말했다. "저는 박사님이 말씀하신 외상 후 스트레스 장애(PTSD) 증상만이 아니라 온갖 트라우마 증상들을 다 겪고 있어요. 그 중에서도 제일 주된 증상은 슬픔입니다. 저는 늘 슬픕니다." 그것은 떠나가지 않는 슬픔이다. 그는 말을 이었다. "교회는 제 경험을 털어놓을만한 장을 만들어 주지 못했어요." 폴은 사람들이 이라크와 아프가니스탄에 있는 군인들에게 관심을 보일 때면 힘이 난다고 말했다. 하지만 폴처럼 퇴역한 군인들이 자신들의 경험에 대해 이야기할 기회는 전혀 없었다고 했다. 우리는 군인들이 겪은 트라우마에 대해 이야기했고, 폴은 가정이나 신앙공동체에서조차 이야기되지 못한 채 묻혀버린 과거가 얼마나 많은지 반드시 기억해야 한다고 했다. 대개 전쟁의 상처는 일상과 관계의 밑바닥에 깔려 있다. 폴은 그리스도교의 가르침이나 신앙생활도 그의 마음 속 깊이 자리 잡은 경험에 닿지 못했고, 신학 역시 침묵했다고 말했다. 폴의 이야기를 듣자 나는 곧 그가 자기 경험과 맞닿는 신앙의 이야기를 찾고 있다는 것을 깨달았다. 그는 자신의 이야기를 지워버리지 않고, 오히려 그 이야기에 대해 설교하고 가르치는 복음—기쁜 소식—을 간절히 원했다. 이제껏 자신의 언어로 온전히 표현하지 못한 진실을 그것을 통해 듣고 싶었기 때문이다.

앞서 말한 두 사람의 처지는 아주 다르지만, 모두 끔찍한 사건 이후에 개인과 지역사회가 트라우마로 인해 겪는 문제들과 그 영향을 보여준다. 끔찍한 사건을 겪고 난 뒤의 삶은 이전의 그것과는 전혀 다르다. 철학자 수잔 브리슨(Susan Brison)은 트라우마 후유증이 삶과 죽음의 경계가 허물어지는 경험이라고 말했다. 그녀는 "아주 선명했던 삶과 죽음의 경계가 엉망진창이 되어 지워지기 쉬운 것이 되어버렸다"[1]고 말하며, 트라우마 이후의 삶을 "유령 같은 실존"(a spectral existence)이라 불렀다. 트라우마의 여파 속에서 죽음은 더 이상 삶의 반대편에 있지 않다. 죽음은 삶 여기저기에 출몰한다. 트라우마를 겪은 이들은 삶과 죽음의 경계가 희미해진 세상에서 삶의 의미를 찾아 헤맨다. 트라우마에서 비롯된 문제들을 진지하게 다루려는 사람은 삶을 파고드는 죽음에 대한 경험을 설명하기 위해 트라우마의 복잡한 모습들을 모조리 목격하고 증언해야 할 과제를 갖는다.[2] 트라우마를 겪은 이들이나, 트라우마를 진지하게 고민하는 이들 모두 복잡한 상황 속에서 힘겹게 치유의 길을 만들어 간다.

리 집사와 폴은 트라우마가 바꾸어 놓은 현재의 삶과 자신들의 신앙을 조화시키려 애쓰고 있다. 리 집사는, 때가 이르기도 전에 복음을 선포하는 것처럼, 카트리나의 기억을 빨리 떨쳐내고 싶어하는 사람들의 조급함을 지적했다. 이런 조급함은 신앙공동체도 예외가 아

---

1) Susan Brison, *Aftermath: Violence and the Remaking of a Self* (Princeton, NJ: Princeton University Press, 2002), 9.

2) Cathy Caruth, *Trauma: Explorations in Memory* (Baltimore: Johns Hopkins University Press, 1995)의 서문을 볼 것. 카루스는 이렇게 말한다. "그러나 트라우마 연구와 치료법은 굉장히 힘겨운 사건의 중심에서 중대한 문제에 직면한다. 트라우마 생존자들이 직면하고 또한 우리에게도 빈번히 전달되는 고통의 실제가 가진 힘과 진실을 지워버리지 않고도 어떻게 하면 고통을 완화시키고 그 특성을 이해할 수 있는가라는 문제이다(vii).

니었다. 폴은 자신에게 여전히 남아 있는 전쟁의 상처를 신학적으로 진단해내지 못하는 그의 종교 전통을 지적했다. 어떠한 신앙적 이야기나 신학적 해석도 끈질기게 지속되는 죽음을 설명하지는 못했다. 신학은 남아 있는 것들을 목격하고 증언할 수 있을까? 신학자들은 어떻게 리 집사와 폴을 도울 수 있을까?

트라우마(Trauma)

트라우마는 새로운 현상이 아니다. 역사 속에서 트라우마가 시작된 때가 언제라고 정확히 말할 수는 없다. 분명한 사실은 트라우마 연구가 비교적 새로운 분야이고 또한 트라우마 연구가 지난 세기 동안 꾸준히 확장되어 왔다는 것이다. 주디스 허먼(Judith Herman)의 책 『트라우마』(*Trauma and Recovery,* 최현정 역)는 히스테리 여성에 대한 샤르코(Charcot)의 연구부터 19세기 후반의 프로이트(Freud), 브로이어(Breuer)에 이르는 트라우마 연구의 역사를 다룬다. 트라우마 연구는 대부분 군인과 전투 후유증을 다뤄왔다. 연구자들은 20세기에 반복된 여러 전쟁에 대한 연구를 통해 외상 후 스트레스 장애(posttraumatic stress disorder: PTSD)가 개인적인 차원을 넘어 정치적이고 국가적인 것임을 밝혀냈다.[3] 또, 기술의 발전으로 트라우마 연구와 치료방법도 변화를 맞이했다. 뇌 연구 기술이 발전하고 트라우마 장애진단도 변화함에 따라 우리는 트라우마 경험에 대해서, 또 그것이 사람과 공동체에 미치는 영향에 대해 더 많은 정보를 얻게 되었다. 개인의 심리

3) Edward Tick, "The Soul of the Nation," in *War and the Soul: Healing Our Nation's Veterans from Post-traumatic Stress Disorder* (Wheaton, IL: Quest Books, 2005). 이 글에서는 PTSD 가 국가적으로 진단된다고 설명한다.

문제에만 집중했던 트라우마 연구는 역사의 한 시대를, 그리고 지속적인 폭력이 세계와 정치에 미치는 영향을 다루게 되었다. 트라우마 연구는 역사적 트라우마, 제도적 트라우마, 세계적 트라우마 등, 다양한 차원의 트라우마를 설명하는 방향으로 확장되었다.

트라우마 연구들은 모두 불가항력적이고 끔찍한 사건들이 현재에도 계속되는 현상을 집중해서 다뤘다. 현재에 되살아나는 사건들은 이해할 수도, 설명할 수도 없지만, 현재와 미래에 영향을 미치고 있었다. 지난 세기 트라우마 연구는 이렇게 되살아나는 과거에 집중했다. 느닷없이 어떤 사건이 발생하고, 시간이 지나면서 그 사건의 흔적으로 상처가 남는다. 트라우마 연구자들은 이렇게 남겨진 상처가 무엇인지 살펴보고, 그것을 증언하기 위해 애쓴다. 연구자들은 개인과 공동체에 남겨진 폭력의 흔적을 설명하려고 시도한다. 트라우마는 이해의 범주를 넘어서는 것, 혹은 외부 세계를 받아들이고 처리하는 인간의 능력을 넘어서는 것으로 표현되곤 한다. 트라우마를 역사적으로 고찰하는 일은 대량학살, 대규모 자연재해, 전쟁, 식민 지배가 어떻게 트라우마 이후에도 지역사회와 국가에 지속적으로 영향을 끼치며 이를 바꾸어 놓는지 살피는 작업을 필요로 한다.

이처럼 이해 능력을 넘어서는 트라우마를 가장 잘 표현하는 방법은 삶과 죽음의 관계 속에서다. 트라우마는 죽음과의 만남으로 묘사된다. 실제로 죽는 것은 아니지만, 지금까지 알고 있었던 세계와 그 속에서의 익숙한 삶의 모습을 산산이 부서뜨린 끔찍한 사건을 그렇게 설명하는 것이다. 지금까지 진실이라고 믿었던 것, 안전하다고 믿었던 것에서부터 단절이 발생한다. 한 사건은 모든 것이 철저히 끝장난 것으로 생각되어 그 이후의 삶을 생각하는 것은 불가능하지는 않겠지만 어려운 일이다. '생존'이란 용어는 트라우마 사건 이후 삶이 중지된 상태를 말한다. 트라우마 사건은 그 이후를 생각하는 것이 불가능하게 된 결정적 사건이 된다. 삶은 완전히 다르게 정의되며, 불확실하고 상처받기 쉬운 트라우마 이후의 삶은 늘 죽음이 함께 있음을 뜻한다. 이처럼 삶과 죽음이 뒤섞인 모습은 '항상 여기'라는 리 집사의 진술에서도 나타난다. 폭풍 이후의 삶은 폭풍과 따로 떼어내어 생각할 수 없다. 폭풍을 겪기 전처럼 살아갈 방법은 없다. 폭풍이 늘 삶 속에 존재하기 때문이다. '항상 여기' 있기 때문에 삶과 죽음의 관계를 단순하게 보는 것이 불가능해졌다. 삶과 죽음은 서로 떼어 낼 수 없이 얽혀버렸다. 트라우마 사건을 극복하라는 압력, 모두 다 잊고 새 삶을 시작하라는 압력은 단순히 트라우마 이후의 생존에 대한 오해가 아니다. 그것은 트라우마가 있는 고통스러운 현실을 숨기라고 위협하는 위험한 행동이다. 그것은 고통을 반복되게 만들 수 있다.

신학

신학자들은 인간의 고통에 대한 끊임없는 질문과 항상 씨름해 왔다. 하느님이 세상과 관계를 맺는 분이라면, 세상의 고통은 어떻게 설명될 수 있을까? 하느님은 고통에 책임이 있으신가? 고통은 하느님의 뜻인가? 하느님이 전능하시다면, 왜 상황을 바꾸지 않으시는가? 자신과 이웃의 고통스런 경험들을 해석해내려는 신앙인들에게 하느님의 뜻, 능력, 현존 등에 대한 질문은 아주 중요하다. 고통에 대한 신학적 담론을 신정론(theodicy)이라 부른다. 신정론은 하느님이 선하시다는 주장과 세상에 존재하는 악이 양립 가능함을 설명하는 이론이다. 신정론은 하느님의 본성과 인간 고통에 대한 신앙적 주장들을 고찰하는 데에 논리적 바탕이 되기는 하지만, 고통을 진지하게 다루고 대응하는 데는 효과적이지 못하다. 신정론이 고통을 설명할 수는 있겠지만, 그 설명이 치유과정에 어느 정도로 도움이 되는지는 분명치 않다.

20세기 중반 이후 고통의 문제—고통당하는 하느님—는 현대신학의 가장 중요한 주제였다. 신학자 위르겐 몰트만은 하느님이 십자가 사건 밖에 계시지 않고, 오히려 직접 고통당하셨다고 주장함으로써 십자가 사건에 대한 해석을 혁명적으로 변화시켰다. 삼위일체 개념을 재정립하고, 하느님은 고통당하지 않으신다는 생각을 해체시킴으로써, 몰트만은 홀로코스트에 대한 신학적 응답을 보여주었다.[4] 몰트만은 20세기의 폭력과 잔혹행위를 설명하려고 애쓰는 많은 신학자들을 대표하는 인물이었다. 하느님에 대한 전통적인 주장이 인류의 참혹한 경험과 나란히 놓이게 되었다. 여성신학자들과 흑인여성신학자들도 전통적인 십자가 신학에 반대했다. 십자가 신학이 고통을 미화했으며, 주변인들과 주변부 공동체를 억압하는 구조를 공고히 하는 데 종교적 정당성을 부여했기 때문이다. 각각의 이해는 달랐지만, 기본적으로 십자가는 고통과 폭력에 대한 질문이 맞물려 있는 현장으로 이해되었다.

트라우마 연구가 활발해지고, 신학이 트라우마에 눈을 돌리게 되면서, 고통에 관한 담론의 새로운 측면이 관심을 끌게 되었다. 최근 들어 트라우마를 연구하는 신학자들은 트라우마를 설명하기 위해서

4) Jürgen Moltmann, 『십자가에 달리신 하느님』, 김균진 역 (한국신학연구소, 1979).

이전과는 다른 독특한 신학적 진술이 필요하다고 생각하기 시작했다. 트라우마의 고유한 특징은 신학을 새로운 방향으로 나아가게 만든다. 만일 우리가 이처럼 트라우마라는 새로운 관점 속에서 고통을 목격한다면, 그것은 신학 담론을 어떻게 변화시킬까? 플로라 케시지기안(Flora Keshgegian), 세린 존스(Serene Jones), 신시아 헤스(Cynthia Hess), 제니퍼 베스트(Jennifer Beste) 같은 신학자들은 트라우마가 고통, 하느님, 구원, 신학적 인간학 등에 관한 담론을 크게 변화시켰고, 이러한 트라우마의 도전이 아주 특별하다고 주장한다.[5] 이들의 연구는 트라우마가 심리학이나 상담 영역에 국한된 주제가 아니라는 사실을 보여준다. 트라우마는 인식론, 자아의 구성, 시간에 관한 신학적 이해를 폭넓게 이해하도록 도전하는 주제가 되었다.

신학자들의 노력으로 우리는 '은총', '희망'과 같은 익숙한 주제들을 폭넓게 이해하게 되었다. 반면에 삶과 죽음에 대한 핵심 내러티브는 아직 연구되지 않은 채 남아 있는 신학적 주제다. 나는 트라우마가 신학자들로 하여금 삶과 죽음에 관한 핵심적 주장들에 대해, 특히 그 주장들이 십자가와 부활 사건 속에서 이야기되어지는 것에 관심을 갖게 만들었다고 생각한다. 트라우마는 내가 '중간'이라고 부르는 영역, 즉 트라우마가 남아 있어 죽음과 삶이 뒤섞인 영역으로 우리의

5) 다음 책들을 참조할 것. Jennifer Best, *God and the Victim: Traumatic Intrusions on Grace and Freedom* (New York: Oxford University Press, 2007); Serene Jones, *Trauma and Grace: Theology in a Ruptured World* (Louisville, KY: Westminster John Knox, 2009); Flora Keshgegian, *Redeeming Memories: A Theology of Healing and Transformation* (Nashville: Abingdon Press, 2000), and *Time for Hope: Practices for Living in Today's World* (New York: Continuum International Publishing Group, 2006); and Cynthia Hess, *Sites of Violence, Sites of Grace: Christian Nonviolence and the Traumatized Self* (United Kingdom: Lexington Books, 2009).

관심을 돌려 전통적인 십자가와 부활 이야기에 균열을 만든다. 나는 신학이 말하는 죽음과 삶의 관계를 다시 살펴보고, 이를 통해 트라우마의 고통을 잘 설명할 수 있는 구원의 모습을 찾으려 한다. 트라우마 속에서도 하나님의 능력과 그분의 현존을 이야기할 수 있는 구원 말이다. 삶과 죽음을 양극단에 놓는(서로 반대편에 있는 것으로 보아서로 뒤섞이지 않는다고 보는) 해석으로는 이런 구원의 모습을 찾을 수 없다. 그렇기 때문에 신학은 트라우마의 핵심이라고 할 수 있는, 삶 속에 남아 있는 죽음, 혹은 삶 속에 만연한 죽음을 설명해야만 한다. 트라우마라는 렌즈를 통해 삶과 죽음을 재구성할 때, 우리는 트라우마 여파 속의 현실을 목격하고 증언하는 독특한 신학을 찾아낼 수 있다.

구원 이야기는 히브리 성서(구약)와 신약 전체를 통해 나타나고, 창조, 타락, 회복에 대한 폭넓은 통찰을 갖게 한다. 그리스도교 신학은 예수의 십자가와 부활 사건을 위대한 구원 내러티브의 절정으로 해석하곤 한다. 우리는 이 사건들을 어떻게 해석해야 할까? 이 죽음과 생명의 내러티브는 세상을 구원하시는 하나님을 분명히 보여주는 근거가 되었다. 또 이것은 신실하게 살아가는 그리스도인들에게 본보기가 되었다. 예수의 죽음과 부활 사건은 그리스도인이라는 정체성을 형성하는 산파 역할을 했다. 그리스도교 공동체는 예수의 죽음과 부활에 대한 복음서의 진술들을 가르치고 설교하고 실천해 왔으며, 이런 진술들은 인간이 겪는 수많은 죽음과 다시 태어남, 끝과 시작에 대해 말하는 것으로 이해되었다. 복음서의 이런 진술들은 인간들의 이런 경험들에 의미를 부여한다. 그리스도교는 이런 죽음과 부활 사건을 통해 구원이 성취된다고 주장한다.

트라우마 경험은 죽음과 삶의 관계를 재구성함으로써 우리에게 익숙한 구원 이야기들에 도전한다. 죽음은 완결된 어떤 것이 아니고, 삶도 새로운 시작이나 출발이 아니다. 삶과 죽음을 서로 반대되는 양극단에 놓은 채 구원 내러티브를 해석하는 한, 트라우마 경험을 목격하고 증언하는 일은 실패하게 마련이다. 십자가와 부활이라는 구원 내러티브는 대개 생명(부활)이 죽음을 이기고 승리한 이야기로 단순하게 해석된다. 이런 관점이 어떤 약속이나 희망을 제시할 수 있겠지만, 생명이 죽음을 극복했다는 단순한 해석은 위험하다. 이런 해석은 새 것이 옛 것을 대신하고, 선이 악을 무찌르고 반드시 승리할 것이라고 말한다. 죽음이 마무리되고 새 삶이 도래한다는 것이다. 하지만 결과적으로 이런 관점은 곤경에 처한 현실에 대해 얼버무리고 넘어갈 공산이 크다. 월터 브루그만(Walter Brueggemann), 앨런 루이스(Alan Lewis), 코넬 웨스트(Cornel West)와 같은 신학적인 관점을 아우르는 종교학자들은 죽음(십자가)과 삶(부활)에 대한 이러한 관점의 위험성을 지적한다.[6] 이처럼 성급하게 생명을 향해 나아가는 일은 그리스도교 승리주의(triumphalism)와 대체주의(supercessionism)가 될 수 있다. 만약 구원의 생명이 죽음을 이기거나 어떻게든 죽음이 종결되는 행복한 승리의 끝맺음으로 그려진다면, 삶과 죽음이 뒤섞여 있는 경험은 이야기되지 않은 채 묻혀 버릴지도 모른다.

---

6) 다음 자료들을 볼 것. Walter Brueggemann, "Reading from the Day 'In Between,'" in *The Shadow of Glory: Reading the New Testament after the Holocaust*, ed. Tod Linafelt (New York: Routledge, 2002); Alan Lewis, *Between Cross and Resurrection: A Theology of Holy Saturday* (Grand Rapids: Wm. B Eerdmans Publishing Co., 2001); Cornel West, "A Philosophical View of Easter," and "Subversive Joy and Revolutionary Patience in Black Christianiy," in *The Cornel West Reader* (New York: Basic Civitas Books, 1999).

그리스도교 신학이 부활을 새로운 삶의 사건이라고 말한다면, 트라우마 생존 경험은 신학과 양립하기 어렵다. 트라우마 생존자가 경험하는 삶은 새로운 것도, 더 나은 것도 아니기 때문이다. 부활이 죽음을 정복하고 승리한 삶으로 선포되는 한, 트라우마의 고통이 존재하는 현실은 묻혀 버린다. 우리는 이런 방식의 부활 선포가 죽음의 여파 속을 살아가는 이들의 고통스러운 경험에 침묵하고 그 경험을 부정한다는 사실을 알아야 한다. 허리케인 카트리나의 여파 속에서 리 집사와 뉴올리언스 사람들은 '이미 극복했다'는 주장을 들어야만 했다. '부활이 죽음을 이겼다'고 신학이 이야기할 때, '이미 극복했다'는 주장은 더 강화될 수 있다. 성급하게 새로운 삶을 이야기할 때 여전히 죽음이 존재하는 현실은 부정되기 마련이다.[7] 죽음과 삶에 대한 그리스도교의 가장 중요한 내러티브는 끔찍한 사건 이후를 살아가는 이들의 복잡다단한 경험을 얼마만큼이나 증언할 수 있을까?

이제 우리가 트라우마에 대해 알고 있는 바에 비추어 죽음과 부활이라는 두 사건을 다시 고찰해 보자. 트라우마 경험은, 십자가 사건의 현장을 넘어 죽음의 여파 속을 살아가는 것이 어떤 뜻인지를 신학 담론이 고찰하도록 압력을 가한다. 트라우마 연구들은 트라우마가 이중구조(a double structure)를 갖는다고 말한다. 실제로 발생한 끔찍한 사건과 그 사건에 대한 뒤늦은 자각이 그것이다.[8] 트라우마는 그 원

7) 브루그만(Brueggemann)은 이렇게 이야기한다. "선포되지 않는 부활절은 더 이상 존재하지 않는다. 그렇기 때문에 교회는 계속해서 부활절을 선포해야 한다. 하지만 홀로코스트는 나에게 지속적으로 강하게 다가온다. 그것은 보통 그리스도인들이 고백하고 주장하던 드라마에서 알던 것보다 더 크고, 깊고, 더 심각하게 둘째 날이 우리에게 나타난다.

8) 카루스(Caruth)의 『트라우마』(*Trauma*)를 볼 것. 카루스는 다음과 같이 말한다. "트라우마 사건의 영향은 감추어져 있어서 뒤늦게 찾아오고, 한 장소나 시간에 국한되지 않으며, 특정 시공간을 넘어 지속적으로 나타난다"(9 쪽). "더

인이 되는 끔찍한 사건 속에만 있는 것이 아니다. 트라우마는 그 사건이 끝나지 않고 되살아나는 것까지 포함한다. 이런 현상은 여러 가지 방식으로 설명되지만, 핵심은 트라우마 사건을 완벽하게 처리하기가 불가능하고, 그 사건이 다시 살아난다는 점이다. 이렇게 되살아나는 현상이 트라우마가 일반적인 고통과 구분되는 특징이다. 고통은 어느 정도 시간이 지나면 그것을 겪은 사람의 경험에 통합되지만, 트라우마는 시간이 지나도 통합되지 않는다. 이런 현상은 폐쇄형 상처와 개방형 상처의 차이에 비길 수 있다.(역자주: 저자는 타박상이나 멍과 같은 폐쇄형 상처를 고통에 비유하고, 칼에 베인 상처 같은 개방형 상처를 트라우마로 비유하고 있다.) 트라우마는 개방형 상처다. 트라우마는 생존자들에게 죽음과 맞먹는 경험이다. 현실에서 죽음은 끝나지 않고 계속 이어진다. 트라우마 생존 경험자는 이전과 같은 삶이 다시 회복될 수 없다는 사실을 경험한다. 생존자에게는 앞으로의 삶 또한 상상할 수 없다.

트라우마의 이중구조는 이 책에서 내가 '중간'(the middle)이라고 비유하여 부르는, 삶과 죽음의 경계가 더 이상 존재하지 않는 장소를 드러낸다. 이 중간은 삶도 죽음도 아닌, 생존이라는 당혹스러운 영역에 대해 말한다. 그동안 신학은 죽음과 삶의 사건에 집중한 나머지 이 중간이라는 영역을 다루지 못했다. 중간은 위태로운 위치에 자리하고 있어서 가려지거나 무시되기 쉽다. 시간과 몸과 언어가 중간에 대해 침묵하기 때문에, 중간을 증언하기란 쉬운 일이 아니다. 트라우

정확히 말하자면, 심리적 이상증상은 경험과 수용이라는 구조에 전적으로 달려 있다.: 사건은 그것이 일어난 때에 완벽히 이해되거나 온전히 경험되지 않는다. 사건은 그것을 겪은 사람이 이후에 반복적으로 경험하는 감정 속에서 온전히 경험된다"(4 쪽).

마를 경험한 이들에게 그리스도교가 과연 기쁜 소식이 될 수 있는지 여부는 이러한 중간을 신학적으로 설명해내는 데 달려 있다. 그리스도교가 기쁜 소식이 되는 것은 십자가나 부활 사건 때문이 아니라, 십자가와 부활 **사이의** 운동(the movements between the two) 때문이다. 기쁜 소식은 죽음과 삶 사이를 증언할 수 있는 그리스도교 신학의 능력, 그리고 죽음과 삶 사이에서 새로운 담론을 만들어내는 능력에 달려 있다.

이 책의 역할은 이 중간에 대한 담론을 드러내는 데 있다. 이 작업은 고통 경험을 대충 얼버무리고 넘어가는 구원의 성급함에 반대하는 것이고, 그리스도교 전통의 중심에 자리한 죽음과 부활이라는 내러티브를 새로운 눈으로 보게 하는 것이다. 이 중간에서 바라보면, 우리는 고통을 다른 방식으로 대할 수밖에 없다. 즉 혼란 속에서 고통과 거리를 둔 채 단편적으로 고통과 대면하게 되는 것이다. 이런 상황은 고통을 목격하고 증언하는 신학을 필요로 하는데, 이 신학은 끔찍한 사건을 섣불리 수용하거나 떠맡는 대신 끔찍함이 난무하는 현실과 그런 현실을 제대로 받아들이기 힘든 상황과 씨름하게 된다. 사라지지 않고 남아 있는 것을 목격하고 증언하지 않으면, 신학은 구원을 충분히 설명할 수 없다. 죽음을 넘어서지만 새로운 삶으로 해석되지 않는 것을 신학은 설명해야만 한다. 신학의 과제는 남아 있는 것을 설명하는 것, 즉 죽음의 여파 속에 남아 있는 이들의 삶을 이야기하고, 세상을 보는 익숙한 틀이 산산이 부서진 현실에 대해 이야기하는 남아 있는 것에 대한 담론을 제공하는 것이다. 신학은 '보통의 범위를 넘어서는' 경험을 증언하기 위해 반드시 미지의 세계로 나아가야 한다.[9]

방법

리 집사와 함께 그 재난현장에 서 있던 나는 내가 신학을 배운 방식을 떠올렸다. 내가 배운 신학은 공간적인 것이었다. 내게 신학작업은 그리스도교 신앙이라는 지형(landscape)을 지도로 옮기는 것이었고, 그리스도인이 신앙 안에서 삶을 살아가도록 방향과 이정표를 제시하는 것이었다.[10] 신학자는 지도 제작자로서 그리스도교 신학의 광활한 지형을 만나게 된다. 신학자는 이것을 지도에 그려서, 믿는 이들에게 신실한 삶의 방향이 어디인지 알려주기 위해 노력한다. 교리와 신앙 교육은 신학이 제시하는 이정표다. 그리스도교 교리는 그것을 고백하고 실천하는 이들의 정체성을 형성한다. 교리는 사람들에게 삶의 방식을 제시하고 신앙 안에서 개인과 공동체를 형성한다. 신학자 세린 존스는 교리를 세상을 바라보는 "상상의 렌즈"(imaginative lenses)

---

9) *Diagnostic and Statistical Manual III* (Washington, DC: American Psychiatric Association, 1980). 특히 외상 후 스트레스 장애(posttraumatic stress disorder)에 대해 *DSM-III*는 이렇게 말한다. "기본적 특징은 보통의 인간 경험의 범위를 넘어서는 심리적 트라우마 사건 이후에 나타나는 성격적인 증상들이다."(309.81) 우리는 PTSD 에 대한 *DSM-III*의 설명에 주목해야 한다. '장애'라는 불행한 호칭에도 불구하고 PTSD 는 군대의 전투, 개인의 폭행, 자신 혹은 사랑하는 사람의 신체적 상해에 대한 위협, 자연 재해, 고의적인 혹은 우연한 인간에 의한 재난 등, 다양한 트라우마 사건으로 인한 신체적 심리적 영향들을 망라한다고 *DSM-III*는 말한다.

10) Serene Jones, *Feminist Theory and Christian Theology: Cartographies of Grace* (Minneapolis: Augsburg Fortress Press, 2000). 지도 만들기라는 은유는 이 책에 등장한다. "나는 여성학 이론과 여성 신학의 관계를 설명하기에 유용한 지도 만들기라는 은유를 찾아냈다. 나는 앞으로 지도 제작자라는 역할에 충실하도록 그리스도교 교리라는 땅 혹은 지형 위에 여성학 이론을 배치할 것이다. 이를 통해 어떻게 여성학 이론의 선들이 신학의 윤곽을 그려내는지 살펴볼 것이다"(19). 또 이 은유는 다음과 같은 신학 입문 교과서에도 등장한다. Serene Jones and Paul Lakeland, eds., *Constructive Theology: A Contemporary Approach to Classical Themes* (Minneapolis: Fortress, 2005).

이자 우리가 살아가는 개념적인 공간이라고 부른다.[11)]

나는 십자가와 부활을 트라우마 속 죽음과 삶이라는 경험과 연결시켜 살펴봄으로써, 존스가 '트라우마를 겪은 이들과 공동체가 살아갈 곳'이라고 표현하는 공간을 찾으려 한다. 이렇게 할 때, 신학은 살아 있는 현실을 변화시키려고 애쓰는 치유담론으로 이해된다. 하지만 어떤 이들에게 트라우마는 벗어버릴 수 없는 현실이다. 트라우마를 겪은 이들이 살아갈 공간을 찾는 것은 단순히 이야기되지 않고 잊혀진 사람들을 옹호하는 것이 아니다. 내가 트라우마 경험을 지도처럼 그려내려는 이유는 우리 모두의 삶이 떨어질 수 없이 굳게 연결되어 있다고 믿기 때문이다. 트라우마가 인간의 역사 속에 자리잡고 있다는 사실을 생각해 보면, 저항할 수 없는 끔찍한 폭력의 영향에서 자유로운 사람은 아무도 없다.[12)] 트라우마를 이야기하는 것은 신앙의 지도에 둘러가는 길을 표시하는 것이 아니라, 전체 지도를 다시 그리는 커다란 작업이다.

홍수가 그 지역을 휩쓸고 간 지 29개월, 여전히 그곳에는 남아 있는 것들이 있다. 한창 재건과 회복이 이야기되는 중에도, 뉴올리언스

---

11) Jones, *Feminist Theory*, 16-17과 Serene Jones, "Hope Deferred: Theological Reflections on Reproductive Loss," in *Modern Theology* 17, no. 2 (April 2001): 227-45를 볼 것.

12) Marjorie Suchocki, *Fall to Violence: Original Sin in Relational Theology* (New York: Continuum, 1995, 『폭력에로의 타락』 동연)를 볼 것. 나는 사람들이 폭력에 맞서 살아남은 경험을 폄하할 생각은 없다. 여기서 위험은 트라우마를 일반화하는 것, 다시 말해 트라우마를 어떻게든 인간사의 일부로 포함시키는 것이다. 그러나 트라우마 연구는 인간이 대규모 폭력에 취약하다고 이야기한다. 이런 폭력은 사건이 시공간과 분리될 수 없지만 지독하고 교묘하게 움직인다는 사실을 보여준다. 폭력적인 사건은 경계를 넘어선다. 그런 점에서 우리는 설명할 수 없는, 특히 신학적으로 그러한, 폭력적인 사건들의 영향을 받으며 그 안에 살아간다.

의 그 지역은 회복되지 않았다. 거리에는 끔찍한 폭풍의 흔적이 남아 있다. 사람들과 지역사회가 트라우마를 경험한 지 한참 지났지만, 폭풍은 여전히 거기에 있었다.[13] 나는 다시 지도의 비유를 생각해 본다. 처참히 망가진 그 지역의 지도를 어떻게 그릴 수 있을까? 눈에 보이는 뉴올리언스 풍경에는 트라우마 여파 속을 살아가는 사람들과 지역사회의 내적 여정이 스며있다. 나는 땅과 지도 만들기라는 명확한 이미지를 통해 끔찍한 사건으로 산산이 부서진 삶을 목격하고 증언하는 구원을 이야기하려 한다. 트라우마는 언어로 표현하거나 개념화하기가 어렵기 때문에, 트라우마에 관한 글을 쓰는 일은 상당히 까다로운 작업이다. 이런 작업은 우리가 생각하지 못했던 영역이다. 나는 트라우마를 이야기하는 신학 언어는 반드시 목격(witness)과 증언(testimony)의 형식이 되어야 한다고 믿는다.

이런 까닭에 나는 그리스도교 담론이 가진 증언의 요소들을 보여줄 것이다.[14] 제대로 표현되지 않고 묵살되곤 하는 것을 언어로 표현

---

13) Bessel van der Kolk, "The Body Keeps the Score," in *Harvard Review of Psychiatry* 1, no 5 (1994) 를 볼 것. 예컨대 카트리나가 끼친 신체적이고 심리적인 영향은 너무나 분명하다. 카트리나 이후에 사망률과 정신병 발생률이 늘어났다. 이런 결과는 다음과 같은 보고서에서 찾아볼 수 있다. 뉴올리언스 위생국장 Dr. Kevin U. Stephens, 위생국원 Kevin U. Stephens Sr., David Grew, Karen Chin, Paul Kadetz, P. Gregg Greenough, Frederick M. Burkle Jr., Sandra L. Robinson, Evangeline R. Franklin 의 보고서 "Excess Mortality in the Aftermath of Hurricane Katrina: A Preliminary Report," in *Disaster Medicine and Public Health Preparedness* 1, no. 1 (2007): 15-20. Steve Sternberg, "New Orleans Deaths up 47%," *USA Today*, June 22, 2007 도 볼 것.

14) 그리스도교 신학의 증언 차원에 대해서는 아래 책들을 더 참고할 것. Rebecca Chopp, "Theology and the Poetics of Testimony," in *Converging on Culture: Theologians in Dialogue with Cultural Analysis and Criticism*, ed. Delwin Brown, Sheila Greeve Davaney, Kathryn Tanner (New York: Oxford University Press, 2001), 56-70; John Beverly, *Testimonio: On the*

하는 일은 신학 담론이 늘 마주하는 도전이다. 신학자 한스 우르스 폰 발타자르(Hans Urs von Balthasar)는 우리의 신학적 표현방식이 하느님 존재의 충만함을 증명하지 못할 때가 많음을 상기시킨다. 이 점이 발타자르로 하여금 신학적 미학을 발전시키도록 했던 숨은 원동력이었다. 끔찍한 경험도 말로 표현하기 어렵기는 마찬가지이다. 언어로 표현할 수 있는 것과 그렇지 않은 것을 예리하게 알아차리기 위해서는 특정 형식의 언어로 표현하기 어려운 현실이 있다는 사실을 끊임없이 인정해야 한다. 이를테면 하느님의 아름다움이나 인간이 경험하는 폭력의 끔찍함이 그러하다. (언어의) 형식과 그 형식의 목적(표현할 수 없는 것을 보여주기 위함) 사이의 관계에 대해 지속적으로 묻는 것은 미학적 사치가 아니라 꼭 필요한 일이다.[15]

나는 문학적 차원과 수사학적 차원에 유의하며 성서와 신학 텍스트들을 해석한다. 신학 언어는 단순하게 한 가지 논리나 하나의 해석으로 한정되지 않는다. 그래서 신학 언어로 구원이라는 주제를 해석하는 일은 단순하지 않다. 트라우마 현상은 남은 것들이 처한 이해할 수 없는 상황으로 우리를 이끌어가기 때문에, 논리적인 접근 방식을 모호하게 만든다. 트라우마라는 렌즈를 통해 바라보는 나의 관점은 앞서 언급한 신학 해석의 틀이 가진 문제를 더욱 첨예하게 만든다.

Politics of Truth (Minneapolis: University of Minnesota Press, 2004)

15) 폭력에 응답하는 신학적 미학을 회복시키는 일이 중요하다고 주장하는 최근 연구를 보려면 다음을 참고하라. Grace Jantzen, "Beauty for Ashes," *Literature & Theology* 16, no. 4 (December 2002). 이것은 잰슨 사후에 출간된 3 부작의 시작이다. 또 다음 저작들도 참고하라. Alejandro Garcia-Rivera, *The Community of the Beautiful* (Collegeville, MN: Liturgical Press, 1999); Roberto Goizueta, *Christ Our Companion* (Maryknoll, NY: Orbis, 2009); and Don Saliers, "Beauty and Terror," in *Minding the Spirit: The Study of Christian Spirituality*, ed. Elizabeth A. Dreyer and Mark S. Burrows (Baltimore: Johns Hopkins University Press, 2005).

결국 이전 신학의 틀로 해석된 텍스트를 그대로 받아들이는 것은 모호함을 더하는 일이 된다. 텍스트가 우리가 기대한 바를 제시하지 않는다면, 텍스트는 무엇을 말하는 것일까? 이것이 바로 우리의 이해가 작동하지 않는 지점, 그러나 무언가 다른 것 혹은 다른 가능성이 나타나는 지점, 우리가 텍스트를 이해하는 데 첨예한 문제가 발생하는 지점이다.

트라우마는 극단적인 고통(the radicality of suffering)이라는 관점에서 신학에 대해 철저히 도전한다. 트라우마는 하느님의 존재와 인간의 선함을 굳게 믿는 그리스도교의 신앙고백이 불가능하지 않느냐고 묻는다. 구성신학(역자주: 기존의 조직신학적 주제들을 새롭게 해석하는 신학적 접근)은 트라우마를 다루면서 트라우마가 주는 통찰을 기존 신학에 대한 문제 제기로 해석한다. 이러한 해석은 신학이 트라우마로 인한 고통을 적절히 설명해야 한다고 이야기한다. 하지만 나는 이 책에서 좀 다른 주장을 펼쳐보고자 한다. 트라우마가 주는 통찰은 치유와 구원을 신학적 대안으로 제시하는 해석학적 렌즈를 만들어 낸다. 그리스도교 내러티브 속 죽음과 삶의 관계는 이 렌즈를 통해 보다 다양한 빛을 발하게 된다. 트라우마는 신학이 반드시 탐구해야 할 하나의 **문제**가 아니라, 구원 신학을 분명하게 설명하기 위한 **열쇠**다. 나의 해석은 트라우마가 지닌 역동성(the dynamics of trauma)의 안내를 받으며, 나는 그 역학 관계를 '트라우마라는 렌즈'(lens of trauma)라고 부른다. 치유와 구원에 대한 신학적 주장은 반드시 이 렌즈를 통해 새롭게 정립되어야 한다. 산산이 부서진 이 렌즈를 통해 바라볼 때, 우리는 지금까지 가려져 있었고 또 앞으로도 가려진 채로 있을 것들, 우리가 예전에 미처 알아차리지 못했던 것들을 발견하게 된다.

트라우마라는 렌즈를 통해 볼 때, 우리는 익숙한 텍스트를 전혀 새로운 방식으로 보게 된다. 신학자 그레이스 잰슨(Grace Jantzen)은 『거룩하게 되기: 여성주의 종교철학을 향하여』(*Becoming Divine: Towards a Feminist Philosophy of Religion*)라는 책에서 우리에게 익숙한 신학의 행간을 읽는 방법을 잘 설명한다.[16] 우리에게 익숙한 이런 신학들은 이제껏 특정 진리를 배제하는 이분법의 반대논리로 쓰일 때가 많았다. 잰슨은 '이중 해석'(double reading)이라는 방법을 통해서 독자들로 하여금 기존의 익숙함에서 벗어나게 하고 다른 방향을 바라보게 하며, 이를 통해 텍스트의 행간에 집중하게 만든다.[17] 이런 방식의 해석은 이분법적 논리를 중단시키고, 새로운 형식의 언어를 가능하게 한다. 잰슨은 이것을 새로운 상상(a new imaginary)이라고 명명한다. 물론 잰슨이 이것을 트라우마와 연관시켜 제시하지는 않지만, 이런 해석 방식은 내가 이 책에서 '트라우마라는 렌즈'라고 부르는 해석 방식과 일맥상통한다. 이런 해석 방법은 해체주의와 후기구조주의가 제시하는 매우 중요하고 날카로운 통찰을 반영한다. 이런 방식으로 텍스트를 읽는 일은 우리로 하여금 익숙한 논리와 해석 패턴에서 벗어나게 하는 것을 목표로 하며, 동시에 읽기 과정에서 나타나는 '잉여'(surplus)를 보여준다.[18] 중간이라는 공간을 해석하는 일의 어려

16) 특별히 3장을 볼 것. Grace Jantzen, *Becoming Divine: Towards a Feminist Philosophy of Religion* (Bloomington: Indiana University Press, 1999)

17) '이중 해석'은 처음의 텍스트를 주의 깊게 읽도록 한다. 이런 해석은 '대안을 이끌어내는 파열구'를 내기 위해 텍스트 안에 있는 것처럼 보인다(Jantzen, *Becoming Divine*, 61-64). 잰슨은 다음과 같이 이야기한다. '그렇기 때문에, 종교 철학과 관련한 해체 작업은 전통적인 양극단을 뒤집어 두 극단 사이의 개념적 공간을 보여주는 이중적인 모습을 제시하는 것만이 아니다. 해체는 이분법적 논리를 유지하는 제도화된 방법론과 교육법에 도전할 것이며, 또 대안—여기서는 특별히 여성주의적인 대안—을 배제하거나 하찮게 여기는 사회적 관행에도 도전할 것이다(64).

움은 익숙한 논리를 적용할 수 없다는 것과, 중간이 해석 자체를 집어 삼키거나 침묵시킬 위험이 항상 존재한다는 것이다. 잰슨이 제안하는 이중 해석은 증언되지 않는 것들을 목격하고 증언하는 한 방법이 된다. 이런 해석이 잘 작동된다면, 이 작업은 내가 죽음의 경계를 넘어선 것을 증언하는 난해한 작업이라고 설명하는 것과 일맥상통한다.

개요

나는 트라우마 연구, 그중에 특히 트라우마 이론을 자세히 살펴봄으로써 트라우마라는 렌즈를 1장에서 대략 그려볼 것이다. 1장에서 나는 트라우마 상황에서의 '목격과 증언'(witness)이라는 용어에 대한 이해를 바탕으로 신학적인 목격과 증언 개념을 살펴보려고 한다. 현대의 트라우마 이론이 보여주는 목격과 증언의 구조와 역학 관계를 검토하고, 트라우마 경험을 바탕으로 한 신학적인 목격과 증언 개

18) 나는 리거(Rieger)가 자크 라캉(Jacques Lacan)에게서 빌려온 잉여의 개념에 대한 기발한 사용을 받아들인다. 이 개념에 대한 소개는 다음을 참고하라. Joerg Riger, *Christ and Empire: From Paul to Postcolonial Times* (Minneapolis: Fortress Press, 2007), 9-11. 리거는 '그리스도론적 잉여'를 말하는데, 이것은 현상으로 축소될 수 없고, 온전히 포함될 수도 없으며, 제국의 통제도 넘어선다. 리거는 *Christ and Empire*에서 이렇게 말한다. "진짜 그리스도는 … 현상이라는 현실을 반영하는 거울을 제시할 뿐 아니라, 이 현실이 담을 수 없고 그렇기 때문에 현실 너머를 가리키는 그리스도론적 잉여를 만들어 낸다"(10). 그는 또 그리스도교 전통에 대해 같은 방식으로 이야기 한다. "우리가 신조를 해석하는 일에도 신조를 순수한 신학적 진술로만 축소시켜서도 안 되며, 순수한 정치적 진술로만 축소시켜서도 안 된다는 것을 의미한다. 신학적 진술의 행간을 해석하면서, 우리는 그리스도교와 삶의 연관, 또 그리스도교와 제국의 연결을 간파해야 한다. 어디서 우리는 양면성을 발견할 수 있을까? 거기에 잉여는 존재하는가? 어떤 신학적 주장이 제국의 요구에 지배되기를 거부하는가?"(80).

념을 만들어 갈 것이다. 그리고 목격과 증언을 죽음과 삶에 대한 그리스도교 내러티브의 중간, 즉 십자가와 부활 사이에 위치시키고, 그 중간 영역(the middle territory)을 이후 두 장에서 다룰 것이다.

2장에서는 죽음과 삶 사이에 위치한, 신학적으로 중간의 날이라 부를 수 있는 성(聖)토요일을 살펴보려 한다. 나는 한스 우르스 폰 발타자르(Hans Urs von Balthasar, 1905-1988, 스위스 출신 가톨릭 신학자로 20세기의 가장 중요한 신학자들 가운데 한 사람으로 간주된다.—역자주))와 아드리엔 폰 스페이어(Adrienne von Speyr, 1902-1967, 스위스 출신의 가톨릭 의사이며 신비주의 신학자로서 60권 이상의 책을 썼다.—역자주)의 신학을 통해 이 작업을 이어갈 것이다. 이들의 신학은 성토요일의 독특한 구원 메시지를 증언하기 위한 중간 영역을 만들어 낸다. 이 렌즈를 통해 우리는 무엇을 볼 수 있을까?

3장에서는 십자가와 부활 중간에서의 제자들의 활동과 이에 대한 요한복음의 해석을 살펴보려 한다.[19] 이 렌즈를 통해 우리는 무엇을 볼 수 있을까? 두 경우 모두, 죽음을 넘어서긴 했지만 살아 있다고 단순하게 말하기에는 찜찜한 사건들을 목격하고 증언하는 활동이 쉽지 않음을 보여줄 것이다. 또한, 이런 해석은 삶 속에 지속되는 죽음의 흔적들을 목격하고 증언해야만 하는 복잡한 상황을 드러낸다. 트라우마라는 렌즈를 통해 앞서 언급한 텍스트들을 해석해 낼 때, 그 텍스트들은 살아남은 삶을 목격하고 증언하는 생존의 텍스트가 된다. 성서와 신학 텍스트들에 대한 익숙한 해석에서 벗어날 때 텍스트가

19) Catherine Keller, *Face of the Deep: A Theology of Becoming* (New York: Routledge, 2003). 나는 캐서린 켈러가 이 책에서 '성서-문학적 해석'이라고 설명하는 성서 신학 전통을 따르려 한다. 켈러는 말한다. "이 신학은, 필연적으로 성서 전통 속으로부터 제기되는, 말라붙은 희망을 치유하기 위한 노력을 멈추지 않는다"(xvii).

증언하는 측면들이 드러나게 된다. 이렇게 될 때 우리는 특정한 해석들을 유지하기 위해 묵살되고 묻혀진 측면들을 추적할 수 있다.

앞서 말한 텍스트들은 죽음의 여파를 여실히 보여주며, 거기서 한 걸음 더 나아간다. 죽음과 삶 사이를 목격하고 증언하는 독특한 운동을 보여준다. 이런 목격과 증언은 대개 가려지거나 간과되거나, 신학적으로 중요하지 않은 것으로 취급되곤 했다. 그러나 내가 이 책에서 밝히는 목격과 증언은 고통을 바라볼 것을 제안한다. 계속되는 고통의 특성에 비추어 볼 때, 이런 제안은 독특하고 또한 반드시 필요하다. 전통적으로 구원이 고통의 사건(십자가)이나 기적적인 생명의 사건(부활)과 연결된 반면에, 내가 제시하는 관점은 목격과 증언 과정에 집중한다.

4장에서 나는 이렇게 목격하고 증언하는 활동을 십자가와 부활 사이에서 활동하는 성령의 틈새적 모습(interstitial figure)과 연결시킬 것이다. 죽음과 삶이 중간에서 미묘한 관계로 만나는 것처럼, 성령도 중간에서는 예상치 못한 모습으로 등장한다. 성서와 신학 텍스트 모두에서 성령은 증인(witness)으로 등장한다. 십자가 사건이 지나고 난 후에도 십자가의 죽음이 남아 있는 곳, 미약하지만 생명이 분명하게 존재하는 그곳에, 인간의 영과 하느님의 영은 구체적으로 나타난다. 한창 트라우마를 겪는 와중에 하느님이 함께 계신다고 생각하기란 불가능하다. 그러나 나는 생명을 분별하기 어려운 그곳에 움트는 현존의 형태와 능력을 상상하기 시작한다. 목격자요 증인의 모습으로 그곳에 등장하는 하느님의 현존과 그 능력 말이다.

개인적이고 동시에 역사적이며 세계적인 트라우마의 추이를 생각할 때, 사건이 지나간 자리와 남은 흔적을 고찰하는 것은 대단히 중요하다. 트라우마를 다루면서 고통에 대해 이야기하지 않으려는 유혹을 끊임없이 물리치고, 트라우마를 목격하고 증언하기 위해 노력하는 일은 큰 도전이다. 끔찍한 사건이 있은 지 꽤 오랜 시간이 지난 후에도 사람들과 공동체가 지속적으로 그 사건의 영향 아래에 있는 상황을 마주하는 것 역시 큰 도전이다. 이처럼 유혹에 저항하고 상황을 피하지 않는 것은 성령의 역사다. 성령은 흔히 삶을 이끌어 하느님의 힘으로 재창조하고 새롭게 하며 앞으로 나아가는 역할을 하는 것으로 이해된다. 하지만 내가 이 책에서 전개하는 성령론은 생명의 원리로서의 성령보다는, 죽음과 삶 사이를 오가며 파열을 계속해서 목격하고 증언하는 성령, 다시 말해 버티는 힘(a sustaining power)을 가진 성령을 더 많이 다룰 것이다. 이 책의 마지막 장에서는 트라우마와 그 여파 속에서의 성령의 목격과 증언을 그려보고자 한다. 우리가 이러한 활동을 구원으로 고찰하는 것은 어떤 의미가 있는 것일까?

결론

우리가 집터를 돌아볼 때, 리 집사는 차창 밖으로 몸을 내밀었다. 나는 리 집사가 이곳에서 보낸 어린 시절이 어땠는지 물었다. 리 집사는 학교 갔다 와서 뛰노는 아이들과 자전거 타는 아이들, 농구하는 아이들로 동네가 늘 북적였다고 했다. 이제 리 집사 가족과 동네 사람들은 뿔뿔이 흩어졌다. 리 집사는 말했다. 사람들은 어떻게든 살아보려고 '자기 길을 찾아' 떠났다고. 하지만 떠난 사람들이 다시 그 지역으로 돌아올 수 있을지 그는 알 수 없었다. 떠난 사람들도 남아 있는 사람들처럼 여전히 피해보상을 두고 보험회사와 다투고 있었다.

리 집사의 이야기를 들으며 나는 깨달았다. 가게와 학교와 집이 복구되더라도, 그곳에는 결코 회복될 수 없는 숱한 일상들이 있다는 것을.

복구가 진행 중이지만, 이제 삶은 새로운 삶도 승리한 삶도 아니다. 삶은 오히려 더 불확실하고 모호하며 캄캄하다. 이러한 삶을 설명하기 위해서는 특별한 신학적 인식과 표현이 필요하다. 나는 아무런 삶의 희망도 보이지 않는 상황에서 마음속에 삶을 품고 나아갔던 사람들의 몸부림을 존경한다. 나는 그들에 대한 존경의 마음을 담아 이 책을 썼다. 그들의 경험은 성령 안에서 꿈꾸는 삶이라는 다른 길을 제시한다. 이 길은 부활 사건에서라기보다는 그 중간에서 태어나는 성령 신학이다. 십자가와 부활 사이의 중간 영역에서 성령은 더 연약하고 알아보기 힘든 모습으로 존재한다. 그곳에서 하나님의 현존은 하나님의 부재로 얼룩져 있다. 버려짐, 포기, 소외, 이것이 죽음의 사건을 넘어 삶의 풍경마저 바꾸어 버리는, 십자가 이후 남겨진 진실이다. 그리스도교 신학이 직면하는 물음은 이것이다. 그 남겨진 진실은 부활을 선포하지 못하게 하는 위협인가? 아니면, 모든 부활 선언이 반드시 근거로 삼아야 할 증언의 씨앗인가?

트라우마는 삶과 죽음이라는 친숙한 신학적 패러다임에서 벗어나 트라우마가 휩쓸고 간 후 남겨진 것들이 있는 영역에 우리를 서게 만든다. 트라우마는 신학자들에게 하나님과 세계의 관계를 새로운 언어로 설명하라고 요구한다. 사실 이것은 새로운 작업이 아니라 끊임없이 계속되어 온 신학 작업이다. 구원과 새로운 삶을 주장하는 기존 신학들 속에서, 트라우마 이후 죽음의 영향을 증언하기 위해 보다 깊은 곳에서 일어나는 움직임을 증언할 신학자가 반드시 있을 것이다. 죽음과 삶이 서로 복잡하게 뒤얽혀 있는 현실을 인식하게 되면, 구원에 대한 묘사가 달라진다. 구원을 죽음이나 삶 어느 하나와 긴밀하게 연결시키면, 고통을 미화시키고 찬양하거나 혹은 부정하게 될 위험이 있다. 그렇다면 죽음과 삶 사이에서 목격하고 증언하는 성령의 활동을 구원의 활동으로 보게 된다면 어떻게 될까? 삶과 죽음 사이의 중간의 영역은 더 위태로워지고, 때문에 우리는 구원의 언어가 제대로 작동하고 있는지 묻게 될 것이다. 나는 모든 것이 끝장났다고 생각되는 결말 너머를 상상하는 능력은 트라우마를 직면했을 때 계발되고 훈련된다고 믿는다. 이런 해석은 그리스도교 담론이 이제껏 설명하지 못했던 경험을 행간을 통해 읽어내는 방법일 뿐 아니라, 그리스도교 담론 자체를 해석하는 방법이 되며, 세상 속에서 일하시는 하느님을 설명하기 위한 새로운 언어와 새로운 형식을 계속해서 찾아가는 작업이다.

1장

트라우마를 증언함

그렇다면, 살아남은 것은 무엇을 의미할까? 다시 살기, 살아남기.1)

트라우마는 떠나가지 않는 고통이다. 트라우마 연구는 떠나가지 않은 채 남아 있는 것을 연구한다. 트라우마가 남긴 것들을 보면서 우리는 우리가 알고 있는 경험이라는 것이 무엇인지, 또 이런 경험에 대해 증언하는 것이 무엇인지 되묻게 된다. 끔찍한 트라우마 이후, 사람들은 의미와 신뢰라는 익숙한 틀을 부숴버린 트라우마의 여파 속을 힘겹게 살아가야만 한다. 주변의 사람들은 말로 표현할 수 없는 고통과 한 사건이 끝난 후에도 끈질기게 계속되는 트라우마 증상들로 고통스러워하는 이들 생존자들을 힘겹게 지켜봐야만 한다. 이렇게 남아 있는 고통을 목격하고 증언하는 것은 죽음이 배어든 삶과 마주하는 일이며, 시작도 끝도 없는 고통스러운 경험이 만들어내는 시간의 왜곡과 인식론적 단절을 목도하는 일이다. 트라우마라는 렌즈를

1) Elie Wiesel, "Matters of Survival: A Conversation," in Elie Wiesel and Timothy K. Beal, *Strange Fire: Reading the Bible after the Holocaust* (New York: New York University Press, 2000), 23.

통해 세상을 들여다볼 때, 신학은 다음과 같은 질문에 답해야 한다. 신학은 떠나가지 않는 이 고통을, '늘 여기' 있는 폭풍을 증언할 수 있는가? 그렇다면, 어떻게 가능한가?

'증언'(witness)은 그리스도교 신학의 고유한 용어다. 나는 이 장에서 트라우마 연구가 증언에 대해 다시 고찰하게 만든다는 점을 주장한다. 여기서 증언은 남아 있는 고통을 목격하고 그것에 대해 이야기하는 것과 관련이 있다. 현재의 트라우마 연구는 우리가 죽음과 생명, 즉 십자가와 부활이라는 그리스도교의 핵심적 이야기의 한가운데 위치한 '증언의 위기'(crisis of witness)에 관심을 갖게 하고, 결과적으로 증언을 해석하는 일은 더욱 복잡해진다. 트라우마라는 렌즈를 통해서 보면, 신학은 고통을 증언하는 복잡한 과정에서 죽음과 삶에 대한 가장 익숙한 설명으로부터 한걸음 물러서게 된다. 그리스도교의 수난과 부활 이야기 속에서 우리는 고통의 신비와 맞닥뜨린다.[2] 삶이 죽음 사건과 연결된다는 것은 어떤 뜻일까? 죽음의 여파 속에 남아 있다는 것은 무엇을 뜻할까? 만약 그곳에도 삶이 존재한다면, 그것은 어떤 모습으로 나타날까? 우리는 트라우마라는 산산조각 난 렌즈를 통해 이런 물음들에 전혀 다른 방식으로 접근하고, 앞서 언급한 주제들과 관련해 이제껏 가려져 있던 측면을 자세히 보게 된다. 이를 통해 우리는 삶과 죽음이 좀 더 뒤섞여 있다는 사실을 알게 된다. 죽음은 완결된 사건이 아니며, 삶 역시 죽음을 이기고 승리한 사건이 아니다. 트라우마는 이런 내러티브 속의 죽음과 삶의 중간을 드러내고, 남아 있는 것들이 자리한 신학적 공간을 드러낸다.

---

2) Cathy Caruth, ed., "Introduction," in *Trauma: Explorations in Memory* (Baltimore: Johns Hopkins University Press, 1995)를 참조할 것.

나는 트라우마 담론을 통해 신학의 언어에 귀를 기울이려 한다. 이를 통해 끈질기게 남아 있는 고통에 대해 이야기할 수 있는 신학적 증언의 차원을 밝히려 한다. 목격하고 증언하는 일은 복잡하며, 간접적일 때가 많다. 고통이 남아 있는 상태에서 고통을 인식하고 설명하려면 여러 가지 생략이 뒤따른다. 엘리자베스 카스텔리(Elizabeth Castelli)는 『순교와 기억』(*Martyrdom and Memory*)이라는 책에서 그리스도교 전통 안에 보다 복잡한 증언 개념이 존재한다고 말한다. 하지만 이런 종류의 해석보다는 증언을 순교와 자기희생으로 설명하는 해석, 즉 죽음 사건에 기초한 해석이 압도적인 우위를 차지한다. 카스텔리는 이렇게 이야기한다. "대신에, 목격함, 진실을 말함, 증언함이라는, 다른 종류의 윤리적 선택을 강조하는 순교의 측면을 되살려 비판적으로 사용하면 어떨까? … 어쩌면 우리가 여기서 이야기할 '순교자'의 모습은 자신을 희생하는 사람이 아니라 목격하고 증언하려는 마음이 뜨거운 사람일지도 모른다."[3] 이처럼 카스텔리는 그동안 가려졌던 증언 개념을 표현한다. 카스텔리는 이런 증언 개념이 회복되면 우리가 고통을 다른 관점으로 보게 될 것이라고 믿는다. 나는 이런 증언 개념이 우리로 하여금 남아 있는 고통에 집중하게 만들 것이라 믿는다.

나는 죽음과 삶이 만나는 곳, 십자가와 부활의 교차점에 자리 잡은 본문들을 다시 살펴볼 것이다. 나는 이 본문들이 대개 묻혀 있거나 가려져 있는 진리를 증언하는 복잡한 과정에 대해 이야기할 잠재력이 있다는 사실을 밝히려 한다. 나는 이 본문들이 가진 증언의 힘

3) Elizabeth Castelli, *Martyrdom and Memory: Gender Theory and Religion* (New York: Columbia University Press, 2004), 203.

을 되살릴 것이다. 이 힘은 죽음이 지속되는 현실에 대해 말할 수 있는 힘이며, 또 남은 것들이 있는 중간 영역에서 펼쳐지는 다른 삶의 모습에 대해 이야기할 수 있는 힘이다. 수난과 부활에 대한 주류의 논리를 주장하는 한, 신학은 깊은 상처를 덮어버리며 고통에 대해 얼버무리고 넘어가는 잘못을 저지르게 된다. 죽음과 삶의 내러티브를 이런 방식으로만 해석하려 한다면, 계속되는 고통의 복잡다단한 모습을 이야기하는 남아 있는 것들의 내러티브에 대해서도 신학은 아마 함구하게 될 것이다.

이 장에서 나는 20세기 들어 "트라우마"라고 널리 알려진 기이한 고통을 살펴보려 한다. 트라우마에 대한 논의는 개인의 고통에 대한 분석에서 시작되어 트라우마를 역사적 증상으로 보는 해석으로 이어졌다. 트라우마 현상은 익숙한 범주들을 뒤흔들어 신학 담론들을 혼동 속에 위치시키며, 불안정한 미지의 영역으로 신학을 이끌어 간다.[4] 그러나 한편으로 이런 변화는 남아 있는 이야기를 드러낸다. 만일 신학이 "트라우마 경험이라는 극단적 혼란과 단절"에 귀 기울인다면, 그 담론 자체로부터 새로운 무언가가 생겨난다. 트라우마는 신학 외부에서 제기된 문제가 아니라 전통적인 해석이 간과했던 증언의 모습을 재발견하는 열쇠다. 신학이 트라우마의 도전에 답하려면 외부로 눈을 돌릴 것이 아니라, 신학 안으로 눈을 돌려 트라우마 이후에 남아 있는 것에 관한 언어를 발견하면 된다. 이렇게 될 때 트라우마의 언어는 신학 담론 깊은 곳에 자리한 것과 공명하게 된다.

나는 성서와 신학 읽기를 통해 신학 안으로부터의 증언을 전개하

4) 캐시 카루스는 트라우마 연구에 대한 여러 분야들 간의 제휴를, 각각의 분야가 고난의 신비 주위에 모여 "트라우마 경험이라는 극단적인 혼란과 단절"을 통해 귀 기울이는 것으로 묘사한다(Caruth, "Introduction," 4).

려 한다. 이를 위해 트라우마 후 종종 생략되곤 하는 남아 있는 것에 관한 언어를 살펴볼 것이다. 나는 특별히 캐시 카루스의 작품을 중심으로 트라우마 이론을 다루는 저작들을 살펴보고, 생략된 것들과 트라우마 후 남아 있는 언어를 추적하려 한다. 트라우마 후 생존이라는 주제를 고찰할 때 우리는 많은 문제들을 만나게 된다. 남아 있는 것들을 설명하는 신학의 언어는 이런 문제들을 설명할 수 있는 독특한 어휘들을 제공한다. 결국 고통 속에서 과연 하느님이 계신지를 다시 묻기 위해 남아 있는 것에 관한 언어는 신학 안에서 하나의 방법을 제시한다. 트라우마라는 렌즈를 통해 볼 때 '하느님은 고통의 한가운데에서 어디에 계시는가?'라는 전통적인 질문은 새롭게 표현된다. 죽음과 삶 사이의 중간으로부터 해석하기 위해, 나는 대개의 경우 인식되지 않고, 보이지도 않는 우리 경험의 일부를 위한 신학적 공간을 만들어 낼 것이다.

트라우마를 이야기하는 방법은 다양하다. 내가 트라우마를 정신의학 용어와 연결해 말하기보다, 트라우마 생존자들의 글과 임상적인 글에 등장하는 트라우마 이해와의 연관 속에서 말하는 것을 주목하기 바란다. 내 목표는 트라우마를 심리적으로 평가하거나 트라우마를 겪은 사람들을 목회적으로 돌보기 위한 신학을 제시하는 것이 아니다. 내가 가장 중요하게 여기는 목표는 신학적 해석의 틀을 살피고, 그리스도교가 고통에 대해 말하는 바를 다시 검토하는 것이다. 트라우마의 여파 속에서, 신학적 해석의 틀은 사람들이 겪는 깊은 고통을 거의 설명하지 못하고, 결과적으로 그 해석의 틀은 산산이 부서지고 만다. 나는 텍스트들을 해석하며 이미 처참하게 부서진 해석의 틀을 만난다. 나는 설명에 어려움을 겪는 용어들이 증언과 생존의 용어로 변화되는 모습에 주목할 것이다. 내가 트라우마를 다루는 곳은 문학적인 현장이며, 정신분석학과 신학 텍스트들이 고통을 증언하는 곳이다. 나는 신학의 '용어 사전'을 다시 검토하여, 신학 어휘들이 가진 한계와 부서져버린 신학적 해석의 틀이 가진 한계 안에서, 그리고 그 한계들을 뛰어 넘어 이야기할 수 있는 가능성을 따져 볼 것이다.[5]

트라우마라는 렌즈

> 트라우마는 견디기 어려운 하나의 사건, 혹은 일련의 그런 사건들로부터 시작한다. 트라우마 경험은 우리가 받아들이고 반응할 수 있는 "한계"를 넘어서고, 우리가 개인이나 공동체의 정체성 안에 통합할 수 있는 것을 넘어선다.[6]

폴은 베트남전 당시 정보장교로 복무했던 경험을 이야기했다. 폴이 겪은 여러 가지 일들은 여전히 그에게 남아 그를 괴롭히고 있다고 말했다. 그가 세 번의 전쟁—베트남전, 걸프전, 이라크전—을 통해 목격한 윤리적, 역사적, 영적 차원의 위기는 완전히 해결되지 않았다. 이 위기들은 여전히 폴 안에 살아 있었다. 견딜 수 없이 끔찍한 사건을 경험한 사람들 대부분이 그러하듯, 폴 역시 자신의 고통이 어디에서 온 것인지, 또 그것을 뭐라고 불러야 할지, 그 정체가 무엇인지 알지 못했다. 고통은 폴 주변을 떠돌며 그를 괴롭혔다. 전쟁에서 경험한 여러 가지 것들이 아직 폴에게 남아 있는데, 폴은 그것을 정확하

---

5) Castelli, *Martyrdom*, 203.

6) Arlene Audergon, "Collective Trauma: The Nightmare of History," *Psychotherapy and Politics International* 2, no. 1 (2004): 19.

게 파악할 수 없었다. 폴은 항상 자기 고통의 기이함과 만나게 된다. 누군가 폴의 경험을 듣는다면, 이 기이함 속으로 빨려 들어가게 된다. 나도 마찬가지였다.

여느 고통 경험과 다르게 트라우마는 우리가 고통에 대응하는 능력과 경험을 자기 삶에 통합하는 능력을 심각하게 손상시킨다. 느닷없이 들이닥친 사건의 폭력적이고 예측할 수 없는 특성 때문에, 다양한 트라우마 증상들이 나타나고, 경험을 처리하고 해석하는 일은 더 이상 불가능해진다. 집요하게 떠오르는 고통스러운 장면들과 트라우마 사건의 기억은 가장 전형적인 트라우마 증상 중 하나다.[7] 과거의 파편들이 현재에 다시 흩뿌려진다. 전혀 예측할 수 없는 방식으로 과거는 거듭 현재를 침범하고, 많은 생존자들의 삶은 다시 트라우마 언저리로 떠밀려 간다. 트라우마를 겪는 이들 모두는 트라우마와 씨름하면서 자기와의 관계 및 타인과의 관계 모두가 근본적으로 바뀌는 것을 경험한다.[8] 트라우마 여파 속에서 생존자는 자기 신체 및 타인의 신체와의 관계뿐만 아니라, 언어 사용 능력과 의사소통 능력에도 심각한 타격을 받게 된다.

끔찍한 경험의 일부가 남았고, 그 결과 기이한 고통을 계속 맞닥뜨려야만 한다. 일련의 증상들은 트라우마와 그것을 초래한 경험과

7) 어떤 경험이 트라우마를 일으킬 만한 것이었어도, 그것을 경험한 모든 사람이 트라우마를 겪는 것은 아니다. 극복할 수 없는 폭력을 경험한 모든 사람이 외상 후 스트레스 장애(PTSD-post traumatic stress disorder)를 겪지는 않는다. 이 장애를 가진 사람은 시간이 흐르면 세상을 살아가는데 적합한 기능을 회복하지 못한다. 장애의 증상은 지속적이며 일상의 삶을 압도한다.

8) Kali Tal, *Worlds of Hurt: Reading the Literatures of Trauma* (Cambridge: Cambridge University Press, 1996)을 참조할 것. "한 개인은 자기가 예전에 세상에 대해 알던 것을 깨뜨리는 목숨을 위협하는 사건 때문에 트라우마를 겪는다. 트라우마는 한계 상황, 즉 '평범한' 인간 경험의 영역 밖에서 작동하며, 전혀 근거가 없는 것이다"(15).

관련이 있지만, 기이한 고통은 시간과 몸과 언어의 변화라는 세 가지 커다란 변화와 관련된다. 이런 세 가지 변화가 트라우마의 모든 것을 말해주지는 않지만, 트라우마가 가진 독특한 측면들을 잘 보여준다. 그리고 이 측면들이 내가 '트라우마라는 렌즈'라고 부르는 것을 구성한다. 세상에서 우리가 평범하게 살아갈 때, 우리는 시간의 흐름을 따라 자기 자신을 이해하며 평범하게 살아간다. 우리는 기억이라는 일련의 과정을 거쳐 우리의 과거를 간직한다. 우리는 현재를 경험하고, 상상력을 동원해 미래를 향해 살아간다. 우리는 이것을 진행형으로 여길 때가 많다. 과거는 지나갔고, 미래는 오지 않았다. 현재는 과거와 미래 사이에서 둘 모두와 연결된 지점이다. 트라우마의 핵심 문제는 시간의 문제이다. 이를테면, 과거는 과거에 머물러 있지 않고 현재를 침범한다. 현재는 과거를 재현할 뿐 아니라, 온전히 알지도 못했고 제대로 이해하지도 못했던 것들을 다시 보여주게 된다.

"세월이 약이다!"라는 익숙한 격언이 있다. 하지만 트라우마는 이 격언과 상반되는 사실을 보여준다. 트라우마 속에서 시간은 왜곡되고, 이런 왜곡은 상처를 만들어 낸다. 시간은 트라우마 현상의 핵심 문제이다. 트라우마는 일회성의 사건으로 끝나지 않고, 그 사건 너머까지 영향을 미친다. 트라우마를 일으킨 사건이 그 당시에 완전히 통합되지 않는다는 사실은 사건의 그 일부가 후에 되살아난다는 것을 의미한다. 이런 트라우마의 특성 때문에, 트라우마로 인한 고통은 어느 한 장소나 특정 시간에 속한다고 말하기 어렵다.[9] 트라우마 경험

9) 트라우마에는 '너무 빠른' 측면도 있다. 다음을 참조할 것. Sigmund Freud, *Beyond the Pleasure Principle*, ed. and trans. James Strachey (New York: Liveright Publishing, 1961, 『쾌락 원리를 넘어서』, 열린책들). 이 책에서 프로이트는 이렇게 말한다. "꿈에 대한 연구는 마음 깊은 곳에서 일어나는 일을 조사하는 가장 신뢰할 만한 방법이다. 트라우마 신경증을 겪는 이의 꿈은

을 다른 아픔이나 고통 경험과 구별짓는 하나의 특징, 혹은 유일한 특징이 시간성(temporality)이라고 처음 이야기한 사람은 지그문트 프로이트였다. 프로이트가 제1차 세계대전을 겪은 군인들을 대상으로 분석 작업을 시작했을 때, 그는 지나간 일이 과거에만 머물지 않는다는 간단하지만 통찰력 있는 사실을 발견했다. 퇴역군인들은 악몽이나 플래시백(flash-backs: 트라우마 기억이 갑자기 떠오르는 현상)으로 떠오르는 전쟁 장면을 생생하게 반복적으로 경험하고 있었다. 되돌아온 과거는 정신적으로나 육체적으로나 군인들을 다시 전쟁터로 몰아넣었다. 퇴역군인들의 몸은 마치 곧 위험이 닥칠 것처럼 긴장했다. 그들은 단순히 과거를 기억하는 것이 아니라, 현재에서 과거를 재현하고 있었다. 이러한 퇴역군인들에게는 과거와 현재라는 시간이 왜곡되어 있었기에 프로이트는 당황했다. 악몽과 현실이 구분되지 않았기 때문에, 악몽은 아주 심각한 정신적 고통의 원인이 되었다.

이때까지만 해도 프로이트는 꿈이란, 그 꿈이 무서운지 즐거운지를 떠나, 욕망을 충족하려는 무의식의 시도라고 해석했다. 프로이트에게 꿈은 특정한 욕망을 실현시키려는 마음의 의도를 나타내는 것이었다. 그러나 트라우마로 인한 플래시백은 이런 그의 이론에 문제를 제기했다. 퇴역군인들에게 되돌아오는 것은 그들이 욕망하는 것이 아니었다. 오히려 그들이 원치 않는 것이고, 오랫동안 그들을 괴롭히는 것이었다. 플래시백을 경험하는 사람은 걷잡을 수 없는 두려움 속

자기가 경험한 사건의 상황으로 되돌아가게 하는 특징이 있다. 이런 상황에서 내담자는 공포 때문에 잠에서 깬다. 이것이 사람들을 놀라게 한다. … 우리는 다른 것들과 마찬가지로 꿈의 기능이 이런 트라우마 상황에서 왜곡되고, 원래 꿈의 목적에서 벗어났다고 주장할 수도 있다. 아니면, 우리는 자아의 이상한 피학적 경향을 고찰해야 할지도 모른다" (7-8). 또한 다음을 볼 것. Cathy Caruth, *Unclaimed Experience: Trauma, Narrative and History* (Baltimore: Johns Hopkins University Press, 1996), 16-18.

으로 빠져든다. 플래시백은 단지 끔찍한 과거 경험을 재생하는(replaying) 것만이 아니라, 마치 과거에 알지 못했던 일을 새롭게 경험하게 만드는 것처럼 보였다.

프로이트가 관찰한 이러한 '재발'(returns)은 트라우마의 이중구조를 이론화하는 근거가 되었다.10) 프로이트가 연구했던 참전 군인들은 과거의 경험으로 인한 증상들을 보였고, 앞서 언급한 '재발' 역시 극심한 고통을 드러냈다. 참전 군인들은 실제로 전쟁을 경험했고, 후에 플래시백을 통해 다시 그것을 겪었다. 프로이트는 트라우마의 고통은 현재와 과거라는 두 시간이 뒤죽박죽 섞인 상태에서 비롯된 것이 아닐까 생각하기 시작했다. 그는 참전 군인들이 경험하는 고통은 그들이 파악하지 못했던 사건, 다시 말해서 그들이 이해하지 못했던 사건에서 비롯된다는 사실에 주목했다. 트라우마는 지나간 과거 속에 있는 것이 아니라, 트라우마 사건과 그 사건에 대한 사후 각성 사이에 있다. 고통은 트라우마 사건 당시에 경험한 끔찍했던 충격으로만 존재하지 않고, 미처 당시에는 알아차리지 못했던 충격으로도 남아 있다. 프로이트는 참전 군인들이 이렇게 뒤늦은 고통을 겪고 있다고 말했다.

단편적인 환영이나 플래시백, 혹은 느닷없이 나타나는 증상으로 되살아나는 트라우마 사건은 그 사건의 원래 상황에서 벗어나 삶에 끼어든다. 부지불식중에 죽음이 다시 찾아오고, 삶은 당혹스러운 죽음과 계속해서 얽히게 된다. 당사자가 트라우마 사건을 인식하는지,

---

10) 프로이트에 대한 자크 라캉과 캐시 카루스의 해석은 이런 주제를 발전시킨다. 특별히 다음 책을 볼 것. Caruth, *Unclaimed Experience*, and Jacques Lacan, *The Four Fundamental Concepts of Psycho-Analysis* (New York: W. W. Norton & Company, 1981).

그렇지 않은지는 중요하지 않다. 트라우마 사건은 과거, 현재, 미래로 이어지는 시간의 궤적을 뒤죽박죽으로 만드는 방식으로 현재에 존재하게 된다. 현재까지도 참전 군인들은 여전히 **과거에** 있었다. 이런 경험은 그들을 오랫동안 괴롭혔고, 현재의 삶은 되살아나는 트라우마의 위협 아래 놓이게 되었다. 우리는 트라우마가 단지 과거를 처리하는 능력만 망가뜨릴 뿐 아니라, 미래를 마음속에 그리는 일까지 어렵게 만든다는 것을 짐작할 수 있다. 트라우마를 겪은 사람의 모든 계획 능력은 과거가 만들어낸 것들로부터 자기를 보호하는 일에 집중하게 된다.

이런 원치 않는 재발(returns)을 연구하면서 프로이트는 자기의 핵심 이론 몇 가지를 수정했다.[11] 전쟁 신경증의 핵심은 알지 못하는 경험이 되살아나는 달갑지 않은 현상이다. 과거의 사건들이 과거에 머물러 있지 않는다. 우리는 기억 속에서, 혹은 기억할 수 있는 능력을 통해 과거와 관계를 맺는다. 그러나 프로이트가 만난 참전 군인들은 지난 사건들을 기억하지 못했다. 그 대신 엄습해오는 과거의 편린들이 그들의 삶을 흔들었다. 프로이트는 경험이 가진 기이한 특성에 대해 알게 되었는데, 그것은 한 사건이 의식적 경험 속에 기록되지 않으면서도 엄청난 파괴력을 갖는다는 사실이다. 결국 자신의 경험이 되살아나는 것임에도, 당사자는 전혀 경험하지 못했던 것처럼, 또 전혀 알지 못했던 것처럼 그 사건을 다시 경험한다.

남아 있는 고통은 몸과 언어의 관계도 바꿔버린다. 우리는 복잡한 신체 활동을 통해 이 세상에 존재한다. 우리는 몸을 통해 이 땅에 발을 딛고 살아간다. 트라우마를 겪는 사람의 몸은 가능한 모든 방법

11) 프로이트의 꿈의 이론과 죽음 욕동 이론(death-drive theory)을 말한다.

을 동원하여 위협에 저항하려 한다. 기본적인 신체적 능력으로는 트라우마의 충격을 감당할 수 없고, 현실 세계에 반응하여 몸을 통제하는 능력은 심각하게 망가진다. 20세기 들어 트라우마에 대한 신경생물학적 연구가 활발해지면서, 감당하기 어렵도록 끔찍한 경험이 인간의 기본적인 생명활동을 어떻게 변화시키는지 전보다 더 정확하게 추적할 수 있게 되었다. 우리가 가장 주목해야 할 것은 몸이 인식 작용과 의식을 벗어나는 방식으로 트라우마를 경험한다는 사실을 보여주는 연구이다. 몸이 엄청난 스트레스에 반응할 때, 뇌의 일부 영역이 정지된다. 평범한 상태에서 인간의 감각은 대뇌 변연계와 전전두엽 피질 기능의 협업으로 수용되고 표현된다. 하지만 트라우마로 인한 충격은 대뇌 변연계의 기능을 제한하고, 그 결과 시스템을 중지시켜 경험 언어와 의미를 관장하는 전전두엽 피질로 경험이 전달되지 못한다. 이 연구는 우리 몸이 인식을 통해 알게 된 것을 기억나지 않게 하는 방식으로 트라우마의 흔적을 간직한다는 점을 보여준다.[12)]

트라우마의 세 번째 양상은 언어를 사용하여 트라우마 사건과 그 영향을 기억하는 능력을 잃어버리는 것이다. 인간에게 언어는 경험을 이야기하는 수단이며, 다채롭고 상상력 넘치는 방법으로 이 세계를 해석하는 도구다. 이 사실은 트라우마의 신체적 영향에 대한 통찰과 밀접한 관련이 있다. 많은 경우에 트라우마를 겪게 되면 말하는 능력이 위축되고, 이런 말하는 능력의 장애가 트라우마로 고통받는 사람

---

12) 다음 글들을 볼 것. Bessel van der Kolk, "The Body Keeps the Score: Approaches to the Psychobiology of Posttraumatic Stress Disorder," in *Traumatic Stress: The Effects of Overwhelming Experience on Mind, Body and Society* (New York: Guilford Press, 1996), Bessel van der Kolk and Otto van der Hart, "The Intrusive Past: The Flexibility of Memory and the Engraving of Trauma," in Caruth, *Trauma.*

의 고립감을 심화시킨다. 트라우마의 고통은 한 인간의 자의식 형성에 반드시 필요한, 신뢰 관계를 바탕으로 한 사회적 삶을 망가뜨린다. 언어는 사람들을 연결하는 가장 중요한 수단이다. 트라우마를 다루는 대부분의 치료과정에서 이야기의 회복은 치유에 필수적이다. 트라우마에 대해 말하기가 어려울 수도 있지만, 말없이도 트라우마를 표현하고 그것에 대해 소통할 수 있다. 애니 로저스(Annie Rogers)는 청소년들에 대한 주목할 만한 연구를 남겼는데, 그 연구에서 그녀는 트라우마의 언어는 "말로 표현되지 않는 언어"라는 것을 밝혀냈다.[13] 트라우마의 언어는 다른 형식의 언어다. 또한 다음 세대로 대물림되는 트라우마를 연구하면서 우리는 어떤 사건이 말을 통하지 않고서도 다른 사람에게 전해질 수 있다는 사실을 알아냈다. 이야기되지 않은 사건의 조각들이 가족에게 어떤 증상을 나타낼 수 있다. 이런 현상은 트라우마 사건이 말을 통하지 않고서도 전달될 수 있다는 것을 시사한다.

앞서 언급한 각각의 양상들은 사람들과 공동체로 하여금 파울 첼란(Paul Celan)이 말한 "세상이 사라져 버린" 후에 세상 속에서 살아가고, 그 속에서 의미를 찾는 길에 대해 이야기한다.[14] 세상이 끝난 후에는 다른 세상이 나타난다. 우리가 알던 세상이 끝장난 후, 무엇이 남을까?

---

13) Annie Rogers, *The Unsayable: The Hidden Language of Trauma* (New York: Random House, 2006).

14) 자크 데리다의 다음 책 속에 나오는 'Rams'를 참조할 것. Jacques Derrida, *Sovereignties in Question: The Poetics of Paul Celan*, ed. Thomas Dutoit and Outi Pasanen (New York: Fordham University Press, 2005). 데리다는 "세상은 사라졌습니다. 이제 제가 당신을 데리고 가야 합니다."라는 파울 첼란의 시 한 구절을 분석한다. 이것은 생존에 대한 대단히 흥미로운 이야기이다.

증언

여전히 남아 있는 고통을 우리는 어떻게 목격하고 증언할 수 있을까? 정신분석가 도리 라웁(Dori Laub)은 홀로코스트 생존자들의 치료 과정을 설명하면서, 몇 가지 다른 증언의 자리를 소개한다. 첫째, 생존자는 자기의 생존 경험을 목격하고 증언한다고 말한다. 이 이야기를 하는 라웁 역시 홀로코스트 생존자였다. 둘째, 생존자들의 증언을 듣는 사람 역시 생존자들의 생존 경험을 목격하고 증언하게 된다. 라웁이 말하는 증언의 세 번째 자리는 "증언 그 자체가 증언되는" 과정이다.[15] 라웁은 다음과 같이 이야기한다. "나는 이야기하는 이와 그것을 듣는 내가 어떻게 경험에 다가섰다가 물러서기를 반복하는지를 관찰했다. 나는 말하는 사람이나 듣는 사람 모두가 도달하려는 진실이 있다고 느꼈다. 이 느낌은 우리에게 등대 역할을 했다."[16] 라웁은 상당히 복잡한 진술 과정을 밝힌다. 말하는 행위와 듣는 행위는 단순하게 구별되지 않으며, 트라우마를 진술하는 데는 명확한 내부자와 외부자의 구분도 존재하지 않는다. 이러한 세 번째 증언 개념은 남아 있는 경험을 목격하고 증언하는 데 관여하는 우리의 기본 개념들이 설명할 수 없는 고통으로 흔들리는 상황을 보여준다. 생존자의 이야기를 듣는 사람뿐 아니라, 생존자 스스로도 자신의 경험에 대해 아는 바가 많지 않다. 라웁에 따르면, 이런 세 번째 측면은 앞서 언급한 기이한 현상들뿐만 아니라, 직접 이야기되기를 끈질기게 거부하지만 동시에 절박함을 담고 있는 경험을 다루고 받아들이는 과정을 포

---

15) Dori Laub, "Truth and Testimony," in Caruth, *Trauma*, 62.
16) Ibid.

함한다. 이 경험은 "생각이나 기억, 혹은 이야기 안에" 온전히 담기는 것을 거부하지만, 이야기해야만 하고 들어야만 하는 절박함을 내포하고 있다.17)

20세기 후반기에 '증언'이라는 용어의 의미는 크게 변화되었다. 역사 속에서 대규모로 일어난 극악무도한 사건들에 대한 반응이었다. 홀로코스트는 잔혹하면서도 연약한 인간의 본성을 모두 담고 있었다. 홀로코스트의 여파 속에서 제기된 질문은 우리가 역사적 사건에 대해 설명하고 논의하는 방식에 문제를 제기했고, 그것을 완전히 재구성했다. 홀로코스트를 통해 심각한 인간성 파괴가 드러났고, 고통을 둘러싼 담론은 새로운 국면을 맞이했다. 이런 엄청난 사건과의 새로운 관계를 설명하기 위해 '증언'(witness)과 '진술'(testimony)이라는 용어가 도입되었다.

트라우마 현상에 대한 관심이 늘면서, 우리는 증언을 보다 생생하고 다층적으로 이해하게 되었다. 이것은 **명확하지 않은**(thick) 증언이다. 우리에게 크나큰 고통을 안겨준 사건들은 우리가 그 고통 속에서, 그리고 그 여파 속에서 어느 정도로 고통을 인식하지 못했는지 드러냈고, 그 결과 우리가 단순하게 이해했던 증언은 보다 폭넓은 개념이 되었다. 우리가 고통을 인식하기 위해서는 그것이 사람과 공동체에 끼친 영향을 다시 살펴보아야 하고, 그 고통과의 관계 속에서 우리 자신을 다르게 정립해야 한다. 작가 엘리 위젤은 홀로코스트 생존자이다. 위젤은 누구보다 대규모 잔학 행위를 목격한 증인이 된다는 것이 어떤 의미인지를 잘 그려냈다. 그의 소설들과 에세이는 홀로코스트 생존자의 경험을 묘사한다. 위젤은 증인이라는 용어를 통해 상상

---

17) Ibid., 63.

할 수도 없이 비윤리적인 사건이 빚어낸 극심한 고통과의 관계를 분명하게 설명한다. 위젤을 비롯한 홀로코스트를 다룬 작가들에 의해 '증언'은 좀 더 무게 있는 용어가 되었다. 이 용어를 사용하여 그들은 우리 개개인을, 혹은 우리 모두를 죽음 사건과 연결시킨다. 홀로코스트를 다룬 작가들은 일상적인 사건을 목격하는 것과 앞서 언급한 대규모의 죽음 사건을 목격하는 것이 어떻게 다른지 밝혀낸다. 홀로코스트와 같은 사건은 그것을 목격하고 증언하려는 사람에게 불가능한 요구를 하게 된다.

'목격하다'(to witness)의 사전적 정의는 보다, 바라보다, 지켜보다 등이다. 증인(a witness)은 지켜보는 사람이다. 재판에서 증인은 다른 이의 행동이나 다른 이와 관련된 사건에 대해 증언하는 사람이다. 이 경우 '증언'은 진실에 도달하는 것과 관련이 있다. 엄청나게 끔찍한 상황을 생각해보면, 이런 '증언'의 정의는 충분하지 못할 뿐더러 다소 빈약하다. 트라우마 속에서, 증언의 대상은 충격과 혼란 속에 있다. 뿐만 아니라, 우리가 그 대상을 발견하거나, 기억하거나, 인식하기 어려울 때가 많다. 끔찍한 홀로코스트의 증인이 되는 것은 명확히 볼 수 없는 자리에 서는 일이고, 사건의 증거를 완벽하게 파악할 수 없는 자리에 서는 일이다.[18] 이것은 증언할 수 없는 증언(an unwitness-able witness)이다.

---

18) 클라우드 란츠만(Claude Lanzmann)의 '쇼아'(*Shoah*)라는 제목의 영화를 평론하면서, 쇼샤나 펠만(Shoshana Felman)은 사건의 증거가 의도적으로 삭제되었을 때, 보는 것과 제 3 자로 존재하는 것의 어려움을 설명한다. 이러한 삭제는 다른 종류의 보기를 가능케 한다. 아래의 책을 참조할 것. Shoshana Felman, "The Return of the Voice: Claude Lanzmann's *Shoah*," in Shoshana Felman and Dori Laub, *Testimony: Crises of Witnessing in Literature, Psychoanalysis, and History* (New York: Routledge, 1992), 206-11.

위젤은 자기 경험에 비추어 증언 개념을 확립했고, 다양한 증언의 자리를 설명하기 위해 이 용어를 확장하기도 했다. 그가 말하는 다양한 증언의 자리는 생존자의 역할에서부터, 제2차 세계대전과 홀로코스트의 경험으로부터 한 걸음, 두 걸음, 세 걸음 떨어진 이들의 역할까지 포함한다. 물론 이렇게 다양한 자리에서의 경험에 따라 증언의 모습은 뚜렷이 달라지지만, 증언이란 용어 자체는 개인과 집단이 역사와 새롭게 관계를 맺는 방식을 설명하는 것이 되었다. 이러한 새로운 관계는 복잡하고 다층적이다. 위젤에게 증언은 언어와의 새로운 관계를 묘사하기도 한다. 위젤은 증언 문학(a literature of testimony)이라는 새 장르가 탄생했다고 선언했다. "그리스인들이 비극을, 로마인들은 서간 문학을 만들어냈고 르네상스 시대 사람들이 소네트라는 정형시를 발명했다면, 우리 세대는 증언 문학이라는 새 장르를 창조해냈다."[19] 이 장르의 독특함은 잔학 행위를 경험한 후 그에 대한 진실을 말하기 위해 애썼다는 것과, 이를 위해 적절한 형태의 언어를 찾기 위해 고심했다는 데 있다. 위젤은 반드시 목격하고 증언해야만 한다는 절박함이 이 장르의 핵심 요소라고 했다. 증언 문학은 잔학 행위를 목격하고 기록하여 다시는 그런 일이 반복되지 않도록 애쓰기 위한 윤리적 몸부림에 언어가 필요하다는 것을 인식했다.[20] 이럴

19) Elie Wiesel, "The Holocaust as a Literary Inspiration," in *Dimensions of the Holocaust* (Evanston, IL: Northwestern University Press, 1977), 9.

20) 칼리 탈(Kali Tal)의 트라우마 문학에 대한 설명을 참조할 것. "트라우마 문학은 트라우마 경험을 이야기하고, 다시 이야기하라는 요청에서 쓰여진다. 이는 트라우마 경험을 희생자와 공동체 모두에게 '실재'하게 만들기 위함이다"(Tal, *Worlds of Hurt*, 21). 모리스 블랑쇼(Maurice Blanchot)는 이런 작업을 말과 연관 지어 씨름한다. 그는 끔찍한 사건의 여파 속에서 언어와의 새로운 관계를 보여준다. 끔찍한 사건을 글로 표현해 내기 위해서는 다른 방식의 글쓰기가 필요하다. Maurice Blanchot, *The Writing of the Disaster*, trans. Ann Smock (Lincoln: University of Nebraska Press, 1995, 『카오스의 글쓰기』, 그린비)

때 증언은 미래의 폭력을 막는 수단이 된다. 증언의 형태와 증언이 요구하는 바는 트라우마 연구에서 새롭게 표현된다. 트라우마의 치유는 증언 없이 불가능하다. 그럼에도 트라우마의 특이한 역학 관계는 증언을 독특한 방식으로 이해한다. 쇼샤나 펠만(Shoshana Felman)은 홀로코스트 이후의 세계에서 우리의 역사 이해를 재정립할 수 있는 길을 제시한다. 그녀는 이렇게 묻는다. "현대의 내러티브가 단순히 홀로코스트의 영향을 증언하는 것이 아니라, **홀로코스트라는 역사**의 충격이 바꾸어 버린 역사와 내러티브 사이의 관계를 역사적으로 증언할 수 있을까?"[21]

홀로코스트 이후 트라우마에 대한 연구가 급증하면서, 인간에게 닥친 말로 표현할 수 없는 끔찍한 사건을 어떻게 증언할 수 있을지에 대한 보다 복잡하고 절박한 질문이 제기되었다. 라웁은 홀로코스트 생존자들을 심리치료하면서 겪었던 도전에 대해 폭넓게 글을 써왔다. 라웁은 트라우마를 이야기하는 사람뿐 아니라 트라우마에 대해 듣는 사람에게도 심리치료가 필요하다고 말한다. 말하기와 듣기의 복잡한 특징들은 라웁이 "증언의 붕괴"(a collapse of witnessing)라고 정의한 개념에서 잘 드러난다. 트라우마를 증언하는 일은 주로 트라우마의 시간적 딜레마 때문에 발생하는 간극을 가로질러 말하고 듣는 일을 수반한다.[22] 말하는 사람이나 듣는 사람 모두가 어떤 특정한 방법으로 사건에 접근하거나 그 사건을 이해할 수 없을 때 새로운 이해가 시작된다. 정신분석가는 내담자의 트라우마를 목격하면서 인식론적 확실성이 붕괴되는 것과 직접적인 소통이 단절되는 것을 경험한다. 그렇

을 참조할 것.

21) Felman and Laub, *Testimony*, 95.

22) Laub, "Truth and Testimony," 68-69를 볼 것

게 알지 못하는 새로운 과정 속으로 빠져 들어간다.

주디스 허먼(Judith Herman)은 증언의 관점에서 트라우마 연구의 기틀을 마련했다. 1995년 출간된 허먼의 책 『트라우마』(*Trauma and Recovery*)는 여러 면에서 현대적 트라우마 연구의 시작이었다.[23] 허먼은 트라우마 경험을 설명하는 핵심 개념들을 정의하고, 트라우마에서 빠져나와 회복되는 길을 제시했다. 허먼은 트라우마를 증언하는 일이 치유의 첫 단계라고 이야기한다. 생존자는 세상과 반드시 다시 연결되어야 하며, 이런 재연결은 증언이라는 형식을 통해서만 가능하다. 허먼은 '증언'(witness)이라는 용어를 트라우마 연구에도 적용한다. "심리적 트라우마를 연구하는 일은 끔찍한 사건들을 목격하고 증언하는 것을 뜻한다."[24] 대중들이 트라우마를 널리 인식할 때도 있지만, 때로는 대중들의 인식 속에서 트라우마가 잊혀지기도 한다. 허먼은 트라우마 연구의 역사를 추적하면서 이런 현상에 주목한다. 트라우마 연구자는 지속적으로 우리의 이해를 벗어나는 현상을 목격하고 증언하는 사람이다. 결국 이 현상은 공적 담론에서 지속적으로 논란을 빚고, 잊혀지고, 덮여진다.[25] 트라우마 연구자는 아직 어둠 속에 있는 것들을 발굴하여 드러내는 사람이다.

위젤, 라웁, 허먼은 트라우마 경험을 증언한다는 것이 무엇을 의

---

23) Judith Herman, *Trauma and Recovery: The Aftermath of Violence – From Domestic Abuse to Political Terror* (New York: Basic Books, 1995). (최현정 역, 『트라우마 – 가정 폭력에서 정치적 테러까지』, 2012, 열린책들). 이 책에서, 허먼은 남성 참전 군인들의 경험과 히스테리 발작이라고 알려진 증상을 겪는 여성들의 경험을 연결시킨다. 두 경우 모두, 트라우마라는 현상은 특정 성별에 국한되지 않고, 폭력적 사건 이후에 나타나는 일련의 증상들에 의해 규정된다. 이런 사건은 처음 일어날 당시에 완벽하게 통합되지 않는 것이다.

24) Ibid., 7.

25) 이런 관점은 허먼의 책을 더 풍부하게 만든다. 허먼의 책 1장을 볼 것.

미하는지 간단히 설명한다.[26] 트라우마를 증언하는 일은 복잡하고 혼란스러운 과정이다. 이것은 죽음과 삶을 목격하고 증언하는 철저한 재구성 과정이다. 트라우마는 삶에 대한 우리의 이해를 산산이 부서뜨리기 때문에, 우리는 삶을 어떻게 정의해야 할지 묻게 된다. 시간, 신체, 언어 차원의 장애물을 고려할 때, 우리가 흔히 죽음과의 만남이라고 이해하는 차원을 빼고서는 삶을 해석하기 어렵다. 시간, 몸, 언어와의 관련 속에서, 삶의 개념은 크게 바뀌었다. 또 트라우마는 삶과 죽음의 경계가 허물어진 상태로 설명되곤 한다. 저널리스트 덱스터 필킨스(Dexter Filkins)는 그의 책 『끝나지 않는 전쟁』(*The Forever War*)에서 미 해병대의 팔루자 지상전에 동행했던 경험을 이야기한다. "삶과 죽음의 경계는 그곳에서 점점 모호해졌고, 결국 종이 한 장보다 더 얇고 투명하게 되었다. 삶에서 죽음까지 가는 데는 한 걸음도 필요 없었다. 때로는 죽음에서 삶으로 돌아가는 것도 마찬가지였다."[27] 총탄이 빗발치고 포탄들이 터지는 사이사이에 필킨스는 중얼거리는 군인들의 기도 소리를 들었다. 살아남은 이들이었다. 하지만 이제 삶은 이전과 전혀 달랐다. 그들에게 삶은 뭐가 뭔지 알 수 없고, 부서지기 쉬운 것이 되어버렸다.

---

26) 트라우마 연구는 유대주의 혹은 유대 역사와의 밀접한 관련 속에서 발전했다. 프로이트는 *Moses and Monotheism*에서 그가 이해하는 역사와 트라우마 개념을 유대인들의 역사와 연결한다. 홀로코스트 연구는 유대주의와 따로 떼어질 수 없다. 나는 이런 연구가 그리스도교 신학에 제시하는 지혜와 거기에 함축된 고발을 발견한다. 하지만 나는 그리스도교 담론이 부추기곤 하는 반유대주의 역사라는 문제도 놓치지 않는다. 나는 이 연구에서 내가 역사의 특정 측면을 생략하지 않았다고 믿는다. 홀로코스트 이후 유대교와 그리스도교의 성서 연구의 연관성에 대해 연구하려면 다음 책을 참조하라. Tod Linafelt, ed., *A Shadow of Glory: Reading the Bible after the Holocaust* (New York: Routledge, 2002).

27) Dexter Filkins, *The Forever War* (New York: Random House, 2008), 199.

데리다(Jacques Derrida)의 초기 저작 『살아감』(*Living On*)에는 "생존"이란 용어가 등장한다.28) 프랑스어 *survivre*는 문자 그대로 살아남은 것, 혹은 계속해서 살아가는 것으로 번역된다. 그러나 이 단어는 삶 자체를 넘어선다는 느낌을 준다. 이렇게 삶을 넘어서거나 혹은 삶을 넘어 흘러가는 것은 죽음을 경험할 때 나타난다. 실제로 죽음을 경험한 것이 아니라 하더라도, 트라우마 사건의 극단적인 차원은 마지막, 곧 죽음으로 경험된다. 살아남은 것은 죽음을 넘어선 상태가 아니다. 죽음은 생존자의 경험 속에 여전히 남아 있고, 죽음의 영향 아래 생존자의 삶은 바뀌게 된다. 죽음은 단 한 번이 아니라 지속적으로 삶에 영향을 끼친다. 트라우마를 겪은 사람은 삶과 죽음이 어느 한쪽으로 결론나지 않은, 둘 사이의 중간 영역을 살아간다. 트라우마 경험의 여파 속에서 삶을 상상하고 다시 만들어가는 일은 트라우마에서 살아남기 위한 도전이며, 이 도전은 죽음과의 만남을 제쳐 놓고는 상상할 수 없다. 시간, 몸, 언어라는 트라우마의 기이한 세 측면은 트라우마의 여파 속에서 앞으로의 삶을 내다볼 수 없을지라도, 죽음을 넘어서 버텨야 한다는 큰 도전을 나타낸다.

트라우마 치유의 가능성은 죽음과 삶의 이런 복잡한 관계를 증언할 수 있는지, 또 폭풍이 지난 후에도 끈질기게 계속되는 폭풍을 증언할 수 있는지에 달려있다. 트라우마의 치유를 도우려는 이들은 다음과 같은 질문에 직면한다. '늘 여기에' 있는 폭풍의 여파라는 현실을 신학자들이 어떻게 증언할 수 있는가? 나의 목표는 두 가지다. 첫째, 트라우마의 여파를 증언한다는 것이, 세계를 이해하기 위한 개념

28) Jacques Derrida, "Living On: Border Lines," in *Deconstruction and Criticism*, trans. James Hulbert (New York: Seabury, 1979), 75-176.

들이 산산이 부서진 상태 그 이후를 증언한다는 것이 무엇을 의미하는지 살피는 일이다. 트라우마가 우리가 가진 세상에 대한 기본 개념들을 파괴하고 나면 도대체 무엇이 남는가? 나는 트라우마를 남아 있음의 위기, 중간의 위기라고 지칭하며 데리다가 이야기한 "살아가기"(living on)란 용어를 다시 적용하려 한다. 이 위기는 죽음과 삶 사이, 즉 중간에서 살아가는 일이다. 남아 있기, 혹은 남아 있는 것의 이미지는 경험을 넘어서는 것, 끝장난 뒤에도 계속되는 것이다. 남아 있다는 것, 혹은 남아 있는 사람이 된다는 것은 트라우마에서 가장 중요한 문제이며, 여기에는 실존적인 무게가 실려 있다. "증언"(witness)은 "남아 있기"(remaining)와 짝하는 개념이다. 증언은 남아 있는 것, 즉 떠나가지 않는 고통을 향하는 것이다. 남아 있기와 증언이라는 용어는 내가 이 책에서 다룰 성서 전통과 신학 전통이 사용하는 언어와 이미지에 일맥상통한다. 두 번째 내 목표는 트라우마라는 렌즈를 통해 새롭게 표현되는 신학 언어가 어떻게 남아 있는 것을 증언하는지를 고찰하는 일이다. 이러한 증언의 언어(language of witness)를 통해 사랑, 하느님의 현존, 구원과 같은 개념들은 다시 정의된다.

트라우마를 이론화하기

최근 다시 떠오르는 트라우마 용어와 이론들은 우리가 20세기에 겪은 일들에 대한 오래된 질문을 다시 생각하게 했다. "남아 있는 고통을 우리는 어떻게 설명할 수 있을까?"라는 질문이다. 트라우마 연구의 분수령이라 할 수 있는 주디스 허먼의 『트라우마』(*Trauma and Recovery*)는 트라우마 연구의 역사를 처음으로 개괄했다. 허먼은 19세기부터 시작된 히스테리 여성에 대한 샤르코(Charcot)와 프로이트의 초기 연구에서부터 지금까지의 트라우마 연구들을 다룬다. 프로이트가 처음으로 트라우마에 대한 분석을 시작했기에 정신분석 모델은 트라우마 경험을 해석하는 기준이 되었다. 히스테리 여성들과 제1차 세계대전 참전 군인들에 대한 프로이트의 분석은 우리가 사용하는 트라우마 관련 용어의 기초가 되었다. 이런 개괄적인 역사 속에서 허먼은 트라우마 현상의 본질을 규명하기 위해 히스테리 여성들, 참전 군인들, 성적학대 생존자들의 경험을 연결한다.

허먼이 이렇게 트라우마 연구의 역사를 개괄적으로 설명하면서 얻은 중요한 소득은 트라우마 연구가 정신분석의 영역을 벗어났다는 사실이다. 말하자면, 트라우마 연구가 전문적인 치료 영역에만 머무르지 않고, 문학, 역사, 정치, 종교 등 여러 영역으로 확장되었다는 것이다. 이제 트라우마 연구는 더 이상 심리치료사나 정신분석가, 혹은 사회과학이나 의학 분야에서 일하는 사람들만의 전유물이 아니다. 다양한 학문들이 트라우마의 폭력적인 특성과 그 영향을 사회, 역사, 정치적 차원에서 이해하고 분석하기 시작했다. 서유럽의 개인에게 국한되었던 트라우마 연구에 대한 이미지는, 우리가 겪은 폭력적 경험의 다양한 수준을 분석하고 그 경험이 공동체, 기관, 국가, 국제 사회에 끼친 영향을 분석하는 일까지 포함하는 것으로 확장되었다. 단지 하나의 독립된 존재가 폭력적 사건을 경험하는 것이 아니라, 공동체, 기관, 국가가 폭력적 사건을 경험한다. 그리고 이러한 끔찍한 경험의 증상들을 분명히 나타낸다.

저항할 수 없이 우리를 짓누르고, 사건에 적응하는 능력을 마비시키며, 경험을 삶의 일부로 통합하기 힘들게 만드는 것이 바로 트라우마가 지닌 주된 파괴적 힘이다. 이는 보다 넓은 차원에서 해석될 수 있다. 한 국가에서 살아갈 때, 우리 삶은 트라우마 사건을 중심으로 재편된다. 폭력적인 역사가 반복된다. 베트남 참전 군인들을 연구했던 로버트 제이 리프턴(Robert Jay Lifton)은 전쟁으로 인한 트라우마의 분석을 넘어, 끝없는 전쟁과 폭력의 악순환으로 트라우마가 반복되는 정치적 현실을 폭로했다. 만약 폭력적인 상황을 겪었던 경험이 제때 통합되지 못하면, 그 경험들은 다른 시간에 다른 형태로 드러나게 된다. 리프턴은 한 전쟁에서 해결되지 않은 것은 다음 전쟁의 씨앗이 된다고 말한다. 통합되지 않은 베트남 전쟁의 파편들은 겉모습만 살짝 바뀐 채 걸프전에 다시 등장했다. 개별적 자아(an individual self)를 재구성하려는 노력은 국가적 자아(a national self)를 재구성하려는 노력으로 바뀌었다.[29] 미국의 노예제도와 인종차별에 대한 연구는 끊임없이 가려지며 묻혀지는 역사적 진실 속에 되풀이되는 트라우마의 순환(the cycle of traumatic repetition)을 지적한다. 허리케인 카트리나에 대한 분석이 우리에게 시사하는 바는 카트리나로 인한 트라우마를 단순히 끔찍한 자연재해에서 비롯된 것으로만 보아서는 안 된다는 사실이다. 카트리나의 트라우마는 폭풍이 덮치기 아주 오래 전부터 긴 세월 동안 광범위하게 지속되어 온 억압적 구조 속에 내재

29) "일차적으로 이것은 논리적이나 의식적 과정이 아니다. 그렇기 때문에 트라우마를 겪은 사람은 자기에게 일어난 일에 대해 마음속으로나 무의식적으로 어떻게 일관성을 유지할는지, 어떻게 그것을 수용할 것인지, 어느 정도로 그것에 맞설는지를 고심하게 될 것이다. 이것이 트라우마의 모든 것이다."(Cathy Caruth, "An Interview with Robert Jay Lifton," in Caruth, *Trauma*, 137.) Robert Jay Lifton 의 다음 책들도 볼 것. *The Broken Connection: On Death and the Continuity of Life* (New York: Simon and Schuster, 1979); *Superpower Syndrome: America's Apocalyptic Confrontation with the World* (New York: Thunder's Mouth Press/Nation Books, 2003).

되어 있었다.

트라우마를 해석하는 이론들은 트라우마의 핵심인 "증언의 붕괴"(collapse of witnessing)를 진지하게 고민하려고 애썼다.[30] 만약 어떤 사건이 일어났을 당시에 그 사건을 어떤 식으로든 그냥 지나쳤다면, 다시 그 사건에 접근하는 일은 큰 도전이다. 다양한 분야의 연구들이 과거의 사건에 직접적으로 수월하게 접근하지 못하는 것이 의미하는 바를 인식하기 시작했다. 트라우마를 설명하는 방법은 이해하고 해석하는 것에서부터 증언하고 진술하는 것으로 바뀌기 시작했다. 이런 변화는 폭력적인 사건과의 복잡한 관계를 고려한 것이다. 예를 들어, 과거가 현재를 침범하는 것으로 설명되는, 트라우마 경험이 되풀이해서 나타나는 현상은 우리가 역사를 이해하고 해석하는 방법과 무슨 상관이 있는가? 직접 과거에 접근할 수 있는 방법이 산산이 부서졌을 때, 질문은 다음과 같이 바뀌게 된다. '우리는 과거의 사건을 어떻게 증언할 수 있는가?' 지속적인 폭력이 엄연히 존재하는 현실은 세계와 우리의 관계를 설명하는 전제를 뒤집었기 때문에, 과거 사건을 설명하는 방법도 변화될 수밖에 없다. 우리가 살고 있는 세계에서의 지식, 진실, 경험은 갑자기 변화되어 우리는 더욱 흔들리기 쉬운 상황에 놓이게 된다. 트라우마의 고통이 남아 있는 현실 속에서 '증언'은 우리와 다른 사람들 간의, 그리고 우리와 사건 간의 복잡한 관계를 설명하는 용어가 된다.

1990년대 중반에서 후반까지, 학자들은 트라우마 현상을 이해하기 위해 학문 간의 경계를 넘나드는 연구를 시작했다. 그 결과 트라

---

30) 카루스는 다음과 같이 말한다. "그래서 트라우마 사건을 다시 경험하는 것은 도리 라웁이 '목격과 증언의 붕괴'라고 부르는 것을 가져온다. 이는 사건을 구성하는 것을 당시에는 알 수 없는 현상이다."

우마에 대한 학제간 연구를 담은 책들이 출간되었다.[31] 트라우마는 여러 학문들이 굳게 신뢰했던 개념들에 의문을 제기했다. 트라우마를 진지하게 연구하는 학자라면, 지금까지 자기가 고수했던 주장에서 벗어나, 진실, 경험, 지식에 대한 가장 중요한 전제들을 다시 생각해야 한다. 카루스의 표현을 빌리면, 학자들은 "트라우마 경험의 철저한 혼란과 간극(radical disruptions and gaps)을 통해" 듣기 시작했다.[32] 학자들은 머리를 맞대고 다음과 같이 물었다. "트라우마로 인해 언어와 의미가 산산이 부서져버린 상황에서, 우리는 어떻게 이야기하고 기록하며, 전하고 가르칠 수 있을까?" 다양한 학문 영역에서, 트라우마 생존자들의 말문이 막히는 경험은 언어의 불안정함을 드러낸다. 학제간 연구를 담은 책들은 이런 역설을 중점적으로 다루게 되었다. 학자들이 트라우마 연구를 위해 학문간 경계를 넘나들기 시작한 이유는 단지 개인의 고통을 설명하기 위해서만이 아니라, 트라우마가 수많은 이들이 경험하는 고통의 역사의 순환들(cycles of history)에 대해 말하는 방식들도 설명하기 위해서였다.

트라우마를 이론화하는 작업은 홀로코스트 연구와 문학적 해체가

---

31) 카루스의 책과 함께 다음 저작들도 참고할 것. Bessell A. van der Kolk, Alexander C. McFarlane, and Lars Weisaeth, eds., *Traumatic Stress: The Effects of Overwhelming Experience on Mind, Body and Society* (New York: Guilford Press, 1996); Marion F. Solomon and Daniel J. Siegel, eds., *Healing Trauma: Attachment, Mind, Body and Brain* (New York: W. W. Norton & Company, 2003); and David L. Eng and David Kazanjian, eds., *Loss: The Politics of Mourning* (Los Angeles: University of California Press, 2003).

32) "그런 진리의 위기는 개인의 치유의 문제를 넘어, 이 시대를 사는 우리가 어떻게 우리 자신의 역사적 경험과 역사에 접근할 수 있는지 묻는다. 여기서 역사는 진실에 대한 직접적 접근이 불가능한 역사적 경험의 위기이다"(Caruth, *Trauma*, 6).

만나는 곳에서 탄생했다. 특별히 1992년 도리 라웁과 쇼샤나 펠만이 함께 쓴 『증언: 문학, 정신분석, 역사 속에서의 증언의 위기』(*Testimony: Crisis of Witnessing in Literature, Psychoanalysis, and History*)가 그 대표적인 예다. 예일대 문학 교수 펠만과 의과대학원 정신과 교수 라웁은 역사적 사건들을 증언하는 일이 뜻하는 바를 연구하고, 이를 홀로코스트와 연결시켰다. 그들은 치료적 글과 문학적 글을 넘나들며, 역사와 그 흔적을 현재에서 새롭게 만날 수 있는 길을 보여 주었다. 펠만처럼 역사와 문학 사이의 관계를 다시 생각했던 문학 연구자들도 각자의 자리에서 같은 방식으로 기여했다.

문학 작품들은 트라우마의 시간성(the temporality of trauma)에 대한 프로이트의 통찰을 집중적으로 다루고, 이를 통해 프로이트에 대한 재해석을 시도했다. 캐시 카루스는 트라우마의 시간성에 대한 프로이트의 견해를 언급하며 다음과 같은 '특이한 역설'(peculiar paradox)을 발견한다. "트라우마 현상의 역설은 현실과의 가장 큰 대면이 현실 감각의 완전한 마비로 나타날 수 있다는 것이다. 또한 이런 현실과의 대면은 아주 역설적이게도 뒤늦게 이루어지기도 한다."[33] 문학 이론에서 트라우마의 시간적 구조는 특정한 상황을 언어를 통해 직접 나타낼 수 없는 표현의 위기와 밀접하게 연결된다. 하지만 그 시간적 구조는 동시에 트라우마 현장에서 표출되는 증언에 대한 요구를 지적하는 것이기도 하다. 트라우마 현상은 경험과 그 경험에 대한 우리의 표현을 단순하게 연결시키는 것이 불가능함을 말하지만, 동시에 증언이라는 새로운 생존의 언어가 반드시 필요하다는 것을 강조하기도 한다.[34]

---

33) Ibid.

문학 연구자들은 해체의 윤리적, 정치적 측면을 설명했다. 이들의 연구는 "해체는 필연적으로 정치적, 도덕적 마비로 이어진다"는 해체주의 사상가들—이를테면 폴 드 만(Paul de Man), 자크 데리다(Jacques Derrida) 같은—에 대한 흔한 비판을 다룬다.[35] 카루스는 『비판적 만남』(*Critical Encounters: Reference and Responsibility in Deconstructive Writing*)이란 책 서문에서, 해체주의의 문제였던 텍스트와 현실과의 관계가 그동안 잘못 해석되었던 방식을 밝히며, 해체주의에 대한 비판을 언급한다. 해체주의 사상가들은 언어가 지시하는 대상을 뜻하는 지시체(reference)라는 개념을 거부하지 않는다. 오히려 카루스의 주장처럼 그들은 지시체를 "인식과 이해의 법칙"과 따로 구분하여 다시 고찰한다.[36] 그녀는 다음과 같이 말한다.

> 해체 이론은 지각 모델이나 인지 모델을 지시체와 구분한다. 그렇기 때문에 해체 이론에 의한 분석은 지시체를 제거하기보다는 지시체가 **이해**(knowledge)로 존재하지 않을 때 어떻게 그것을 인식할

34) 이런 표현의 위기는 해체주의 문학의 자연스런 배경이 되며, 이것은 현실을 표현하기에 부족한 어휘를 강조하는 문학 비평 장르를 통한 접근이다. 트라우마는 이런 표현의 위기를 전형적으로 보여준다. 트라우마 이론의 출현은 대개 예일 대학 출신의 이 분야의 문학 이론가들과 연관이 있다. 1980 년대 후반, 폴 드 만(Paul de Man), 그리고, 후에 자크 데리다(Jaques Derrida)가 예일대 영문과에서 활동했고, 그렇기 때문에 예일대는 미국화 된 해체주의 문학 비평 학파의 본산으로 여겨졌다. 문학 이론가들에게는 문학 속에서의 직접적인 표현에 대한 해체주의의 비평이 표현되기를 거부하는 현실 경험을 위한 공론의 장이 되었다. 이런 전개는 대학에서의 홀로코스트 연구의 출현에 부합했다. 예일대학은 홀로코스트 생존자들을 연구하는 기관으로 '홀로코스트 비디오 기록 보관소'와 '예일 정신의학 연구소'를 두고 있다.

35) Caruth, *Unclaimed Experience*, 181.

36) Cathy Caruth and Deborah Esch, *Critical Encounters: Reference and Responsibility in Deconstructive Writing* (New Brunswick, NJ: Rutgers University Press, 1995), 2.

수 있는지를 살핀다. 해체 이론을 바탕으로 한 저작들의 충격이 놓인 자리에는 놀랍게도 **인식으로 온전히 파악될 수 없는** 것들과 지시체가 나란히 놓인다.[37]

카루스는 이 글에서 트라우마라는 단어를 직접 사용하지 않는다. 하지만 이후에 그녀의 트라우마에 대한 글 모음집에 폴 드 만에 대한 글을 확대해서 실어 놓았다. 트라우마는 "**인식으로 온전히 파악될 수 없는 것**"에 대해 말한다.[38] 카루스에게는 드 만, 데리다, 프로이트를 비롯한 여러 사상가들의 저작들이 인식으로 파악될 수 없는 경험을 증언하는 텍스트이다. 카루스는 지시체가 계속해서 작동하지 않는 상황들을 추적한다. 지시체는 이런 상황 속에서 새로운 것이 된다. 카루스는 "이렇게 하여 **해석**과 **확실성** 사이의 연결이 끊어진 가운데, [이 글들은] 이해가 불가능한 상황에서 지시체가 작동 가능하게 한다"고 말한다.[39]

이렇게 해체주의 저작들이 다루는 지시체의 기능 장애는 카루스와 다른 사상가들의 저작들 속에서 급격히 새로운 형태를 갖게 된다. 이들은 문학 작품을 해석하면서 지시체가 작동하지 않는 이런 상황이 동시에 트라우마를 목격하고 증언할 수 있는 이론을 발견하는 길임을 보여준다. 직접적인 지시체의 작동이 불가능해진다고 윤리적 마

---

37) Ibid., 3. 해체 이론가들은 텍스트들이 인식론적 확실성이 어떻게든 보장되는 특정 인식의 틀을 포함해 온 방식들을 조사한다. 캐시 카루스가 *Critical Encounters* 에서 폴 드 만(Paul de Man)에 대해 쓴 글에서 이야기하듯, 이런 노력은 트라우마 현상에 대한 증언을 이야기하는 특정 형태의 글쓰기가 가능한지, 불가능한지와 직접 관계가 있다.

38) Ibid.

39) Ibid., 5.

비가 일어나지는 않는다. 오히려 이런 방식으로 지시체에 대해 다시 생각하는 일은 트라우마의 특이한 시간적 역설을 윤리적으로 심사숙고하게 만든다. 카루스는 말한다. "반대로, 이해되기를 거부하는 경험을 생각하는 일은 어떤 의미가 있을까? … 완벽히 이해하는 것이 불가능한 상황에서 파생되는 정치와 윤리를 우리는 어떤 방식으로 정의할 수 있을까?"[40] 예일 학파의 핵심 인물이며 주목받는 홀로코스트 학자인 제프리 하트만(Geoffrey Hartmann)은 트라우마 이론이 문학 연구로 하여금 "더욱 더 **귀를 기울이도록**, 단어 속의 단어를 더욱 더 잘 **듣도록** 만들어서, 활짝 열린 마음으로 증언을 대하도록" 만들었다고 말한다.[41]

트라우마의 증언과 신학

신학자들과 성서학자들은 트라우마 이론에 관심을 갖게 되었다. 성서 속의 폭력, 고통, 재앙 이야기를 이해하고, 고통스런 현재 상황을 신학적으로 설명하기 위해서였다. 히브리 성서에 대한 홀로코스트 이후의 연구나, 죄, 은혜, 하느님의 본성 등, 주요한 신학적 주제를 재정립하는 일까지, 학자들의 연구는 트라우마 후 생존(trauma survival)이라는 특수 상황에 비추어 다양하게 전개되었다. 트라우마 연구가 확장됨에 따라, 신학과 종교학계의 트라우마 연구는 심리적인 측면을 넘어섰다. 이제 한 학문 내에서의 트라우마에 대한 논의는 학문 간의 논의와 함께 이루어지게 되었다.

40) Ibid., 1.

41) Geoffrey Hartmann, "On Traumatic Knowledge and Literary Studies," *New Literary History* 26, no. 3 (1995): 541.

그리스도교의 텍스트 전통은 권위가 있는 진리 주장들을 낳는다. 공동체와 사람들은 이를 통해 스스로를 해석하고 하느님과 세상과의 관계를 해석한다.[42] 트라우마 이론은 우리가 성서를 재해석하고, 성서를 기반으로 하는 주장들과 주요 신조를 다시 고찰하도록 새로운 시각을 제시한다. 나는 그리스도교 전통 속의 텍스트들로 돌아가서 그 텍스트들이 트라우마 경험을 증언하는 방식을 조사하려 한다. 나는 신앙적 진리를 증명하기보다는, 받아들이기 어려운 진리를 전통적인 텍스트들이 어떻게 증언하고 있는지를 살펴볼 것이다.

트라우마 이론이 이처럼 그리스도교에 끼친 영향을 살펴볼 때 겪는 어려움은, 성서와 신학 텍스트를 연구하는 학자들이 트라우마에 관한 이론을 제시하지 않는다는 것이다. 이런 점에서 '트라우마 이론'은 잘못된 호칭이라 하겠다. 학자들은 텍스트를 해석할 때 트라우마 이론을 제시하는 대신, 텍스트의 언어가 텍스트를 기반으로 한 주장을 넘어서는 모습들을 보여주었다. 예를 들어, 캐시 카루스는 프로이트의 죽음 욕동(death drive) 이론을 설명하면서, 프로이트의 저작들이 프로이트의 이론을 넘어서는 모습을 지적한다. 카루스에 따르면, 프로이트는 트라우마를 병리적으로 보는 해석을 넘어 트라우마 현장에서 싹트는 삶의 언어(language of life)를 제시한다. 프로이트는 다른 무

42) 종교학 내에서 다른 분야를 연구하는 학자들은 트라우마 현상을 다른 방식으로 탐구하고 있다. 나는 여기서 상담이나 종교심리학 분야와 관련된 일을 생각한다. 하지만, 성서 본문의 기능적 측면을 고려할 때, 텍스트에 대한 이런 조사는 생생한 경험과 유리되지 않는다. 이 텍스트들은 신앙 공동체에 의해 종교적 공간에서 기능한다. 텍스트들은 설교되고, 가르쳐지고, 예전적으로 연관된다. 텍스트들에 대한 이런 방식의 해석은 인간의 삶을 매우 효과적으로 형성하는데, 삶을 치유하거나 혹은 삶에 해를 끼친다. 성서 본문이 가진 이런 생생한 기능적 측면은 문학이론 연구를 신학과 구분하는데, 학문들의 경계를 넘나드는 대화 속에서 트라우마 현상을 고찰하는 데 좋은 성과를 가져오는 방법으로 구분한다.

언가를 가리킨다. 카루스는 프로이트의 이론을 넘어 프로이트를 해석하고, 이 '다른 무언가'가 해석 과정에서 드러난다. 이런 해석 과정은 작가 스스로도 알지 못했거나 파악하지 못했던 사실을 드러내기 때문에, 매우 복잡한 양상을 띤다. 해석 행위는 붕괴되었거나 작동하지 않는 이론을 만나는 일이지만, 이런 실패 속에서 무언가 새로운 것이 싹트는 일이기도 하다.

해체주의 이론과 마찬가지로 트라우마 이론은 텍스트 속 공백(gaps)과 균열을 드러내는 방식으로 텍스트를 읽어낸다. 이렇게 함으로써 트라우마 이론은 묻혀 있던 차원들을 텍스트에서 끄집어낸다. 이러한 읽기는 언어가 이론을 넘어서는 방식을 보여주고, 단순히 언어를 의미의 틀로 보는 것이 충분하지 않다는 것을 밝혀낸다. 트라우마 이론은 이렇게 우리 이해를 넘어서는 것과 그 너머에 남아 있는 것을 추적하는 특성이 있다. 이렇게 남아 있는 것이 지속되는 현상은 온전히 알 수 없는 것을 표현하는 독특한 관계들을 만들어 낸다. 트라우마가 우리에게 주는 도전은 세상을 이해하는 틀을 넘어서는 현상을 증언하는 것이다. 앞서 말한 문학적 읽기는 우리가 가진 이해의 틀이 불충분하다는 사실을 드러내고, 우리와 언어 사이에 트라우마의 역학 관계(traumatic dynamics)를 고려한 새로운 관계가 필요함을 시사한다. 흔히 이론은 실천을 위한 것이라고 오해하기 때문에, 트라우마 이론과 해체주의도 그럴 것으로 생각한다. 하지만 트라우마 이론과 해체주의는 텍스트를 해석하면서 텍스트의 특정 차원을 밝혀내는 해석 방법들을 실행한다. 해체주의에 의존한 트라우마 이론은 우리 이해를 벗어나는 것의 정체를 찾아내며 추적하는 실천 과정이다.

나는 트라우마에서 얻은 통찰을 무조건 신학 담론 속에 가져오기보다, 내가 증언 문학에서 듣는, 남아 있는 것에 대한 언어에 귀 기울이기 위해 전통적 텍스트를 찾아보려 한다.[43] 신학과 트라우마 이론 사이의 관계는 트라우마 이론의 통찰을 신학 속에 차용하는 정도에서 그치는 것이 아니라, 두 언어가 공명하는 데까지 나아간다. 신학은 트라우마의 언어를 통해 스스로를 새롭게 해석한다. 마찬가지로 트라우마는 신학 언어를 사용해 스스로를 새롭게 해석한다. 이렇게 한 담론으로부터 나오는 증언은 다른 담론을 통해 가능하게 되지만, 두 담론이 만나는 자리가 바로 트라우마의 현장이다. 트라우마 현장에서(그곳에서의 인식론적 단절 등과 함께) 두 담론은 각각의 한계까지 내몰리고 서로를 만나면서 새롭게 된다. 트라우마의 언어는 신학으로 하여금 신학 자체의 언어와 텍스트로 눈을 돌려, 트라우마 언어와의 만남이 없었다면, 주목되거나 인식되지 않았을 측면들에 빛을 비춰준다. 시간과 몸과 언어의 혼란을 텍스트 속에서 어떻게 입증할 수 있을까? 이러한 혼란, 이런 충격을 통해 어떤 진리가 밝혀질 수 있을까? 트라우마라는 이 렌즈는 신학 언어 속에 존재하는 기이한 시간과 몸과 말을 지적함으로써, 텍스트의 익숙함을 어느 정도 제거한다. 이를 위해서는 성서와 신학 텍스트들을 익숙한 방식으로 해석하는 몇몇 인식론적 전제들을 드러내야 한다.

---

43) 트라우마와 신학 사이의 관계를 생각할 때, 우리는 트라우마 이론이 통찰력을 보여주면, 그것이 신학에 영향을 끼치는 것으로 생각하기 쉽다. 트라우마의 통찰력은 본문들을 둘러싼 신학적 주장들을 지지하거나 해체할 수 있다. 하지만 나는 트라우마 이론에서 얻은 통찰력을 신학 담론에 그대로 적용하는 것에 반대한다. 왜냐하면 이러한 통찰은 트라우마 현장에서 생겨나는 신학 담론들과의 만남에 대해서는 이야기하지 않기 때문이다. 이런 만남 속에서 정신분석을 통한 트라우마 이론과 신학은 그동안 알려지지 않은 것 주변에서 함께 공명한다. 카루스의 관점에서 보면, 이 언어들은 트라우마의 간극과 파열을 통해 스스로에게 새로 귀 기울이게 된다.

나는 트라우마의 언어와 신학 언어가 만나는 두 지점을 특히 강조하고 싶다. 첫째, 트라우마 이론은 삶과 죽음이 뒤엉켜 있음을 강조하고, 그렇게 함으로써 죽음과 삶에 대한 그리스도교 내러티브의 중간 영역을 재조명한다. 그 중간 영역에서 우리는 신학 전통에 유기적으로 연결된 용어인 남아 있음의 영역(a territory of remaining)을 만난다. 트라우마 담론들과 나란히 자리하게 된 신학은 그 중간 영역에서 비롯된 새로운 것을 이야기한다. 캐시 카루스는 트라우마에 대한 프로이트의 고찰로 되돌아가, 트라우마 경험과 트라우마 이후의 생존을 고찰하기 위해 중간이라는 개념상의 공간을 열어놓는다. 더 이상 죽음과 삶은 명확하게 설명되지 않으며, 서로 반대편에 있지도 않다. 죽음과 삶은 트라우마 속에서 새롭게 표현된다. 카루스는 죽음과 삶 사이의 당혹스러운 관계를 보여준다. 우리의 보통 생각과 달리 죽음은 끝이 아니며, 마찬가지로 삶도 새로운 시작이 아니다. 프로이트는 트라우마가 죽음과 삶에 대한 우리의 개념과 주장을 넘어선, 생존의 위기라고 주장한다. 우리는 죽음이 압도하는 상황에서 죽음을 만나고, 삶이 불가능한 상황에서 삶을 만난다.

『쾌락 원리를 넘어서』(*Beyond the Pleasure Principle*) 서두에서, 프로이트는 중세 시대의 서사시 '해방된 예루살렘'(Jerusalem Liberated)을 문학적으로 언급하며, 참전 군인들이 전쟁 후 겪는 일을 분석한 자신의 연구와 이 글의 유사성을 밝히려 했다.[44] 프로이트는 자신이 관찰한 참전 군인들을 16세기 타소(Tasso)의 서사시 속에 나오는 탕크레드(Tancred)와 클로린다(Clorinda)의 이야기에 비유했다. 서사시 속의 영웅 탕크레드는 변장한 자기 연인 클로린다를 전투에서 죽이고 만

---

44) 다음을 볼 것. Freud, *Beyond the Pleasure Principle.*

다. 하지만 프로이트는 탕크레드가 클로린다를 한 번만 죽인 것이 아니라고 강조한다. 탕크레드는 클로린다를 다시 죽인다. '자신도 모르게'. 프로이트는 탕크레드가 죽은 자기 연인 클로린다의 영혼이 봉인된 나무를 베어버렸다는 사실을 지적한다. 탕크레드가 자기 검으로 나무를 베었을 때, 울부짖는 클로린다의 목소리가 나무 둥치에서 들려온다. 프로이트는 전쟁 신경증(combat neurosis)도 같은 양상을 띤다고 주장한다. 상처를 준 첫 사건의 일부분이 반복되는 상처를 낳는다. 참전 군인들의 운명은 서사시 속 비극적인 연인에 비길 수 있다. 플래시백을 통해 과거는 현재에 생생하게 재현된다. 트라우마를 형성하는 전쟁 경험은 문자 그대로 과거의 재현(a literal reenactment of a past)이며, 이때 재현되는 과거는 사건 당시에는 온전히 파악되지 않았던 것이다. 원래의 죽음 사건—클로린다를 처음 살해한 사건—은 견딜 수 없는 전투 상황을 보여준다. 그러나 트라우마로 인한 악몽이나 플래시백은 프로이트를 당혹스럽게 했다. 탕크레드의 경험이 시사하듯, 부지불식간에 트라우마가 되살아나는 현상은 곤혹스럽기 짝이 없는 트라우마 특성을 드러낸다. 이 현상은 완전하게 알려지지 않았거나 놓쳐진 것들이 되살아나는 일이다.

『말해지지 않은 경험』(*Unclaimed Experience: Trauma, Narrative and History*)에서, 카루스는 트라우마를 다룬 탕크레드와 클로린다의 이야기에서 파악되지 않는 차원을 지적하고, 이를 통해 프로이트의 문학적 언급에 대해 자세히 설명한다. 카루스는 이렇게 말한다. "탕크레드가 두 번째로 베기 전까지 클로린다의 목소리를 듣지 못했던 것처럼, 트라우마는 개인이 과거에 한 번 경험한 폭력 사건에서 찾아낼 수 없다. 처음 일어났을 때는 **온전히 파악되지 않고**, 이해하기도 아주 어려웠던 본질이 나중에 되살아나 생존자를 괴롭히는 양상으로 트라우마가 드러난다."[45)]

프로이트가 쓴 『쾌락 원리의 저편』(*Beyond the Pleasure Principle*)을 해석하면서 카루스는 프로이트가 내비쳤던 트라우마의 이중구조를 지적한다. 카루스에 따르면, 프로이트는 트라우마를 관찰하면서 삶과 죽음을 삶의 욕동(the life drive)과 죽음 욕동(the death drive)을 통해 설명하던 자신의 기본 이론을 넘어섰다. 앞서 언급한 우화를 통해 프로이트는 자기 이론을 재정립한다. 자기가 관찰한 죽음 그 이상의 것, 그리고 기이하고 이해하기 힘든 트라우마 후 생존의 특성을 증언하기 위해서였다. 프로이트는 트라우마를 순전히 병리적인 현상이 아니라 그 이상의 것으로 보게 되었다.

카루스가 프로이트에 대한 해석을 통해 얻은 중요한 통찰 중 하나는 트라우마가 죽음과 삶 두 가지 모두와 관련된 만남이요 위기라는 것이다. 트라우마는 일반적으로 죽음과의 만남으로 이해된다. 하지만 이 만남은 완전히 통합되거나 파악되지 않는다. 그렇기 때문에 이 만남은 인식할 수 없는 형태로 되살아난다. 죽음이 되살아난다. 하지만 죽음이 가져온 위기는 죽음이 우리가 알고 있는 어떤 것이 아닌, 우리에게 알려지지 않은 어떤 힘으로 돌아온다는 사실에 있다. 되살아나는 죽음 때문에 트라우마 이전과 같은 삶은 더 이상 생각할 수 없다. 삶은 죽음과 계속적으로 맞붙어 싸우고 있고, 그렇기 때문에 삶은 다른 형태를 취하게 된다. 따라서 트라우마라는 렌즈를 통해 바라보는 죽음과 삶에 대한 이야기는 간단하게 읽어낼 수 없다. 죽음은 완결되지 않고, 삶 속에 계속된다. 물론 여기서 말하는 삶은 우리

45) Caruth, *Unclaimed Experience*, 4.

가 알고 있던 보통의 삶은 아닐 것이다. 삶은 죽음 이후의 것, 죽음이 남긴 것의 모습으로 바뀌게 된다.

카루스는 프로이트가 트라우마에 대한 통찰을 통해 죽음 욕동 이론을 넘어섰다고 주장한다. 카루스에 따르면, 프로이트는 트라우마의 현장에서 솟아나는 새롭고 독특한 삶의 언어를 밝혀냈고, 이 작업은 죽음 욕동 이론을 확증하기는커녕 그것을 붕괴시켰다. 앞서 언급한 트라우마에 대한 우화는 죽음과 삶의 만남에 대한 것이다. 그 우화가 이야기하는 바는 트라우마가 단지 죽음과의 만남이거나, 그저 병리적인 것만이 아니라는 사실이다. 트라우마는 삶을 다시 써내려가는 일이기도 하다. 카루스는 이렇게 이야기한다.

> 많은 트라우마 이야기의 중심에 놓인 위기는… 정말 긴급한 질문으로 떠오를 때가 자주 있다. 트라우마는 죽음과의 만남인가? 아니면 진행 중인 생존 경험인가? 트라우마 이야기들 중심에서 내가 이야기하려는 것은 **죽음의 위기**와 그와 연결된 **삶의 위기** 사이에서 왔다 갔다 하는 일종의 이중적인 진술이다. 이것은 견디기 힘든 사건 이야기와 견디기 힘든 사건 이후의 생존 이야기 사이를 왔다 갔다 하는 것에 비길 수 있다.46)

이렇게 죽음과 삶 사이를 왔다 갔다 함으로써, 어느 한쪽만으로는 이해할 수 없는 중간이라는 독특한 영역에 접근할 수 있게 된다. 다시 말해 생존 경험은 죽음-삶의 경험(a death-life experience)이다.

카루스는 프로이트의 이론을 통해 독자들을 죽음과 삶의 중간에

---

46) Ibid., 7.

위치시킨다. 카루스가 타소의 우화 속에 나오는 클로린다의 목소리에 대해 이야기할 때, 독자들은 그 어느 때보다도 강력하게 중간을 경험하게 된다. 클로린다의 목소리는 트라우마 현장에서 드러나는 진실을 밝혀내고, 카루스에게 이곳은 윤리적인 현장이 된다. 그녀는 다음과 같이 말한다. "알 수 없고 상처를 주는 반복과 울부짖는 소리에 대한 증언이 두드러지게 나란히 놓인 이 문학작품의 감동적인 특성이 트라우마 속 만남에 대한 프로이트의 직관과 열정적인 관심을 가장 잘 표현한다."[47] 카루스는 관심을 돌려, 상처의 현장에서 트라우마의 진실을 말하는 것처럼 보이는 클로린다의 기이한 울부짖음에 주목한다. 상처에서 들려오는 목소리는 죽음을 증언할 것을, 또한 죽음에서 솟아나는 삶의 가능성을 증언할 것을 요구한다. 이 목소리는 트라우마로 인해 잃어버린 것과 인식하지 못한 것 주변에 다른 종류의 관계가 자리하게 만든다. 죽음과 삶 어느 한쪽만의 모습이 아니라, 고통스런 상처에서 들려오는 울부짖음이 죽음과 삶을 잇는 연결고리다. 이것은 죽음과 삶의 중간에서 들려오는 목격자의 울부짖음이다.

죽음과 삶, 그리고 상처는 그리스도교의 십자가와 부활 내러티브에서 익숙한 표상이다.[48] 카루스의 이야기를 통해 보면, 그리스도교의 죽음과 삶의 언어는 다르게 표현된다. 그리스도교가 주장하는 십자가와 부활 사건의 의미와 이 사건들이 담고 있는 진실은 트라우마의 언어를 통해 만나고 새로운 모습을 띨 것이다. 요한복음 속의 피 흐르는 상처와 트라우마 이론 속의 울부짖는 상처는 서로 만나게 된

---

47) Ibid., 3.

48) 타소의 이야기를 좀 더 깊이 살펴, 이 우화가 가진 종교적 차원에 주목하는 것은 재미있는 일이다. 탕크레드는 그리스도인이며 전사인 왕자이고, 클로린다는 이교도 전사인 여신이다.

다. 흔히 부수적인 사건으로 치부되던, 예수의 죽음과 부활 사이에 위치한 사건들은 새롭게 표현된다. 두 이야기 모두에서, 삶의 희망은 죽음의 현장, 즉 죽음이 만연한 곳에서 솟아난다. 삶의 희망이 말하는 진실은 중간에서 나온다. 신학자 발타자르는 다음과 같이 묻는다. "죽음과 삶 사이에 무엇이 끈질기게 계속되는가?" 발타자르는 이 질문에 답하고자 교회력에서 죽음과 삶 중간의 날인 성토요일을 연구하게 된다. 트라우마 이론이 죽음과 삶 사이를 증언하는 자리인 중간으로 눈길을 돌렸듯, 신학 역시 남아 있는 것을 증언하기 위해 중간으로 눈길을 돌린다. 목격과 증언이라는 트라우마 이론의 언어는 십자가와 부활을 이야기하는 성서 본문 안에 있는 남아 있음의 어휘를 분명하게 보여준다.

둘째, 트라우마 이론은 트라우마 현장에서 관계가 다르게 구성되는 점을 지적한다. 중간에서 드러난 진실 때문에 사람들은 이해의 한계에 부딪히게 되고, 때문에 서로를 다른 방식으로 바라보게 된다. 트라우마 속 의사소통은 온전히 알 수 없는 것을 전달하고, 죽음의 현장에서 건네받은 진실을 이야기하는 방식으로 이루어진다. 요한복음에서는 건네받은 메시지와 반복되는 사람들이 등장한다. 트라우마 담론을 통해 바라볼 때 이러한 성서 속 소통은 새롭게 표현된다.

트라우마는 죽음과의 만남인 동시에 삶과의 만남이다. 죽음과 삶의 갈림길에서는 울부짖음이 솟구친다. 클로린다의 울부짖음은 감당할 수 없는 고통을 목격한 증인의 목소리다. 카루스는 말한다. "타소(Tasso)의 예에서 더욱 충격적인 것은 … 비통하게 울부짖는 목소리, 역설적이게도 상처를 통해 터져 나오는 목소리다… 그가 사랑하는 이의 목소리가 그에게 말했고, 목소리는 이 말을 통해 그가 무심코 반복했던 과거를 증언한다."[49] 죽음의 상처에서 터져 나오는 울부짖음은 단지 단말마의 비명만이 아니다. 카루스에 따르면, 죽음의 상처는 죽음 너머에 있는 무언가를 이야기한다. 카루스는 클로린다의 목소리에 대한 분석을 통해 트라우마의 이론화에 윤리적으로 기여했다. 트라우마에 대한 병리적 해석을 넘어, 카루스는 트라우마를 통해 드러나는 진실이 있다고 주장한다. 이러한 진실은 클로린다의 이야기에서 엿볼 수 있는데, 클로린다의 목소리는 트라우마의 윤리적이며 관계적인 차원을 드러낸다. 트라우마로 인한 울부짖음은 탕크레드가 과거를 직면하면서 겪는 고통만이 아니다. 트라우마 사건 속 클로린다의 울부짖음은 트라우마를 증언할 수 있는 가능성이기도 하다. 카루스는 말한다. "하지만 여기서 우리는 들려오는 목소리가 무엇인지 이해할 수 있다. 이 목소리는 과거 사건과 관련된 한 개인의 일을 이야기하는 것이 아니다. 오히려 이것은 다른 사람의 상처에 귀 기울일 수 있는 가능성과 그 놀라운 사건을 통해 한 사람의 트라우마가 다른 사람과의 만남을 이끌어내는 방법을 보여준다."[50] 트라우마 생존자들에 대한 도리 라웁의 연구는, 목격하고 증언하는 과정이 단순히 트라우마**에**(to) 귀를 기울이는 일이 아니라 트라우마를 **통해**(through) 듣는 것임을 또한 밝혀낸다. 증언은 과거에 대해 아는 바를 되짚어 보는 단순한 과정이 아니라, 과거를 간단히 되짚어 내기란 불가능하다는 사실을 직면하는 과정이다.

관계는 트라우마를 계기로 새롭게 구성된다. 카루스는 "문학, 그리고 기억의 실행"(Literature and the Enactment of Memory)이란 글에서

49) Caruth, *Unclaimed Experience*, 3.
50) Ibid., 8.

1959년 제작된 알랭 레네(Alain Renais)와 마르그리트 뒤라스(Marguerite Duras)의 영화 "히로시마 내 사랑"(*Hiroshima mon amour*)을 분석하면서 이 점을 더 확장시킨다. 여기서 카루스는 현재의 경험이 과거의 트라우마에 갇혀 있는 두 사람의 관계를 이야기한다. 그 두 사람은 같은 언어를 사용하지도 않고, 서로의 과거도 알지 못한다. 통역, 사람, 이야기되지 않은 역사가 뒤엉켜 트라우마의 관계성을 묘사한다. 표면적인 주제는 인식론적 불확실성이며, 둘은 이 주제를 통해 서로 만난다. 둘 사이의 대화는 모두 단편적이어서, 둘은 대화에 실패하고 만다. 말 그대로 이 연인들은 같은 언어를 사용하지 않는다. 하지만 계속 엇갈리는 듯 보이는 둘 사이의 대화와 실패한 듯 보이는 둘 사이의 만남이 실제로는 트라우마 이후의 말하기와 듣기에 해당한다. 카루스는 우리가 서로의 트라우마와 뒤얽혔다고 주장하며 이렇게 말한다. "그 영화는 전적으로 이질적인 두 가지 다른 경험들이 하나로 묶일 때 일어나는 일을 극적으로 묘사한다."[51] 다르게 말하면, 우리는 이해하지 못하는 서로의 과거에 묶여 있다. 두 연인 사이의 통역 문제는 우리가 파악할 수 없는 정보, 즉 트라우마를 겪은 과거를 이야기한다. 카루스는 말한다. "격정적인 만남 속에서 그들은 서로에 대해 피상적으로 알고 있는 것을 바탕으로 대화하기보다는 트라우마를 겪은 각자의 과거, 즉 완전하게 파악할 수 없는 것에 기대어 대화한다."[52]

서로에 대한 피상적 이해 대신, 과거에 알려지지 않았고 과거에 포함될 수 없는 것이 전달된다. 카루스가 제시하는 전달(transmission)

51) Ibid., 34.
52) Ibid., 56.

혹은 이양/넘겨줌(handing over)이라는 개념은 이제껏 우리가 의사소통이라 부르던 것을 대체한다. 만일 프로이트에 대한 해석을 통해 카루스가 제시하는 바와 같이, 트라우마가 사건에 대한 경험과 사건 그 자체 사이의 간극(a gap)과 관련된다면, 트라우마 속 의사소통 역시 이 간극을 반영할 것이다. 트라우마는 단지 한 개인을 단편화하는 것만은 아니다(과거의 경험을 이야기할 수 없고, 그것을 실제로 통합할 수 없다.). 트라우마의 여파 속에서, 트라우마는 인간관계가 어떻게 구성되는지에 대한 근본적인 질문을 던진다.

문학 이론가로서 카루스는 트라우마 상황에서의 관계성이 문학 작품을 쓰고, 읽고, 해석하는 과정에 미치는 영향을 설명한다. 클로린다의 목소리는 언어의 간극과 언어가 붕괴된 상태에 집중해야만 해석할 수 있는 문학 작품 속 묘사의 전형이다. 이제 카루스의 과제는 그녀가 해석하는 텍스트들 속에서 알려지지 않은 것이 되살아나는 방식을 추적하는 것이다. 카루스는 남은 것을 추적한다. 이렇게 되살아나는 트라우마는 단순한 트라우마의 반복 그 이상이며, 트라우마 현장에서 모종의 진실을 이야기하려고 한다. 카루스는 자기 해석의 목적을 『말해지지 않은 경험』(*Unclaimed Experience*)에서 다음과 같이 설명한다.

> 이것은 자기 이야기를 보고 들어줄 것을 간청하며 우리에게 깨어나라고(정말 시급한 문제를 일깨우는) 요청하는 타인의 외침이다. 이 외침은 이 책이 해석하려는 텍스트들과 다른 방식으로 통한다. 이 책의 해석대로, 이 외침은 트라우마의 언어와 반복되는 고통 속의 침묵 모두가 간절하고 긴박하게 요구하는 새로운 읽기와 듣기

방법을 구성한다.[53)]

저자, 독자, 텍스트 사이의 관계는 알려지지 않은 것과 언어로 담을 수 없는 것을 증언하는 관계라고 할 수 있다. 카루스는 문학 작품의 역할에 대해 다시 생각한다. 트라우마의 전달은, 텍스트가 트라우마의 면면을 보여주고 동시에 트라우마에 대한 잠재적 증인을 드러내는, 텍스트의 전달로 이해된다. 도리 라웁이 심리치료 관계 안에서 개괄적으로 설명한 말하기와 듣기는, 이제 저자와 독자 사이, 즉 작가와 해석자 사이에서 일어나게 된다.

카루스는 트라우마의 영향 속에서 역사가 구축되는 방식과 사람들이 이런 역사를 어떻게 견뎌내는지를 조사한다. 트라우마를 견디는 일은 트라우마에 대한 직접적인 인식으로 가능한 것이 아니며, 과거, 현재, 미래로 이어지는 자연스런 시간의 흐름을 따라 이루어지는 것도 아니다. 이런 것들 대신 카루스는 알 수 없는 것들의 이양/넘겨줌(a handing over)과 그에 대한 수용이 트라우마를 견디기 위한 토대라고 말한다. 요한복음이 죽음의 현장에서 이양된 진실과 사람들에 대해 말할 때, 트라우마의 언어는 그곳에 새 빛을 비추게 된다. 중간이라는 시공간에서 바라보면, 죽음의 일부가 생존의 영역으로 이양된다. 그러나 울부짖는 클로린다처럼 죽음의 여파 속에 증언하는 사람 역시 존재한다. 생존을 다루는 성서 본문 속에는 증인의 몸과 숨결이 미약하고 부서지기 쉬운 관계성을 가리키며 남아 있다. 그러면서 이양은 그리스도교 전통 속 핵심 개념 또한 언급하며, 텍스트가 이양되

53) Ibid., 9. 프로이트에 대한 라캉의 해석 속에 나타나는 격렬함을 언급한다. 카루스는 책의 마지막 장에서 이것을 '트라우마의 자각'이라고 분석한다.

는 방식을 이야기한다. 만약 이양된 진실이 알려진 것이 아니라 알려지지 않은 것, 온전히 파악할 수 없는 것에서 비롯된 진실이라면 어떻게 될까? 이런 진실을 받아들이는 것은 어떤 면에서 우리에게는 알려지지 않았었지만 죽음이 남긴 것을 증언하라고 요청하는 죽음 사건으로 되돌아가는 일이다. 이것이 성서와 신학 텍스트들 내부에서 제기되는 질문들이다. 요한복음의 마지막 진술로 눈을 돌리면, 우리는 텍스트들이 품은 무궁무진함과 그것들 속에 담긴 진리에 대한 독특한 진술들과 만나게 된다. 그리스도교를 포함한 여러 종교 전통에서, 진실의 수용에 대한 질문은 신앙적으로 매우 중요하다. 그러나 트라우마라는 렌즈를 통해 볼 때, 이렇게 문제의 소지가 있는 진실의 수용은 진실에 대한 우리의 개념을 변화시킬 수도 있다. 아마도 요한복음에 언급된 진실은 그 진실을 받아들인 사람에게 우리가 인식하는 세상이 산산이 깨어진 것을 통해 생겨나는 일을 증언하게 만들며, 이로써 우리가 온전하게 접근할 수 없는 것을 향하게 만든다.

요컨대 이런 논의들은 신학 담론과 트라우마 상호 간의 영향을 나타낸다. 이 책의 뒷부분에서는 어떻게 트라우마라는 렌즈가 신학 담론에 새로운 깊이를 더하는지를 보여줌으로써 이런 통찰을 확장할 것이다. 우리가 그리스도교 텍스트들의 죽음-삶의 사건들로 눈을 돌려 예수의 죽음과 부활을 증언하는 일의 의미를 묻는 것은 트라우마의 언어와 깊이 공명하려는 것이다. 예수가 죽은 뒤, 그 죽음의 여파 속에 남은 사람들의 삶은 본질적으로 그 죽음과 얽혀 있게 되었다. 이렇게 그 죽음과 얽힌 삶은 그들이 예수의 죽음에 대해 아는 것과는 별 상관이 없었다. 오히려 그들이 예수의 죽음 속에서 이해할 수 없는 것들이 계속해서 그들의 삶을 침범해 왔다. 예수가 죽은 후 그 여파 속에 있는 이들은 이렇게 이해할 수 없는 상태로 서로 연결되어 있었다. 그들은 쉽고 간단하게 교감할 수 있는 진실이 아니라, 간접적이지만 서로를 한데 묶어주는 진실을 증언하는 사람들이다. 그들의 삶은 증인들로서의 삶으로 구성된다.

증언의 신학적 모델들

나는 이 장 처음에 '증언'이라는 용어가 그리스도교 신학과 유기적으로 관련된다고 했다. 이 용어는 어떤 역할을 해 왔을까? 그 역할은 내가 이 책에서 제시하는 증언과 어떤 차이가 있을까? 증언에 대한 대안적 신학을 전개하며, 나는 그리스도교 전통에서 사용되어 온 '증언'이란 용어를 해석하는 두 가지 익숙한 방법을 언급하고 싶다. 첫째는 내가 증언의 선포 모델(proclamation model)이라 부르는 것이고, 둘째는 모방 모델(imitation model)이다. 아마도 이 용어를 다르게 사용하는 경우도 있겠지만, 내가 여기서 이야기하는 두 모델은 증언의 두 가지 측면과 연관된다. 바로 증언과 말의 관계, 증언과 몸의 관계다. 선포 모델은 말 중심이고, 모방 혹은 희생 모델은 몸 중심이다. 우리가 트라우마에 대해 아는 바를 바탕으로 추측할 수 있는 것보다 이 두 모델이 말과 몸에 대한 직접적인 관계를 더 잘 반영한다. 이 모델들은 주로 예수의 모습과 밀접한 관계가 있으며, 예수의 말과 몸에 대한 진실을 전달하는 일과도 깊은 연관이 있다. 만약 말과 몸을 통해 진리를 소통하는 일이 십자가와 부활, 죽음과 삶 사이에서 증언하는 것을 뜻하는 어떤 특정한 개념을 통해 이해된다면, 그 소통은 훨씬 더 안정적이지 못하다.

사전의 정의에 따르면, 증인은 특정 사건의 목격자, 방관자, 구경꾼, 혹은 관중이다. 이 용어를 법률적으로 사용하면 또 다른 측면이 여기에 더해진다. 사건을 목격한 사람은 어떤 사람의 증인이 되거나, 어떤 사실을 입증하기 위해 사건에 대해 진술할 것을 요구받는다. 법정이라는 사법적 장소에서 증인의 역할은 진행 중인 재판을 잘 뒷받침하는 것이다. 초기 그리스도교 상황에서 증언은 이처럼 법적으로 이해되었고, 그리스도교 증언의 초기 모델은 이런 법적인 이해에서 출발했다. 증인은 상황을 명확히 설명하기 위해 말로 증언하고, 증언 가운데 문제가 되는 진실의 일부가 드러난다.

이런 정의는 예수와의 관계 속에서 스스로의 정체성을 찾은 이들의 상황으로 해석되었다. 그들은 예수를 그리스도로 믿는 신앙을 고백했다. 증인들로서 그들은 예수가 이야기하고 행했던 일들을 증언하는 사람들로 이해되었다. 바로 예수를 대신한 증인들이었다. 선포 모델에서 증인이란 예수에 대해 보고, 듣고, 경험하고, 믿게 된 바를 말로 전하는 사람이다. 복음서들에서, 특히 요한복음의 이야기 속에서, 증언은 복음적 차원을 갖는다. 고백은 믿지 않는 이들에게 신앙을 갖게 하는 선포이기도 했다. 예수와 그가 행한 사역의 본질과 중요성을 인정하면서 결국 증인은 다른 이들에게 예수의 메시지를 전했다. 증언은 예수를 믿는 믿음과 결부될 뿐 아니라 다른 이들에게 그 믿음을 말하거나 나누는 일과 관련된다.

따라서 증인은 예수의 메시지와 그 잠재적 수신인 사이를 연결한다. 증인은 예수의 메시지를 전달하는 매개자가 된다. 이 모델은 예수의 생애와 죽음, 그리고 부활의 소식을 퍼뜨렸던 초기 제자들에게서 찾아낸 것이다. 전해야 할 긴급한 메시지가 있고, 증인은 그 메시지를 특정한 청중에게 전달하는 사람이다. 이런 선포 모델은 설교와 그리스도교 선교의 성장에 뿌리를 둔다. 두 경우 모두 증인은 다른 이를 대신해서 또 타인들을 위해 이야기한다. 증언을 말로 하는 것은 메시지가 받아들여질 수 있게끔 전달하기 위함이다. 선포의 목적은 그 메시지를 듣는 사람의 마음을 변화시키는 것이다. 중요한 것은 말하기와 언어다. 그렇기에 증언은 우리가 예수에 대해 고백하고 선포하는 바와 관련 있다.

엘리자베스 카스텔리(Elizabeth Castelli)는 순교라는 자기희생 모델을 살펴본 후 두 번째 모델을 제시한다.[54] 선포 모델은 말에, 모방 모델은 몸에 초점을 둔다. 모방 모델은 자신의 삶을 예수운동을 따르도록 맞추는 것을 수반한다. 이 모델의 극단적인 형태는 예수를 증언하기 위해 자기 생명을 희생하려는 의지로 표현된다. 증언을 위한 모방 모델은 그리스도 예수의 복된 소식을 옹호해야 했던 초기 그리스도교에서 자리를 잡아 나갔다. 그리스도인들이 더욱 더 박해당하고 생명까지 위협받는 상황에 놓이면서, '증언'이라는 용어는 신앙을 위해 목숨을 거는 일과 점점 더 밀접하게 연결되었다.[55] 모방 모델의 논리는 예수가 고통당했기에 나도 고통당한다는 것이다. 초기 그리스도인들이 예수에 대한 신앙을 증언하는 것은 실제로 죽음을 각오해

---

54) Elizabeth A. Castelli, *Imitating Paul: A Discourse of Power* (Louisville, KY: Westminster/John Knox Press, 1991).

55) "2 세기에 신약성서 안에서, 특별히 요한 문서들 안에서, 발견된 충격은 한 단계 더 나아간다. 그리스도교의 시작처럼, 발전은 그리스도교 공동체에 대한 박해에서 비롯되었다. … 이제 그것은 위협 속에 있는 증인을 나타낸다"(ibid., 505). 이런 역사를 추적하며 카스텔리는 이렇게 말한다. "그러나 결국, 초기 그리스도교에서 쓰이고 행해졌던 박해와 순교에 대한 성서 본문은 … 지금 이 순간에도 형성되고 있는 그리스도인의 정체성에 대한 생각을 보여주었다." (*Martyrdom and Memory*, 200).

야 할 만큼 위험한 일이었다. 신실한 증인은 예수를 믿는 신앙을 고백할 뿐 아니라 자신의 삶과 죽음을 통해 몸소 예수를 본받는 신앙을 보여주는 사람이다. 복음을 증언하는 일은 예수가 가르치고 행한 복된 소식을 전하는 것만이 아니다. 증언은 하느님의 아들이라 고백되었던 이를 따라 행함으로써 예수의 삶과 십자가도 감당하는 것이다. 여기서 증인은 단순히 복음의 메시지를 전하는 매개자가 아니며, 증인 자신이 몸으로 그 메시지가 된다. 하지만 모방 모델을 단순히 자기희생이나 순교로 축소시킬 수는 없다. 예수를 모방하는 증인은 복음서들을 통해 해석된 그리스도의 삶을 충실히 보여준다. 예수를 모방하는 일은 몸소 사랑과 섬김을 보여준 예수의 삶을 모방하는 것이다.

선포 모델과 모방 모델 모두 성서에 뿌리를 두고 있으며, 이 두 모델은 그리스도교 역사 전반에 걸쳐 나타난다. 그리스도인들은 이 두 모델의 기본 구조를 통해 예수의 삶과 죽음, 그리고 부활을 증언하는 일이 어떤 의미를 지니는지 이해하게 된다. 우리는 이 모델들이 예수라는 인물과의 관계 속에서 증언을 주로 이해한다는 사실에 주목해야 한다. 두 모델은 모두 그리스도인이 선포하거나 모방하려는 메시지나 활동은 분명히 파악될 수 있다고 가정한다. 다시 말해 증언의 대상이 되는 내용이나 주제를 증인들이 확인할 수 있다는 것이다.

트라우마라는 렌즈를 통해 이 모델들을 바라 볼 때, 나는 예수라는 인물과 제자들이 받은 메시지를 명확하게 인식하는 것이 여전히 증언의 중심에 놓여야 할 변하지 않는 요소인지 의문을 갖게 된다. 중간이라는 시공간을 고려하면, 이런 중심성과 불변성은 더 이상 유효한 가정이 아니다. 중간에서는, 예수라는 인물이 중심에 놓이지 않고 또한 그 사건들을 둘러싼 불명확함이 드러나면서 그동안 우리가 증언의 의미라고 당연하게 생각했던 관념은 흔들리게 된다. 이런 해석에서 위태로운 것은, 수난과 부활 사건을 통해 이야기되는 구원의 본질이다.

트라우마의 언어는 죽음과 삶의 중간이라는, 전혀 새로운 신학적 영역으로 우리를 안내한다. 이것은 카루스가 죽음과 삶 사이에 있는 증언의 위기라고 말했던 영역이다. '증언'이라는 용어는 이 중간 영역에서 새로운 의미를 취하고, '일상적인 사물의 질서 밖에 있는' 것이 확연히 드러나는 현상이 어떻게 경험되는지를 제시한다. 이것은 일레인 스캐리(Elaine Scarry)가 "망쳐버렸다"(undone)고 표현하듯이 인간이 산산이 부서지는 극단적인 경우와, 세상을 다시 만들어가는 중요한 작업을 동시에 고려한다.[56] 증언은 산산이 부서진 상태와 그것을 복원하는 작업, 즉 실패와 재건을 잇는 연결고리다. 증언이 트라우마와 트라우마 이후의 생존을 통해 경험되는 한, 증언은 죽음과 삶을 잇는 연결고리다.

트라우마라는 렌즈를 통해 보면, 앞서 언급한 신학적 증언 모델들은 처참히 깨지고 만다. 우리가 죽음과 부활의 관계를 통해 고백하고 본받아야 할 것은 분명히 존재한다. 하지만 트라우마라는 렌즈를 통해 볼 때, 우리는 증언을 더욱 깊이 이해하게 될 것이다. 나는 성서와 신학 텍스트들을 읽어가는 과정에서, 이 텍스트들이 드러내는 시간과 몸과 말의 뒤틀림을 발견했다. 그 뒤틀림은 증언되고 있는 것에

---

56) 아래의 책들을 참조할 것. Elaine Scarry, *The Body in Pain: The Making and Unmaking of the World* (New York: Oxford University Press, 1985), and Veena Das, Arthur Kleinman, Margaret Lock, Mamphela Ramphele, and Pamela Reynolds, *Remaking a World: Violence, Social Suffering, and Recovery* (Los Angeles: University of California Press, 2001).

대해 의심을 품는다. 그곳에서 진실은 무엇인가? 증언의 대상이 지속적으로 생략되면서 우리는 실제 존재하는 것이나 진실의 메시지에 더 주목하지 못하게 만든다. 그 대신 우리는 남아 있는 것들의 영역 속을 지켜보게 된다.

엘리자베스 카스텔리가 지적하는 바와 같이, 순교자를 인간의 고통을 목격하고 증언하는 사람으로 보는 해석은 순교자를 종교적 믿음을 위해 자기 목숨을 포기한 사람으로 보는 모델에 포함된다. 카스텔리에 따르면, 이런 자기희생 모델은 그리스도교 역사 속에서 '승리했다.' 하지만 이 용어가 가진 '증언'의 차원은 일부이기는 하지만 역사 속에 남아 있기도 하다. 카스텔리가 말한 '위험한 생략'(dangerous eclipsing)에 민감하게 반응하는 증언과 진실은 무엇일까?[57] 목격하고 증언하는 일은 죽음과 삶이 희미하게 만나는 지점, 즉 중간이란 시공간에서 이뤄지는 활동이다. 여기서 살펴본 바로는, 목격과 증언은 대체로 그것이 행해지는 장소에 따라 정의된다. 앞서 말한 바와 같이 목격과 증언은 중간의 시공간에서 미약하게 행해지기 때문에, 직접적이지는 않지만 증인은 보고, 듣고, 만질 수 있다. 이런 간접성은 말로는 거의 표현되지 않는 것을 증인이 파악하고 처리하게 한다. 이 증인 안에서, 그리고 이 증인을 통해 다른 형태의 삶을 상상할 수 있다.

내가 중간에서의 증언이라는 표현을 사용할 때, 나는 두 가지 의미가 그 안에 담겨 있다고 본다. 첫째, 고통 속에 있는 한 사람이 있으며, 대개는 분명히 설명되지 않지만, 그는 지배적인 논리의 균열을

57) 카스텔리는 이렇게 말한다. "내가 제안하고 싶은 것은 '순교자'의 자기희생적 차원을 지나치게 영광스러운 것으로 평가하는 자세는 다른 사람들의 고통을 인식할 수 있는 가능성을 생략하거나 없애버리는 위험을 낳을 수 있다는 것이다."(*Martyrdom and Memory*, 203).

통해 드러나는 진실을 볼 수 있다. 둘째, 그 사람이 처한 미약한 위치는 목격의 대상이 끊임없이 가려져 그것을 또렷하게 보고, 듣고, 만지는 것이 불가능해짐을 뜻한다. 목격하고 증언하기 위해서는 고통의 한가운데 놓인 그 가려짐 속으로 들어가야 한다. 이런 두 가지 의미의 증언이 내가 이 책 전체에서 발전시키는 중간을 구성한다. 나는 중간이라는 독특한 공간을 이야기함으로써 트라우마의 현실에 대한 어떤 특별한 신학적 증언의 자리를 마련하려 한다. 중간에서는 시간과 말과 몸의 혼란/혼미(disorientation of time, word, and body)에 대해 심각한 몸부림/투쟁(engagement)이 일어나는데, 심지어 그런 혼란을 구성하는, 말로 표현할 수 없는(생략이 일어나는) 여러 현실 속에서도 몸부림친다. 이런 몸부림은 카스텔리가 상상한 가능성, 다시 말해서, 다른 이들의 고통을 인식할 수 있는 가능성에서 매우 중요하다.

카스텔리는 이것을 빛의 가려짐(eclipsing: 일식이나 월식 같은 것)이라고 불렀다. 이런 가려짐은 한 사람의 증언의 결과로 일어난 것만은 아니다. 증언 경험 자체가 이런 가려짐에 의해 규정된다. 이 증언은 진실하면서도 문제의 소지가 있다. 하지만 그렇다 하더라도, 이러한 증언을 터무니없다거나 믿을 수 없다고 치부해서는 안 될 것이다. 우리는 3장에서 살펴 볼 막달라 마리아의 예를 통해 이러한 증언이 가진 진실을 알 수 있다. 막달라 마리아는 자신이 무덤에서 겪은 일을 다른 제자들에게 이야기하려고 달려갔지만, 제자들은 마리아의 증언을 의심했다. 나는 마리아의 증언 안에 있는 빛의 가려짐에 대해 말하고 있다. 지금까지 이야기한 바와 같이 트라우마를 겪는 사람은 시간, 몸, 말의 왜곡으로 인해 심각한 삶의 혼란에 처한다. 이런 정신적 혼란을 증언하는 일은 증언 내용이 거듭해서 가려지는 공간, 고통의 원인을 명확하게 알아볼 수 없는 공간, 명확한 경계가 사라진 공간 안에 존재하는 일이다. 트라우마와 트라우마를 증언하는 일에는 이런 다수의 생략이 존재한다. 증언은 사람들을 중간이라는 희미한 자리에 위치시킨다. 그곳에서 죽음과 삶, 없음과 있음의 분명하고 확고한 대립은 더 이상 유효하지 않다.

주디스 허먼은 앞서 말한 가려짐을 '망각'(forgetting)이라 부른다. 이 '망각'은 트라우마 현상과 그 현상에 대한 연구를 구성하는 것이다.[58] 기억의 왜곡은 트라우마의 핵심이다. 과거가 회복될 수 없다는 사실에서 많은 고통이 생겨난다. 그러나 고통은 현재를 파고드는 과거의 파편들 때문에 생겨나기도 한다. 허먼은 트라우마 연구 역시 기억하고 망각하는 일을 여러 차례 겪는다고 말한다. 트라우마는 대중들의 의식 속에서 부침을 거듭하며, 대중들은 트라우마를 주목하기도 하고 외면하기도 한다. 이런 현상은 트라우마 그 자체를 반영한다. 허먼은 책 서문에서 이런 현상을 예언하듯 이야기한다. 허먼은 트라우마 연구에 대해 글을 쓰면서도, 이 연구가 대중의 기억 속에서 멀어지고 가려지게 될 것도 예견하고 있다. 이러한 기억과 망각, 드러냄과 감추어짐은 증언의 특징이며, 극단적인 고통의 상황 속에서 이것들은 증언을 어렵게 만든다.

망각(허먼)과 가려짐(카스텔리)은 내가 생략(eliding/elision)이라 부르는 것과 유사하다. 이는 탄압받고, 배제되고, 무시되고, 묵살되는 진실을 가리키는 것이다. 내가 '생략하기' 또는 '생략'이라는 단어를 선택한 데는 두 가지 이유가 있다. 첫째, '생략'은 트라우마 속에서 빈번하게 작용하는 고의성을 잘 담아낸다. 이것은 특정 집단이 사건

58) Herman, *Trauma and Recovery*의 1장을 볼 것.

의 진실을 억압하는 경우가 많다는 사실을 설명하는 단어다. 힘 있는 자리에 있는 이들을 지키기 위해 트라우마가 끼친 영향은 곧 무시되기도 한다. 둘째, '생략'은 운율을 맞추기 위해 초성이나 종성 발음을 생략하거나, 강세 없는 모음이나 음절을 생략하는 것을 가리키는 언어학 용어다. 이것은 트라우마 속에서 흔히 일어나는 현상을 잘 표현한 것이기에 더욱 흥미롭다. 우리는 고통이 현존함에도 이제껏 세상을 인식해 온 특정한 방식을 유지하기 위해서 목소리를 내지 못하는 경우가 허다하다. 고통에 대해 말하지 않을 때 사물들이 더 매끄럽게 보이기 때문에, 고통은 텍스트 안에 남아 있을지언정 말로 표현되지는 않는다.

전통적인 증언의 형식이 보고 들은 바를 직접 전하는 것이었다면, 내가 여기서 이야기하는 증언은 사건에 직접 접근하는 것이 아니다. 그렇더라도 증언이 '순교자'라는 말의 어원이나, 특히 그리스도교적 맥락에서 해석되었던 방식들에 갇혀 있지는 않다. 증언은 일어난 일을 직접 선포하는 것도 아니고 일어난 일을 직접 모방하는 일도 아니다. 증언은 죽음과 삶 안에서, 또한 죽음과 삶에 비추어, 죽음과 삶에 대한 중요한 신학적 주장들을 압박하는 고통을 향해 미약하나마 지향하는 일(a tenuous orientation to suffering)이다.

성서와 신학 텍스트들에 대해 이야기할 때, 나는 시간과 몸과 말의 왜곡이라는 고통의 불가해한 특성을 강조한다. 이런 불가해성은 죽음과 삶, 수난과 부활에 대한 그리스도교 내러티브에서 중간이라는 증언의 공간이 지닌 중요성을 드러낸다. 나는 트라우마에서 증언이 어떤 것인지를 그려내기보다, 성서와 신학 텍스트들 속 증언이 어떻게 그려지는지를 주목하려 한다. 요한복음의 인물들은 수난과 부활의 증인들이다. 이 이야기에서 우리는 증언에 대한 그리스도교적 해석을 도출해 낸다. 더욱 복잡하게 얽혀 있는 성(聖)토요일의 죽음과 부활에 대한 내러티브를 연구하는 신학자들은 증언의 영역을 들춰낸다. 발타자르(Balthasar)와 스페이어(Speyr)는 죽음과 삶의 논리는 산산조각 났으며, 이로써 고통과 그 여파에 대한 독특한 신학적 증언이 드러났다고 주장한다. 증언에 대해 발타자르와 스페이어는 무엇을 이야기하는가? 이 책의 이어지는 장에서, 나는 앞서 언급한 텍스트들 속에 존재하는 시간과 몸과 말의 깨어짐에 대한 증언을 밝히려고 한다. 이 텍스트들을 살핌으로써 우리는 증언하는 현존(a witnessing presence)이라는 개념을 발견한다. 이 개념은 죽음을 통한 구원 개념을 새롭게 정리하고 또한 부활한 삶에 대한 주장을 유보하게 한다. 트라우마 현장에서 움트는 이해할 수 없는 진실은 바로 사랑이 남아 있다는 것이다.

이 책의 목적은 죽음 이후 계속되는 삶의 힘겨운 몸짓을 있는 그대로 받아들이는 개념적 영역을 세우는 것이다. 죽음 이후를 사는 삶은 쉽게 생략되는 것을 증언하려고 애쓰는 일단의 힘겨운 활동들로 이뤄진다. 이런 힘겨운 활동들을 통해서, 나는 죽음과 삶의 관계가 더 이상 시간 순으로 구성되지 않는다는 사실을 알게 되었다. 그 때문에 나는 시간의 혼란을 겪는 트라우마 생존자들을 존경해 마지않는다. 트라우마 경험 속에서의 깊은 인식적 한계를 진지하게 논의하기 위해서는 이러한 활동들을 몸소 이해해야 한다. 이 활동들은 죽음의 경험 속에서, 그 경험을 통해 재형성되며, 언어가 가진 한계와 상상하는 힘 두 가지 모두를 증언한다. 이 책의 남은 부분을 통해 내가 할 작업은 중간이라는 개념적 영역에서 파생되는 주장들을 다시 고찰하는 것이다.

내 관심은 우리가 직접 겪지는 않았지만 어찌 됐든 우리와 관계되는 끔찍한 폭력을 목격하고 증언할 수 있는 가능성에 대해 이야기하는 데 있다. 우리는 그 사건에 영향을 받거나, 캐서린 켈러(Catherine Keller)의 말처럼, 휩쓸려 들게 된다.[59] 나는 성서와 신학 텍스트들이 수사학적 표현을 통해 세상 속에서의 존재 양식을 만들어 가는 과정을 신학적으로 고찰하려고 한다. 이 텍스트들은 세상과의 관계 속에서 독자인 우리를 어떻게 위치시키는가? 예수의 삶과 죽음과 부활의 내러티브는 사람들로 하여금 특정한 삶의 양식을 지향하게 하고, 그런 삶이 가능하도록 사람들에게 힘을 북돋는 역할을 한다. '증언'은 세상 속에서의 그리스도인의 삶을 설명하고, 예수의 죽음과 삶에 관한 내러티브를 우리와 연결시키며, 세상 속에서 이 내러티브를 해석하는 중심 용어가 된다. 따라서 성서와 신학 텍스트에서 증언의 속성과 그 의미는 아주 중요하다. 트라우마와 관련해서 증언이 이야기될 때, 우리는 증언의 개념을 다시 생각해야만 한다. 앞서 언급한 '증언'에 대한 익숙한 해석들은 성서와 신학 텍스트 속 증언의 다른 측면, 즉 극단적인 고통에 대한 힘겨운 증언(the difficult witness to radical suffering)을 보지 못하도록 가로막았던 것은 아니었을까?

내가 제시하는 해석의 틀은 신학 텍스트나 성서를 보는 새로운 해석 모델이 아니다. 이 틀은 우리가 익숙한 관점으로 텍스트를 해석하면서 사소하게 생각했거나 덮고 지나쳤던 중요한 측면을 강조하는 것이다. 트라우마가 사람들에게 미치는 영향과 우리가 트라우마에 대

59) Catherine Keller, *Face of the Deep: A Theoloy of Becoming* (New York: Routledge, 2003), 232. 켈러가 들뢰즈의 *implicatio* 에 대해 언급하는 것을 보라.

해 알게 된 사실에 비추어 텍스트를 해석하면, 우리는 그 텍스트가 지닌 증언의 힘을 되찾게 된다. 나는 이제껏 우리가 사용하고 있는 어휘들을 다시 생각해 볼 것을 제안한다. 그래야 그 어휘들이 가진 치유의 잠재력을 되살릴 수 있기 때문이다. 『장애의 영성과 정치학』(*In Spirit and the Politics of Disablement*)에서, 섀런 베처(Sharon Betcher)는 자신이 행하는 작업을 직관을 수집하는 일로 설명한다.[60] 내가 여기서 수집한 직관은 트라우마에 대한 통찰들이 죽음과 삶의 관계에 대한 진보적인 해석에 힘입어 구원 내러티브를 새롭게 조명한다는 점이다. 이를 통해 트라우마에 대한 통찰들은 또한 **예수**라는 인물 대신에, 증언이라는 행위에 의해 드러나는 **성령**의 새로운 모습을 보여준다. 다른 모델들은 예수가 떠나고 난 뒤, 예수의 부재(the absence)로 인해 형성된 증언의 방식들을 정확히 포착하지 못하며, 성령이 하는 증언과 성령에 대한 증언이라는 대단히 중요한 전환(a critical shift)을 알아차리지 못한다. 증언을 성령의 증언과 연관해 성령론적으로 재해석하는 것은 어떤 의미가 있을까? 많은 경우에, 우리가 성서 속에서 보는 증언은 지금 제안된 해석들보다 훨씬 덜 직접적이다. 만약 증언이 말로 전달하기 어렵고, 간접적이며, 다른 이들에게 전해지는지도 확실치 않다는 사실을 그리스도교의 증언에 대한 개념이 인정한다면 어떻게 될까? 만약 우리의 관심이 증언의 내용이 아니라 증언하는 행위 자체로 옮겨지고, 목격된 것들은 계속해서 생략된다면 어떻게 될까? 트라우마라는 렌즈는 선포되어야 하는 분명한 진실이 아니라, 우리가 담아낼 수 없지만 증언해야만 하는 진실을 주

---

60) Sharon Betcher, *Spirit and the Politics of Disablement* (Minneapolis: Augsburg Fortress Press, 2007), 22.

목하게 한다.

나는 다음 장에서 성서와 신학 텍스트들이 증언이 의미하는 바에 대한 대안적인 해석을 어떻게 담아내고 있는지 살펴보고자 한다. 내가 사용할 두 종류의 텍스트는 증언의 선포 모델과 모방 모델을 뒷받침하는 것이기도 하지만, 동시에 증언의 또 다른 차원을 입증하는 것이기도 하다. 이 차원은 성령과 연결된다. 죽음과 삶이 만나는 교차로에서, 우리는 부서진 말과 몸을 향하게 된다. 바로 **이** 지점에서 **이런** 지향성을 갖는 것은 우리가 예수와 그의 현존에 주목하는 대신에, 예수의 부재 경험과 깊이 몸부림치는/투쟁하는 일(a deep engagement with the experience of his absence)에 주목하게 만든다. '죽음의 여파 속에 무엇이 남았는가?'라는 질문은 증언에 대한 핵심적인 질문이다. 말과 몸이 가진 특징 모두가 부서졌음을 증언 안에서 인정하면, 우리는 독특한 성령론적 영역, 즉 그저 생명을 주는 존재(a life-giver)가 아니라 죽음 속에서 솟구치는 생명을 증언하는 존재(witness to the emergence of life out of death)로 성령을 설명하는 독특한 성령론적 영역으로 들어가게 된다. 우리는 남아 있는 것이 의미하는 바를 성령을 통해 신학적으로 그려낼 수 있게 된다.

2장

성(聖)토요일을 증언함

완전한 결말과 새로운 시작, 하지만 … 둘 사이에는 무엇이 나타날까요?[1]

1956년 3월 31일, 부활절을 앞둔 토요일, 한스 우르스 폰 발타자르(Hans Urs von Balthasar)는 라디오에 출연해 청취자들에게 이렇게 물었다.[2] 수난과 부활 사이의 날인 성토요일(Holy Saturday)에 대해 한 걸음 물러서서 생각해 보라는 질문이었다. 교회력에서 성토요일은 성금요일과 부활절 사이에 있으면서, 그 두 날의 그늘에 가려져 있었고, 여러 전통 속에서 그저 예수의 죽음과 부활을 잇는 날로 남아 있었다. 발타자르는 십자가 사건의 여파 속에서 성서가 침묵하고 있다고 말한다. 복음서는 십자가와 부활 사이에 있었던 일에 대해 별로 이야기하지 않으며, 기껏해야 장례를 준비하고 이를 위해 협상하는 장면

1) Hans Urs von Balthasar, "We Walked Where There Was No Path," in *You Crown the Year with Your Goodness: Sermons through the Liturgical Year*, trans. Graham Harrison (San Francisco: Ignatius Press, 1989), 90.

2) "부활절"(Easter)이라는 표제가 위 설교("We Walked Where There Was No Path")의 제목이었지만, 이것은 사실 성토요일에 행한 설교였다.

이 복음서에 등장할 뿐이다. 그러나 그리스도교 전통에서 십자가와 부활 사이의 중간에 대한 이해는 사후 세계에 대한 문학적이고도 전례적인 묘사로 발전했고, 그리스도의 사후 지옥 여행이 여기에 포함되었다. 지옥에 내려가 거기에 계셨던 그리스도의 이야기는 "지옥으로 내려 가셨다"(he descended into hell)라는 표현으로 사도신경에 삽입되어 그리스도교 신앙의 일부가 되었다(역자주: 전통적 교회들 대부분이 고백하는 이 구절이 개신교회 사도신경에는 빠져 있다. 가톨릭 교리에는 '지옥' 대신에, '고성소'(古聖所), '연옥'(煉獄), '저승'으로 나온다).

그리스도교 전통 안에 이런 신앙 고백이 존재하기는 하지만, 발타자르는 성토요일이 아직 신학적으로 완벽하게 설명되지 않았다고 보았다. 그는 성토요일에 대한 신학적 고찰이 그리스도교의 구원을 해석하는 데 중요한 실마리가 될 것이라는 믿음으로 그리스도교 전통을 조사한다. 발타자르는 이렇게 말한다. "그 위험이 아주 실제적이기에 우리는, 마치 우리의 이해를 넘어서는 드라마를 보는 관객들처럼, 그저 장면이 바뀔 때까지 기다릴 뿐이다."[3] 발타자르는 성토요일을 둘러싼 신학적 침묵을 깨뜨린다. 전통적으로 수난과 부활은 죽음에서 생명으로 이어지는 매끄러운 과정으로 설명되었다. 발타자르는 이런 설명에 저항하는 신학을 제시한다. 발타자르에 따르면, 전통 속에서 성토요일을 낮게 평가하거나, 심지어 도외시하는 경향은 그동안 우리가 그리스도교의 구원 메시지를 제한된 시각으로 해석해왔음을 보여준다. 만약 우리가 성토요일이라는 현장에 서서 보면, 우리는

---

3) Hans Urs von Balthasar, *Mysterium Paschale*, trans. Aidan Nichols (Grand Rapids: Eerdmans, 1993).

무엇을 보게 될까?

중간에 위치한 날, 즉 성토요일은 보다 더 복잡하게 얽혀 있는 죽음과 삶을 목격하고 증언하는 현장이다. 이 장에서 나는 그 사실을 드러내려고 한다. 죽음의 여파 속에서 선명하게 보이는 것은 없다. 발타자르가 주장하는 것처럼 장면이 바뀔 때까지 마냥 기다리는 일도 없다. 성토요일은 매우 이해하기 어려운 시공간을 묘사하며, 그 안에서 죽음과 삶은 독특한 관계를 맺는다. 다음 장에서는 요한복음에 등장하는 목격과 증언의 모습을 살펴볼 것이다. 이를 위해 남은 것들이 있는 중간 영역을 살펴보고, 온전히 알려지지 않았거나 죽음 사건에 포함되지 않는 것을 증언하는 일의 중요성을 따져 보려 한다. 나는 이 장과 다음 장에서, 십자가 사건이 완전히 끝나지 않았으며, 여전히 남아 있는 죽음의 일부가 삶의 영역까지 침범해 들어온다는 사실을 보여주려 한다. 두 장 모두 죽음을 이기고 승리한 삶이라는 그림에 이의를 제기한다. 중간에서는 다른 방식의 증언 개념이 생겨난다.

이렇게 중간에서, 죽음과 삶의 내러티브를 해석하는 것은 어떤 의미일까? 나는 한스 우르스 폰 발타자르와 아드리엔 폰 스페이어(Adrienne von Speyr)의 글들에 나오는 성토요일의 신학을 통해 이 질문을 살펴보려 한다. 두 사람 모두 십자가 죽음과 부활 사이에 있는 구원을 이야기한다. 이들은 지옥에 내려간 예수 이야기로 설명되는 중간 영역을 고찰한다. 고통의 독특한 측면을 드러내는 성토요일은 수난과의 관계 속에서만 해석될 수 없다. 마찬가지로 성토요일은 단지 부활과의 관계 속에서만 해석될 수도 없다. 지옥에서의 하느님의 경험은 우리가 생각할 수 있는 범위 너머에 있는 죽음 경험이다. 발타자르의 표현을 빌리자면, 이것은 "우리의 이해력을 뛰어넘는 드라마"다.[4] 성토요일로 들어가는 다양한 형태의 길은 신학 연구의 범위를 넘어선다.

이 장에서는 죽음의 여파 속에서 드러나는 목격과 증언이라는 개념을 설명하기 위해 발타자르와 스페이어의 성토요일 신학(theology of Holy Saturday)을 살필 것이다.[5] 스페이어는 그리스도가 지옥에 내려가신 사건(Christ descent into hell)에 신비적으로 참여한다. 발타자르와 스페이어는 성서전통과 전례전통을 스페이어의 신비 경험과 조화시키려고 노력했으며, 성토요일에 대한 자신들의 글 속에서 죽음과 삶, 수난과 부활 사이의 관계를 새롭게 표현했다. 성토요일에 대한 이들의 신학적 연구는 지옥 영역으로 들어가는 스페이어의 특이한 경험에 의해 촉발되었다. 스페이어는 반복해서 지옥에 내려가는 환상들(visions)을 보았고, 이는 증언의 복잡한 모습을 드러냈다. 발타자르와 스페이어는 지옥이라는 영역의 형언할 수 없음과 함께 십자가 사건 이후 버려진 그리스도와 직접 함께하는 스페이어를 표현하려고 했다. 발타자르의 초기 저작인 『세상의 마음』(*Heart of the World*)은 성토요일의 사건을 언어로 담아내려고 했던 그의 고뇌를 보여준다. "말이 스러져 침묵이 된" 그 날, 그는 어떤 특별한 표현 양식을 찾아야만

4) Ibid.

5) 발타자르의 성토요일 신학을 간단하게 요약하기 위해서는 다음 글을 볼 것. David Lauber, "Hans Urs von Balthasar and a Theology of Holy Saturday," in *Barth on the Descent into Hell: God, Atonement, and the Christian Life* (Aldershot, UK: Ashgate, 2004), 42-75. 이 장에서는 발타자르의 사상을 요약하는 데 많은 지면을 할애하지 않았다. 대신 성토요일에 대한 신학적 논의를 강조했다. 때로는 이런 신학적 논의가 부수적이고 중요하지 않은 것으로 여겨지기도 한다. 이 장은 성토요일에 대한 권위 있는 설명을 반박하는 대안적인 내러티브를 밝히려고 한다.

했다. 그에게 성토요일은 언어로 표현할 수 없는 현실을 언어로 이야기하려는 문학적 몸부림이었다.[6] 증언하는 사람들의 복잡함, 그리고 수난과 부활 사이의 침묵이 성토요일에 자리잡는다. 발타자르와 스페이어는 이것을 통해 남아 있는 것에 대한 강력한 증언을 제시한다.[7]

하지만, 정작 이러한 증언은 발타자르와 스페이어의 글에서는 생략된다. 나는 그들 안에 성토요일이라는 현장에서 구원의 논리를 이끌어 내려는 마음이 커졌기 때문에, 그들이 성토요일의 구체적이고 미적인 측면으로 표현된 중간에서의 핵심적인 증언에서 멀어졌다고 본다. 성토요일의 신학을 전개하면서 그 날의 긴박함에 대한 그들의 증언은 점점 더 가려진다. 이는 특정한 논쟁과 스페이어와 성토요일에 대한 신학적 타당성을 세우려는 욕심 때문이다. 성토요일의 모습과 그에 대한 적절한 표현을 찾으려는 노력은 이렇게 다른 요인들 때문에 주변부로 밀려나게 되었다. 스페이어가 몸으로 경험한 성토요일과 문학적으로 표현된 성토요일은 몸과 언어의 특정 부분을 생략하는 논리에 의해 희미해지게 되었다.

---

6) 다음 글을 볼 것. Balthaar, "The Death of God as Wellspring of Salvation," in *Mysterium Paschale*. 발타자르에게 하느님의 사랑은 명쾌한 논리로 완벽하게 설명할 수 없는 것이며, 특별히 성토요일이 사랑의 절정을 보여주는 것이라면 더욱 그렇다. 발타자르가 종종 이야기하는 것처럼, 사랑은 지식을 뛰어넘고, 침묵의 상황을 만들어 낸다. "틈새에서 하느님의 말씀이 침묵하는 순간에" 신학은 인간의 논리를 뛰어 넘어, 발타자르의 표현처럼, 우리 숨을 뛰어 넘어 상상되어야 한다(83).

7) 나는 다음 장에서도 이런 남아 있음의 개념을 요한복음과 연결시켜 발전시킬 것이다. 이 장과 다음 장에서, 나는 남아 있음이 독특한 성령론적 특징을 가진다는 점을 이야기할 것이다. 나는 이런 해석을 전개하면서, 요한복음에 대한 발타자르와 스페이어의 신학을 집중적으로 살펴볼 것이다. 그들의 신학이 요한복음을 근거로 하기 때문이다. 발타자르와 스페이어가 이야기하는 성령은, 죽음과 삶 사이에 있는 특별한 모습이다. 그럼에도 요한복음 본문이 보여주는 것과 같은 특징, 혹은 그들 생각의 좀 더 넓은 역동성 속에서 작동하는 것과 같은 특징을 갖고 있지는 못하다.

트라우마라는 렌즈를 통해 바라보는 증언의 개념은 죽음과 삶, 과거와 현재, 부재와 존재에 대해 이야기하는 난해한 표현들을 생략하지 않고 말한다. 죽음의 여파가 갖는 복잡함은 쉽게 묻힐 수 있기 때문에, 이런 증언은 그 영향이 즉각적으로 알려지거나 인식되지 않는 사건을 추적한다. 또한 이 증언은 잃어버린 것과 남은 것을 알아차린다. 남아 있는 형태로 변형된 삶은 이 증언 안에서, 또한 이 증언을 통해 인식된다. 신학적으로 알려지지 않은 성토요일이라는 현장은 대안적인 증언 개념을 이야기하기 위한 가능성을 제시한다. 내가 이 책에서 밝히는 바와 같이, 이렇게 성토요일을 해석하려는 힘겨운 노력은 성토요일의 본질과 그 신학적 의의를 우리에게 보여준다. 발타자르와 스페이어가 고백하는 바와 같이, 구원이 성토요일이라는 공간에서 이야기되었다면, 구원을 이해하기 위해서는 반드시 성토요일의 다층적인 증언이 고려되어야만 한다. 나는 이 증언이 부차적인 것이 아니라 성토요일의 신학을 구성하는 데 꼭 필요다고 믿는다. 발타자르와 스페이어는 실천된 신학과 쓰여진 신학 사이에, 몸으로 구현된 신학과 공인된 신학 사이에, 미학적 신학과 조직신학 사이의 긴장을 드러낸다. 이러한 긴장은 죽음과 삶의 중간을 증언할 때 봉착하는 해석상의 도전들을 반영한다. 중간의 날, 성토요일은 감춰지거나 묻혀버릴 위험에 처한 진실을 증언하는 현장이 된다.

성토요일에 대한 발타자르와 스페이어의 설명은 이러한 대안적 증언의 씨앗과 이 증언에 대한 생략을 동시에 보여준다. 이런 현상이 성토요일에 대한 그들의 설명 전체에서 나타나는 것은 아니다. 나는 1장에서 엘리자베스 카스텔리가 증언을 순교와 희생으로 설명했음을 언급했다. 발타자르와 스페이어의 해석은 (선포 모델이 아니라) 이러한 증언 이해를 고착화한다. 발타자르와 스페이어는 그리스도론적인 모방과 자기희생 모델을 통해 구원의 중요성을 해석한다. 하지만 나는 이런 모방과 자기희생 모델이 성토요일에 엄연히 존재하는 죽음과 삶 사이의 긴장을 담아내지 못한다고 본다. 발타자르와 스페이어의 신학에서, 성토요일은 비록 다른 형태이긴 하지만 십자가의 논리를 반복하는 구원의 논리를 거듭 말한다. 그들은 성토요일을 점점 더 그리스도 중심적인 논리와 연결시키는데, 이 논리는 목격하고 증언하는 것이라기보다는 안주하는 것이다. 수난에 대한 특정 논리를 확대하는 중에 재생산되는 순교를 모방하는 모델은 발타자르와 스페이어의 신학 속에서 증언의 숨겨진 의미가 생략되도록 만들었다. 이런 숨겨진 의미는 스페이어가 몸소 경험한 것과 이 경험을 잘 담고 있는 발타자르의 문학적 작업으로 입증된 것이다. 실제로 존재하는 스페이어의 경험을 해석하고, 성토요일을 설명하기에 적합한 언어를 찾기 위한 그들의 엄청난 노력은 이 순교 모델에 포함되고, 그들의 성토요일 신학에서 이러한 노력은 그저 상황적 참고사항이 되어 버린다.[8]

나는 발타자르와 스페이어의 성토요일 신학에서 두 가지 중요한 특징을 강조하여 언급하고, 트라우마라는 렌즈를 통해 죽음과 부활 사이에 집요하게 계속되는 것을 이야기하는 그들의 신학적 증언을 살펴보려 한다. 어느 한 차원에서 그들은 남아 있는 것을 목격하고

8) 결과적으로, 학자들은 더 이상 스페이어가 몸소 겪은 경험이나 발타자르의 문학적인 글에 대해 논쟁하지 않는다. 학자들이 성토요일을 해석하기 위해서는 바로 체계적인 작업으로 들어가면 된다. 발타자르와 스페이어가 다른 학자들을 위해 이런 길을 먼저 닦아 놓았다. 하지만 여기서 나는 이런 과정에서 잃어버린 것에 관심이 있다. 학자들은 이런 상황을 자주 주목하기는 하지만, 이것을 발타자르의 성토요일에 대한 설명이나 그 설명에 대한 평가에 진지하게 포함시키지 않는다.

증언하지만, 다른 차원에서는 그것을 생략한다. 그들의 성토요일 신학을 해석하는 일은 가려진 증언을 드러내는 과정을 수반한다. 이 과정에서 구원의 전망은 새로운 형태를 갖추게 되며, 진실, 영, 사랑과 같은 익숙한 용어들은 새로운 의미를 갖게 된다.

성토요일의 발견

> 매년 수난은 성금요일 오후 세 시경, 창으로 찌르는 장면이 떠오르는 죽음과 같은 무아지경과 함께 끝났다. 잠시 후 "지옥으로 내려가심"(descent into hell, 부활절 이른 아침까지 계속되는)이 시작되었다. 매년 아드리엔은 이에 대해 자세하게 설명한다.[9]

발타자르는 한 가지 형태의 고통이 금요일에 끝났다고 전했다. 그 후 전혀 다른 무언가가 나타난다. 이 '무언가'는 아드리엔 폰 스페이어가 성토요일이라는 신비의 영역 속으로 들어간 것이다. 신비하고 영적인 힘에 압도되어 스페이어는 일종의 고통 속으로 들어간다. 초자연적 고통으로 가득 찬 이 고통은 발타자르와 스페이어 모두 알아볼 수 없는 것이다. 1941년 이후 스페이어는 25년 동안이나 그리스도가 십자가에서 돌아가신 후 지옥으로 내려가신 일을 말과 몸으로 설명했다.[10] 스페이어는 지옥에서 구원의 신비를 발견했다. 그녀는

9) Hans Urs von Balthasar, *First Glance at Adrienne von Speyr*, trans. Antje Lawry and Sr. Sergia Englund (San Francisco: Ignatius Press, 1981), 65. 또한 다음을 볼 것. Adrienne von Speyr, *Kreuz und Hölle* I, vol. 3: *Die Passionen* (Einseideln, Switzerland: Johannes Verlags, 1966), 27.

10) 발타자르는 이런 환상들을 정리하고 엮어서 여러 권의 책으로 펴냈다. 환상들에 대한 설명과 지옥으로 내려간 경험에 대해서는 다음을 볼 것. Speyr,

자기가 본 지옥의 환상들(visions of hell)을 다채롭게 묘사했다. 매년 수난주간마다 스페이어는 강렬한 고통의 시간으로 들어가기 위해 스스로를 준비했다. 지옥으로의 이 여행은 금요일 오후에 시작해서 일요일 이른 아침까지 계속되었다. 스페이어는 자신의 관자놀이에 그 가시관이 눌려진 듯 극심한 편두통에 시달리곤 했다. 때로는 상처 입은 그리스도의 심장이 마치 자기 것인 양, 그녀의 옷은 핏방울로 얼룩졌다. 그녀는 여기저기로 옮겨지며 역사 속 성인들이나 십자가를 향해 가는 그리스도를 만났으며, 또 십자가 이후의 그리스도를 만났다.

하지만 생생한 고통은 성토요일에 모두 멈추었다. 더욱 이해하기 어려운 다른 종류의 고통, 죽음 너머까지 미치는 고통이 시작된 것이다. 스페이어는 말한다. "성토요일, 내 몸은 아무것도 느끼지 못했다. 나는 오로지 극심한 피로만 느꼈다. 영혼의 상태."[11] 그녀는 그 고통을 신체적인 고통보다는 심리적인 고통으로 묘사한다. 이것은 존재하는 어떤 것이 아니라 존재하지 않는 어떤 것에서 비롯된 괴로움이다. 극도의 고독, 버림받음, 포기가 지옥에 존재한다. 그녀의 경험은, 지옥에 존재하지도 않고 그녀가 손에 넣을 수도 없는 것들로 가득하다. 지옥의 고통은 그녀의 모든 관계가 완전히 끊어졌음을 의미한다. 마치 성자가 성부의 사랑으로부터 끊어졌듯이, 스페이어는 자신이 고통이라는 "내면의 상태"라고 부르는 곳 속으로 들어갔다고 믿는다.[12]

Kreuz und Hölle I, vol. 3: *Die Passionen, and Kreuz und Hölle* II, vol. 4: *Die Auftragshollen* (Einseideln, Switzerland: Johannes Verlags, 1966). 1941년 스페이어의 첫 환상에 대한 발타자르의 첫 설명을 보려면 vol. 3, 17ff를 볼 것

11) Speyr, *Kreuz und Hölle* I, vol. 3: *Die Passionen,* 36. 저자(Rambo)의 번역이다.

12) 1941년에 발타자르는 스페이어를 보면서, 그녀의 성금요일 환상과 성토요일 환상의 차이에 주목한다. "이제 지옥에서의 환상이 시작된다. … 그녀는 실제

성토요일의 고통이 독특한 것은 그것이 궁극적인 단절에서 기인하기 때문이다. 지옥은 고통을 떠맡는 곳이 아니라, 버려짐을 견디는 곳이다.[13)]

발타자르의 성토요일 신학은 단순히 그리스도가 지옥으로 내려가심(descent into hell)을 설명하는 그리스도교 전통에 대한 연구 결과가 아니다. 지옥으로 내려가심에 대한 그의 명확한 설명은 앞서 언급한 이례적인 사건들에 의해 촉발된 것이다. 아드리엔 폰 스페이어는 발타자르의 평생에 걸친 신학적 동지이자 친구였는데, 그녀가 이야기하는 성토요일 경험의 생생한 표현들은 발타자르가 연구를 시작할 수 있도록 영감을 주었고 계속해서 발타자르에게 영향을 끼쳤다.[14)] 스페이어의 환상들은 발타자르로 하여금 성토요일의 의미를 발견하게 했다. 스페이어는 자신이 독특하고 위태로운 삼위일체의 모습 안에서

로 지옥 안에 있지만, 어찌된 일인지 개입하지는 않는다. 그녀는 이런 지옥에서의 상황과 그 끔찍함에 대해 틀림없이 일종의 연민을 느낀다. 그러나 이것은 그녀가 이 상황에 내적으로 참여하면서 느끼는 것이다. … 수난 속에 있는 사람은 고통을 허락받았다. 그는 무시무시한 고통에 참여한다. … 이에 반해서, 여기서 이것은 모든 일을 감당하는 맨처음의 희망 없음에서 나온다. 그녀는 개입하지 않은 채 남아 있다."(*Kreuz und Hölle* I, vol. 3, 28). 그녀는 말한다. "나는 기도하기를 좋아한다. 하지만 성토요일에 나는 기도할 수 없다. 그날에는 마치 하느님께 이르는 모든 길이 끊어진 것 같다. … 나는 아무것도 들리지 않는 상태로 혼자 남아 있었다"(37).

13) 발타자르는 이렇게 말한다. "성부로부터 오는 어떤 영적인 빛도 없어진 상태에서, 어떤 상황 속에서도 성부를 찾을 수 없을 때, 성자는 순전한 순종 가운데 성부를 찾아야만 한다. 그럼에도 이 지옥은 (인간에게 자유를 주신) 창조자 성부의 궁극적인 신비이다. 그래서 이런 어둠 속에서, 화육(성육신)하신 성자는 "경험적으로" 이 어둠을 배운다. 이때까지 이 어둠은 성부를 위해 '남겨둔' 것이었다."(*First Glance*, 66).

14) 다음을 볼 것. Johann Roten, "The Two Halves of the Moon: Marian Anthropological Dimensions in the Common Mission of Adrienne von Speyr and Hans Urs von Balthasar," in *Hans Urs Von Balthasar: His Life and Work* (San Francisco: Ignatius Press, 1991), 70. 로튼은 둘 사이의 "심리적 공생"을 언급한다.

환상들을 경험하고 있다고 이해했다. 이 환상들 속에서, 그리고 그 환상들에 대한 이후의 설명에서, 지옥으로 내려간 그리스도의 모습은 깊은 괴로움에 처한 하느님의 사랑 이야기를 들려준다. 언뜻 보기에, 이것은 버림과 헤어짐의 이야기, 하느님에게 버림받은 이야기, 즉 사랑에 반대되는(anti-love) 이야기다. 십자가에서 버림받은 아들의 울부짖음은 간청이 아니라, 성자가 성부에게서 **버림받았다**는 묵시적 선언이었다. 아버지는 더 이상 아들이 인식할 수 있는 분이 아니다.

발타자르에 따르면, 스페이어는 이전 전통 속에서는 이야기되지 않던 "고통의 전체 지도"(whole maps of suffering)를 제시한다.[15] 1945년 스페이어는 십자가와 그 위에서 돌아가신 주님의 환상을 보았다. 성토요일의 끝에서 모든 것은 다시 어두워졌다. "그는 죽은 상태로 계시며 아직 부활하지 않으셨다."[16] 그 환상은 성자가 지옥을 통과하는 "길 없는 길"(trackless tracks)을 만드는 환상이었다.[17] 분명한 것은 스페이어가 환상들을 경험했던 공간에서는 경계라는 개념이 별 소용이 없었다는 사실이다. 스페이어는 간극, 틈새, 그리고 나락으로

---

15) 발타자르는 이렇게 이야기한다. "단지 빈 공간에 불과한 곳, 혹은 막연한 생각이 존재하는 듯한 그곳에서 고통의 전체 지도는 정확하게 채워진다. 아드리엔은 고통 중에, 그 고통이 잠시 멈추었을 때, 그리고 그 이후에, 자신이 경험한 바를 분명하고 통찰력있게 설명할 수 있었다. 나는 그녀의 일기장 뭉치에서 이런 수난을 따로 꺼내 *Cross and Hell*이라는 별개의 책으로 묶었다(Balthasar, *First Glance*, 35). 발타자르가 성토요일을 영원한 것으로 묘사하는 것은 흥미로운 일이다. 성토요일이 역사적으로는 단지 하루를 지칭하는 것이지만, 발타자르와 스페이어의 해석 속에서 그것은 하나의 공간, 지형이 되었다.

16) *Kreuz und Hölle* I, vol. 3, 1945 vision, 86-115. 1945년의 환상은 지옥에서의 성부와 성자의 관계를 전체적으로 보여준다.

17) Hans Urs von Balthasar, *Science, Religion and Christianity*, trans. Hilda Graef (London: Burns and Oates, 1958). 발타자르는 이렇게 주장한다. "이렇게 발자국 없는 길을 따라가는 일은, 이전에는 완전히 닫혀 있던 곳을 여는 일이다"(134).

빠지는 것을 설명했다. 지옥은 버려진 땅과 같은 곳이다.[18] 지옥은 삶의 흔적이 없는 곳, 가능성도, 움직임도 없는 곳이다. 성자가 아무것도 할 수 없는 수동적인 곳이다. 여기에서 성자는 자신이 성부와 완전히 분리되는 환상들, 그리고 만물이 하느님과 분리되는 환상들을 경험한다.

발타자르와 스페이어는 이 환상들을 뭐라고 생각했을까? 성토요일에 대한 이해는 이 환상들에서 시작된다. 1941년부터 1965년까지 발타자르는 스페이어와 함께하면서 그녀가 증언하는 환상들을 받아 적었고, 후에 이것을 자신의 성토요일 신학을 위한 기본 자료로 삼았다.[19] 발타자르는 그리스도의 고난에 참여한 스페이어의 경험이 교

---

18) Hans Urs von Balthasar, *Heart of the World* (San Francisco: Ignatius Press, 1979). 이 책의 마지막 장에서, 발타자르는 지옥에 내려가는 것과 비슷한 어휘를 사용하여 그리스도교의 제자도를 설명한다. 따라서, 그는 성토요일이 성삼일 중간에 위치한다는 것을 전할 뿐 아니라, 성토요일이 성삼일 이후의 삶을 위한 장소임을 암시한다. 예수가 지옥을 통과하는 분명히 구분할 수 없는 혼돈스러운 여정을 경험했던 것처럼, 발타자르는 비슷한 용어로 예수를 따르는 길을 나타낸다. 이 마지막 장에서, 그는 사랑을 황무지로, 그리고 믿음의 여정을 도보 여행으로 묘사한다. 이 여행 중에 "지역의 지도와 측량 기구"는 버려진다(205). "그러나 당신, 주님이시여. 어떻게 당신이 길이십니까? … 당신이신 길은, 길인 당신은, 우리 발아래에 있는 튼튼한 길을 없앨 것입니다. … 길이 있는 여기는 어디입니까? 무슨 징조라도 있는 곳이 어디입니까? 이곳은 버려진 땅이 아닙니까?"(207-8).

19) 다음을 볼 것. John W. Coakley, *Women, Men, and Spiritual Powers: Female Saints and Their Male Collaborators* (New York: Columbia University Press, 2006). 그들의 관계에 대한 적합한 설명을 찾기란 어렵다. 동료, 친구, 혹은 동반자로 묘사하기가 적절치 않다. 그들은 중세의 남성 수도승들과 여성 신비가들의 관계에 대한 현대적 표현을 다양한 방법으로 보여준다. 또한 발타자르는 이렇게 말한다. "그래서 아드리엔의 전형적인 특징이 된 성토요일의 독특한 경험으로 끝난 이 '수난들'의 첫 번째가 시작되었다. 늘 새로운 방식으로 다양한 신학적 관계를 드러내면서 매년 수난은 반복된다"(Balthasar, *First Glance*, 35). "1941 년부터, 매년 그녀가 묘사하는 내적 경험 속에서, 스페이어는 그리스도의 수난에 동참하도록 허락되었다. 이것은 수난주간에 일어난다(또 종종 사순절 전체가 이를 위한 집중적인 준비과정이 되기도 한다).

회 전체를 향한 그녀의 "가장 큰 신학적 선물"이라고 설명했다.[20] 스페이어는 "지옥으로 내려가신 그리스도"라는 사도신경의 신앙 고백을 몸소 표현했고, 이 고백에 신학적 깊이를 더하게 되었다. 그녀는 그리스도가 지옥에서 행한 구원을 몸으로, 관상으로 설명했다. 발타자르는 스페이어의 환상 모음집인 『십자가와 지옥』(*Kreuz und Hölle*) 서문에 이렇게 썼다. "성토요일은 십자가와 부활 사이에 신비한 중간으로 존재한다(이로써 모든 계시와 신학 속에 있다. … 우리 시대는 (아드리엔의 환상들이라는) 축복이 무르익은 때인지도 모른다."[21]

성토요일에 대한 이런 신비한 협력은 발타자르와 스페이어 사이의 폭넓은 협력 관계의 일부였다. 이 관계는 1940년부터 1967년 스페이어가 세상을 떠날 때까지 계속되었다.[22] 1940년 10월, 수난주간의 환상을 받기 바로 한 달 전에 스페이어는 가톨릭 신자가 되었다. 발타자르의 영향으로 내린 결정이었다.[23] 그녀는 이런 개종이 미리

"꿈에도 생각지 못했던 다양한 고통의 모습이, 아드리엔을 돕도록 허락받은 나에게 폭로되었다. 얼마나 많고 다양한 종류의 두려움이 감람산과 십자가에 있었을까, 얼마나 많은 종류의 부끄러움과 분노와 굴욕이 있었을까, 얼마나 많은 형태의 하느님께 버림받은 모습이 있었을까. … 그러나 수세기 동안 많은 신비가들은 늘 다양한 측면의 많은 고통을 경험하도록 허락되었다. 하느님의 아들과 비교하면, 한 방울에 지나지 않음에도 말이다. 아드리엔의 수난 속에 가장 인상적인 것은 주님의 고통과 그녀의 고통 사이의 관계가 가진 막연함이다"(64-65).

20) Balthasar, *First Glance,* 64.

21) Hans Urs von Blathasar, "Einleitung," in *Kreuz und Hölle* I, vol. 3, 10.

22) 우리가 아드리엔 폰 스페이어에 대해 알고 있는 것의 대부분은 발타자르의 책 *First Glance*을 통해 알게 된 것이다. 나는 스페이어를 심리적으로 묘사하거나, 그녀의 성격 전체를 설명하는 대신 그녀의 일대기를 살펴볼 것이다. 이는 성토요일 신학을 전개하는 일에 그녀가 행한 역할을 더 잘 이해하기 위한 것이고, 파스카 성삼일을 통해 드러나는 구원을 해석하는 데 그녀가 얼마나 중요한 역할을 하는지를 이해하기 위해서이다.

23) 이것은 그리스도교로의 개종이 아니라, 루터교에서 가톨릭으로의 개종이다. 다음을 볼 것. Hans Urs von Balthasar, *Our Task,* trans. John Saward (San

예견된 것이라고 말한다. 어린 시절 육체의 상처, 즉 성모 마리아의 환상에 대한 그녀의 반응으로 또한 발타자르와의 첫 만남에 대한 반응으로 다시 타오르게 된 육체의 상처가 바로 그 전조였다고 말한다. 그녀는 이런 "살아 있는" 상처가 깊은 영적 연결의 상징이라고 해석한다. 이런 영적 연결은 마치 요한복음 속 그리스도의 사역에서 보여진 것과 같이, 하느님께 순종하며 사는 이들이 삶 속에서 함께 감당하는 사역 속에 펼쳐진다. 이 때 발타자르는 예수회 수련 수사였고, 의사였던 스페이어는 아직 요한복음과 이냐시오의 영신수련에 기반을 둔 평신도 공동체를 세우는 것이 그녀의 핵심 사명이라는 것을 이해하지 못한 채 그저 의사로서의 삶을 살아가고 있었다. 평신도 공동체로 부름받은 두 사람의 공통된 소명은 발타자르로 하여금 예수회와의 결별을 준비하도록 했다. 스페이어와 그녀의 환상을 공식적으로 인정받게 하려는 길고 고생스러운 과정에서 발타자르는 예수회와 맞서게 되었다. 스페이어의 소명은 발타자르와 공유된 것이었다. 발타자르는 차츰 이런 소명을 받아들이게 되었고, 그 때문에 정식 예수회원이 되는 길이 불투명해졌다. 스페이어가 받은 카리스마(Charisma)를 교회가 계속적으로 부정했기 때문에 발타자르는 괴로웠다. 교회 지도자들에게 스페이어의 신비로운 환상을 증명하려는 발타자르의 힘든 싸움은 1948년 극에 달했다. 발타자르는 스페이어와 함께 "성 요한 공동체"를 세우기 위해 예수회를 떠났다.[24]

Francisco: Ignatius Press, 1994), 119, 151-52, 213. 발타자르는 이렇게 말한다. "스페이어는 가톨릭 신자가 되어 처음 맞은 수난주간에 그리스도의 수난에 참여하게 된다"(77).

24) Ibid., 77-82. 아드리엔의 경험을 다른 이들과 이야기하면서, 발타자르는 심한 저항과 의심에 부딪히곤 했다. 발타자르는 그녀에 대해 역설했다. "대부분의 경우, (예컨대 내가 윗사람들과 함께하면서), 나는 그냥 피할 수 없었다. 그

많은 사람들이 발타자르가 스페이어 때문에 삶의 방향을 바꾼 것을 보면서 어리둥절했을 뿐 아니라, 무엇 때문에 발타자르가 예수회 수사로서의 소명과 가톨릭 신학자로서의 잠재력을 실현하지 못했는지 궁금해 했다. 그러나 막상 발타자르는 정반대로 생각했다. 그는 스페이어가 자신의 신학에 얼마나 지대한 영향을 미쳤는지 여러 저작들에서 이야기했고, 스페이어가 한 사람의 신학자라고 설득력 있게 주장했다. 1975년 발타자르는 이렇게 주장했다. "내가 쓴 많은 저작들 중 많은 부분은 아드리엔 폰 스페이어의 작업에 대한 해석이다. 그녀의 작업은 비록 덜 전문적인 방식이긴 하지만 보다 직접적이며 영향력이 있다. 지금까지 그녀의 작업은 일부분만 출간되었다."[25] 발타자르는 두 사람의 신학이 분리될 수 없다고 계속해서 주장했다. 한 걸음 더 나아가 그는 이렇게 주장한다. "스페이어의 사상과 나의 사상은 심리적으로나 철학적으로 분리될 수 없다. 유일무이한 기반을 중심으로 하나의 완전체를 이루는 두 개의 반쪽이기 때문이다."[26] 발타자르는 스페이어의 책을 펴내기 위해 개인출판사인 '요한 출판사'를 설립했다. 이것은 스페이어를 신비가이자 신학자로 확실히 인식시키기 위해 발타자르가 행했던 여러 노력 중 하나였다.

둘의 동반자적 관계는 아주 확연한 것이었지만, 성토요일을 둘러싼 둘의 관계는 매우 이례적인 것이었다. 발타자르는 성토요일에 대한 자신의 발견은 전적으로 스페이어 덕분이라고 했다.[27] 성토요일

래서 예수회를 떠나는 길고 아픈 나의 이야기가 시작되었다"(79).

25) Hans Urs von Balthasar, *My Work: In Retrospect* (San Francisco: Ignatius Press, 1993), 105.

26) Ibid., 89.

27) "아드리엔의 성토요일 경험과 '지옥에서의' 다른 경험들이 신학, 신비주의, 그리스도적인 일상의 삶에 끼친 영향은 헤아릴 수 없을 것이며, 서두르지 않고

에 대한 발타자르의 저작들은 초기 교회의 자료들과 그가 스페이어에게 내린 특별 계시라고 이해하는 것을 조화시키는 과정이었다. 발타자르와 스페이어 모두, 스페이어의 환상들이 초기 교회의 자료와 일치할 뿐만 아니라, 지옥에서 이루어진 그리스도의 구원 사역을 새롭게 조명하는 통찰을 준다고 믿었다. 스페이어는 성부, 성자, 성령의 드라마를 그 드라마가 가장 위태로운 지점(지옥-역자주)에서 증언한다. 그리스도가 경험했던 지옥에서의 버려짐에 실제로 들어감으로써, 스페이어는 가장 깊은 신앙의 신비를 전할 수 있었다. 이는 승리했을 때뿐만 아니라, 승리와는 정반대처럼 보이는 경우에도 증명되는 하느님의 사랑이 가진 역설이다.

그들의 저작들 속에 성토요일이 처음 등장하는 때는 1943년이다. 스페이어는 그로부터 2년 후 처음으로 환상을 받았다.[28] 둘은 수십 년 넘게 성토요일의 중요성을 신학 독자들에게 전달하려고 애썼다. 개인의 지옥 경험은 대중적인 것이 되어야 한다. 발타자르는 스올(Sheol)에서 성자가 지옥 심연에 있는 죽은 자들과 함께 죽었다고 말한다.[29] 성토요일, 지옥에서의 성자는 다른 어떤 존재가 아니라 죽은 자로만 소개된다.[30] 이 소개에서부터 일련의 신비가 펼쳐진다. 하느

신중하게 연구되어야 할 것이다. 그렇게 함으로써 우리가 잊지 말아야 할 것은, 명확하게 경험을 설명하려는 모든 시도들에도 불구하고, 아드리엔에게 이 경험들은 전적인 신비로 남아 있으며, 어떠한 '변증법적' 공식에 의해 분석되기를 거부한다"(Balthasar, *Our Task*, 65-66).

28) 발타자르는 이런 환상들을 "지옥에서의 사명"으로 설명한다. 이 환상들은 아드리엔을 지독한 고통의 자리로 데려간다. 이전의 환상은 그녀를 현대적인 고통의 현장으로 데려갔다. 바로 독일의 강제 수용소 중 하나였다. 이에 대해서는 다음을 볼 것. Balthasar, *First Glance*, 67, and *Our Task*, 70.

29) Balthasar, *Mysterium Paschale*, 161.

30) Ibid., 175.

님의 사랑은 사랑 없는 곳에서 입증된다. 발타자르와 스페이어는 십자가에서 나타난 인류를 향한 하느님의 사랑을 지지하면서, 지옥에 내려간 그리스도를 통해 드러난 하느님의 사랑의 또 다른 차원을 밝혀낸다. 지옥 사건들에 대한 그들의 진술은 전적인 버려짐과 포기 속에서도 끈질기게 지속되는 사랑을 증언한다.

아드리엔 폰 스페이어가 발타자르의 사상에 끼친 영향을 이 책에서 모두 설명할 수는 없다. 성토요일에 대한 발타자르의 탁월한 신학적 해석은 스페이어와 그녀의 환상들이 끼친 영향을 언급하지만, 발타자르와 스페이어 모두 그녀의 영향을 깊이 있게 살피지는 않는다. 마치 내려감에 대해 살펴보는 것이 그것을 해석하는 것과는 큰 관련이 없는 것처럼 말이다. 이렇듯 고려의 대상에서 제외하는 것은 흔히 있는 일이다. 『어둠 속의 빛』(*Light in Darkness*)에서 앨리사 피트스틱(Alyssa Pitstick)은 다음과 같이 말한다. "나는 지옥으로 내려가신 그리스도를 다룬 발타자르의 신학이 **어디에서 비롯되었는지** 묻는 것을 의도적으로 피해왔으며, 대신 전통 교리와 비교하여 발타자르 신학의 **교리적 내용**을 살피는 데 집중했다. 나는 이런 이유로 전통 교리에 대한 발타자르 개인의 거부가 어떤 특징을 갖는지 결론 내리지 않았다."[31] 피트스틱은 각주에서 스페이어에 대한 추가적인 논의는 현재 연구의 "범위를 벗어나는" 것이라고 말한다.[32] 마찬가지로, 에드워드

---

31) Alyssa Lyra Pitstick, *Light in Darkness: Hans Urs von Balthasar and the Catholic Doctrine of Christ's Descent into Hell* (Grand Rapids: William B. Eerdmans Publishing Company 2007), 346 (타이프체로 표기된 것은 저자가 추가함). 스페이어에 대해 말해달라고 요구받았을 때, 피트스틱은 스페이어가 지옥으로 내려간 경험이 발타자르 신학의 주요 주제들에 큰 영향을 끼쳤다는 것을 인정했다(389n50).

32) Ibid., 412n186.

옥스(Edward T. Oakes)는 이렇게 말한다. "하지만 나는 그의 삶에 가장 큰 영향력을 끼친 아드리엔 폰 스페이어라는 인물에 대한 고찰을 이 책 끝으로 미루려고 한다. … 이러한 입장을 집 주인(발타자르)이 허락하지 않을지도 모른다는 사실을 나는 받아들여야 한다."[33] 발타자르가 신학자로서의 스페이어에게 엄청난 빚을 지고 있다고 역설했음에도 불구하고, 발타자르에 대한 연구들은 여전히 스페이어를 발타자르 사상에서 부차적인 인물로 여긴다.[34]

성토요일을 기록함

발타자르는 1943년에 쓴 책 『세상의 마음』(*Heart of the World/Das Herz der Welt*)에서 독자들에게 처음으로 성토요일을 소개하려 했다. 그는 이 책이 아드리엔 스페이어의 파스카 경험—부활절 무렵 성만찬의 경험과 더불어 성금요일과 성토요일의 경험—에 참여하여 처음으로 그것에 직접 공명하는 그의 신학적 작업이라고 주장했다.[35]

---

33) Edward T. Oakes, *Pattern of Redemption: The Theology of Hans Urs von Balthasar* (New York: Continuum, 1994), 10.

34) 스페이어를 이렇게 부차적으로 보지 않는 입장 중 가장 두드러진 것은 존 사워드(John Saward)의 책이다. John Saward, *The Mysteries of March: Hans Urs von Balthasar on the Incarnation and Easter* (Washington, DC: Catholic University of America Press, 1990) 사워드는 "아드리엔-발타자르의 지옥으로 내려감의 신학"이라는 표현을 쓰며, 지옥 강하에 대한 둘의 해석을 설명할 때 발타자르와 스페이어를 동일 선상에 놓고 이야기한다(112). 사워드는 또한 두 사람이 함께 주창한 신학이 가진 기이함과 당혹스러움을 인정한다. "장엄하고 감동스러운 생각이다. 지옥 강하에 대한 발타자르의 신학은 여러모로 나를 당황스럽게 한다. … 이런 당혹감에도 불구하고, 나는 지옥으로 내려감에 대한 이런 설명이 신학적으로나 변증적으로나 아주 중요하다고 믿는다" (129, 132).

35) 그는 이어서 말한다. "그 책의 서정적인 찬양 같은 문체는 그녀와 어울리지

발타자르는 열정적으로 이 책을 썼다고 말했으며, 후에 이것이 그리스도에 대한 열세 개의 찬가라고 말했다.[36] 이 책을 영어로 번역한 에라스모 레이바(Erasmo Leiva)의 설명대로, 그리스도론적 시(詩)들로 쓰여진 이 책은 요한복음에 대한 극적인 해석이었고, 하느님의 마음이라는 이미지에 중심을 두었다.[37] 하느님의 화육(성육신) 사건은 마음이라는 이미지로 표현된다. 화육은 하느님의 마음이 세상에 내려온 사건이고, 예수의 삶, 죽음, 부활 사건은 모두 하느님의 마음이 인간의 마음을 변화시키기 위한 과정으로 묘사된다. 발타자르는 요한복음을 주해하면서 자신이 그 복음서의 핵심이라고 믿는 것—하느님의 사랑—을 설명하기 위해 포도원과 황무지, 혈류와 강의 이미지를 한데 엮어낸다. 하느님의 사랑이 세상에 내려왔고, 그 사랑이 가는 길에는 고통과 승리, 죽음과 삶이 온통 뒤섞여 있다.[38] 성토요일은 이런 하느님의 사랑 이야기의 중요한 대목이다. 성토요일은 하느님의

않는다. 그녀의 문체는 아주 소박하며 현실적이다. 이런 특징은 그리스도의 신비에 전념하는 이런 특별한 통찰들에 내가 경이로움과 열정을 가지게 하는 신호이다. 여기서 많이 이야기된 것은 이후에 보다 객관적인 형태로 반복된다. 지옥으로 내려감에 대한 부분은, 이후의 다른 모든 언급이 그러하듯, 아드리엔의 성토요일 경험에 직접적으로 의존한다"(Balthasar, *Our Task*, 96).

36) 발타자르는 이렇게 말한다. "바울이 커다란 '신비'라고 부르는 것은 세상과 함께 일하시는 하느님의 모습이다. 하느님의 일하심은 창조, 계시, 구원을 통해 역사, 행동, 극적인 사건을 늘 지키며, 때가 무르익으면 화육(성육신) 사건에 그 중심을 두게 된다. Das Weizenkorn (한 알의 밀)이라는 경구는 이미 이런 방식으로 세상과 삶을 경험하려는 의도를 가지고 있었으며, 한층 더 명확하게는 Das Herz der Welt(Heart of the World)에 나오는 예수를 향한 열세 개의 찬양에서 이것은 진실이다. 여기서 나는 (너무 자주 감성적으로 변질되는) 예수의 마음이라는 개념으로 돌아가, 이것의 우주적 차원과 그보다 한 발자국 더 나아가 헤아릴 수 없고 본질적인 삼위일체적 내적 영역으로 다가서고 싶다" (Balthasar, *My Work*, 22).

37) Hans Urs von Balthasar, *Heart of the World*, trans. Erasmo Leiva (San Francisco: Ignatius 1979), 8.

38) Ibid., 27.

사랑을 거의 인식할 수 없는 곳, 즉 죽음과 부활 사이, 지옥 깊숙한 곳에서의 하느님 사랑을 이야기한다.

요한복음의 이야기는 『세상의 마음』에서 보다 극적으로 표현된다. 발타자르는 "상처가 꽃피었다"(A Wound Has Blossomed)라는 제목이 붙은 아홉 번째 장에서 십자가에 달리신 예수의 발치에 서 있던 한 목격자의 경험을 묘사한다. 발타자르는 그 목격자의 행동과 생각을 상상하면서 성토요일을 죽음과 삶 사이에 놓인 목격과 증언의 현장으로 명명한다. 죽음의 여파 속에서 이례적인 일이 일어나지만, 우리는 그것이 무엇인지 정확하게 알아차리기 어렵다. 이 증인은 낯선 죽음 이후의 사건을 명확히 설명하려고 시도한다. 『세상의 마음』이 다소 도전적인 장르인 것처럼, 발타자르의 표현들을 그대로 사용하여 내 생각을 전개하는 일 역시 도전적이다. 나는 이 책에서 발타자르의 수사법이 지닌 힘을 유지하려고 애썼다. 또한 내가 여기서 여성대명사를 사용하는 것을 주목하기 바란다. 발타자르의 글에서 목격자의 성별은 모호하며, 증언 내러티브 내내 대명사가 사용되지 않는다. 이는 발타자르가 십자가 주변에 있던 여성들을 주목하고, 십자가 환상을 통해 자기 사상에 지대한 영향을 끼친 전통 속 여성 신비가들을 주목하는 것과 일맥상통한다.

....

죽음의 공간에 서 있는 목격자는 이제껏 그녀가 알던 어둠보다 훨씬 더 짙은 어둠에 휩싸여 있다. 죽음의 악취가 남아 있지만, 통곡과 고함과 조롱은 모두 멈춰버렸다. 끝이 났다. 그녀는 범죄자들이나 있어야 할 그곳에 매달린 지도자의 몸을 몇 시간 동안이나 바라보고 있었다. 예수는 이제 막 고개를 떨궜고, 패배했다. “문득 형틀 주변에 있던 모든 사람들은 알게 되었다. 아, 돌아가셨구나. 매달려 있는 몸에서는 헤아릴 수 없는 허무(emptiness, 고독solitude이 아니라)가 흘러나왔다. 엄청난 허무만이 여기에 남았다.”[39] 그녀는 날카로운 침묵 속에 혼자 남았다. 십자가를 응시하는 눈에는 어둔 하늘이 삼켜버린 예수의 모습이 들어왔다. 그녀는 더 이상 발의 감각을 느낄 수 없었다. 그녀가 서 있기는 한 것일까? 그렇다면 무엇 위에? 하늘은 땅만큼 어두웠고, 그 둘은 분간할 수 없었다.

그러나 잠깐! 하늘에서 뭔가 나타났다. 무슨 일인지 그녀는 알지 못했다. “번개가 치는 걸까?”[40] 그녀가 물었다. 그녀는 자기가 보고 있는 것이 무엇인지 도통 알 수가 없었다. 뭔가 있었다. 더 이상 번쩍이지 않았다. 뭔가 작은 것이 움직였다. 그래, 움직이는 작은 불빛이었다. 그녀는 어둠의 공간에 서서 더듬거리는 말로 물었고, 눈으로는 예수가 살해된 현장에서 나오는 불꽃을 응시하고 있었다. 무슨 일이 일어나는지 알아차릴 수 없었기에, 추측만 계속할 뿐, 미칠 것 같았다. 빛을 봤다고 생각했지만, 십자가 발치의 어둠 때문에 그녀는 어리둥절했다. 가물거리는 빛이 예수의 몸이 매달린 곳에서 나타났지만, 정확한 빛의 위치도, 그 특징도 알 수 없었다. 그녀는 추측하기 시작했다:

한없이 텅 빈 곳에 나타난, 이 가물거리는 빛은 무엇일까? 빛은 내

39) Ibid., 150.
40) Ibid., 149

용도, 형태도 없다. 그것은 이름 없는 것, 하느님보다 더 홀로 있는 것, 완전한 텅 빔 속에서 나오는 것. 그것은 아무것도 아닌 것. 그것은 모든 것이 있기 전부터 존재했던 것. 그것은 태초일까? 그것은 작은 것, 알 수 없는 한 방울. 어쩌면 물일지도 모른다. 하지만 흐르지 않는다. 물은 아니다. 물보다 더 진하고, 더 불투명하며, 더 끈적거린다. 하지만 피도 아니다. 피는 붉고, 살아 있으며, 소리 높여 외치는 인간의 말을 담고 있기 때문이다. 그것은 물과 피보다 오래된 것, 혼돈의 한 방울(a chaotic drop)이다.[41]

십자가로부터 무언가 나타난다. 하지만 이것을 정의할 수 없다. 그 텍스트는 이런 작은 깜빡거림은 이름 짓기도 어려울 뿐만 아니라, 그 근원과 형태를 알 수도 없다고 말한다. 그것은 새로운 것도 낡은 것도 아니며, 피도 물도 아니고, 빛도 어둠도 아니다. 그러나 그것은 죽음의 공간에서 이 제자를 향해 움직인다.

"그것은 죽음인가? … 끝인가? … 시작인가? 어떤 것의 시작인가?"[42] 그녀는 묻는다. 이에 대한 대답은 부정으로 시작된다. 그것은 하느님이나 창조의 시작이 아니다. 죽음의 공간에서 나타나는 어떤 시작이다. 죽음에서 비롯된 시작(a beginning out of death)이란 표현은 시작에 대한 우리의 생각을 뒤흔드는 듯 보인다. 다른 방식의 시작에 대한 이해는 그녀의 성찰에서 가장 큰 부분을 차지한다.

마치 삶이 죽음에서 솟아나듯이, 또 권태(weariness, 잠을 아무리 많

41) Ibid., 151

42) Ibid.

이 자도 떨쳐낼 수 없는 그런 권태)와 극도로 쇠잔한 기력이 창조의 바깥쪽에서 녹아내려 흐르기 시작했던 것처럼, 이것은 유례를 찾을 수 없는 시작이다. 흘러가는 것은 권태의 상징이며 권태와 닮았지만, 더 이상 권태를 포함하지는 않는다. 강하고 단단한 모든 것들이 결국 물에 녹아들기 때문이다. 그러나 그것은—태초에—물에서 태어난 것 아닌가? 또, 혼돈 속의 이 원천이, 졸졸 흐르는 이 권태가 새로운 창조의 시작은 아닐까?[43]

죽음은 무언가를 만들어 내지만, 그것은 새로운 것이 아니라 지긋지긋하고 당혹스러울 정도로 오래된 것이다. 혼돈과 오인 속에, 한 방울은 흑암 속으로 움직이고 힘을 얻어 힘차게 흐르는 물줄기가 된다. 이것은 죽음인가? 아니면 삶인가? 양쪽 모두인 듯하다. 낡은 것이며 새 것이고, 죽음이 가득한 것인 동시에 삶으로 나아가는 것이고, 아무것도 아닌 것이 변하여 무언가가 되는 일이다.

이야기를 전하는 신학자의 목소리가 등장하면서 분위기가 바뀐다. 힘 있는 말이 뒤를 잇는다. *Karsamstagzauber*.[44] 이 독일어 단어는 '성토요일의 마법(magic)'이라는 뜻이다. 하지만 보다 적절한 번역은 '성토요일의 **신비**(mystery)'다. 이제 사건은 그리스도교 전례력의 성금요일과 부활주일 사이에 자리 잡는다. 그 신비한 요소는 십자가의 빈 공간으로부터 나온 살아 있는 것 같은 무언가의 놀라운 등장과 연결된다. 성토요일과 부활주일 중간의 날은 혼돈과 오인, 그리고 낯선 반전이 있는 시기다. 이 날을 이렇게 정의할 때 뒤따르는 질문은 이

43) Ibid., 152.

44) Hans Urs von Balthasar, *Das Herz der Welt* (Zurich: J. Stemmle & Co., 1945), 112.

전보다 더 힘 있는 해석을 가능케 한다. 이야기를 전하는 사람은 이것이 죽음인지 삶인지를 따지기보다, 그 사건들에 대해 묻는다.

> 이것이 허무의 밤을 통과해 성부께 가는 길을 만드는, 낡은 세계가 소멸하고 모든 혈관이 터져 마지막까지 쏟아져 나온 성자의 사랑이 남긴 유산이 될 수 있을까? 아니면 그럼에도 불구하고, 이 사랑은 여전히 고양되고 구체화되어야 하는, 이제껏 존재하지도 않았던 새로운 창조를 향해, 무기력 안에서 무심결에, 그러나 애써서 흐르는 사랑일까?[45]

그 본문은 이렇게 작고 혼란스런 한 방울이 사랑이라고 말한다. 바로 예수가 십자가에서 쏟으신 사랑 뒤에 남은 사랑이다. 사랑은 십자가에서 살해되었지만, 제자들이 선언하는 것처럼, 완전히 사라지진 않았다.[46] 이렇게 남은 사랑은 강하지 않은, 지치고 무력한 사랑이다. 이 사랑의 움직임은 우리에게 죽음은 완전하게 사랑을 지배할 수 없다는 사실을 보여준다. 그렇다면, 이런 모습을 삶이라고 할 수 있을까? 적어도 이제껏 우리가 이해했던 바로는 그렇지 않다. 증인은 완전히 죽었다고 선언하지만, 그녀는 죽음을 이기고 살아남은 것을 십자가 사건 이후에 목격하게 된다.

한 방울의 사랑은 십자가의 암흑에서 나타났지만, 이 제자는 그

---

45) Balthasar, *Heart of the World,* 152.

46) "사람들은 당신의 마음에 상처를 입혔습니다. … 그러나 나는 아주 다른 짓을 저질렀습니다. 나는 그동안 사랑의 마음에 큰 충격을 주었습니다. 내가 사랑을 죽였습니다. 사랑은 파괴되었습니다. 사랑은 더 이상 있지 않습니다. 십자가에는 시신이 걸려 있습니다. 나는 악행과 거리를 두고 그것을 곱씹고 있습니다. 나는 파괴의 아들입니다"(ibid., 147).

것이 그리스도의 상처에서 나온 것임을 나중에 알아차린다. 이런 낯선 물질은 상처에서 모습을 드러낸다. "이것은 분명 상처에서 흘러나오며, 마치 상처에 꽃이 피고 열매가 맺히는 모습과 같다."[47] 폭력과 고통의 현장은 무엇인가를 낳는 장소이다. 상처는 창조적이고 생산적이며, 살아있는 성장의 현장이 된다. 이 새로운 근원, 새로운 시작은 죽음에서 나온다. 발타자르는 같은 장 끝에서 이 시작이 모든 미래의 출발점이 될 것이라고 선언한다. 이렇게 출발하는 두 번째 세상은 죽음에서 태어나야만 한다. "첫 번째 창조가 순수한 무(sheer nothingness)로부터의 시작이라면, 두 번째 세상—아직 태어나지 않았고 여전히 첫 번째 창조 안에 있는—의 유일한 출발점은 다시 봉합될 수 없는 상처다."[48] 제자들은 성토요일의 사건들에서 다른 종류의 시작을 목격한다. 혼돈과 공허는 성토요일에 일어난 사건들의 특징이며, 이 상처에서 맺어진 알 수 없는 '열매' 역시 그 사건들의 특징이다.

....

발타자르의 동료들은 『세상의 마음』이 형편없는 책이라고 생각했다. 그들은 발타자르가 어려운 수사법과 뽐내는 문체로 이 책을 썼다고 비판했다.[49] 그러나 『세상의 마음』을 쓰면서 발타자르는 스

---

47) Ibid., 152.

48) Ibid., 153.

49) 다음을 참조할 것. Peter Henrich, "Hans Urs von Balthasar: A Sketch of His Life," in *Hans Urs von Balthasar: His Life and Work*, ed. David L. Schindler (San Francisco: Ignatius, 1991), 7-43. 헨리히(Henrich)는 이렇게 말한다. "발타자르의 스타일이 모든 이들의 마음에 들지는 않는다. 많은 이들에게 발타자르의 글은 너무 미학적이고, 너무 부담스러운 것처럼 보인다. 발타자르는 문학과 역사를 공부하는 친구들, 건축가들, 몇몇 변호사들, 몇몇 의대생

페이어의 증언을 통해 자신에게 명백하게 영향을 끼친 요한복음서 메시지의 핵심을 정확히 파악하게 되었다고 확신했다. 발타자르는 이것이 스페이어의 환상들이 가진 중요성을 정확히 보여준다고 생각했다.[50] 책을 집필하는 동안 발타자르는 스페이어의 2년 동안의 독특한 경험을 목격했다. 그는 『세상의 마음』이 스페이어의 경험을 글로 표현한 획기적인 시도라고 이야기했다. 발타자르는 다른 이들의 비평에 맞서 이 책을 옹호했고, 자신의 신학 곳곳에서 이 책을 다루었다.

『세상의 마음』은 발타자르 신학의 문학적 깊이를 잘 나타낸다. 학문적인 형식을 따지자면, 발타자르는 신학이라는 학문으로 들어가는 경계에 위치하고 있다. 그는 독일어와 문학을 전공했지만, 신학 학위를 받지는 않았다. 그에게 종교적 규범은 신학적이기보다는 문학적이었다.[51] 그렇기 때문에 그는 늘 다른 신학자들이 대수롭지 않게

들과 활발히 교류했다. 그는 과학적인 방법을 통해서는 결코 올바른 접근방법을 찾지 못했을 것이다. 그래서 1945 년 출판된 발타자르의 책 『세상의 마음 – 선집』(*Das Herz der Welt–Electis dilectis*)이 엘리트적인 것으로 여겨진 것이나, 많은 사람들이 발타자르를 오만하고 이해하기 어려운 사람이라고 생각했던 것은 불가피한 일이었다"(17). 심지어 스페이어도 그의 책을 비평했다. "그러니까, 내가 찾아낸 시작 부분의 몇몇 구절은 좀 열의가 없어 보입니다. 다시 말하면, 당신이 즐겨 쓰는 언어 유희나 단어의 소리, 그에 대한 해석, 그와 같은 어원은 여기 저기 흩어져 영적인 측면과는 떨어져 그늘 속에 있는 것 같습니다. 만약 도움이 된다면 저는 기꺼이 그 구절을 … 알려드릴 수 있습니다"(31–32, noted in Hans Urs von Balthasar, *Unser Auftrag: Bericht und Entwurf* [Einsiedeln, Switzerland: Johannes Verlag, 1984], 80).

50) 사실상, 그녀에게 성서 속 제자의 지위를 부여함으로써, 스페이어의 환상이 가진 중요성은 충분히 성취되었다.

51) 이렇게 신학과 시 사이의 경계를 허무는 일은 발타자르가 발전시킨 신학적 미학에서 그가 분명하게 강조하는 것이었다. 만일 신학이 하느님의 계시를 입증하려고 한다면, 신학은 특정한 형태의 글쓰기만을 고집해서는 안된다. 하지만 신학은 늘 이런 한계를 가지고 있다. 또 다른 형태의 잘못된 이분법은, 신비적이고 영적인 글과 신학적인 글을 구분 짓는 것이다. 노르위치의 줄리안이 그

여겼던 질문들에 주목했다. 이런 발타자르의 관점이 타당했다는 것은 그가 후에 전개한 신학적 미학에서 입증되었다. 그는 부활절 성삼일에 자리 잡은 구원의 신비와 공명하는 신학적 언어를 찾기 위해 노력했고, 앞서 언급한 그의 '시적인' 작업은 이런 시도를 반영한 것이다. 구원의 신비는 문학이라는 형식의 한계를 뛰어넘는다. 그는 이렇게 말한다. "고상하게 추상화된 '조직'신학 대신 내가 시도할 작업은 삶의 모든 차원과 삶 속의 모든 긴장을 포함하는 이런 것[구원의 드라마]을 보여주는 일이다."[52]

발타자르는 문학 연구자의 입장으로 신학을 연구하면서, 자신은 전통적인 신학 훈련을 받은 대부분의 신학자들과 다르다고 생각했다. 그러나 그는 자신이 받은 문학적인 훈련을 내세우지는 않았다. 대신 조직신학을 부정적으로 평가했는데, 조직신학이 낡은 수사적 기법을 사용하면서 형식과 내용을 일관성 있게 다듬는 일을 등한시했기 때문이다.[53] 비록 이런 통찰들이 신학적 미학을 다룬 그의 책에서 많이

좋은 예이다.

52) 발타자르는 다음과 같이 말한다. "하느님이 세계 무대에 나타날 때에만 (그리고 동시에 무대 뒤에 남아 있을 때에만) 우리는 그 **드라마의 배역들**이 의미하는 바를 알 수 있으며, 이런 극적인 행동들이 따르는 '법칙'을 알 수 있다. 여기서 극적인 행동들은 전에 없던 가장 극적인 것이다. 이 모든 것이 그리스도인이라면 누구나 굳이 의식하지 않아도 자연스럽게 알고 있는 것이고, 그리스도인들이 살면서 도달하려고 하는 이상적인 모습이다. 나의 목표는 이것을 '조직' 신학의 추상 속에 승화시켜 표현하기보다는 삶의 모든 차원과 현존하는 긴장 속에서 표현하는 것이다"(Balthasar, *My Work,* 98-99).

53) 나는 이런 인용이 발타자르의 신학을 평가하는 익숙한 논조를 보여준다고 믿는다. 사람들은 발타자르의 문학적 재능에 경이를 표하면서도 그에게 논리적인 약점이 있는 것은 아닌지는 묻는다. 루이스 뒤프레(Louis Dupré)는 이렇게 말한다. "폰 발타자르는 예술가적 재능으로 글을 쓴다. 그는 학식이 높았지만, 예술가이기도 했다. 그는 글을 쓰면서 자기 이론들이 말하는 바를 실천했다. 이는 아주 훌륭한 신학적 미학의 발휘였다. 그의 글들은 보통의 논문들이 가진 이성적 구조를 따르기 보다는, 본래 지적인 측면을 미학적인 구조로 표현하면서,

논의되고 확인되었지만, 『세상의 마음』에 대한 부정적 논평은 신학계가 문학 이론을 받아들일 것을 예고했다. 신학 영역에도 미학적 측면이 도입되어야 한다는 요구는 발타자르에게 당연한 일이었다. 하느님의 계시는 하느님에 대한 논리(theo-logic) 속에서 소진될 수 없다. 제대로 된 신학자는 하느님의 계시가 아름답다는 것을 증명하기 위해 문학과 신학의 대가들에게 배운 것을 가지고 하느님의 사랑의 여정을 증명한다. 발타자르는 계시의 문학적 차원이 있다고 믿었다. 하지만 그가 『세상의 마음』에 대한 다른 신학자들의 논평에서 경험했던 것처럼, 일정한 형식을 가지고 기록된 신학이 반드시 필요하다고 확신하는 신학자들을 설득시키는 일은 거의 불가능했다. 그럼에도 불구하고 그는 성토요일과 관련한 언어를 보다 예리한 관심을 가지고 살펴야 한다고 믿었다. 그는 지옥 심연에서 나타나는 구원의 장면은 "죽음 너머에 있는 어떤 것을 의미하고 있기 때문에, 반드시 이미지로 표현되어야만 한다"고 말했다.[54]

앞서 말한 내용들에서 발타자르는 지옥으로 내려간 그리스도의 이야기와 이것이 그리스도교 신학 안에서 갖는 의의를 고찰하기 시작한다. 『세상의 마음』은 발타자르의 성토요일 신학의 출발점이 된다. 우리는 이 짧은 이야기에서 성토요일의 문제와 가능성을 동시에

창조적 상상력이 가진 보다 모험적인 모습을 띠고 있다. 이런 관점은 널리 인정받는 사고방식과는 전혀 상관없이 주관적인 영감이라는 종잡을 수 없는 길을 따른다. 이런 접근 방식은 놀라운 결과를 낳는다. 종종 사람의 생각은 이성적인 개념이라는 아주 환한 빛보다는, 시적인 은유라는 어스름한 빛 속에서 더 잘 표현된다. 그러나 이 방법은 철학적으로 까다로운 독자들에게는 불편할 수도 있는 논리적 모호함을 만들어내는 것이기도 하다. 폰 발타자르는 논쟁을 불러일으키는 자신의 능력을 계속적으로 증명했다(예를 들어 진실에 대한 연구에서 이런 면이 드러났다)"(Schindler, *His Life and Work*, 205-6).

54) Balthasar, *Science,* 132.

바라본다. 문제는 성토요일에 일어난 사건들을 분명하게 표현하는 것이 불가능하지는 않지만 아주 어렵다는 데 있으며, 가능성은 누군가가 그 사건들을 지나치지 않고 목격한다는 데 있다. 죽음 이후에 당혹스러운 탄생의 과정이 있고, 누군가가 이를 목격하기 위해 그곳에 있다. 대부분의 신학이 굳이 해석하지 않는, 죽음에서 부활로 이어지는 보다 난해한 과정을 이 목격자가 드러낸다. 발타자르는 수난과 부활 사이의 사건들을 묘사하는 것으로 성토요일이라는 전례상의 날을 자신의 작업에 포함시킨다. 『세상의 마음』을 보면, 거의 사라져가는 혼돈의 한 방울이 죽음의 공간에서 나온다. 이 한 방울은 점점 그 속도가 빨라져 솟구치는 샘, 원천이 된다. 죽음에서 삶으로 이동하는 이 한 방울이 성토요일이라는 공간의 특징을 보여준다. 죽음과 삶 사이에서 무언가 나타나고, 십자가 발치의 제자들은 그것을 목격한다.

여기서 우리는 중요한 요소 하나를 고려해야 하는데, 바로 목격자의 이름이 본문에 드러나지 않는다는 점이다. 이야기가 일인칭으로 묘사되기 때문에 이 공간에 누가 있는지 알기는 쉽지 않다. 우리는 이 목소리의 주인공이 예수를 배신했던 과거를 참회하는 베드로라고 추정한다. 예수가 죽은 그 자리에서 베드로는 죄책감과 후회에 휩싸이게 된다. 그는 스스로를 예수와 함께 십자가에 못 박힌 죄수 중 하나라고 생각한다. "당신이 낙원을 약속하신 오른쪽 사람이 아니라 … 나는 언제나 당신의 왼쪽에 있는 자가 될 겁니다. 그리고 이제는 당신의 고통으로 저를 괴롭히지도 말아 주십시오. 저를 잊어 주십시오."[55] 이때 목소리의 변화가 나타난다. 번역본과 달리 독일어 원문에는 그 다음에 한 줄을 띄어 이야기를 잠시 멈추고 있다. 그리고 질

55) Balthasar, *Heart of the World*, 149.

문이 이어진다. "이것이 번개였을까?"56) 요한복음의 맥락에서, 애제자(예수가 사랑하시는 제자)의 목소리는 성토요일에 중요한 역할을 감당한다. 애제자는 예수의 옆구리에서 나온 피와 물을 목격한 증인이다. 하지만 발타자르는 자신의 글 속에서 그를 명확하게 언급하지 않는다. 그 짧은 이야기 속에서, 이 모호한 인물은 신학자의 역할을 떠맡는다. 증인인 애제자는 성토요일과 성부를 언급하는 아주 중요한 해석자 역할을 하며, 성서 속에 드러난 십자가 사건을 넘어 이후의 신학에도 영향을 끼친다.

성서 본문이 갖는 모호함은 의미심장하다.57) 성서 속 드라마는 하느님-드라마로 바뀌고, 성토요일이라는 중간 영역에 서 있는 등장인물들은 오로지 성서의 인물들로만 국한되지 않는다. 이 텍스트는 수난의 신비에 몸소 참여한 스페이어와 깊이 연결되기 때문에, 스페이어는 십자가 너머에 있는 사건들을 설명하기 위해 제자들의 위치에 서게 된다. 스페이어는 환상들 속에서 막달라 마리아나 예수의 어머니 마리아가 되거나, 그 이름 없는 제자가 된다. 이런 점에서 발타자르는 스페이어가 성서 속 증인의 역할을 한다고 생각한다. 또한 발타자르 역시 죽음의 공간에 서 있으면서 천국과 지옥 사이의 혼돈을 목격하며, 죽음으로부터 안달이 날 정도로 서서히 흘러나오는 사랑을 목격하는 증인이 될 수 있다. 이렇게 발타자르를 텍스트 속 주인공으

---

56) 영어로 직역하면 "저것이 번개였을까?"이다(ibid.).

57) 『세상의 마음』은 몇 번에 걸쳐 목소리가 변하는 특징을 갖는다. 그 변화가 어디서 끝나고, 또 다른 변화가 어디에서 시작되는지를 분간하기는 어렵다. 특별히 성토요일을 설명하는 9장에서는 더욱 그렇다. 제일 눈에 띄는 목소리들은 그리스도의 목소리와 이야기를 들려주는 이의 목소리이다. 9장에서 베드로의 목소리가 들리고, 그 때 이름 없는 제자는 십자가 발치에서 그 현장을 목격하고 있다.

로 여기는 것은 성토요일에 대한 그의 해석이 가진 중의성(a doubleness)을 인식하는 일이다. 발타자르는 성토요일에 대한 신학을 써내려가면서 그 날의 신학적 의의를 분별하려고 애쓴다. 하지만 이를 위해 그는 스페이어의 기이한 환상들의 영역 속으로 끌려들어간다. 그렇다면 발타자르의 이런 노력이 스페이어에게 일어나는 일을 목격한 발타자르의 증언이라고 할 수 있을까? 만약 우리가 앞서 언급한 성토요일 이야기의 공간 안에서 발타자르를 해석하면, 우리는 그가 단지 죽음 이후의 사건들만 증언하는 것이 아니라, 스페이어 안에서 또한 스페이어를 통해 일어난 사건들을 증언하는 것을 발견하게 된다. 여기서 우리는 스페이어가 증언한, 말로 표현할 수도 없을 만큼의 고난을 받는 그리스도의 신비를 신학적으로 명확하게 설명하려는 발타자르의 엄청난 노력을 읽어낼 수 있다.

목격자가 이름이 드러나지 않았기에 우리는 목격자의 위치와 누가 그 목격자인지 다양한 각도에서 생각해 볼 수 있다. 나는 목격자가 있던 장소라고 생각할 수 있는 곳과 그 영향을 생각해 보려 한다. 발타자르는 그 목격자다. 성토요일을 설명하는 발타자르는 두 차원을 증언하고 있다. 먼저 그는 지옥으로 내려간 그리스도를 십자가 발치에 서 있던 사람들이 목격했다고 신학적으로 묘사한다. 동시에 그는 자신이 목격한 스페이어의 성토요일 경험을 묘사한다. 부활의 신비에 대한 성서적이고 신학적인 증언에 비추어 스페이어의 환상들을 해석할 때, 발타자르는 일어난 사건의 의미를 묻는 그 이름 없는 제자다. 이름 없는 이 목격자는 성토요일에 지옥으로 내려간 그리스도의 기이한 행적을 추적한다. 또 발타자르는 매년 수난주간에 고난당하고 지옥에 내려가는 그리스도의 환상을 보는 스페이어에 주목한다. 만일 발타자르를 그 목격자로 본다면, 그가 성토요일에 대해 쓴 글은 발타자르 자신의 목격담이라고 볼 수 있을 것이다. 발타자르의 증언은 그가 이해하지 못했으나 받아들이려고 노력했던 것, 다시 말해서 죽음의 현장에서 전해진 것을 증언한다.[58] 스페이어가 지옥의 사건들 속으로 끌려들어감에 따라, 발타자르는 스페이어에게 몸소 재현되는 거룩한 죽음의 드라마를 목격하게 된다. 『세상의 마음』은 목격과 증언의 중요한 측면을 나타낸다. 그것은 인식의 한계를 넘어서는 것을 분별하기 위해 애쓰는 일이다.

발타자르는 성토요일에 대한 이런 처음 설명에서, 요한복음의 드라마에 대한 주석보다 훨씬 더 많은 것을 제시했다. 그는 성토요일의 사건들을 증언하고, 죽음과 삶 사이를 증언하는 일이 꼭 필요한 일이지만 쉽지 않은 일이라고 말했다. 발타자르는 지옥에 내려간 그리스도를 스페이어를 통해 간접적으로 증언한다. 결과적으로 그는 스페이어의 환상을 받아들여 보다 다양한 공동체들을 위한 성토요일의 신학을 쓰려고 했다. 발타자르의 성토요일 신학은 유독 복잡한 차원들을 갖는다. 첫째, 이 신학은 이해의 범위 너머에 있고, 명확하게 설명하기 어려운 사건들을 증언하려는 시도다. 발타자르는 직접 표현하기도 어려운 성토요일을 어떻게 신학적으로 이야기할까? 그는 하느님의 드라마에 참여하는 스페이어의 독특함을 어떻게 증언할 수 있을까? 나는 앞의 두 질문에 대한 대답이 성토요일에 대한 이해와 떨어질 수 없을 뿐더러, 성토요일을 이해하는 핵심이라고 생각한다.

스페이어의 신비 체험과 성토요일에 대한 문학적 표현 속에서,

---

58) 전해진 것을 이야기하는 언어는 트라우마 문학과 일맥상통하며, 다음 장에서 요한복음의 어휘인 '넘겨주기'(handing over)에 대한 새로운 표현이 된다.

그 중간 사건들을 증언하는 목격자는 핵심 역할을 한다. 일어나는 일이 쉽게 파악되지 않기에 목격자의 역할은 더 중요해진다. '무엇'을 묻는 질문은 '누구'를 묻는 질문으로 바뀐다. 누가 이런 사건들을 증언할 수 있을까? 발타자르는 이것이 요한복음에서 제기되는 질문이라고 보았다. 하지만 이 질문은 특별히 성토요일이라는 현장에서 신학자들에게 제기되는 질문이기도 하다. 1956년 라디오 강연에서 발타자르가 물었다. "성토요일에 무슨 일이 생겨날까요? … 죽음과 부활 사이에서 집요하게 계속되는 것은 무엇인가요?"[59] 발타자르는 계속해서 신학자들에게 이런 질문을 던진다. "이것(중간)은 신학적 논리의 문제입니다. 아마 신학자들은 그동안 이 문제(the problem)에 결코 관심을 기울이지 않았습니다. 이 문제를 진지하게 고민한다면, 우리가 아름답게 결론을 내렸던 사안들은 다시 혼란에 빠질 겁니다."[60] 발타자르는 신학자들이 중간이라 불리는 영역을 다뤄야 한다고 주장한다. 발타자르가 이해하기에 성토요일에 대한 명확한 신학적 해석은 그것을 받아들일 수 있는 몇몇 신학자들에게만 유효한 것이었다. 누가 이 사건을 증언할 수 있을까? 발타자르에 따르면, 성토요일의 메시지는 스페이어의 독특한 증언을 해석하는 일과 분리되지 않으며, 길이 없는 침묵의 공간인 성토요일을 살펴보는 일과도 분리되지 않는다.[61] 그렇다 하더라도 발타자르는 신학자들이 중간으로부터의 구

59) Balthasar, "We Walked When There Was No Path," 89-90.

60) Ibid., 91.

61) Balthasar, *My Work*. 그는 바바라 알브레히트(Barbara Albrecht)가 스페이어의 대표작들을 선별해서 엮었다는 사실을 다음과 같이 이야기한다. "거기에 포함된 풍부한 이야기들은 보다 성숙한 시간에만 인식될 것이다. 그러면 스페이어의 직관이 다음에 나열하는 나의 저작들과 스페이어에게 직접 배운 신학을 기록한 다른 글들에 얼마나 강력한 영향을 끼쳤는지 보여줄 것이다"(105-6). 발타자르는 다음 세권의 책을 언급한다. *Herz der Welt* (*Heart of World*),

원(redemption from the middle)을 신학적으로 입증할 수 있을 거라고는 확신하지 못했다.

『세상의 마음』은 발타자르가 성토요일을 처음 다룬 책이다. 그렇기 때문에 성토요일에 대한 완결된 신학을 담고 있지는 않다. 그럼에도 이 책은 성토요일의 기원에서부터 현대적 재발견까지, 성토요일 신학이 발전해 온 역사를 개괄하고 있다. 성토요일 신학의 역사는 생략으로 얼룩져 있다. 그 역사 자체는 이상하게도 연장된—"지지를 받게 된"(seconded)—죽음을 증언하는 복잡한 과정을 이야기한다.62) 그 중간이라는 시공간에서 새로운 언어가 나타나 새로운 형태의 삶을 이야기한다. 그 중간에서의 삶은 죽음에서 솟아나며, 그 삶 안에는 죽음을 계속 품고 있다. 그 중간은 죽음에서 삶으로 곧장 이어지는 길을 방해하고, 나머지, 혼돈, 지친 사랑, 졸졸 흐르는 무기력 등, 그 중간의 시공간에서 등장하는 새로운 어휘들을 소개한다. 신학적 논리는 그 한계를 넘어서라는 요구에 직면하고, 스페이어의 몸은 종교적 경험의 한계를 뚫고 그 죽음의 공간에서 살아 움직인다.

성토요일에 대한 발타자르와 스페이어의 초기 증언은 그 중간에 위치한 성토요일이 가진 독특한 진실을 이야기한다. 바로 죽음이 남아 있다는 진실이다. 신비로운 환상과 문학적 표현이라는 두 측면은 남아 있는 죽음이 드러내는 혼돈을 증언한다. 발타자르와 스페이어가 성토요일 신학을 좀 더 체계적으로 논하려고 시도하면서 이런 두 측면은 약화되었다. 그 결과 성토요일의 목격자는 정통적인 삼위일체 신앙을 통해, 그리고 명확한 그리스도론적 양식을 통해 표현되었

Gottesgrage (*The God Question*), *Theologie der drei Tage* (*Mysterium Paschale*).

62) Balthasar, *Mysterium Paschale*, 168.

다.[63] 성토요일을 목격하는 힘겨운 과정은 발타자르와 스페이어 사이에서 행해지며, 십자가 발치에 있다가 사라진 제자들의 증언 속에서도 그려진다. 발타자르와 스페이어가 성토요일에 대한 사유를 전개하면서, 성토요일이라는 그 "틈"(the hiatus)을 설명하는 좀 더 복잡하고 생생한 증언의 흔적은 사라진다.[64]

그러나 실제로 발타자르와 스페이어는 이 틈을 증언하면서 그리스도교 전통 속에 독특한 증언의 현장을 열어낸다. 초기에 그들은 성토요일의 공간을 특징적으로 증언하면서, 그리스도-모습으로 정의될 뿐 아니라 성령론적인 모습으로도 정의되는 존재 방식을 증언했다. 그러나 이들이 이후에 성토요일을 설명할 때는 이런 증언의 풍부함이 뒤집혀진다. 남아 있는 죽음에 대한 진실이 수난과 부활을 설명하는 익숙한 논리 속에서 해석되는 한, 그들의 증언은 온전한 것에 못 미친다. 그들의 후기 신학—거의 발타자르의 성토요일 신학에 의해서 기술된 것—은 수난의 논리가 반복되는 특정한 형태를 취한다. 여기서 사라지는 것은 성토요일이 가진 독특한 성령론적 차원이다.

나는 여기서 발타자르 후기의 공인된 성토요일 신학과 그에 상응하는 증언 모델을 살펴볼 것이다. 성토요일과의 관련 속에서 확립된 증언 개념은 그리스도론적으로 표현되었고, 모방, 순종, 희생이라는 그리스도론 중심적인 언어로 묘사되었다. 하지만 이러한 자기희생 혹은 모방으로서의 증언 모델은 성토요일에 일어난 사건들을 충분히 담아내지 못한다. 증언을 오로지 성자와 관련시켜 바라볼 때, 이 증언은 순교라는 한 가지 특별한 형태를 취할 수밖에 없기 때문이다.

63) 나는 동방교회보다는 서방교회에서 지배적이었던 삼위일체에 대한 신조를 언급할 것이다.

64) Balthasar, *Mysterium Paschale*, 49.

성토요일을 신학화하기

> 성토요일에 지옥으로 내려간 것에서 그것이 다시 보였다. 니체가 옳았다. 적어도 성토요일 하루에 대해서, 그리고 하느님의 죽음에 대해서만큼은 말이다. 하느님의 말씀은 세상에서 소리내기를 그쳤고, 몸은 장사되어 봉해졌으며, 영혼은 스올(Sheol)의 심연 속으로 내려갔다. 스올에서는 죽음이 모든 현실을 지배하며, 죽음은 믿음, 소망, 사랑 앞에 패배하지 않았다. 모든 것이 상실의 고통 가운데 있다. 이 고통 속에서는 하느님을 바라보는 일도, 하느님을 찾는 일도, 하느님을 향해 눈을 드는 일도 모두 불가능하다.[65]

그리스도의 수난과 부활 사이, 그곳에는 빛도, 생명도, 말도 없다. 단지 그리스도가 지옥으로 내려간 사건만 존재할 뿐이다. 발타자르의 주장에 따르면, 그리스도는 죽음을 이기고 승리한 자로 지옥에 내려가지 않았다. 죽음의 영역으로 내려간 그가 죄인들과 믿지 않는 이들 모두를 불러 모은 것도 아니었고, 죄인들의 사슬을 끊은 것도 아니었다. 그곳에는 승리도, 어떤 행동도 없다. 지옥에 내려간 성자는 죽은 자들 중 한 명이었다. 발타자르는 구원에서 지옥이 갖는 중요성을 강조하며, 이렇게 독특한 시각을 발전시키기 위해 지옥에서의 죽음이라는 궁극의 어두움을 적나라하게 담은 모습을 포기하지 않는다.

내가 앞서 강조한 바와 같이, 성토요일 신학이 발전하게 된 배경은 스페이어의 지옥 환상들(visions of hell)이었다. 발타자르가 성토요일을 재발견하고 재해석하는 데서 신학적 배경이 된 것은 **지옥의 정복**

65) Balthasar, *Science*, 117.

(harrowing of hell)이다.[66] 이 정복은 보통 지옥 안의 그리스도를 시각적으로 묘사함으로써 전달된다. 이 "정복" 이야기에 따르면, 성토요일 사건은 성자가 십자가에서 돌아가시고 지옥에 내려가신 사건인데, 지옥에서 성자는 그곳에 갇혀 있는 믿지 않은 영혼들에 대한 승리를 선포하셨다. 그는 죄와 사망과 불신앙의 지배를 깨뜨리고, 그곳에 있는 자들의 사슬을 푸셨다. 정복하신 그는 영광스럽게 올라가셨다. 십자가와 부활 사이, 그는 죽음을 이긴 생명의 승리를 선포했다.[67] 발타자르에 따르면, 이런 "정복"의 결과 중 하나는 부활절이 제때보다 너무 일찍 도래하는 것이다. 성토요일은 완전히 생략되어 그저 부활절 전날이 되었고, 지옥에서의 성자의 이런 정복 활동은 이미 부활을 예견하는 것이 되어 버렸다. 발타자르는 말한다. "우리는 제일 먼저, 영원한 구원의 열매를 얻을 순간을 기대하면서 잠깐의 고난을 참으라고 주장하는 신학적 성급함과 종교적 초조함을 경계해야만 한다. 이것은 그 (구원의) 순간을 부활절로부터 성토요일로 앞질러 끌어당기자는 주장이다."[68] 발타자르는 지옥의 정복을 거부하면서, 이처럼 황급히 부활절로 가는 것은 성토요일에 대한 독특한 증언을 제거해 버린다고 주장했다.

---

66) 다음을 볼 것. J. A. MacCulloch, *The Harrowing of Hell: A Comparative Study of an Early Christian Doctrine* (Edinburgh: T. & T. Clark, 1930). 내려감이라는 개념의 발전과 이 개념이 현대에 끼친 영향을 개괄하려면 다음을 참조할 것. Martin F. Connell, "Descensus Christi Ad Inferos: Christ's Descent to the Dead," *Theological Studies* 62, no. 2 (2001): 262-82, 그리고 Alice Turner, *The History of Hell* (New York: Harcourt Brace, 1993).

67) *Mysterium Paschale,* 179-80 에 나오는 발타자르의 의견과 다음을 참고할 것. Balthasar, "Descent into Hell," in *Spirit and Institution,* vol. 4 of Explorations in Theology (San Francisco: Ignatius Press, 1995), 401-14.

68) Balthasar, *Mysterium Paschale,* 179.

"지옥의 정복"과는 대조적으로, 발타자르는 지옥에는 적극적인 승리가 없다고 주장했다. "예수는 부활한 자(as Risen)로 지옥에 내려간 것이 아니라, 죽은 자(as Dead)로 지옥에 내려갔다."[69] 발타자르의 설명에 대한 존 사워드(John Saward)의 말이다. 십자가에서 경험한 죽음은 지옥까지 이어지며, 이는 성자의 사명과 하나님의 구원 모두에 대해 다른 해석을 드러낸다. "지옥의 죽은 자들과 함께 죽은" 성자는 죽음에서 부활로 이어지는 중간에 활동하지도 않았고 승리하지도 않았다. 성자는 **실제로** 죽었다. 발타자르는 예수가 죽음에 저항하지 않고 받아들인 수동성(passivity of this death)을 강조했는데, 이것이 그가 전개하는 독특한 성토요일 신학의 기초였다. 지옥에서 여러 활동이 있었다는 주장과는 반대로, 발타자르는 지옥을 부재, 공허, 깊은 외로움의 공간으로 해석했다. 스페이어의 환상들의 영향이었다.

발타자르는 성토요일에 대해 어떻게 이야기할까? 그가 성토요일 신학을 가장 폭넓고 체계적으로 다루는 곳은 『파스카의 신비』(*Mysterium Paschale*), 『하느님-드라마』(*Theo-Drama*) 4권 및 5권, 이렇게 세 곳이다.[70] 발타자르는 이 저작들에서 성토요일의 신학적인

---

69) Saward, *Mysteries of March*, 113.

70) 파스카 사건에 대한 아드리엔의 통찰과 실제로 그 사건에 참여한 그녀의 경험은 발타자르의 성토요일 묘사에 계속 영향을 주며, 아드리엔은 발타자르에게 큰 영향을 끼친 사람으로 나타난다. 특별히 이것은 *Theo-Drama: Theological Dramatic Theory* (San Francisco: Ignatius, 1998) 시리즈의 5번째 책 *The Last Act*에서 더 명확히 입증된다. 서론에서 발타자르는 아드리엔에게 많은 영향을 받았음을 말한다. "여기 아드리엔 폰 스페이어의 저작들에서 온 많은 구절들은 각주에 전문을 옮겨 놓거나 그 출처를 밝혀 놓았다."(13). 둘의 저작은 분명히 일맥상통하며, 특히 *Theo-Drama* 시리즈의 마지막 책에서는 더욱 그렇다. 스페이어의 요한복음 주석은 하느님의 드라마를 "완성시키는 것" 이상이며, 그녀가 지옥으로 내려가심을 이야기할 때 발타자르의 목소리는 뒤로 물러선다.

중요성을 단호하고 분명한 어조로 이야기했다. 발타자르는 『파스카의 신비』에서 자신과 스페이어의 신학에서 성토요일을 설명하는 데 근거가 되는 매우 중요한 요소 세 가지를 확인한다. 첫째, 지옥에서의 사건들은 파스카 성삼일(Triduum)이라는 폭넓은 맥락 속에서 해석된다.[71] 이 사건을 앞뒤에 오는 다른 사건들과 분리시켜 해석할 수 없기 때문이다. 둘째, 이 드라마는 완벽하게 삼위일체적(Trinitarian)이다. 성자가 지옥에 내려갈 때에도 성부, 성자, 성령은 여전히 활동하고 있었기 때문에, 이 사건은 삼위일체 하느님이 드러나는 순간이라 할 수 있다. 셋째, 지옥에서의 사건들은 구원론적(soteriological)이다. 하느님의 드라마는 인간 구원의 과정을 이야기한다. 우리가 구원을 이해하려면 지옥 사건들에서 드러난 성부, 성자, 성령의 드라마를 살펴야 한다.

전체 구원 드라마에서 지옥으로 내려가신 사건은 아주 중요한 장면이다. 성토요일에, 성자는 죽은 자가 되어 지옥 심연에 내려간다. 이것은 놀라운 승리의 장면도 아니고, 복음서가 이야기하는 예수의 장례에 가려진 장면도 아니다. 수난과 부활 사이, 지옥으로 내려가신 사건이 놓여 있다. 성자는 십자가 위에서 세상 죄를 짊어진다. 그는 고통과 죽음 속에서, 또 죽음의 순간에도, 순종함으로 성부에게 받은 사명을 완수한다. 발타자르는 요한복음에 나오는 말 '파라디도나이'(*paradidonai*)를 강조한다. 요한복음에서 성자는 죽음에 넘겨진다. 십

71) 파스카 성삼일(Triduum)은 교회력 상 세족 목요일과 부활절 사이의 삼일을 가리키는 예전적인 용어이다. 파스카 성삼일은 예수의 삶에서 마지막 순간인 십자가 사건과 그의 장례, 그리고 지옥으로 내려가심과 부활을 증언한다. 예전을 중시하는 교단들은 부활절의 드라마를 금요일과 주일 너머로 확장시켜 파스카 성삼일 행사를 복원해 왔다. 그 결과 세족 목요일과 성토요일에 대한 관심이 증가했다.

자가는 성자의 자기포기이며, 성부는 성자를 십자가에 내어 주었다. 부활 장면에서 성자는 살아 계신 분(the Living One)으로 등장한다.[72] 발타자르는 성자가 죽음을 다른 방식으로 경험한 성토요일을 "두 번째 죽음"의 날로 묘사한다.[73] 성자는 단지 겉으로 죽은 것처럼 보이기만 한 것이 아니다. 성자는 **죽었다**. 발타자르는 성자의 첫 번째 죽음은 십자가의 죽음이며, 이것을 능동적 죽음(an active death)이라고 말한다. 두 번째 죽음은 죽은 자로서 지옥에 내려간 성자의 경험이다. 십자가 사건이 성자의 능동적 수난을 이야기하는 반면, 지옥으로 내려간 사건은 죽음의 풍경과 죄의 실상을 날 것 그대로 그려낸다. 이것은 바로 극도의 암흑이자 버려짐이며, 소외이다. 발타자르는 수난 사건 뒤에 수동적 수난(passive suffering)의 모습을 보여준다. 성토요일에 죽음은 다른 모습을 띠며, 발타자르는 지옥이 독특한 신학적 메시지를 담고 있는 현장이라는 점을 시사한다. 발타자르에게 이 순간은 매우 중요하며, 지옥 풍경에 대한 그의 시야가 확장되면서 이것은 더욱 중요해진다.

발타자르와 스페이어는 몇 십 년 동안의 저작 활동을 통해 죽음과 삶 사이에 일어나는 일을 더욱 잘 그려냈다. 그들에게 성토요일은 하느님께 버려진 현장이었다. 성자는 그곳에서 겉으로만 버려진 모습으로 세상 죄를 감당한 것이 아니라, 몸소 지옥에 내려가 버려짐을 경험했다. 발타자르와 스페이어는 그리스도가 지옥으로 내려간 일이 삼위일체적 사건이라고 주장하면서, 지옥에서 그 어느 때보다도 가장 멀리 떨어져 있는 성부와 성자의 모습을 그려냈다. 이 지점에서 발타

---

72) Balthasar, *Mysterium Paschale,* 190.
73) Ibid., 172-73.

자르가 강조하는 하느님의 겸허한(kenotic) 본성이 하느님의 자기비움 과정의 완결로서 표현된다. 발타자르는 그리스도가 지옥으로 내려가신 사건이 그리스도교 구원 내러티브 속의 단순히 한 사건이 아니라, 구원 내러티브의 절정(the climax)이었다고 평가한다.[74] 성토요일에 대한 예전적 선포와 예식은 단순히 되살려내야 될 것만이 아니라, 파스카 성삼일의 중심 사건이어야 한다.

지옥을 정복함이 없는 성토요일이 갖는 중요성은 하느님 사랑에 대한 묘사 속에 드러난다. 앤 헌트(Anne Hunt)는 이것을 다음과 같이 표현한다. "파스카 신비의 의미는 성자가 하느님으로부터 버림받았을 때, 하느님은 사랑 안에서—육적으로나 영적으로나—죽음의 골짜기로 들어가셨고, 우리와 함께 슬픔을 나누고 우리 죄를 감당하셨으며, 우리의 외부가 아닌 우리 안에서 우리가 처한 현실을 그대로 겪으셨다는 점이다."[75] 이것은 일차적으로 성부와 성자의 드라마로 표현되었다. 이 드라마의 가장 중요한 자료는 스페이어의 환상들과 요한복음에 대한 신비주의적 주석들이다. 성자는 전에 알 수 없었던 성부의 일면을 언뜻 보게 된다. 바로 성부의 어두움(the darkness of the Father)이다. 말하자면 성자는 성부의 어두움이라는 신비를 경험하면서 성부의 비밀을 공유한다. 성토요일에 성부는 성자를 외면한다. 성부와 성

---

74) *Mysterium Paschale*의 서문에서 에이든 니콜스(Aidan Nichols)는 이렇게 말한다. "그의 주된 관심은-다른 작품들에서보다 특별히 이 작품에서 더 강하게 표현된- 기이한 장소에 더 굳건하게 자리잡는다. 이 장소는 그리스도가 지옥에 내려간 신비를 말하는데 발타자르는 이 신비를 그리스도론의 핵심이라고 분명히 말한다. … 십자가 사건이 단지 서곡이었다고 격하시키지는 않지만-오히려 그 반대이다-발타자르는 부활절에 부활하신 그리스도를 볼 때 십자가에 달린 모습에 주목하기 보다는, 우리를 위해 지옥에 내려간 모습에 주목한다" (Balthasar, *Mysterium Paschale*, 7).

75) Anne Hunt, *The Trinity and the Paschal Mystery: A Development in Recent Catholic Theology* (Collegeville, MN: Liturgical Press, 1997), 80.

자의 이러한 친교(communion)를 통해 진노의 신비는 사랑의 신비로 변화된다.[76]

여기까지가 우리에게 익숙한 표현으로 묘사한 발타자르의 성토요일 신학의 대략이다. 이제 나는 발타자르의 후기 신학이 성토요일을 이렇게 묘사하게 된 주된 이유를 간략히 언급하려 한다. 제2차 세계대전 이후, 홀로코스트라는 절망스러운 현실을 경험한 신학자들은 하느님과 인간의 고통을 신학적으로 해석하는 일에 다시 관심을 갖게 되었다. 몇몇은 고통을 신학적으로 설명하기 위해 하느님의 고통의 현장인 십자가로 돌아갔다. "신은 죽었다"는 니체의 차라투스트라적 절규는 철학자들과 신학자들에 의해 다시 주장되었고, 많은 이들에게 이것은 20세기 후반 사상을 이루는 출발점이 되었다. 신학계에서는 위르겐 몰트만과 키타모리 가조(Kazoh Kitamori) 같은 신학자들이 대규모 폭력과 학살에 비추어 볼 때, 전능하신 하느님을 이야기하는 전통적 해석은 옹호될 수 없다고 주장했다. 이들이 검토한 현장은 십자가였다. 하느님이 고통에서 벗어난 채로 기획한 대속적 희생으로서의 십자가를 이야기하는 대신에, 이들의 십자가 신학은 세상의 아픔을 끌어안는 하느님의 이야기를 들려준다. 하느님은 세상의 고통에 종속되게 되었다.

---

76) Adrienne von Speyr, *The Birth of the Church: Meditations on John 18-21* (San Francisco: Ignatius Press, 1991). 스페이어는 이렇게 말한다. "이제 둘은 서로를 만난다. 이 만남은 신비한 마술이 아니라 그리스도교적인 것, 사랑의 신비이다. 이 만남이 성부의 사랑으로부터 나온 것이기 때문이다. 사랑하는 마음에서 성부는 당신의 신비를 성자에게 모두 주셨고, 성자를 완전히 죽음에 내 주셨다. 여전히 모든 것은 성부와 성자의 친교라는 신비로 남아 있다. 또한 지하세계에 남아 있기에 성자가 죄로 인한 소외를 경험하다는 어둠의 신비로 남아 있다. 그럼에도 죄의 어둠은 사랑의 어둠에 완전히 붙잡혀 있는 채로 남아 있다"(157).

마찬가지로 발타자르의 성토요일 신학은 하느님의 고통에 대한 담론들과 연결된다. 지옥으로 내려간 사건을 명확하게 이야기하는 발타자르는 앞서 인용한 "신은 죽었다"는 니체의 명제를 인용한다.[77] 지옥으로 내려간 사건은 여러 측면에서 니체에 대한 발타자르의 신학적 답변이며, 또한 발타자르가 죽음을 그 중간이라는 공간까지 확장시킨 것은 그리스도교 구원 이야기의 실존적 차원과 상통한다. 성토요일의 언어는 당시의 실존적 분위기를 반영한다. 하지만 발타자르에게 성토요일은 신학적 논쟁의 출발점, 즉 "신은 죽었다"는 주장에 대한 신학적 해석과 이 해석이 말하는 하느님의 고통 이야기를 비판하는 출발점이 되기도 했다. 발타자르는 성토요일에 대한 몇몇의 해석을, 신학적 위기를 감지한 이들이 하느님 개념을 지키기 위해 수단으로 삼는 것으로 보았다.[78] 발타자르는 그동안 그리스도인들의 하느님에게는 비극이란 존재하지 않았다고 주장한다.[79]

우리는 이런 전개 과정을 『파스카의 신비』(*Mysterium Paschale*)에서 볼 수 있다. 파스카 성삼일을 대략적으로 그려낸 이 책은 한 장을 할애하여 성토요일을 다룬다. 이 책의 내력을 보면, 우리는 앞서 언급한 신학적 논쟁의 발전 과정을 볼 수 있다. 이 책은 원래 여러 권으로 된 『구원의 신비』(*Mysterium Salutis*)라는 시리즈 중 한 권이었다. 이 시리즈의 목적은 가톨릭 신학이 말하는 구원의 신비를 종합적

---

77) 다음을 볼 것. Balthasar, "The Death of God as Wellspring of Salvation, Revelation and Theology," in *Mysterium Paschale*. "이제 중간이라는 틈에 놓인 '절대적 역설'과 또한 전에는 살아계셨지만 돌아가신 분과 부활하신 분과의 연속성을 우리 시야에 하나로 모아두기는 매우 어렵게 되었다"(52).

78) Balthasar, *Theo-Drama 5: The Last Act*, 227-34.

79) Aidan Nichols, *No Bloodless Myth: A Guide through Balthasar's Dramatics* (Washington, DC: Catholic University Press, 2000), 213.

으로 다루기 위한 것이었다.[80] 발타자르는 이 시리즈의 여러 부분을 집필했다. 재미있는 점은 발타자르가 처음부터 파스카 신비 부분을 맡았던 것이 아니라, 다른 사람이 집필을 거절하는 바람에 발타자르가 그 부분을 떠맡게 된 것이다. 몇 년 후 발타자르는 이 부분을 따로 출간하기로 했고, 약간의 수정을 거쳐 『성삼일의 신학』(*Theologie der Drie Tage*)이란 이름으로 출간했다.[81] 발타자르가 전체 시리즈에서 이 부분을 따로 떼어내어 책으로 출간한 동기가 무엇일까? 『파스카의 신비』 서문에 그 이유가 나온다. 발타자르는 파스카 신비가 하느님 본성에 대한 오해들(발타자르 자신의 주변에서 일어나는 오해들)을 막는다고 보았다. 독일어 초판 서문에서는 파스카 성삼일이 거의 다뤄지지 않았지만, 개정판에서는(영역본은 1993년에 출간됨) 파스카 성삼일에 대한 발타자르의 신학적 묘사가 점점 더 이러한 신학적 논쟁을 중심으로 전개된다.

발타자르가 논쟁 상대로 겨냥했던 신학자들은 카조 키타모리, 미국의 과정신학자들, 위르겐 몰트만 등이었다. 이 신학자들, 혹은 이런 신학자 집단이 이해하는 하느님의 고통은 발타자르가 문제가 있다고 보는 방향으로 발전해 갔다. 발타자르는 신학자들이 하느님 개념을 '무관심한 하느님'(God as apathetic)으로 해체하려는 시도들에서 하느님의 본성 일부가 위태로워졌음을 우려한다. 이런 현대 신학자들은 그리스도교 전통의 해묵은 과제를 이야기한다. 즉 어떤 의미에서 하

80) Hans Urs von Balthasar, "Kapitel: Der Zugang zur Wirklichkeit Gottes," in *Mysterium Salutis: Grundriss Heilsgeschichtlicher Dogmatik*, ed. Johannes Feiner and Magnus Löhrer (Einsiedeln, Switzerland: Benziger Verlag, 1978).

81) Hans Urs von Balthasar, *Theologie der Drei Tage* (Einsiedeln, Switzerland: Johannes Verlag, 1990).

느님이 고통당하실 수 있고, 또 실제로 고통당하시는가 하는 과제다. 『파스카의 신비』 서문에 그 신학자들이 언급되기는 하지만, 이들을 보다 자세히 다룬 것은 『하느님-드라마』 다. 이 책에서 발타자르가 이러한 신학자들의 이름을 언급한 이유는 성토요일에 대한 자신의 논점이 당시 신학자들의 입장을 바로잡기 위해 반드시 필요하다고 보았기 때문임을 보여준다. 발타자르는 하느님의 고통 문제를 다루기 위해서는 복음서의 삼위일체 이야기, 더 구체적으로 말하면 지옥으로 내려가신 그리스도 이야기로 돌아가야 한다고 믿었다. 예수의 죽음에 대해 이야기하는 다른 신학자들과는 반대로, 발타자르는 이 죽음이 실제로는 하느님의 비극이 아니라 하느님의 존재를 온전히 드러내는 하느님의 사랑 이야기(a divine love story)라고 믿었다. 발타자르에 따르면, 하느님의 생명은 소멸되지 않았다. 발타자르는 하느님의 고난에 대해 아슬아슬한 주장을 펼치며 이렇게 말한다. "우리는 성부가 성자를 십자가에 매달리도록 허락함으로써 '위험한' 일을 행했다고 말할 수는 없다. … 그러나, 만약 하느님 안에 고통이 있는지 여부를 우리가 묻는다면, 대답은 이것이다: 하느님 안에는 고통으로 발전할 수 있는 어떤 것이 있다."[82]

성토요일이 이런 논쟁에 점점 더 휘말릴수록, 성토요일의 미학적이며 구체적인 차원들은 약화된다. 발타자르의 이런 후기 신학은 스페이어나 그녀의 환상들에 대한 이해 없이도 파악될 수 있다. 스페이어는 자신이 받은 독특한 계시와 환상들을 통해 통찰을 얻었고, 이런 통찰들은 발타자르의 후기 저작들의 각주에서 좀 더 두드러지게 나타난다. 또한 발타자르와 스페이어는 이런 환상들을 의도적으로 적게

82) Balthasar, *Theo-Drama* 4: *The Action,* 327-28.

언급한 것으로 보이는데, 아마도 성토요일의 어떤 진실을 전달하려 했기 때문일 것이다. 다시 말해, 이들은 성토요일의 신학을 전개하는 일에 집중했고 이를 통해 공적으로 인정받으려 했다. 하지만 성토요일의 정당성을 인정받고 하느님에 대한 특정한 신학적 입장을 지키려고 노력할수록 성토요일의 증언은 카스텔리의 표현대로 "밋밋해졌다."[83] 스페이어가 몸소 체험한 것은 신학 작업에서 지워져야만 했다. 또한 그들이 글로 쓴 신학은 점점 더 일정한 형태를 따르게 된다. 명백한 것은 발타자르와 스페이어가 자신들의 신학이 어떤 양식이 되어야 할지 심사숙고 하고 있었다는 사실이다. 이들은 성토요일을 바라보는 자신들의 관점이 정당하다는 것을 신학계에 입증하기 위해 더 신중해졌다. 하느님의 고통을 둘러싼 격렬한 논쟁들이 심화되면서, 결국 성토요일에 대한 저작들은 점차 그리스도-형태(Christ-form)와 조화를 이루는 방식으로 정형화되었다. 이렇게 그 형태가 좀 더 다듬어진 후기의 성토요일 신학에서 발전된 증언 모델은 성금요일과 비슷한 논리를 따라가게 되었고, 그 형태는 명확히 그리스도론적이었다. 내가 여기서 제시하는 증언 모델은 발타자르와 스페이어의 생각에서 나온 것이다. 나는 여기서 성토요일의 독특한 메시지는 그리스도-형태를 반복하는 것에서 비롯된 것이 아니라, 죽음과 삶 사이에서 나타나는 성령론적 증언에서 출발한 것임을 주장하고, 증언 모델이 어떤 형태를 갖는지 살펴보려 한다.

83) Elizabeth A. Castelli, *Martyrdom and Memory: Early Christian Culture Making* (New York: Columbia University Press, 2004), 203.

십자가 형태의 증언

발타자르와 스페이어는 성토요일이 다른 어떤 것과 비길 수 없는 하느님의 사랑을 보여준다고 믿었다. 지옥에서 성자는 하느님에게 버림받았고, 이 장면은 하느님과 인간의 완전한 연대(complete solidarity)라는 구원 이야기로 해석된다.84) 하느님의 사랑이 가장 심각하게 위협받는 지점에서 그 사랑이 드러난다. 하느님은 자신의 생명 안에서 지옥에 있는 이들의 버림받음을 경험한다. 성자는 지옥에서 그 버림받은 이들을 영웅적으로 구하는 대신에, 그들과 일체가 된다. 성자는 스스로 버림받은 이들 중 하나가 되어 성부 없이 존재한다. 이것이 바로 사랑 없는 곳으로 여행하는 사랑의 모습이며, 성토요일이 가진 가장 큰 힘이다. 하느님이 가시지 않는 곳은 없다. 이는 실존적으로 강력한 영향을 가진 고백이다. 지옥의 모습을 그린 이 드라마에서 우리는 하느님이 부재하는 곳은 없다는 확신을 받아들인다. 하느님은 하느님께 버림받은 비참한 곳까지도 여행하셨다.

발타자르와 스페이어는 하느님께 버려진다는 것이 어떤 의미인지와 그 중요성을 그리스도인들에게 설명하기 위해 애썼다. 성토요일은 그리스도의 모범을 따르려는 이들을 어디로 데려갈까? 존 사워드는 그들에게 묻는다. "우리는 그리스도인들이 살아가는 동안 성토요일의 신비를 어떤 방식으로든 공유한다고 말할 수 있을까?"85) 그리스도인의 어떤 증언 모델이 성토요일에서 생겨나는가? 성금요일에 나타난 그리스도교 증언의 메시지는 자기 십자가를 지고 따르라는 부르심으

---

84) 발타자르는 이렇게 말한다. "추후에 차지할 유리한 위치는 십자가에 달리신 이와 모든 죽은 자들이 연대하는 지점이다"(*Mysterium Paschale,* 160).

85) Saward, *Mysteries of March*, 126.

로 해석되곤 한다. 그리스도교의 증언은 수난당하는 그리스도를 모방하고 그를 자기와 동일시하는 것으로 표현된다. 하지만, 그렇다면 우리는 어떻게 성토요일의 신비를 받아들일 수 있을까? 발타자르와 스페이어는 모두 이 질문의 대답에 주저한다.

> 성토요일에 교회는 차라리 멀찌감치 떨어져 따르라는 권고를 받는다. … 이제 남은 것은 이런 동행이 신학적으로 어떻게 가능하며—구세주 스스로 자리를 바꾸어, 가장 깊은 고독 속으로 들어갔기 때문에—게다가 또, 그리스도교적으로 부과된, 돌아가신 하느님과 함께 죽는 그런 고독 속에서의 진정한 공유 말고는 이 동행을 도대체 어떻게 특징지을 수 있는가?[86]

이 인용문은 『파스카의 신비』에서 성토요일 부분의 결론이다. 어떻게 따라갈지의 문제는 아직 해결되지 않았다.

다른 해석자들도 이 문제에 유보적 태도를 보이기는 마찬가지다. 존 사워드(John Saward)는 그리스도가 지옥으로 내려간 사건에 참여할 수 있는 가능성을 진지하게 생각한다. 사워드는 두 가지 실천적 적용 방법을 내놓는다. 첫째, 정기적으로 지옥을 묵상할 것. 둘째, 연옥의 영들을 위해 기도할 것. 하지만 그는 발타자르와 스페이어가 더 많은 것을 제안한다고 본다. "발타자르와 스페이어는 주님이 스올(Sheol)에서 경험한 것을 현재의 생에서 영적으로 맛볼 수 있는 이들이 있다고 생각했다. 그렇다고 해도 스올을 맛보는 것 자체는 목적이 아니다. 죽은 자들의 세계(Hades)마저 정복한 그리스도 안에서, 또 그리스도를

86) Balthasar, *Mysterium Paschale,* 181.

통하여, 교회의 형제자매들을 돕기 위해서, 우울, 의심, 혼란, 절망의 블랙홀에 빠진 이들을 돕기 위해서, 그들은 주님이 겪으신 스올을 맛보게 된다."[87] 그렇기 때문에 성토요일에 대한 그리스도인의 증언 모델은 모든 이들에게까지 확장되지는 않는다. 대신에 이것은 가장 깊은 그리스도의 고독을 감당하도록 위탁받은 이들에게 해당되는 특별한 부르심이다. 부름받은 이들은 그리스도가 그랬던 것처럼, 다른 이들을 대신해서 이 고독을 감내한다.

결국 신비가란 이런 고독을 함께 나눌 수 있는 사람이다. 스페이어는 성토요일에 그리스도가 겪으신 수동적인 죽음 속으로 들어갔다. 그 속에서 스페이어는 능동적 고난이 아니라 수동적으로 지옥에 끌려들어가는 것의 차이를 경험했다. 스페이어의 강렬한 성토요일 경험만 본다면, 그리스도인의 증언을 보다 폭넓게 해석하는 일은 더 어렵게 된다. 성토요일은 부름 받은 특별한 이들만 들어갈 수 있는 신비의 공간이 되었을 뿐만 아니라, 우리가 경험의 본질이라고 이해했던 많은 것들을 더 이상 설명할 수 없게 만들었다. 지옥은 경험의 부재로 비유되었다. 없음과 있음, 친밀함과 분리, 가까움과 떨어져 있음, 불화와 화합이라는 지옥의 역설은, 지옥에 내려가는 경험을 공유하는 이들과 관련된 신비다. 그렇다면 성토요일이라는 현장에서 그리스도인의 증언 신학을 도출하기 어렵다는 것은 맞는 말이다. 지옥에 대한 스페이어의 통찰들이 성토요일의 모습을 규정하면서, 보다 일반적인 그리스도인의 증언 모델을 명확하게 설명하기란 더 어려워졌다. 사워드는 말한다. "많은 거룩한 이들이 주님이 지옥으로 내려가신 신비에 참여해왔다."[88]

---

87) Saward, *Mysteries of March*, 127.

발타자르와 스페이어가 이해한 십자가 사건과 지옥으로 내려가신 사건에 대한 그리스도인의 증언은 결국 순교 신학으로 표현된다. 이런 순교 신학은 그들 작업 전반에 녹아있는데, 이는 그들의 파스카 성삼일 신학으로부터 나온 당연한 결과였다. 『그리스도인의 증언의 순간』(*The Moment of Christian Witness*) 마지막에 나오는 '코르둘라'(Cordula)라는 짧은 글은 순교로 표현되는 그리스도인의 증언을 명확하게 설명한다.[89] 십자가 신학은 다음과 같이 삶 속에 나타난다.

> 순교는 증언을 감당하는 것을 뜻한다. 이것이 최종적으로 어떤 형태를 갖는지는 크게 중요하지 않다—순교는 육체적 죽음으로 실제 생명을 희생하는 것일 수도 있다. 예수의 명령을 따르는 삶을 살겠노라 맹세하거나, 예수와 합하여 세례를 받아 세상에 대해 죽고 자신의 전 존재를 그리스도께 바치는 것일 수도 있다. 이런 죽음과 부활은 다른, 영생을 위한 삶을 살 수 있게 만드는 길이 될 것이다(로마서 6장 12절 이하 참조).[90]

그리스도인의 증언의 본보기는 십자가에 달리신 그리스도다. 그의 사랑은 사람들을 위해 죽기까지 순종하셨던 모습에서 가장 잘 드

88) Ibid., 128.

89) Hans Urs von Balthasar, *The Moment of Christian Witness* (New York: Newman Press, 1969). 발타자르는 "11,000 명의 동정녀에 대한 전설"과 훈족의 공격에 폐허가 된 곳에서 구사일생으로 살아남아 도피한 코르둘라(Cordula)라는 처녀를 언급하면서 그리스도인의 삶에 대해 반추하기 시작했다("그렇다면 그리스도인은 어떻게 되어야 하는가?"). 이런 점에서 이것은 흥미로운 부분이다. "그러나 다음날 아침 그녀는 분노한 훈족에게 스스로를 내어주며, 그 결과 순교의 월계관을 받게 되었다"(81).

90) Ibid., 86.

러난다. 그리스도인에게 순종은 죽기까지 복종하는 것이며, 이러한 순종은 그리스도인의 삶의 모델이 된다. 그리스도의 죽음은 그리스도인의 사랑과 신실한 증언을 보여주는 이상적인 모델이 된다.

지옥으로 내려가신 그리스도에 대한 신학이 발전하기는 했지만, 그것이 순교와 십자가를 연결하는 신학적 설명을 바꿀 정도로 영향력 있는 것은 아니었다. 지옥을 삼위일체적으로 해석하게 하는 그리스도 중심주의(christocentrism)의 강한 영향으로 인해, 성자의 모습을 모방하는 것이 발타자르와 스페이어에게는 신실한 그리스도인의 삶을 설명하는 근거가 되었다. 십자가에서의 죽음 이후, 성자는 지옥 심연에서 죽은 채로 있다. 지옥에서 발타자르와 스페이어의 시선은 성자를 응시한다. 그리스도가 지옥으로 내려가신 사건을 생각해 볼 때, 증언으로의 부르심은 그리스도의 고통에 참여하라는 부르심이다. 고통에 참여하라는 이 강력한 부르심은 우리가 극단적인 방법으로 그리스도의 고통에 참여할 것을 요구한다. 어떤 이들은 이러한 고통에 동참할 수 있게 되지만, 아주 적은 수의 사람들만이 이 고통에 들어갈 수 있다는 사실은 점점 더 분명해진다. 그래서 교회는 지옥에서의 하느님 구원의 신비를 어렴풋이 보여주는 스페이어와 같은 경건한 이들의 은사를 수용하고, 멀찌감치 그들을 따르게 된다.

발타자르와 스페이어는 성금요일에서 성토요일로 눈을 돌리고, 구원이 성토요일에 독특한 방식으로 이야기되고 있다고 주장한다. 그러나 그들이 지옥에 내려가신 그리스도를 설명하는 방식은 여전히 순종과 자기희생으로서의 십자가 중심(a cross-centered)의 증언 모델의 반복이며 더욱 강화된 형태다. 이런 점에서, 성토요일에 대한 그리스도인의 증언은 성금요일의 그것과 다를 바 없다.[91] 하지만 이런 나중의 시각 속에서 뭔가 다른 점도 드러난다. 발타자르와 스페이어가 묘사하는 지옥에서의 삼위일체 드라마에서 **성령**은 특별한 역할을 감당한다. 그들의 성토요일 묘사에서 성령은 아주 조금 밖에 언급되지 않지만, 성부와 성자의 연결이 가장 약해져 있는 그 때, 성령은 그 둘 사이의 사랑을 공고히 한다. 죽음과 삶 사이의 틈에서, 성령은 삼위일체 하느님이 성부와 성자로 나뉘지 않았음을 확증한다. 발타자르에게는 성령이 당시에 다른 신학자들이 위태롭게 만든 하느님 개념을 공고히 했다. 당시의 십자가 신학이 가진 위험을 피하기 위해서 성령의 역할은 아주 중요하다. 우리는 성령을 이야기함으로써 하느님의 본성을 위태롭게 하지 않으면서도 하느님께 버림받는 일을 이야기할 수 있다. 아우구스티누스의 표현대로, 성령은 성부와 성자를 잇는 "사랑의 끈"(the bond of love)으로 표현된다. 비록 발타자르가 성령을 자주 언급하지는 않지만, 성령의 현존은 다른 신학적 관점을 가진 이들을 반박하는 데 중요한 역할을 한다. 성령이 현존하기 때문에 발타자르는 그리스도가 지옥에 내려가신 사건이 하느님의 비극이 되지 않게 하면서도, "하느님이 죽으셨다"는 주장에 힘을 실을 수 있다.

그는 지옥 심연에는 성부와 성자 사이에 깊은 구렁(a chasm)이 놓여 있다고 이미지화하면서, 성령이 그 둘 사이를 연결하는 다리라고 말한다. 성령은 갈라질 위기에 놓인 성부와 성자의 관계를 다시 붙잡아 두는 역할을 한다. 성령은 하느님의 관계가 가장 심각하게 위협받

---

91) 사실 여기에 참여할 수 있는 사람은 신비적 경험으로 독특하게 부르심을 받은 이들뿐이다. 비록 발타자르가 은사는 공유되며 보다 많은 교회를 섬기기 위한 것이라고 주장했음에도 불구하고, 발타자르의 해석 속에서 그리스도교의 증언이 협소해지는 것은 분명하다. 아드리엔이 성토요일의 증언 모델이 될수록, 그들이 이 증언을 보다 일반적으로 해석할 수 있는 가능성은 더 줄어든다.

는 곳에서 그 관계를 확보한다. 발타자르도 아우구스티누스처럼 성령을 성부와 성자를 잇는 사랑의 끈으로 묘사한다. 하지만 발타자르의 신학 속에서 성령은 다른 방식으로도 일한다. 발타자르는 종종 성령을 성부-성자 관계의 '가장 커다란 열매'로 주목하곤 한다. 발타자르는, 사랑이 그저 둘을 하나로 묶는 데 국한되지 않고 그 관계 너머로 확장되듯이, 성령이 보다 독립적인 역할을 감당한다고 암시한다. 하지만 지옥의 심연까지 확장된 이 사랑은 승리하는 사랑(triumphant love)이 아니다. 그것은 발타자르가 『세상의 마음』에서 이야기한 것처럼, 지옥의 혼돈을 헤치고 길을 만들어 내는 기진맥진한 사랑(weary love)이다. 발타자르가 성토요일의 성령론에 대해 별로 말하지 않았기 때문에, 사랑의 끈을 붙잡는 성령과 죽음의 상처에서 나타난 열매를 그가 어떻게 조화시켰는지 정확히 알기는 어렵다. 나는 발타자르가 신학적인 논쟁을 고려해 정통적인 삼위일체 교리에서 벗어나지 않게 성령을 묘사했다고 본다. 사랑의 끈을 붙잡는 성령은 삼위일체가 분리되지 않음을 확증하고, 하느님이 죽는다 하더라도 그 죽음이 비극적이지 않음을 확증한다. 어떻게 보면, 비극과 승리 사이에서 성령은 없어서는 안 될 연결고리다. 발타자르의 성령 신학이 독특하고 다소 정통적이지 않은 방향을 향하고 있기도 하지만, 여기서는 그렇지 않다.92) 사랑의 끈을 공고히 하는 성령을 이야기하는 한, 보다 독특하고 역동적인 성토요일의 성령 개념이 드러나기는 어렵다.

나는 발타자르가 지옥에서의 성령을 이야기할 때 사용하는 다리라는 이미지를 다시 언급하고자 한다.93) 하지만 내가 이 다리를 다시

---

92) 정통적이지 않은 발타자르의 성령 신학을 좀 더 살펴보려면 다음을 보라. John Sachs, "The Pneumatology and Christian Spirituality of Hans Urs von Balthasar"(PhD diss., Eberhard Karls Universitaet Tuebingen, 1984).

이야기하는 것은 성령이라는 다리가 지옥으로 내려가신 사건에 대한 보다 틀에 박힌 진술이 말하는 것보다 그렇게 튼튼한 것이 아닐지도 모른다는 생각 때문이다. 나는 이 장 첫 부분에 언급했던 “우리는 아무런 길도 없는 곳을 걸었습니다”라는 발타자르의 성토요일 설교를 통해 다리라는 이미지를 살펴볼 것이다.[94] 발타자르는 이 설교에서 죽음과 부활 사이에 끈질기게 계속되는 것이 무엇인지를 묻는 질문과 직면한다. 성령은 이 사랑 이야기가 비극이 되지 않게 만드는 안전한 다리이다. 하지만 『세상의 마음』에 나타난 이미지를 생각해 볼 때, 과연 성령은 아무런 길도 없는 지옥의 암흑을 뚫고 길을 만드는 기진맥진한 사랑이 될 수 있을까?

중간의 성령을 향하여

발타자르는 그 설교를 시작하면서, 죽은 뒤에 기적처럼 다시 나타난 친구를 상상해 보라고 한다. 우리는 그 친구의 마지막 숨소리를 들었고, 그가 죽는 것을 보았으며, 땅 속으로 내려진 친구의 관을 보았다. 그리고… 발타자르는 말을 이어간다. “집으로 돌아간 우리는 방향감각을 잃고 거반 죽은 파리들처럼 기어 다닙니다. 마치 현재가

---

93) 피트스틱(Pitstick)은 다리라는 이미지가 가장 중요한 은유라고 이야기한다. “지금 내가 다루는 이야기의 근간이 되는 발타자르의 구원론에서, 발타자르는 성령의 임재와 성령의 역할에 대해 분명하게 이야기하지 않는다. 대개의 경우 발타자르는 성령의 현존을 ‘떨어져 있는’ 성자와 성부 사이를 잇는 ‘다리’라고 이야기한다. 또, 발타자르는 이것을 성자와 성부 사이의 사랑의 ‘끈’ 혹은 사랑의 ‘봉인’이라고 이야기하기도 한다. 다른 곳에서는 성령이 성자와 성부 둘 다를 일컫는 ‘우리’라고 이야기하기도 한다. 이 때 ‘우리’는 성자와 성령을 이야기할 때 발타자르가 사용하는 용어들과 관련된 은유들을 통합한 개념은 아니다.

94) *You Crown the Year with Your Goodness* 라는 설교 모음에서 이것을 부활절 설교로 분류하지만, 설교의 중점은 성토요일에 있다.

과거 속에 푹 잠겨 있는 존재처럼, 마치 넓은 파이프 속으로 미래가 휑하니 쓸려 내려간 존재처럼 말입니다."[95] 다음날 갑자기 그 친구가 우리 앞에 나타난다면, 우리 이성의 한계는 무너져 내릴 것이다. 이런 상상 속에서, 우리는 죽음의 힘, 죽음의 완결성, 그리고 죽음의 순간이 지난 이후에도 계속되는 삶이 어떤 의미인지 묻게 된다. 우리에게 나타난 그 친구는, 우리와 이야기를 나누면서 자기 몸에 남은 흔적을 보여준다. 우리가 보는 이 장면은 어떤 친구의 죽음과 재등장이 아니다. 이 실체, 이 친구, 이 죽은 사람은 바로 예수다. 하느님의 말씀인 로고스가 우리 앞에 서 있다. 예수 안에서, 우리는 기이하게 **죽음 이후에** 계속되는 삶을 바라보는 실재보다 더 많은 것들과 직면한다. 이제껏 유례가 없었던 그의 재등장에 우리는 어쩔 수 없이 죽음의 상처를 **통해** 삶을 보게 된다. "돌아온 그는, 이제 자신의 상처를 보여줍니다. 벌어진 상처는 우리로 하여금 과거의 일부인 상처 그 자체를 통해 보게 합니다. 또 이것은 뭐가 뭔지, 지금, 우리가 분명히 볼 수 있게 하며, 앞으로 이루어질 것이 무엇인지 보게 합니다."[96]

죽음의 상처는 우리 삶을 해석하는 렌즈가 된다. 우리는 예수 안에서 우리의 궁극적 운명을 알려주는 계시와 직면한다. 발타자르는 인류 역사가 "실제로 또한 상징적으로 인간 예수 그리스도의 역사적 운명 안에 있다"고 말한다.[97] 발타자르는 청중들로 하여금 이 새로운 현실에 직면하게 한다. 그리스도교 신앙의 신비 경험이 바로 여기 있다. 우리는 이런 신비를 따라 살아가며, 죽음 이후를 살아가는 것은 기이하게도 우리 삶의 시작이 된다. 발타자르는 말한다. "그러나

95) Balthasar, *You Crown the Year*, 87.
96) Ibid., 89.
97) Ibid.

죽은 자들**로부터** 부활하신 인간 예수 그리스도는 첫 열매이시고, 하느님으로부터 나오셨으며, 새롭고 영원하십니다. 죽음의 이면에서 예수는 영생의 삶을 시작하셨습니다."[98] 죽음은 하나의 시작이다. 그리스도교 신앙은 이렇게 낯선 시작이라는 신비 속을 살아가는 일과 밀접하게 연결된다.

"이것은 우리에게 결정적인 질문을 던집니다." 설교를 멈추고 발타자르가 묻는다. "성토요일, 도대체 무슨 일이 일어났을까요?" 그는 다음과 같이 말을 이어간다. "옛 찬양이 이야기하는(헤겔과 니체도 이야기하는) '하느님은 죽었는가?'라고 묻는 바로 이 날, 이 날은 어떤 날입니까?"[99] 성토요일에 대한 질문은 죽음과 삶 사이의 관계를 어떻게 이해하는지를 묻고 있다. 장례식 이후 묘지에서 집으로 돌아가 고통에 몸부림치는 그 때, 앞날이 보이지 않는 그 때, 과연 삶은 어떤 의미를 가지는가? 삶의 의미는 죽었다. 희망도 죽었고, 사랑도 죽었다. 이것은 『세상의 마음』에 나타난 성토요일의 모습과 일맥상통한다. 죽음은 곧 마지막이다. 우리가 경험하는 죽음은 삶으로 연결되지도 않고, 큰 계획 속에서 잠시 멈추는 것도 아니다. 성토요일의 수수께끼는 죽음에서 삶의 모습이 나타난다는 것이다. 발타자르는 일련의 부정의 과정을 거쳐 이 날의 의미를 계속해서 되물었다. 삶의 의미가 희미해질 때, 세상의 이치가 무력해질 때, 혹은 어떤 합리적 사고가 불가능할 때, 이 날은 "단지 하루가" 아니라고, "아닙니다"라고 그는 단언한다. "이 날에 세상의 의미는 죽었고 묻혔으며, 이 때 생긴 틈새를 잇는 다리가 놓일 희망도 없습니다. 이 죽음으로 생겨난

98) Ibid.
99) Ibid., 90.

골짜기를 메울 수 있는 어떤 희망도 없습니다."[100]

성토요일은 이런 철저한 끝을 직면하고, 그 뒤에 남은 것을 직면하는 일과 관련이 있다. 발타자르는 성토요일을 설교하는 일은 인간이 경험하는 죽음이라는 강력한 실재를 설교하는 것임을 보여준다. 죽음은 다시 열릴 희망이 전혀 없이 닫힌 상태다. 죽은 예수가 죽은 이들과 함께 지옥으로 내려가심으로써 죽음이 곧 전적인 끝이라는 사실이 드러났다. 그러나 발타자르는 여기에 전적인 시작이 함께 있다고 이야기한다. 발타자르는 성토요일의 모습이 아닌 것들을 이야기함으로써, 지옥 심연에서 나타나는 엄청난 혼란을 강조한다. 모든 희망이 사라졌다. 성토요일을 넘어서 상상할 수 있는 것은 없다. 신학적 논리는 이런 극단적인 끝과 타협하지 않는다. 신학적 논리는 언제나 이런 극단적인 끝의 주변만을 다룰 뿐, 그 자체를 다루지 않는다. 발타자르는 묻는다. "죽음과 부활 사이에 집요하게 계속되는 것은 무엇인가요?"[101] 특정 범주의 신학 논리로는 이 질문에 답할 수 없다. 철저한 종결과 신비적 시작이라는 두 개의 강렬한 실재 중간에 끈질기게 계속되는 것은 무엇인가? 발타자르는 그 둘 사이에서 수사학적으로 움직인다.

발타자르는 "*Logos tou staurou*—예수 그리스도, 십자가에 달리신 그분"이라고 선포한다.[102] 발타자르는 십자가에 달리신 이가 지

---

100) Ibid.

101) Ibid.

102) 발타자르는 말한다. "그리고 그럼에도 이것은 *Logos tou staurou* 라고 불리는 십자가의 말씀이자 이치다. 이것은 코린토인들에게 보낸 편지에서 세상의 지혜를 포기한 바울과 하느님의 지혜가 이야기하는 바다. 왜냐하면 하느님께서는 직접 '지혜롭다는 자들의 지혜를 없애 버리고 똑똑하다는 자들의 식견을 물리치십니다 … 지혜로운 자가 어디 있고 학자가 어디 있습니까? 이 세상의 이론가가 어디 있습니까? … 나는 여러분과 함께 지내는 동안 예수 그리스도, 특

옥을 지나 걸어가시는 모습을 보여준다. 십자가에 달리신 이는 자기 상처를 통해 세상을 우리에게 보여주시고, 죽음 이후의 공간에 계속 남아 계신다. 한편에서 보면, 이것은 지극히 전통적인 그리스도교 변증의 뒤를 따른다: 예수는 죄 많은 인간과 하느님 사이의 중재자이자 매개자다. 발타자르의 그리스도 중심주의를 고려하면, 예수가 천국과 지옥 사이의 구렁에 다리를 놓은 것으로 해석할 수 있다. 예수는 영원한 파멸과 영원한 생명 사이에 놓인 구원의 다리(the salvific bridge)다. 그러나 발타자르가 다른 곳에서 묘사하는 것처럼, 십자가에 달린 이 분은 지옥에서 죽음과 삶을 승리로 연결하는 존재가 되지는 않을 것이다. 지옥이라는, 시간을 초월한 눈에 띄지 않는 영역에서 죽어가는 것과 살아나는 것을 연결하는 분은 그리스도시다: "그는 길 없는 길을 따라 걸어가는 바로 그 사람이다. 그는 발자취를 남기지도 않고, 출구도, 시간도, 존재도 없는 지옥을 통과해 간다."[103] 발타자르는 지옥에서의 예수를 묘사하면서 예수가 길이요, 진리요, 생명이라는 각각의 실재의 의미를 변화시킨다. 길, 진리, 생명. 길 없음, 말 없음, 출구 없음. 이것은 하느님의 연약한 모습(a fragile picture)이다.

이 시점에서 발타자르는 설교를 끝맺는 이미지로 눈을 돌린다. 그가 말한다. "그리고 이제, 그 갈라진 틈새 위에 놓인 다리 같은 어떤 것이 **있습니다**."[104] 지옥의 심연 위에는 따라오는 이들이 건널 수 있도록 "대강 지어진 다리"가 있다.[105] 우리는 이 내러티브 안으로

히 십자가에 달리신 그리스도 외에는 아무것도 생각하지 않기로 했습니다'" (ibid., 91).

103) Ibid.

104) Ibid.

105) Ibid.

삽입된다. 우리는 이 친구가 죽는 것을 지켜보았다. 우리는 마지막을 경험했다. 그러나 우리는 지옥의 길을 걸어가지도 않았고, 출구 없는 심연에 갇히지도 않았다. 우리 남아 있는 증인들은 지옥 심연 위에 매달려 있는 다리를 건너간다. 여기에서 '갈라진 틈새'라는 발타자르의 표현이 중요하다. 성토요일은 균열, 단절, 쪼개짐이다. 지옥에서 일어나는 사건들은 죽음과 삶이 조화될 수 없다고 못을 박는다. 죽음 이후의 삶을 생각할 수 없다는 것이 성토요일의 냉혹한 현실이다. 한편에는 하느님께 버림받은 죽음이 있고, 다른 한편에는 영원한 삶이 있다. 우리에게는 한쪽에서 다른 쪽으로 건너갈 방법이 필요하다. 그러나 성토요일은 그 둘 사이에 다리를 놓는 것이 불가능함을 선언한다. 인간의 논리로는 그런 다리를 생각할 수도 없고, 놓을 수도 없다. 지옥으로 내려가는 일은 쉽게 회복될 수 없는 구렁을 만들어낸다. 발타자르는 이 구렁을 건널 수단을 설명할 때 주저한다: 그것은 다리 **같은 것**이고, **대강 지어진 것**이며, 가늘게 연결된 실(thread)이다. 발타자르의 표현은 지옥 구렁 위를 가로지르는 길의 연약함(fragility)을 반영한다. 그렇다면 무엇이 지독한 죽음과 영원한 삶 사이에 놓인 구렁을 이겨낼 수 있을까? 죽음과 지옥의 힘에 맞서 살아남을 수 있는 길은 어떤 것일까? 어떤 것이 이 공간에 남았을까? 발타자르는 성령을 통해서만 불가능을 통과하는 길이 개념화될 수 있음을 시사한다. 그는 우리에게 다음과 같은 역설을 통해 표현한다: 이 구렁에 다리를 놓는 주체는 성령이지만, 성령이 그 다리 자체는 아니다.

발타자르는 교회의 믿음, 막달라 마리아의 믿음, 그리고 무덤에서 깨어 기도하는 이들의 기도에 의해 이 다리가 지탱된다고 강조한다. 그러나 이런 버팀목들이 도움이 된다고 해서, 이것으로 다리가 놓여지는 것은 아니다. **그가** 다리를 놓는다. 발타자르는 자기 글에서 누가 '그'인지 정확히 말하지 않는다. 아마도 하느님이 심연을 건너는 길을 만드신다고 보는 것이 타당할 것이다. 심연을 건너는 이 길은 성자다. 발타자르는 예수가 "파멸과 소생을 연결하는 실"[106]이라고 선언한다. 그는 다음과 같은 이미지를 통해 표현한다: 이것은 마치 지옥을 가로지르는 예수의 발자취가 들어 올려져 성금요일과 부활주일을 잇는 다리의 뼈대가 된 것과 같다. 그러나 우리는 발타자르의 문장 전체를 보는 것이 중요하다: "맞습니다. 그[성자]는 우리가 찾고 있던 연속성이고, 죽음과 지옥 속에서도 끊어지지 않은, 파멸과 소생을 연결하는 한 가닥의 실입니다."[107] 예수는 지옥의 길을 걸었고, 그 결과 그는 우리가 딛고 걸어갈 길이 되었다. 하지만 발타자르가 말하는 것은 견고한 다리가 아니다. 파멸과 소생을 잇는 한 가닥 실은 사람들이 건널 만큼 질기지 않다. 실은 약하고, 쉽게 끊어진다. 하지만 이 실은 죽음(성금요일)과 지옥(성토요일)이 가진 무시무시한 힘을 버텨낼 수 있다는 점에서 특별하다. 우리는 은총, 믿음, 기도가 이 실의 둘레에 함께 엮어져 튼튼해진 이 실이 사람들이 건너가도록 굳게 버티는 모습을 상상해 볼 수 있다.

그러나 여기서 언급되지 않은 협력자(partner)가 있는데, 그는 바로 성령이다. 하느님의 신성 안에서 성령은 파멸과 소생을 연결한다. 하느님의 신성 안에 있는 사랑의 다리인 성령이 발타자르의 다리 이야기에 함축되어 있다. 사랑의 다리가 가장 약해질 때 성령이 그 다리를 지탱하기 때문에, 지옥에서 그 한 가닥 실은 끊어지지 않는다. 발

106) Ibid.
107) Ibid.

타자르가 표현한대로, “그들의 성령이 둘 다 구렁을 연결하기” 때문에 무엇인가가 지옥이라는 갈라진 구렁을 건너는 길을 만든다.[108] 성자 혼자만 다리가 되는 것이 아니다. 발타자르의 이 글을 『하느님-드라마』(*Theo-Drama*) 속 구원론과 연결시켜 보면, 우리는 이 다리가 전적으로 성자도 아니고, 전적으로 성령도 아니며, 그 둘의 낯선 조합(combination)이라는 사실을 알게 된다. 다시 말하면, 죽은 이와 그의 상처에서 똑똑 흐르는 연약한 사랑의 조합이다.

설교가 진행되면서 다리의 상태에 대한 의문은 더 깊어진다. 실제로 사람들이 그 다리를 건너가는가? 이런 여정이 성공하는가? 그리스도를 믿는 이들이 무사히 맞은편으로 건너가는가? “길이 아닌 길”[109]을 따라 걷는 예수의 기묘한 모습을 보여준 것처럼, 발타자르는 다리를 건너는 신앙인들의 난해한 길도 보여준다. 그는 이런 다리와 여정을 마음속에 그리지만, 설교 결론에 이를 무렵 이 두 가지는 모두 철저히 와해되고 만다. 발타자르는 그 다리가 실재하는지 물을 뿐 아니라(“이제 이 갈라진 틈새 위에 놓인 다리 같은 어떤 것이 있습니다.”[110]), 이 여정을 철저하게 방해하는 어떤 것을 시사하는 듯하다. 당연하게도, 발타자르는 이 여정 자체에 대해 말하기 위한 논리적 타당성의 부족을 다시 언급한다. 발타자르는 이렇게 말한다. “이제 우리는 높은 위치에서 조망하듯 두 측면을 비교할 수 있습니다. 특정한 논리나 사고, 혹은 특정한 방법을 사용하더라도 우리가 어느 정도 합리적이고 논리적인 범위 안에서 그 둘을 함께 논의하는 것은 불가능합니다.”[111] 이 공간에서 인간의 논리적 사고는 멈추게 된다.

108) Balthasar, *Theo-Drama* 4: *The Action,* 324.
109) Balthasar, *You Crown the Year,* 91.
110) Ibid.

결국 발타자르는 우리에게 어리석은 행동을 제안한다. 즉 우리가 한 가닥 실 위를 걸어 지옥의 구렁을 건너야 한다는 것이다. 우리는 이 실이 우리 발을 지탱해 줄 것이라는 이미지를 반드시 신뢰해야 한다. 이 이미지는 어떤 논리 체계도 깨뜨리는 것이지만, 독자는 이런 논리적 약점을 잠시 동안 무시함으로써 발타자르의 은유가 무너지는 것을 대비하게 된다.

따르는 이들은 다리 위로 한 걸음 내딛으며, 그들 스스로 건너갈 수 있다고 믿는다. 그러나 발타자르는 하느님께 버림받은 자리에서 영원한 삶으로 이어지는 길을 순탄하게 묘사하지 않는다. 그 여정은 우리의 상상과는 매우 다르다.

> 우리는 그가 놓은 다리를 건넙니다. 이 사실을 알기에 그를 신뢰하는 것 이외에 다른 대안은 없습니다. 그의 은혜로 우리는 그 절대적인 심연을 피했습니다. 그러나 우리가 다리를 건널 때, 사실 우리는 모든 변화에서 가장 중요한 다리 옆을 나란히 걷고 있습니다. 죽은 우리가 부활한 자들이 되기 위해, 우리는 이 상황을 관찰하기보다는 그 안으로 이끌려 들어가 사로잡히게 됩니다.[112]

우리를 위한 다리가 놓였지만, 놀랍게도 우리는 이 다리를 건너지 않는다. 발타자르는 우리가 심연을 건너려고 앞으로 나아갈 때 변화가 일어나고, 문득 우리는 다리 위가 아니라 다리 옆을 나란히 걷고 있음을 깨닫게 된다고 말한다. 다리는 더 이상 우리를 지탱하지

111) Ibid.
112) Ibid.

않고, 우리는 다리 바로 옆을 걸어간다. 여기서 우리는 "우리는 무엇 위를 걷는 걸까?"라는 당연한 질문을 하게 된다. 우리 발을 떠받치는 것 없이도 우리는 기적처럼 지옥 심연 위를 걷는 것처럼 보인다. 죽음에서 삶으로의 변화(transformation)는 다리라는 은유로 간단히 설명될 수 없다. 발타자르는 성금요일에서 부활주일까지의 여정을 묘사하지만, 성토요일에 일어난 일을 논리적으로 만족할 만하게 설명하는 것이 불가능하다는 스스로의 충고를 잊지 않는다. 죽음에서 삶으로의 변화는 다리라는 그 은유를 폭파시킨다. 성금요일에서 부활주일로 향하는 여정은 사실 다리 옆을 걷는 여정이다. 여기서 일어나는 변화는 우리를 다리에서 내려오게 함으로써 더 이상 우리 발을 떠받치는 것이 없게 만든다. 우리가 맞은편으로 건너갈 수 있을지도 불확실하다. 다리는 실체로 보이지도 않고, 효과적으로 보이지도 않는다. 그 변화는 여기에서 저기로 가는 단순한 여정이 아니다.

성토요일은 지옥을 통과하는 여정이며, 우리는 이 여정을 추적할 수 없다. 발타자르는 우리가 그 심연에서 목숨은 건진다고 말한다. 그러나 우리가 지옥 심연으로 떨어지지 않도록 떠받치는 길은 우리 발밑에서 잡아당겨 빼내는 어떤 깔개와도 같이 갑자기 사라진다. 우리는 심연으로 떨어지지 않는다. 혹시 우리가 떨어지는가? 심연 그 자체의 변화는 존재하는가? 성부와 성자 사이의 연결, 하느님과 인간 사이의 연결이 다리라는 은유에 포함될 수 있을까? 나는 성령이 이런 은유를 **초월한다**고 본다. 성토요일에 일어나는 변화, 즉 죽음에서 삶으로의 변화는 무엇일까? 다리라는 은유는 이 변화가 무엇인지에 대한 그림을 제공한다. 또한 우리가 이 은유에 의문을 가지면, 우리는 다른 그림을 보게 된다. 발타자르가 다리라는 은유를 이야기할 때,

우리는 두 지점을 수평으로 연결하는 다리를 상상한다. 그러나 우리가 이 은유를 넘어서려고 할 때, 발타자르의 표현은 다른 것을 제시한다. 다리라는 이미지는 완전히 개념적인 것이지만, 발타자르는 보다 폭넓은 묘사를 통해 이런 이미지에 문제를 제기한다.

발타자르는 협곡을 가로지르는 현수교의 이미지를 보여주었지만, 다리의 은유를 해체하면서 그는 다른 이미지를 가리킨다. 깊은 구렁에서 끊어지기 쉬운 실 한 가닥이 나타난다. 이 실은 죽음과 지옥이라는 심연에서 벗어나는 길을 스스로 만들어간다. 마침내 이 구렁에서 벗어나는 길이 만들어진다. 다리라는 수평적인 이미지는 수직적인 이미지로 대체된다. 발타자르가 성토요일에 주목하면서 우리가 알던 부활의 모습은 달라진다. 우리의 '새 삶'—우리의 시작—은 승리한 모습으로 지옥에서 올라오는 것이 아니라, 지옥에서 완전한 죽음과 소외를 경험하는 것이다. 부활이란 죽음에서 벗어나기 시작하는 것이다. 발타자르가 의도한 바는 아니겠지만, 그는 우리가 알던 구원의 그림을 바꾸는 것이 아닐까? 결국 우리가 지옥 구렁 위를 다니는 것으로 묘사되는 구원은 잘못된 것일까? 어쩌면 우리는 심연에서 목숨을 건지기보다, 그곳으로 뛰어들게 될지도 모른다. 그렇기 때문에 우리는 지옥에서 벗어나 부활한 자가 되기 위해, 죽음 끝에 자리한 혼란스럽고 깨어진 공간 밖으로 옮겨져야 한다. 우리의 시작점은 죽음과 지옥이라는 극도로 혼란스러운 공간이다.

발타자르는 그의 설교에서 이런 변화(transformation)를 설명하지 않는다. 그에게 이것은 늘 신비로 남아 있다. 하지만 발타자르는 우리가 이런 변화로 이끌려 들어갈 때 그 흔적을 지니게 된다고 말한다. 발타자르의 마지막 설명은 축도의 형태를 띤다.

야누스 같은 우리의 운명 속에서 이런 변화의 징조를 발견하게 하소서. 알 수 없이 끝이 난 몸부림들, 알 수 없이 은혜로 부활하게 된 우리의 몸부림들마다 그 변화의 흔적이 새겨지게 하소서. 그들의 두 얼굴은 결코 만날 수도, 서로를 바라볼 수도 없습니다. 지옥 구렁을 가로지르는 밧줄이 너무 짧기에, 우리는 둘을 연결시킬 수도 없습니다. 그런 까닭에 우리는 이것을 하느님 손에 맡길 수밖에 없습니다. 오직 하느님의 손가락만이 우리의 끼어진 조각들을 맞추어 온전한 모양을 이룰 것입니다.113)

발타자르는 죽음과 부활의 신비를, 그리고 죽음과 부활이 어떻게 연결되는지를 마지막까지 계속해서 말한다. 우리는 죽음과 부활이라는 인간 경험의 두 측면이 서로 어떻게 연결되는지 이해하지 못한다. 친구의 죽음과 갑작스런 재등장(발타자르가 서두에 언급한 이야기)은 우리로 하여금 죽음과 부활의 근본적인 차이를 직면케 한다. 이러한 상실—죽음—은 완전한 끝으로 경험된다. 하지만 이 친구의 부활은 죽음이라는 실재를 지워버리지 않으면서도 놀랍도록 새롭다. 우리는 둘 사이의 연결을 이해할 수 없지만(그리고 다리의 은유는 둘 사이의 연결을 기정사실로 여기지만), 우리의 실존과 행위는 그 연결의 영향을 받는다. 발타자르는 우리의 경험이 두 얼굴을 가진다고 이야기한다. 하나는 죽음의 얼굴이요, 다른 하나는 부활의 얼굴이다. 야누스라는 이미지는 이 두 실체가 하나로 묶여 있음을 암시한다. 둘은 서로 다른 방향을 보고 있지만 어떤 면에서는 서로 연결되어 있다.

연결되어 **있기도** 하고, 그렇지 **않기도** 하다. 이것이 끊어지기 쉬운

113) Ibid., 92.

그 한 가닥 실의 또 다른 모습일까? 발타자르는 성금요일에서 부활 주일로 가는 기적적인 변화를 이야기할 때, 그 중간이라는 불가사의 한 이미지를 통해 호소한다. 양쪽 끝의 사이에서 길을 만드는 어떤 존재가 있는데, 이렇게 만들어진 길로 인해 양쪽 끝 모두는 사라진다. 발타자르는 하느님께 버림받은 상태에서 영원한 생명으로 가는 지름길은 존재하지 않으며, 그렇기 때문에 그 중간이라는 공간을 지나야 된다고 본다. 그에게 변화란 그 둘 사이를 성령이 신비롭게 연결하는 것이다.[114] 하지만 이 연결은 그 중간에 위치한 성토요일에 드러나기 때문에 신비로운 것 그 이상이다. 죽음과 삶 사이에 연결이 존재할까? 발타자르는 그렇다고 대답한다. 하지만 그가 설교를 통해 보여준 연결은 우리가 그동안 알고 있던 사물 사이의 연결이라는 개념에 의문을 제기한다. 연결이 불가능해 보이는 극단적인 두 실재 속에서 무엇인가 나타나고, 그것은 집요하게 지속된다. 성령은 단순히 둘을 잇는 끈이 아니다. 발타자르가 제시한 이미지는 성령에 대해 다르게 이야기한다.

양극단을 온전히 연결하는 한 가닥의 실이라는 이미지 대신에, 발타자르는 그 구렁 사이를 이을 수 없는 짧은 밧줄이라는 이미지를 도입한다. 구렁은 너무 넓고, 밧줄은 너무 짧다. 연결은 명백히 불가능하다. 맞은편으로 건너갈 수 있는 다리는 존재하지 않는다. 우리는 발타자르에게 물을 수 있다. "어떻게 이것이 비극이 아닐 수 있는가?" 발타자르는 지옥 심연으로부터의 그리스도의 구출과 모든 인류를 구원하는 그리스도의 기적을 보여준 뒤에, 또 우리가 애타게 기다리던 연결이 그리스도라고 천명한 다음에,[115] 그것들에 문제를 제기

114) Balthasar, *Theo-Drama* 5: *The Last Act,* 261-64.

한다. 심연에서의 해방이나 연결은 존재하지 않는다. 다만 깨지고, 끊어지고, 이을 수 없는 현실만이 존재한다. 이것을 시작으로 발타자르는 말한다. "우리는 그것[밧줄]을 하느님 손에 건네 드려야 한다."[116] 우리는 짧은 밧줄을 하느님 손에 올려놓는다. 이것이 바로 부활의 이미지이다. 이것은 새로운 삶이라는 승리가 아니라, 새로운 시작이 불가능한 현실을 출발점으로 삼는 필사적인 몸부림의 이미지이다.

첫 번째 그림은 죽음에서 삶으로 건너가는 한 가닥 실과 그 위를 걷는 이들의 모습이다. 두 번째 그림은 죽음과 삶을 잇지 못하는 짧은 밧줄의 모습이다. 우리는 구렁을 건널 수 없는, 방향을 잃고 낙담한 나그네들이다. 이 그림 안에는 죽음과 삶을 잇는 연결이 존재하지 않는다. 여기에서 밧줄 끝과 하느님의 손가락이 만나는 것은 사실상 불가능하다. 한 가닥 실, 밧줄은 소외된 심연(하느님 안에서의 멀어짐, 세상 죄로 인한 소외)에서 나오고, 하느님은 몸을 아래로 굽혀 그 한 가닥 실의 끝을 붙잡아 위로 끌어 올린다.

우리가 그 속으로 끌어올려지는 변화는 발타자르가 말한 다리의 은유의 연약함(fragility)을 요구한다. 발타자르는 변화 과정에서 일어나는 일을 설명하지 않는다. 하지만 죽음에서 삶으로 이어지는 직접적인 길을 명쾌히 설명하는 일은 분명히 불가능하다. 우리는 어떻게 구렁을 건널 수 있을지 알지 못하며, 발타자르는 **건너가는 여정**이란 이미지를 사실상 완전히 바꾸어 버린다. 그 대신에 발타자르는 삶과

115) "그는 길 없는 길로 걷는 이, 뒤에 발자국을 남기지 않고 출구도, 시간도, 존재도 없는 지옥을 통과해 걷는 이다. 위로부터 오는 기적으로 그는 엄청난 깊이의 지옥 심연에서 구출되고, 그와 함께 있는 아담 안의 형제들을 구원한다"(Balthasar, *You Crown the Year*, 91).

116) Ibid., 92.

죽음의 양극단이 만나는 교차점에서의 시작이라는 이야기를 제시한다. 우리는 지옥의 구렁–중간–에서 벗어나 기적적인 구원의 신비 속으로 끌어올려지며, 우리의 새로운 삶은 하느님께 버려진 죽음과 단절되기보다는 죽음의 흔적을 지니게 될 것이다. 『세상의 마음』에서 발타자르는 새로운 삶을 다음과 같이 묘사한다. "이제 당신의 모든 과거는 또렷이 기억나지 않는 꿈과 같으며, 새로운 공간에 걸려 있는 그림 속의 옛 세계와도 같다. 방금 전까지만 해도 당신은 하느님의 은총이 없는 눈물바다에 무릎을 꿇고 있었다. 당신이 알던 것이라고는 주님이 돌아가셨고, 당신이 함께 나누던 잔잔한 기쁨의 삶도 죽었다는 사실이 전부였다."117) 이 길은 발타자르가 성토요일 설교 앞부분에서 말했던 방향감각을 잃어버린 상태를 떠올리게 한다. 죽음의 여파 속에서 우리는 "방향감각을 잃어 거반 죽은 파리들"118)과 같다. 지옥 심연으로부터의 구출은 목숨을 건지는 것이 아니다. 그것은 죽음이라는 종국성(finality)의 경험으로부터 도망치는 것이 아니라, 우리가 지금 아는 것처럼, 이 죽음이 삶 속으로 끌어올려질 것을 알면서, 그 종국성의 경험으로부터 솟구치는 것이다.

트라우마라는 렌즈를 통해 보면, 죽음과 삶 사이의 성령을 다시 살펴보는 일은 매우 중요하다. 성령은 죽음과 삶 사이의 사랑을 확고히 하는 것이 아니라, 그 사이에 남은 것—끈질기게 계속되는 것—을 목격한다. 용광로에서 달구어지듯, 죽음을 통해 맺혀진 사랑의 열매인 이 성령은 더없이 위대한 중간의 성령(the middle Spirit)이다. 이러한 중간의 성령은 보거나 만지거나 느끼기 어려운 하느님 현존의 한

117) Balthasar, *Heart of the World*, 158.
118) Balthasar, *You Crown the Year*, 87.

형태를 증언함으로써, 사랑에 대한 전혀 새로운 이해를 제시한다. 성령은 우리가 죽음과 삶 사이에서 버티며 살아갈 수 있는 독특한 방법을 제시한다. 바로 언어와 몸의 깨어진 모습을 증언하는 것이다. 발타자르와 스페이어는 끈질기게 계속되는 것이 무엇인지에 대해 지나치게 그리스도론과 연결된 답을 제시하는데, 이로써 성령의 증언과 성령에 대한 증언은 생략된다. 사실 성령은 발타자르와 스페이어의 초기 증언 활동 속에서, 다시 말해 지옥이라는 버팀받은 영역이 무엇인지 명확히 규명하기 위한 시도 속에서 찾아낼 수 있다. 발타자르와 스페이어의 후기 신학에 나타나는 확실한 보호자로서의 성령은 그들 신학이 열어 보인 풍부한 신학적 풍경을 증언하지 못한다.

발타자르와 스페이어의 초기 신학에서 볼 수 있는 문학적이고 환상적인 측면은 남아 있는 것을 둘러싼 성령론을 가리킨다. 죽음과 삶이 만나는 아주 중요한 지점에서 몸과 언어는 다른 형태로 변형되고, 증인은 죽음에서 살아남은 자가 된다. 발타자르와 스페이어는 **승리한** 사랑의 이야기가 아니라 **살아남은** 사랑의 이야기를 증언한다. 그들이 초기 신학에서 보여 준 성토요일에 대한 복잡한 증언은 몸과 언어가 더욱 더 수수께끼 같아지는 영역, 하느님의 영과 인간의 영이 독특하게 표현되는 영역을 나타낸다. 발타자르가 『세상의 마음』에서 제시하는 이미지를 따라, 그들은 성령론적인 유산을 증언한다. 그곳에서 제자는 십자가 사건 이후의 영역에서 움직이는 것을 증언하려고 시도하며 묻는다. "이것이 모든 혈관이 터지고 낡은 세계가 소멸했을 때 마지막까지 쏟아져 나온 사랑, 이제 사랑 그 자체를 위해 아무것도 없는 암울함을 뚫고 성부를 향해 가는 길을 만들어가는 성자의 그 사랑이 남긴 유산이 될 수 있을까?"[119] 제자들이 확인할 수 있는 것처럼, 죽음에서 움직이는 것은 사랑이 남긴 지친 유산이며, 이것은 "이제껏 한 번도 존재하지 않았던 새 창조를 향해, 무기력하게, 멍한 채로, 힘겹게 졸졸 흘러간다"[120]고 발타자르는 우리에게 말한다. 발타자르는 지옥으로 내려가신 사건을 다루며 이야기했던 성령론을 넘어서 성령을 표현할 어휘를 여기에서 제시한다. 죽음과 삶 사이에서 승리한 모습이 아니라 지친 모습으로 살아남은 사랑, 즉 성령에 대한 증언이 있다.

『세상의 마음』에서 그 제자는 다른 방식으로 목격하고 증언하며, 다른 방식으로 죽음으로부터 나와 움직이는 것을 추적하며, 어떤 틀로도 파악할 수 없는 삶의 모습을 다른 방식으로 진술하며 남아 있다. 성토요일의 지친 사랑은 신학적으로 표현될 길을 찾는다. 이를 위해 나는 요한복음에 주목한다.

119) Balthasar, *Heart of the World*, 152.
120) Ibid.

3장

요한복음의 증언

> 예수에게 가서는 이미 숨을 거두신 것을 보고 다리를 꺾는 대신, 군인 하나가 창으로 그 옆구리를 찔렀다. 그러자 곧 거기에서 피와 물이 흘러 나왔다(요한 19:33-34).

요한복음에는 돌아가신 예수의 몸 주변에 이상하게도 살아있는 무언가가 존재한다. 다른 복음서들은 예수의 시신을 장사하기 위한 준비만을 묘사하는데 비해, 요한복음에는 이미 돌아가신 예수의 옆구리를 군인들이 창으로 찌르는 독특한 장면이 덧붙여졌다. 찔린 상처에서 죽음의 액체인 피가 흘러나온 것은 이상한 일이 아니지만, 거기에 물도 있었다는 것은 무엇인가 다른 일이 일어나고 있음을 시사한다. 요한복음에서 물은 생명과 연결되며, 결국 성령과도 연결된다. 요한복음 1장의 예수의 세례 장면과 3장의 니고데모와의 대화에도 물이 등장한다. "정말 잘 들어두어라. 물과 성령으로 새로 나지 않으면 아무도 하느님 나라에 들어갈 수 없다"(요한 3:5). 하지만 여기서 물은 죽음의 영역에서 나타난다. 죽음의 액체가 생명의 액체와 함께 섞여 있고, 이것은 독특한 증언이 나타나는 본문에 위치한다. 상처는 증언을 촉발한다: "이것은 자기 눈으로 직접 본 사람의 증언이다. 그러므로 이 증언은 참되며, 이 증언을 하는 사람은 자기 말이 틀림없는 사실이라는 것을 잘 알고 있다"(요한 19:35).[1]

이렇게 소멸되지 않은 생생한 상처와 이 상처에 대한 증언은 수난과 부활 사이, 죽음과 삶 사이를 목격하고 증언하는 것이 어떤 의미인지를 살피는 데 필요한 이미지가 된다.[2] 이 상처는 죽음의 어떤

---

1) 내가 요한복음을 선택하는 이유는 세 가지이다. 첫째, 요한복음의 풍부한 수사법과 이미지들은 이 책에서 내가 사용하는 해석 방법에 도움이 되며, 문학적 해석에 적합하다. 둘째, 성서학자들은 다른 복음서들에 비해 요한복음을 독특하게 여기며, 요한복음을 보다 영적인 복음서라고 이야기한다. 요한복음의 성령론은 영성을 물질세계와 분리된 것으로 보는 입장에 도전한다. 그렇기 때문에 요한복음의 성령론을 살펴보는 것은 중요하다. 내가 요한복음에 집중하는 세 번째 이유는 그 이름 속에 계속 남아 있는 난처함이다. 나는 '넘겨주는' 활동인 증언의 역동을 재구성하면서, 요한복음 그 자체가 요한복음의 이름 안에 계속적으로 남아 있는 신학적 주장에 의문을 제기할 수 있음을 시사한다. 요한복음의 '넘겨주기'는 생략으로 가득 차 있다. 해석의 역사 속에서 드러나는 요한복음을 둘러싼 반유대주의가 그러한 생략의 전형이다. 요한복음은 트라우마의 역사를 담고 있다. 그렇다면 내 해석은 어느 정도는 목격과 증언에 대한 지나치게 단순한 해석(선포와 모방)이 성서 언어가 가지는 수수께끼 같은 측면('그리스도론적 반복'/해석상의 왜곡)을 밋밋하게 만들어 왔던 방식에 대한 이야기이다. 내가 이 책에서 사용하는 해석 방식에 대한 통찰력을 위해서는 다음 책을 보라. Stephen D. Moore, *Literary Criticism and the Gospels: The Theoretical Challenge* (New Haven, CT: Yale University Press, 1989), 159-70. 이 책에서 저자는 다음과 같이 말한다. "요한복음에서 비유로 언급된 물과 문자 그대로의 물 사이의 차이점에 대한 나의 이해는 … 요한복음의 비유적 특성을 보다 철저하게 해석하는 관점이라면 드러냈을 만한 내용을 애매하게 묘사하는 것으로 나타나게 되었다(167). 죽음과 삶이라는 반대되는 두 실재에 대한 나의 해석은 첨예한 의견 대립을 보여 주는 것으로 이해될 수도 있다.

2) 발타자르의 *Heart of the World*는 요한복음에 대한 시적 감상으로 풍부한 주석이다. 요한복음 19:34의 생생한 상처는 지하 세계(지옥 심연)와 지상 세계(제자들이 예수의 심연을 목격하는 이 세상)에 대한 탐색을 시작하게 함으로써 성토요일을 탐구하는 장소를 제공한다. 또한 '트라우마'의 어원은 그리스어의 상처이다. 우리는 트라우마를 벌어진 채로 남아 있는 상처와 연결시켜 생각할 수 있다.

측면이 수난의 상처들 속에 봉인될 수 없다는 것과, 우리가 알아차리기 어렵지만 어떤 삶의 형태는 이 상처로부터 나타난다는 사실을 시사한다. 요한복음이 우리에게 보여 주는 증언의 풍경은, 죽음의 여파 속에서 삶을 이해하기 위해 몸부림치는 증인들의 모습이다. 요한복음은 이런 증언을 성령과 연결한다. 내가 이 책에서 말하려는 삶의 증언하는 형태는 수난이나 부활에 대한 신학적 해석으로는 만족스럽게 포착할 수 없다. 생생한 상처는 죽음의 여파 속에 남아서 증언하는 것이 의미하는 바를 독특한 방식으로 해석하게 한다. 또한 그것은 성령을 다른 방식으로 이해하게 만든다. 여기에서 성령은 성령강림절의 성령이 아니다. 이 성령은 죽음과 삶 사이에 끈질기게 버티고 있으면서, 남아 있는 이들의 말과 그들의 활동 속에서, 그리고 그들의 말과 활동을 통해 목격되고 증언되는 존재다.

이 장에서는 일련의 요한복음 본문들을 다루며, 이제까지 분명히 존재하기는 했지만 수난과 부활을 신학적으로 이해하는 데 거의 사용되지 않았던 증언의 성령론(a pneumatology of witness)을 발견하려 한다. 이를 위해 먼저 막달라 마리아와 애제자의 증언을 살펴볼 것이다. 그들은 수난과 부활을 목격한 주요한 증인으로 요한복음에 등장한다. 나는 1장에서 증인의 개념을 설명하면서 그들이 단순히 예수의 죽음에 대한 소식을 듣고 전하는 사람이 아님을 밝혔다. 증인들은 어떤 방법으로, 또 얼마나 분명하게 예수의 죽음 사건을 듣고 전달할까? 막달라 마리아와 애제자의 이야기가 보여 주는 바와 같이, 예수의 죽음을 전해 듣는 일은 단순하지 않을 뿐더러 직접적이지도 않다. 결과적으로 그들의 증언을 규정하는 것은 명확하고 전달 가능한 메시지가 아니라, 그들이 그 사건에 대해 온전히 알지 못했던 것—또한 알 수 없는 것—과의 만남이다. 그렇기 때문에 나는 트라우마라는 렌즈와 이 렌즈의 기이한 이중구조를 통해 그들의 이야기를 해석할 것이다.[3)]

나는 막달라 마리아와 애제자가 목격하고 증언한 이야기에 주목하는 한편, 좀 더 시야를 넓혀 요한복음 속 수난과 부활의 배경을 다루려고 한다. 그들의 증언은 죽음의 여파 속에서 목격하고 증언하는 힘겨운 모습을 우리에게 보여준다. 흐릿해진 삶과 죽음의 경계는 "죽음으로부터 새 삶이 나타난다"는 그리스도교의 핵심적이고도 익숙한 주장을 재평가하라고 우리를 촉구한다. 막달라 마리아와 애제자의 증언 이야기를 살펴보면, 우리는 죽음의 결과가 죽음 사건 속에 포함되지 않고 증언하는 이들에게 옮겨가는 중요한 순간을 포착하게 된다. 그들의 증언이라는 렌즈를 통해 보면, 죽음에서 삶으로 이어지는 길은 그리 평탄하지 않다. 그들 증언 속 난제들은 죽음과 삶의 관계가 보다 더 난해하다는 것을 증명하며 구원에 대한 익숙한 신학적 해석을 바꾸어 놓는다. 주변 본문의 맥락 속에서 막달라 마리아와 애제자의 증언은 일어난 사건이 지닌 성령론적 깊이를 드러낸다.

막달라 마리아

부활하신 예수가 막달라 마리아에게 나타난 이야기를 다룬 글들

---

3) 트라우마라는 렌즈와 그것의 이중구조에 대한 설명은 아래의 책 1장을 참조할 것. Cathy Caruth, *Trauma: Explorations in Memory* (Baltimore: Johns Hopkins University Press, 1995) "내가 이야기하려는 것은, 이러한 말하기와 듣기–트라우마 현장에서의 말하기와 듣기–가 단순히 우리가 서로에 대해 아는 것에 의존하지 않고, 우리가 겪은 과거의 트라우마에 대해 미처 우리가 알지 못했던 것에 의존한다는 것이다"(11).

은 많다.[4] 여기서 나는 예수의 십자가 처형 이후의 이야기를 길게 다루고 있는 요한복음 20장의 두 기사를 살펴보려고 한다. 바로 무덤에서의 두 번의 만남이다. 본문의 마리아는 예수의 시신을 보거나 발견할 수 없었고, 또 시신이 어디에 있는지 알 수도 없었다. 나는 이 사실이 마리아의 증언과 밀접하게 연결됨을 보일 것이다. 마리아가 십자가 처형의 여파 속에서 목격하고 증언하는 과정 가운데 마주했던 문제는 목격과 증언의 본질이 무엇인지를 보여준다. 본문을 통해 우리는 매우 낯선 증언 개념과 직면하게 된다. 막달라 마리아가 죽음과 부활의 목격자라면(또한 정말 첫 번째 목격자라면), 마리아가 목격하고 있는 것들 중 상당수는 그녀가 접근할 수 없는 것들이다. 요한복음의 본문은 이 사실을 이야기하고 있다. 또한 마리아의 증언은 죽음의 여파 속에서 보는 일이 복잡한 문제라는 것을 반영한다.

본문 속 마리아는 무덤에서 자신의 시야를 가르막는 장애물들을 경험한다. 첫째, 밖은 아직 어두웠다. 둘째, 마리아는 내내 울고 있었기에 눈물 가득한 흐린 눈으로 상황을 바라보고 있었다. 셋째, 그녀

---

4) 다음을 자료들을 볼 것. Amy-Jill Levine with Marianne Blickenstaff, eds., "A Feminist Companion to John," in *Feminist Companion to the New Testament and Early Christian Writings,* vol. 1 and 2 (London: Sheffield Academic Press, 2003); Ann Brock, *Mary Magdalene, the First Apostle: The Struggle for Authority* (Cambridge, MA: Harvard University Press, 2003); Susan Haskins, *Mary Magdalen: Myth and Metaphor* (London: Harper Collins, 1993); Richard Atwood, *Mary Magdalene in the New Testament Gospels and Early Tradition* (Bern: P. Lang, 1993); Jane Schaberg, *The Resurrection of Mary Magdalene: Legends, Apocrypha, and the New Testament* (New York: Continuum Press, 2002); Karen L. King, *The Gospel of Mary of Magdala: Jesus and the First Woman Apostle* (Santa Rosa, CA: Polebridge Press, 2003). 이를 잘 개괄한 글을 보려면 다음을 참고할 것. Jane Schaberg, "Thinking Back through Mary Magdalene," in Levine and Blickenstaff, *Feminist Companion,* 2:167-89.

는 무덤의 일부만 들여다 볼 수 있었다. 이런 상황에서 마리아의 시야는 제한되어 있었고, 그녀는 수난 이후에 벌어지는 사건들을 **두 눈으로** 직접 목격하기 어려웠다. 하지만 마리아가 보지 못하는 이런 상황을 통해 어떤 일이 일어나게 된다. 시야를 가로막는 장애물들을 관심 있게 살펴보면, 우리는 다음과 같은 질문을 하게 된다. 그녀는 정확히 무엇을 만났는가? 그녀의 증언을 이루는 것은 무엇인가?

> 안식일 다음날 이른 새벽의 일이었다. 아직 어두울 때에 막달라 여자 마리아가 무덤에 가보니 무덤을 막았던 돌이 이미 치워져 있었다 (요한 20:1).

아침이 되기 바로 전이었다. 밖은 아직 어두웠다. 마리아는 울면서 무덤 앞에 서 있었다. 본문은 바로 이 때 마리아의 시야가 제한되어 있었음을 이야기한다. 아침 해가 떠오르기 전이었고 무덤은 아직 어두웠기에, 마리아가 볼 수 있는 것은 많지 않았다. 마리아는 처음부터 뚜렷하게 볼 수 없었다. 요한복음 20장 1절은 그 날의 문제와 함께, 그리고 어둠과 함께 시작된다. 본문은 마리아가 아직 어두울 때 무덤에 도착했다고 말한다. 마리아는 무덤을 막았던 돌이 치워져 있는 것을 보았지만, 이어지는 진술에 따르면 그녀는 이 광경을 어둠 가운데서 파악하고 있었다. 마리아는 제자들에게 뛰어가서 예수의 시신이 사라졌다고 말한 다음 그 장면에서 사라진다. 이후에는 애제자와 시몬 베드로, 두 남성 제자들이 본문을 이어간다.

아홉 절 뒤에 마리아는 다시 무덤으로 돌아오고, 그녀는 또다시 제한된 시야를 경험한다. 마리아는 무덤 앞에 서서 울고 있었다. 그녀가 얼마나 오래 밖에 서 있었는지는 분명하지 않다. 두 제자가 무덤을 살피기 위해 왔을 때 마리아가 함께 돌아왔는지도 우리는 알 수 없다. 또 제자들이 무덤 안에서 본 것을 그녀에게 말해줬는지 여부도 알 수 없다. 우리가 아는 것은, 그 무덤은 마리아의 시력이 손상된 장소였다는 점이다. 본문이 우리에게 보여주는 것은 주요한 장면 안에 있지만 항상 그 장면의 주변부에서 울고 있는 한 여인의 모습이다. 본문은 베드로와 애제자가 무덤 안으로 들어갔음에도 불구하고 마리아는 여전히 무덤 밖에 있었음을 시사한다. 마리아의 눈물은 그녀가 깊은 슬픔에 휩싸여 있음을 보여주기도 하지만, 그녀의 시야를 가로막기도 한다. 그녀가 우는 장면은 20장에서 세 번이나 언급된다.[5)]

그리스도교의 해석 전통은 막달라 마리아의 눈물이 그녀의 슬픔이 아니라 다른 것을 나타낸다고 보았다. 수세기 동안 그리스도교 전통은 무덤에서 슬퍼하는 마리아를 슬퍼하며 회개하는 모습으로 바꾸어 놓았고, 이런 맥락에서 그녀를 죄인으로 그렸다. 그녀는 갈망의 대상이면서 갈망하는 몸이었다. 마리아를 이렇게 바라보는 그리스도교 전통은 마리아를 '참회하는 자'로 그리기 위해 그녀의 깊은 슬픔을 생략했다.[6)]

---

5) 게일 오데이(Gail O'Day)는 "요한복음은 마리아가 무덤에서 우는(*klaio*) 장면이 등장하는 유일한 복음서"라고 강조한다. 다음을 볼 것. *The New Interpreter's Bible*, vol. 9: *Luke-John* (Nashville: Abingdon Press, 1995), 841. 오데이는 앞서 언급한 설명을 20 장 11 절, 13 절, 15 절에 나타나는 마리아의 울음과 연결하며, 16 장 20 절 앞부분의 예수의 말씀과 연결한다. 예수는 증인으로 남아 있는 이들이 괴로움과 고통의 시간을 경험하게 될 것을 밝히면서, 제자들은 "울며 슬퍼하겠지만, 세상은 기뻐할 것"이라고 말한다.

6) 다음을 볼 것. Susan Haskins, "The Weeper," in *Mary Magdalen: Myth and Metaphor* (New York: Harcourt Brace & Co., 1994), 229-96. 이 논문은 주로 예술 작품 속 막달라 마리아의 모습을 통해 역사 속 마리아의 눈물을 추적한다는 점에서 주목을 끌만하다. 전통적으로, 마리아의 눈물은 회개와 밀접

울고 있는 마리아는 처음으로 무덤 속을 들여다본다. 본문은 말한다. "한편 무덤 밖에 서서 울고 있던 마리아가 몸을 굽혀 무덤 속을 들여다보니…"(요한 20:11). 이것은 그녀의 시야를 가로막는 세 번째 장애물이다. 그녀가 흐릿한 눈으로 무덤 안을 들여다보았다. 본문은 그녀가 무덤 안을 자세하게 들여다보았다고 이야기하지만, 그녀는 온전히 볼 수 없었다. 여기서 사용된 '파라큅토'(*parakupto*)라는 단어는 마리아의 시야가 온전한 상태보다 좁았음을 시사한다. 그녀의 시야를 표현하기 위해 쓰인 동사 '파라큅토'(*parakupto*)는 독특하다. 접두어 '파라'(*para*)가 강조하는 대로, 이 동사는 빠르게, 혹은 잠깐 동안 보는 것, 또는 곁눈질해서 보는 것을 뜻한다. 어떤 이들은 요한복음의 '파라큅토'는 이런 뜻으로 번역하기보다, 아래쪽으로 난 낮은 문을 통해 안쪽을 들여다보는 것으로 번역해야 한다고 주장한다.[7] 이 단어가 어정쩡한 자세로 보는 것을 뜻하든지 흘깃 보는 것을 뜻하든지 간에, 마리아가 온전히 볼 수 없었다는 것은 어느 정도 사실이다. 그

하게 연결된다. "살레시오(de Sales)의 논문 *Of the Love of God*(1616)에서 마리아는 회개의 본보기이다. '마리아의 슬픔을 기억해보라. "누군가가 제 주님을 꺼내갔습니다. 어디에다 모셨는지 모르겠습니다." 그러나 마리아가 눈물을 흘리며 예수를 찾아냈을 때, 마리아는 예수에 대한 사랑을 굳건하게 간직할 수 있었다. 불완전한 사랑은 예수를 갈망한다. 회개는 그를 찾고 발견한다. 완전한 사랑은 예수를 단단히 붙잡는다.'"(255, 다음 원문에서 발췌. Francis de Sales, *On the Love of God*, trans. H. L. Sidney Lear [London, 1888], 83-84) "막달라 마리아의 눈물은, '회한의 반복'인 참회시에 대한 문학적 숭배로 흘러들었다. 이런 경향은 가톨릭이 지배하는 유럽을 건너, 반-종교개혁시기의 이탈리아에서 나타났다. 바로 조지 허버트(George Herbert)의 시 '막달라 마리아'이다. 허버트의 시에서 막달라 마리아는 그리스도의 죽음 때문에 울지 않고, 누가복음의 죄인 때문에 울었다. 과장법, 일관성 없고 장황한 은유들, 또 심한 변화들이 연속적으로 등장하고, 이것은 차분한 결론으로 명백하게 흘러가는 이야기를 만들어낸다"(Haskins, "Weeper," 270, 273-74).

7) *Theological Dictionary of the New Testament*, ed. Gerhard Kittel, trans. Geoffrey W. Bromiley, vol. 5 (Grand Rapids: William B. Eerdmans, 1985), s.v. *parakupto* (Wilhelm Michaelis).

렇다면 왜 마리아는 좀 더 오랫동안 살펴보지 않았을까? 마리아의 자세나 무덤의 위치는 왜 그녀가 더 자세하게 오랫동안 살펴볼 수 없게 만들었을까? 그녀는 무덤 안으로 들어가지 않고, 대신에 밖에서 몸을 굽혀 안쪽을 자세히 들여다보았다.

마리아의 시야를 가로막은 것은 단순히 그녀의 눈물이나 자세가 아니다. 그녀의 시야를 방해한 것은 무덤에서 그녀가 본 것들이다. 마리아가 마침내 무엇인가 보게 되었을 때, 그녀가 본 것은 온전하지도, 명확하지도 않은 존재들이었다. 예수의 시신이 부재한 상황에서 이렇게 육체와 분리된 존재들이 부각된다. 마리아는 예수의 시신이나 수의의 흔적조차 볼 수 없었고, 대신에 예수가 없는 곳에 자리한 두 천사를 보게 된다. 한 명은 예수의 시신이 놓였던 곳 머리맡에, 나머지 한 명은 발치에 앉아 있었다. 마리아는 여전히 눈물 가득한 흐린 눈을 통해 이들을 보고 있었다. 두 천사는 마리아의 눈물에 대해 물으며 그녀에게 말을 걸었다. 마리아는 다시 눈물을 흘리는데, 이 눈물은 말을 대신한 것이다. 마리아의 울음은 그녀가 누구인지 알려주는 수단이 되었다.

마리아는 앞서 제자들에게 했던 대답을 반복한다. "누군가가 주님을 무덤에서 꺼내갔습니다. 어디에다 모셨는지 모르겠습니다"(요한 20:13). 그녀는 예수의 시신을 찾고 있었지만, 예수는 거기에 없었다. 그녀는 거듭해서 예수의 부재와 직면한다. 마리아는 계속해서 예수를 찾으려 하지만, 번번이 예수의 시공간과는 어긋나 있는 것으로 보인다. 마리아는 현장에 처음 갔을 때조차 무덤에 들어가지 않는다.

예수께서 "마리아야!" 하고 부르시자 마리아는 예수께 돌아서서 히브리 말로 "라뽀니!" 하고 불렀다.... 막달라 여자 마리아는 제자들에게 가서 자기가 주님을 만나 뵌 일과 주님께서 자기에게 일러주신 말씀을 전하였다(요한 20:16, 18).

요한복음의 수난 이후 이야기 속에서 막달라 마리아가 두 번째 등장하는 장면은 원래 예수를 제대로 알아보지 못한 이야기 중 하나였다. 이 부활 현현 이야기에서 마리아는 예수가 동산지기인 줄 안다. 그녀는 여러 번의 위치 전환과 자기 이름이 불리는 과정을 통해, 그리고 예수 자신에게 손을 대지 말라는 경고를 들음으로써 예수를 알아보게 된다. 무덤 안에 있던 천사들이 마리아에게 말을 건넨 직후 예수는 그녀에게 다가선다. 예수를 알아차리는 이 장면에서 마리아의 시야가 해체될 뿐 아니라, 예수의 몸을 찾는 과정에서는 다른 감각들 역시 변화된다.

요한복음 본문은 마리아가 몇 차례 몸을 돌린 것으로 묘사함으로써, 예수와 만났는지, 만났다면 그 시점이 언제인지에 대한 질문을 제기한다. 예수와의 관계에서의 마리아의 위치는 그녀의 증언을 복잡하게 한다. 그녀는 예수의 시신을 찾고 있었다. 마리아는 먼저 제자들에게 뛰어가서 누군가가 예수의 시신을 훔쳐갔다고 말했다. 마리아는 자기가 왜 울고 있는지를 무덤 속 천사들에게 설명하면서 비슷한 이야기를 한다. "그분이 어디 계신지 모르겠어요." 그녀는 울먹이며 호소했다. 본문은 그 때 마리아가 뒤를 돌아다보았다고 말한다.

뒤를 돌아다보았더니 예수께서 거기에 서 계셨다. 그러나 그분이 예수인 줄은 미처 몰랐다. 예수께서 마리아에게 "왜 울고 있느냐? 누구를 찾고 있느냐?" 하고 물으셨다. 마리아는 그분이 동산지기인 줄 알고 "여보셔요. 당신이 그분을 옮겨갔거든 어디에다 모셨는지 알려 주셔요. 내가 모셔 가겠습니다."하고 말하였다. 예수께서 "마리아야!" 하고 부르시자 마리아는 예수께 **돌아서서** 히브리 말로 "라뽀니!"하고 불렀다(이 말은 '선생님'이라는 뜻이다). (요한 20:14-16, 타이프체는 저자의 강조를 나타냄).

처음 돌아섰을 때 마리아는 예수를 대면했지만, 이상하게도 예수를 알아보지 못했다. 천사들이 그랬던 것처럼, 예수는 마리아의 눈물에 관심을 가지며 그녀에게 말을 건넨다. 예수는 마리아의 눈물을 매개로 그녀에게 이야기하고, 그녀는 예수를 알아보지 못한 채 대답한다. 마리아는 예수를 앞에 두고도 예수의 얼굴과 목소리를 알아차리지 못한다. 다시 한 번 마리아는 예수의 시신이 없어졌다는 생각에 사로잡힌다. 마리아는 자기가 만난 사람이 동산지기라고 생각했기 때문에, 그가 예수의 시신에 대해 알고 있을 거라 생각한다. 둘은 서로 마주보고 이야기하지만, 마리아는 예수를 '볼 수' 없다.

본문에는 마리아의 위치에 대한 약간의 혼란이 있다. 본문은 예수가 마리아의 이름을 불렀고, 마리아는 예수께 대답하기 위해 돌아섰다고 이야기한다. 하지만 마리아는 이미 예수와 마주보고 있지 않은가? 처음에 마리아는 천사와 이야기하며 무덤 안을 들여다보고 있었다. 그리고 돌아서서는 예수께 말했다(그러나 예수를 알아보지는 못했다). 예수가 마리아의 이름을 불렀을 때, 우리는 마리아가 예수와 마주하고 있었다고 생각할 수 있다. 하지만 그 다음 절은 이러한 추정을 반박한다. 마리아가 돌아선 후 선생님이라 부르며 대답했다는 것이다. 예수가 동산지기인 줄 알고 이야기했던 시점과 선생님이라 부른 시점 사이 어디쯤에서 그녀가 돌아선 것일까? 주석가들은 그녀의 돌아섬과 관련한 혼란을 인정한다.[8] 마리아가 두 번째로 돌아선 것은 문자 그대로 돌아섰다는 의미가 아니라, 마리아가 예수를 알아보게 되었음을 강조하는 것이라고 이야기하며 이 혼란을 설명하는 이들도 많다. 이러한 돌아섬은 그녀가 알아차리게 된 순간을 강조한다. 본문의 난해함은 알려진 바이지만, 이것은 마리아와 예수의 만남에 대한 해석과는 관련이 없다. 서로 이야기를 시작하자마자, 둘은 바로 얼굴을 마주했을 것이다.

나는 본문의 혼란이 쉽게 정리되지 않는다고 본다. 이 혼란은 막달라 마리아가 예수를 대면함으로써 그를 알아보게 되었는지, 아니면 보지 않고 알아보게 되었는지 묻는다. 이렇게 묻는 것으로 본문의 혼란을 해석할 수 있을까? 마리아는 뒤돌아서서(이 돌아섬은 본문에 기록되지 않았다) 무덤을 바라보았으며, 예수가 그녀의 이름을 부를 때 다시 예수를 향하게 되었다. 마리아는 등 뒤에서 자기 이름을 부르는 소리를 들었고 돌아서서 예수를 불렀다. 예수는 "마리아야" 하고 불렀고, 마리아는 예수의 목소리를 알아차렸다. 막상 그녀가 예수와 마주보고 있을 때는 알아차리지 못했던 목소리였다. 등 뒤에서 들린 이

---

8) 다음을 볼 것. Raymond E. Brown, *The Gospel According to John XIII–XXI*, Anchor Bible (Garden City, NY: Doubleday, 1970): "마리아의 이름을 사용하는 것은 그녀의 관심을 끄는 일이었다. 이는 분명 동산지기가 개인적으로 마리아를 안다는 뜻이기 때문이다. 그러나 14절에 보면 마리아는 이미 그 남자를 향해 돌아서 있다(같은 동사). 문학비평에 기대지 않고 반복되는 돌아섬을 다루려는 이들(개인적인 설명으로 접근하는 이들)은 마리아가 이야기하는 중에 돌아섰을 것이라 가정한다"(991). 또한 다음을 볼 것. Dorothy A. Lee, "Turning from Death to Life: A Biblical Reflection on Mary Magdalene," *Ecumenical Review* 50. No. 2 (1998): 112–20.

름은 마리아가 예수를 알아보는 데 결정적인 역할을 했다. 마리아는 시각을 통해 예수를 알아보게 된 것이 아니다. 그녀의 이름을 부르는 소리가 시야를 가로막은 장애물들을 무너뜨렸다.

본문 속 되돌아섬의 문제는 인식이 시각에 의존하지 않는다는 것을 보여준다.[9] 만약 인식이 이루어진다면, 그것은 다른 방식이어야 한다. 어둠, 눈물, 그리고 되돌아섬은 마리아의 증언이 신뢰할 만한 것인지를 묻는다. 정말로 그녀가 볼 수 있는 것은 무엇일까? 놀랍게도 인식의 순간은 시각에 의존하지 않는다. 본문은 마리아가 볼 수 없었던 상황이 그녀가 목격하고 증언하는 일에 방해가 되지 않았음을 가리킨다. 나는 이것이 오히려 마리아의 증언을 다른 방식으로 해석하도록 우리의 관점을 바꾸고 있다고 말하고 싶다.

이 만남 속에는 서로의 이름을 부르는 장면이 등장하고, 이를 통해 마리아는 예수를 알아본다. "예수께서 '마리아야!' 하고 부르시자 마리아는 예수께 돌아서서 히브리 말로 '라뽀니!'(이 말은 '선생님'이라는 뜻이다) 하고 불렀다"(요한 20:16). 예수를 극적으로 알아보는 장면이다. 예수는 마리아를 부르고, 마리아는 대답한다. 하지만 이 순간에는 또한 어려움이 존재한다. 본문은 번역이 필요한 대화를 우리에게 보여준다. 마리아가 모국어인 아람어로 말한 '라뽀니'(*Rabbouni*)는 늘 호기심을 불러일으켰다.[10] 그런데 이 '라뽀니'는 간단하게 '랍비'(그리스어로 선생)도 아니고, '라부니'(아람어 구어체)도 아니며, '큐

9) 두 번에 걸친 마리아의 돌아섬에 대한 해석 중 문제의 여지가 많은 한 가지는, 제인 샤버그(Jane Schaberg)가 이야기하는 것처럼, 이 돌아섬이 "종종 유대교로의 회귀로 해석되고, 그 이후에 벌어지는 유대교로부터의 영적인 개종으로 해석되는 것"이다(Schaberg, *Resurrection of Mary Magdalene*, 329).

10) Brown, *Gospel According to John*, 991-92.

리오스'(주님, 나중에 제자들과 이야기할 때 마리아가 예수를 지칭하여 사용한 단어)도 아니다. 이런 단어들 대신에 본문에는 아람어 문어체 단어가 쓰였다. 이 단어에는 덧붙이는 설명이 삽입되어 있으며("이 말은 '선생님'이라는 뜻이다"), 영역본 각주에는 이 단어가 아람어라는 설명이 추가되어 있다. 알아보게 되는 친밀한 순간의 묘사가 일련의 번역을 통해 이루어진다는 사실은 아주 중요하다.

마리아가 예수를 알아보는 과정은 우리의 예상과 다르다. 이렇게 이름을 주고받는 데는 어떤 거리가 존재한다. 첫째, 예수를 만난 마리아가 그를 '라뽀니'로 부른 것은 그들의 만남 속에서의 거리를 나타낸다. '랍비'와 구별되는 이 단어는 종종 애정을 표현하는 것이기도 하지만, 이는 어디까지나 하나의 호칭이다. 많은 학자들이 주장하는 것처럼, 인자한 언어는 예수에 대한 마리아의 친숙함과 애정을 시사한다.[11] 그래도 여전히 이런 친밀함은 호칭을 사용하여 표현된다. 마리아는 선생이라는 호칭으로 친밀함을 나타낸다. 원래 호칭을 사용하는 것은 어느 정도의 거리감을 보여주는 것이다. 레이몬드 브라운은 도마(Thomas)의 고백과 대조하여 마리아의 호칭 사용에 대해 다음과 같이 말한다. "확실히 이 호칭은 28절에 등장하는 '나의 주님, 나의 하느님!'이라는 도마의 고백에는 못 미친다. 혹자는 요한복음의 막달라 마리아가 예전 호칭을 사용한 것을 두고, 부활 이후의 막달라 마리아는 예수님의 공생애 시절처럼 똑같이 예수님을 다시 따를 수 있을 것으로 오해했다고 가정할지도 모르겠다."[12] 도마의 반응은 개인

11) Robert Crotty, "The Two Magdalene Reports on the Risen Jesus in John 20," *Pacifica* 12 (June 1999): "라뽀니(*rabbouni*)는 인자함과 애정을 담은 애칭이다. 요한복음에서, '라뽀니'는 예수의 일생 동안 제자들이 친밀하고 허물없이 예수를 부르던 호칭이다"(165).

적이고 고백적이며, 또한 소유욕이 강하다. 반면에 마리아는 격식을 차린 호칭으로 예수를 부른다. 브라운은 마리아가 나중에 제자들에게 "제가 주님을 만나 뵈었습니다"라고 선언한 것이 그녀가 예수를 진정으로 알아본 것을 드러낸다고 말한다. 브라운은 마리아가 목격했던 두 시점을 구별하면서, 예수를 알아보기 위해 마리아가 "옛" 호칭에 의지했다는 사실을 강조한다.[13] 그럼에도, 격식을 차린 호칭은 둘 사이의 거리가 유지되도록 했을 것이다. 둘 사이의 거리는 마리아의 증언이 실패했음을 보여주는 것이 아니다. 오히려 이 거리는 마리아의 증언을 이루는 구성요소이다.

마리아가 예수를 알아보는 순간, 또 다른 거리가 드러난다. 예수의 이름은 마리아의 입에 익은 친숙한 소리이지만, 그녀가 예수를 알아보았을 때 외쳤던 이름은 성서기자의 번역을 필요로 한다. 본문에 '라뽀니'에 대한 설명이 삽입된다. 예수와 마리아의 친밀한 모습을 보여주는 감동적인 이 순간에 본문은 독자와의 거리를 드러낸다. 만남의 절정이라고 해석되는 이 순간에, 이전 장면에서 드러난 낯설음과 혼란이 완전히 극복되지 않는다. 이제 이 혼란은 독자의 몫이 된다. 본문의 독자는 삽입된 단어 '라뽀니'가 무엇인지 모른다. 마리아가 알아차리는 순간이 독자에게는 알아차리지 못하는 순간이 되었다.

예수가 마리아를 부르는 것 역시 독특하다. 예수는 마리아에게 두 번 말을 건넨다. 처음에 예수는 마리아를 "여인"이라고 부르며 묻는다. "여인아, 왜 울고 있느냐?"(역자주: 그리스어 원문에 있는 '여인아'가 공동번역에는 생략되어 있음). 울고 있는 마리아를 여인이라고 불렀기에,

---

12) Brown, *Gospel According to John*, 1010.

13) Ibid.

마리아는 여인이라는 이 호칭을 인식하지 못한다. 이 호칭이나 예수의 목소리 모두 마리아가 예수를 알아차리는 데는 별 도움이 되지 못한다. 하지만 그 때 예수가 "마리암!"(Mariam) 하고 그녀의 이름을 부른다. 마리아는 자기 이름을 부르는 소리를 들은 이 두 번째 부름에 예수를 알아보게 된다. 영어 번역에는(역자주: 한글 번역에도) 예수가 "마리아"(Maria)라고 부른 것으로 되어 있지만, 그리스어 원문에서 예수는 변형된 이름을 부른다. 이때까지 예수는 그녀가 "마리아"라는 것을 알고 있다.[14] 우리는 제자들과 가까운 이들 역시 그녀를 "마리아"로 불렀음을 추정할 수 있다. 그러나 본문에서 예수가 마리아를 부르는 이름은 다르게 나타나며, 이런 차이는 번역 과정에서 놓쳐진다. 예수는 마리아의 이름을 독특하게 부른다. 이것은 단순히 가려진 시야를 대신하여 음성을 전달하는 수단이 아니다. 여기서 마리아는 자기 이름이 다르게 불렸을 때 예수를 알아본다. 이것은 직접적으로 눈에 들어오는 모습이나 귀에 들리는 소리가 아니지만, 사람을 알아보게 하는 보이지 않는 소리요, 변화된 소리이며, 예수가 부른 마리아의 특별한 이름이다. 마리아가 예수를 아람어로 불렀을 때 많은 일들이 일어난 반면, 예수가 마리아의 이름을 다르게 불렀을 때는 비교적 적은 일들이 일어났다. 말한 사람은 예수였지만, 마리아가 "라뽀니!" 하고 외치도록 만든 것은 "마리암"이라는 이름이었다.

14) 이 구절까지, 막달라 마리아는 "마리아"로 불렸다(19 장 25 절, 20 장 1 절, 11 절). 20 장 16 절에 "마리아"가 "마리암"으로 바뀌고, 20 장 18 절에서도 다시 "마리암"이 쓰인다. "마리암"은 형용사와 짝을 이루어 막달라 마리아를 지칭할 때 쓰인다. 그런데 여기 두 군데에서는 독특하게 단독으로 쓰인다. 이런 변화의 의의에 대해서는 다음을 보라. "The Woman Who Understood (Too) Completely," in Schaberg, *Resurrection of Mary Magdalene*, 126-127; Brown, *Gospel According to John*, 990.

마리아가 이렇게 예수를 알아본 직후에, 예수는 자신에게 손을 대지 말라고 마리아에게 명한다.15) 이제 더 이상 마리아는 예수를 찾아 헤매지 않아도 되지만, 그녀는 여전히 거리를 두고 예수를 만난다. 마리아는 예수의 시신이 없어진 위기 상황을 두 제자들과 두 천사들에게 이야기했고, 정신없이 예수를 찾아 헤맸다. 그 때 마리아 앞에 예수가 나타났고, 마리아는 예수의 시신이 어디에 있는지 계속 묻는다. 마리아는 예수가 자기 앞에 서 있지만 그가 어디에 있는지 알지 못한다. 서로의 호칭을 부르고 난 후에야 예수의 시신을 찾던 마리아의 걱정은 해결된 듯 보인다. 예수의 시신은 사라지거나 도둑맞은 게 아니었다. 예수는 그곳에 있었고, 예수와 마리아는 서로를 알아본다.

---

15) 해럴드 애트리지(Harold W. Attridge)는 다음과 같이 이야기한다. "요한복음 20:11-18에서 예수와 막달라 마리아의 만남은 수수께끼 같은 접촉이 있는 극적인 사건이다"("'Don't Be Touching Me': Recent Feminist Scholarship on Mary Magdalene," in Levine and Blickenstaff, *Feminist Companion*, 2:140). 애트릿지는 색다른 여성주의적 해석을 탁월하게 개괄한 후, 20장 17절 후반부를 도발적일 정도로 면밀하게 살피는 이들을 찾아낸다. 문제는 마리아 때문이 아니라, "예수의 변화된 상태 때문이다. 예수가 높이 올려지는 과정에서, 그를 만지는 것은 부적절하다"(165-66). 다음 책도 함께 볼 것. Jaques Derrida, *On Touching—Jean-Luc Nancy*, trans. Christine Irizarry (Stanford, CA: Stanford University Press 2005). "구원자 예수는 '만지신다.' 그는 만지시는 유일한 분이다. 주로 자기 손으로, 정화하고, 치유하고, 소생시키기 위해—한 말씀으로 구원하기 위해... 만지시는 분이다. 요한복음에는 '만짐'에 대한 문자적 암시는 드물거나 존재하지 않는다. 왜일까?"(100, 102-3). 샤버그(Schaberg)는 "하지만 요한복음 20장 17절에서, 승귀한 예수의 명령은 막달라 마리아가 영적으로나 지적으로 부족하다는 것, 다시 말해 그녀가 땅에 속한 사람임을 나타내는 것으로 해석되어왔다"는 사실에 주목한다(*Resurrection of Mary Magdalene*, 329). 암브로시우스(Ambrose)가 '나에게 손대지 말라'(*noli me tangere*)를 교회 내에서 여성의 가르침을 금지하는 것으로 해석했다는 사실을 주목해야 한다[Katherine Ludwig Jansen, "The Vita Apostolica," in *The Making of the Magdalene: Preaching and Popular Devotion in the Later Middle Ages* (Princeton, NJ: Princeton University Press, 2000), 54에서 *Expositio evangelii secundum Lucam*, ed. C. Schenki. Lib. X, CSEL 32 (1902): 519를 인용함].

그러나 이렇게 소리를 통한 알아차림은 예수의 몸이 어느 곳에 있는지, 즉 장소의 문제는 언급하지 않는다. 예수가 실제로 마리아 앞에 있었는지는 확인되지 않고, 마리아는 예수가 어디에 있는지 또다시 알 수 없게 된다. 본문은 예수가 자기가 있는 곳에 대해 마리아에게 강하게 말하는 것으로 이 사실을 드러낸다. 첫 번째는 "나를 만지지 말라"(공동번역 개정판: 나를 붙들지 말라)는 명령이었다.[16] 두 번째는 자신의 승천에 대한 예수의 언급이다. 예수는 마리아 앞에 서 있지만, 예수의 말씀은 마리아의 시선을 예수에게서 벗어나게 만든다. 실제로 마리아 앞에 예수가 서 있는데도, 마리아는 예수가 어디에 있는지 정확히 알지 못한다. 예수가 어디에 있는지 정확히 이야기할 수 없는 이 상황을 우리는 어떻게 이해해야 할까? 예수가 마리아에게 한 말씀은 예수의 몸이 어디 있는지 정확히 알지 못하는 마리아를 더욱 미궁에 빠지게 한다. 마리아는 예수가 어디 있는지 알지 못한다. 예수는 여기에 있다, 하지만 정말 그런가? 예수가 마리아에게 했던 말씀과 명령 모두 예수가 여기에 있지 않음을 암시한다. 마치 예수는 마리아에게 "너는 여기에서 나를 찾을 수 없어"라고 이야기하는 것 같다.[17]

눈에 보이지 않는 것과 번역의 혼란은 마리아의 증언을 단순 명료하게 이해할 수 없게 만든다. 대개 우리는 목격하는 것을 보는 것과 연결시키고, 어떤 사람이 본 것을 진술하는 것과 연결시킨다. 하

---

16) 게일 오데이(Gail O'Day)는 *New Interpreter's Bible*에서 이것이 예수를 만지는 것을 금지한 것이 아니라 예수를 "붙잡는 것"을 금지했다고 해석한다.

17) 브라운(Brown)과 슈나켄브루크의 통찰을 언급하면서, 오데이는 다음과 같이 이야기한다. "'내가 아직 아버지께 올라가지 않았다'라는 예수의 어색한 말은, 요한복음 저자의 시간 개념을 초월하고 그것을 변화시키는 어떤 것에, 직선적인 서술의 형태를 부여할 때 나타나는 어색함에서 기인한다"(ibid., 842-43).

지만 여기서 마리아의 경우에는 그렇지 않다. 마리아의 증언에는 보지 못한 것들이 많다. 직접 분명하게 본 것도 아니고 보는 것이 쉽지도 않았다.

본문은 시각, 청각, 촉각 등, 마리아의 증언을 구성하는 요소들을 해체한다. 우리가 알고 있는 일반적인 증언 개념을 적용하면, 마리아의 증언은 실패했다고 봐도 괜찮다. 만약 마리아가 일어난 일을 목격했다면, 그녀는 어둠을 통해, 자기 눈물을 통해, 볼 수도 들을 수도 없는 상황을 통해서, 그리고 예수와 대면하여 예수의 이름을 부르는 것으로 목격한 것이다. 마리아의 증언은 우리가 이해하고 있는 전통적인 증언 개념에 거듭 도전한다.

그러나 마리아의 증언은 두 가지 면에서 받아들임(reception)에 대한 물음이기도 하다. 첫째, 마리아는 자신이 본 것을 남성 제자들에게 이야기하려고 달려갔고, 그런 다음에 본문에서 사라진다. 그리고 마리아는 몇 절 뒤에 무덤 밖에 있는 모습으로 다시 등장한다. 마리아는 다른 이들에게 "누군가가 주님을 무덤에서 꺼내갔습니다. 어디에다 모셨는지 모르겠습니다"(20:2), "내가 주님을 만났습니다"(20:18)라고 선포했지만, 다른 이들이 이 사실을 받아들였다는 내용은 본문 어디에도 등장하지 않는다. 다른 이들이 마리아의 증언을 듣고 믿었을까? 본문은 말이 없다. 하지만 이렇게 받아들임이 미뤄진 상황에 대한 물음은 막달라 마리아를 해석해 온 역사를 이루는 것이기도 하다. 제인 샤버그(Jane Schaberg)의 주장에 따르면, 이 역사는 "침묵, 융합, 왜곡, [그리고] 전설" 중 하나였다.[18] 마리아의 메시지—그녀가

18) 이것이 샤버그가 그리스도교 전통 안에서 막달라 마리아에 대한 해석의 역사를 묘사하기 위해 사용하는 부분의 표제어다. 전통적으로 막달라 마리아라는 인물을 받아들이는 여러 방식들은 극단적으로 섞여 있었다. 그녀에게 붙여진

선포한 것—만 미심쩍게 받아들여진 것이 아니라, 증인으로서의 마리아도 미심쩍게 받아들여진다. 내가 1장에서 말한 용어로 표현하면, 마리아는 여러 번 생략되는(multiple elision) 인물이 된다.

막달라 마리아는 목격하고 증언하는 일의 의미를 우리에게 어떻게 말하는가? 마리아의 감각기관들은 그녀가 목격하는 과정에서 평소와 다르게 재편된다. 특이하게도 하나의 감각은 다른 감각을 위해서, 또 마리아와 만난 '미심쩍은' 육체를 가진 존재들(천사와 예수)과의 만남에 유별난 방식으로 개입한다. 서로 대척점에 놓여 있는 것으로 이해되는 영과 육 사이에서, 마리아는 "정확한 위치를 알 수 없는 진실"을 목격하고 증언한다. 사람들은 마리아의 증언이 응답 없이 유보된 것에 계속 관심을 가져왔고, 마리아가 이 소식을 전한 사람이라는 사실도 의심해왔다.[19] 그럼에도 이런 의심의 여지가 있는 받아들

주된 이미지는 몸을 파는 여자 혹은, 음탕한 여자라는 이미지였다. "그러나 가룟 유다와 예수를 포함한 어떤 성서 인물도, 이처럼 생생하고 이상한 성서-이후의 삶의 모습이 사람들의 생각이나, 전설이나, 예술 작품에 등장하는 인물이 없다. 변화하는 그녀의 이미지는, 성과 영성, 죄책감과 (하느님의) 위대함, 권위와 사랑 등에 대한 근본적인 질문과, 또한 이야기되지 않은 질문들까지도 다루어 왔다"(*Resurrection of Mary Magdalene*, 68).

19) 정경의 사복음서와 영지주의 복음서들 사이의 차이가 여기에 있다. 영지주의 복음서들에는 막달라 마리아의 목격과 증언이 남성 제자들의 목격과 증언보다 훨씬 더 중요한 것으로 인식된다. 다음을 볼 것. Karen King, *The Gospel of Mary of Magdala* (Santa Rosa, CA: Polebridge Press, 2003). 막달라 마리아가 예수에게서 배운 것에 관한 증언에 대해 킹은 다음과 같이 말한다. "마리아가 설명을 마쳤을 때, 두 명의 제자가 돌연 이의를 제기한다. 안드레아는 마리아의 가르침을 이상한 것으로 여기며, 그것이 주님으로부터 온 것이라고 믿지 않았다. 베드로는 한 술 더 떠, 예수께서 이런 높은 차원의 가르침을 여성에게 주셨을 리 없으며, 남성 제자들이 아닌 마리아를 택하셨을 리 없다고 이야기한다. 베드로가 마리아에게 물었을 때는 분명히 그런 높은 차원의 가르침을 예상하지 못했을 것이다"(5). 킹은 *Gospel of Mary*가 "막달라 마리아가 성매매 여성이었다는 신학적 허구를 사실로 받아들이는 잘못된 관점을 폭로했다고 분명하게 이야기한다. 그 복음서는 초대교회 여성 지도력의 정통성에 대한 가장 솔직하고 설득력 있는 주장을 보여준다"(3).

임은 일어난 사건의 독특한 진실을 이야기하는 것일지도 모른다. 마리아는 목격하고 증언하는 과정을 둘러싼 생략을 증언한다. 우리는 마리아가 목격하고 증언하는 과정이 일어난 사건을 설명하기에는 불완전했다고 볼 수도 있지만, 그렇게 불완전해 보이는 과정 자체를 목격하고 증언하는 또 다른 방식이라고 볼 수도 있다(1장을 볼 것). 또 하나 우리가 반드시 주목해야 할 것은, 마리아의 증언이 생략되고, 받아들여지지 않고, 유보되는 방식들이다. 마리아가 사건에 직접 접근하지 못하는 상황은 목격자로서의 신뢰성이 결여되어 있음을 보여주기보다는, 마리아가 목격하고 증언하는 대상의 본질을 드러낸다. 마리아는 손쉽게 확인되지 않고, 인식하는 데 여러 번 실패한 후에야 인식할 수 있는, 어떤 다른 종류의 존재를 보여준다. 마리아가 경험하는 것은 단순히 예수의 부재가 아니라, 예수의 현존과 부재가 섞여 있는 영역이다. 예수는 그곳에 있지만, 또한 그곳에 없다. 예수는 마리아가 이제까지 알지 못했던 방식으로 그곳에 현존한다.

애제자

그는 십자가에 달린 예수의 발치에 서 있던 것으로 언급되는 마지막 증인이다. 또한 빈 무덤을 처음으로 들여다 본 사람 중 하나다. 그는 창에 찔린 예수의 옆구리를 직접 눈으로 목격한 증인이며, 요한복음의 끝부분에서 예수와 베드로를 따르는 제자로 묘사되는 인물이다. 요한복음의 몇몇 본문에서는 “다른” 제자로, 또 어떤 본문들에서는 예수가 사랑하시는 제자로 언급되는 이 이름 없는 제자는 십자가 사건과 부활의 가장 중요한 목격자다.[20] 그는 요한복음의 결론에 해당하는 마지막 세 장에 다섯 번 등장한다. 그가 수난 사건의 중요한 목격자임에도 익명으로 이야기되는 것은 이해하기 어려운 점이다. 그는 이야기의 처음부터 끝까지 이름이 없다. 본문에서 그는 베드로 곁에 있곤 한다. 십자가 처형 현장에서 극적으로 예수를 배신했으며 부활 현현 장면에서는 극적으로 예수에 대한 사랑을 고백했던 베드로의 이야기에서, 그는 그저 이름 없는 제자로 등장할 뿐이다. 그는 특별한 동시에 감춰져 있고, 예수가 그를 사랑했다고 알려져 있음에도 불구하고 제자들 중에서는 쉽게 간과되는 인물이며, 면밀하게 조사해야만 그 중요성이 입증되는 인물이다. 십자가 발치에서, 무덤에서, 부활 후 현현 사건에서, 그는 죽음과 부활을 직접 목격한 증인으로 남아 있다.

애제자 이야기는 최후의 만찬 석상에서 그가 예수의 품에 기대어 있던 장면을 소개하는 요한복음 13장에서 시작된다. 여기서 그는 예수가 사랑하시는 제자로 소개된다.[21] 요한복음은 애제자의 이야기로 끝이 난다. 티베리아 바닷가에서 애제자는 거리를 두고 예수와 베드로를 따라 천천히 걸어간다. 애제자의 이야기는 친밀감과 거리감에

---

20) "사랑하시는"이라는 표현은 후대에 첨가된 것으로 보인다. 요한공동체가 이 제자를 예수가 사랑하시는 제자로 언급하기 시작했다. 레이몬드 브라운은 다음과 같이 강조한다. "본문의 증거들은 '예수가 사랑하시는 제자'라는 구절의 변화를 보여준다. 이 사람은 20장 4절과 8절에서 그저 '다른 제자'로 불리며, 이것이 원래 호칭에 더 가깝다. '예수가 사랑하시는 제자'라는 구절은 편집과정에서 삽입된 것이 거의 확실하다"(Brown, *Gospel According to John*, 983).

21) 본문은 예수가 번민하시며 제자 중 한 사람이 자기를 배신할 것 예고하는 장면을 보여준다. 예수의 말에 제자들은 당혹스러워 한다. 베드로는 예수께 직접 묻지 않고, 예수 곁에 있는 제자에게 눈짓을 하며 대신 여쭈어 보라고 한다. 그 제자는 예수의 가슴에 기대어(역자주: 공동번역 개정판에는 바싹 다가가 앉았다고 이야기한다) 당혹스러운 질문을 한다. "주님, 그게 누굽니까?" 예수에게 가장 가까운 제자가 배신에 대해서 묻는다. 예수를 가까이 따르는 제자들 중 하나가 예수를 배신하는 순간에, 애제자가 요한복음 본문에 등장한다.

대한 장면으로 시작하고 끝을 맺는다. 예수의 가슴에 기대어 있고, 좀 떨어진 배 위에서 예수를 발견하고, 티베리아 바닷가에서 예수의 뒤를 따르는 장면들은 애제자가 예수와 가까운 사이인지 묻고 있다. 그는 가까이에 있는가? 아니면 늘 어느 정도 거리를 두고 있는가? 막달라 마리아의 이야기처럼, 나는 애제자의 증언이 어떤 성격을 띠는지 살피기 위해서 애제자가 등장하는 무덤 장면과 이후에 등장하는 티베리아 바닷가의 장면을 연결한다.

> 이 말을 듣고 베드로와 다른 제자는 곧 떠나 무덤으로 향하였다 (요한 20:3).

마리아에게 예수의 시신이 없어졌다는 이야기를 들은 두 제자는 무덤으로 달려간다. 이 장면에서 "다른 제자"로 등장하는 애제자는 베드로보다 더 빨리 달려 무덤에 제일 먼저 도착한다. 이어지는 본문은 먼저 도착한 애제자가 무덤에 들어가지 않았음을 이야기한다. 애제자는 무덤에 들어가는 대신 무덤 안을 들여다본다. 여기서 쓰인 단어는 앞서 막달라 마리아가 들여다 볼 때 쓰였던 단어(*parakupto*)와 같으며, 마리아의 이야기에서와 마찬가지로 불확실한 상황을 나타낸다. 우리는 그가 왜 무덤에 들어가지 않았는지 알지 못한다. 또 우리는 그가 부분적으로 보는 것이 어떤 의미인지도 알지 못한다. 애제자는 제한된 시야로 남아 있는 수의를 보면서 예수의 시신이 없어졌음을 알게 된다. 그는 몸을 굽혀 안쪽을 들여다보지만, 잘 볼 수가 없다. 수의를 보고 애제자가 무엇을 짐작했는지는 불분명하다. 우리가 아는 것은 그가 들어가지 않았다는 것뿐이다.

그런데 불쑥 이 장면에 등장하는 베드로는 무덤을 얼핏 살펴보지도 않은 채, 바로 무덤에 들어간다. 애제자도 베드로를 따라 들어간다. 본문이 말하는 것은 애제자가 무덤 안으로 들어가서 보았을 때는 보게 되었을 뿐 아니라, 믿게 되었다는 사실이다. 무덤 밖의 그는 수의만 얼핏 보았을 뿐이다. 본문은 무덤 안에서 그가 무엇을 보았는지 우리에게 이야기하지 않는다. 우리는 무덤 안의 베드로가 예수의 머리를 싸맨 수건과 수의를 보았음을 안다. 하지만 본문은 애제자가 똑같은 것을 보았는지, 아니면 정말 무엇을 보기는 한 것인지 이야기하지 않는다. 애제자의 목격담에서 독특한 것은 그가 무덤의 안과 밖에서 두 번이나 바라보는 경험을 했다는 점이다. 처음 무덤 밖에서의 경험은 마리아의 경우처럼 시야가 제한되고 차단된다. 그리고 무덤 안에서의 경험에 대해서는 우리가 아는 바가 없다.

베드로와 이 이름 없는 제자는 모두 무덤 안을 보게 되지만, 보고 **또한** 믿은 사람은 이름 없는 제자뿐이다. 요한복음은 이 사실을 지적하며 두 가지 증언을 구별한다. 요한복음에서 애제자와 베드로가 함께 등장할 때, 대개 중심인물은 애제자가 아니다. 베드로가 직접 경험한다면, 애제자는 늘 조금 떨어진 곳에서 간접적으로 경험한다. 베드로 때문에 항상 두 번째로 밀려난 애제자의 증언은, 직접 들은 것이 아닌 전해들은 것, 혹은 덜 중요한 것으로 여겨지곤 했다. 이것으로 미루어 볼 때, 또 베드로가 먼저 무덤에 들어가서 그 안에 있는 것을 먼저 발견했기 때문에, 베드로의 믿음이 더 낫다고 할 수 있겠다. 하지만 무덤에서의 움직임이 불안정하고 보는 것도 분명하지 않은 이가 오히려 믿음 있는 자로 밝혀진다.

요한복음 기자는 애제자의 증언을 통해 보는 것과 믿는 것 사이의 간격을 강조한다. 믿음은 내용이나 증거에 좌우되지 않는 듯하다. 믿음의 본질을 우리가 볼 수 없는 것에 대한 믿음으로 본다면, 이것은 이상한 해석이 아니다. 요한복음은 우리가 보지 못하는 것과의 긴밀한 연관 속에서 믿음을 이해해야 한다고 자주 언급한다.[22] 하지만 애제자는 조금 다르게 증언한다. 그에게 믿음은 단지 보지 못하는 상태와 관련될 뿐 아니라, 보지 못했던 애초의 경험과 관련이 있다. 애제자가 무덤에 바로 들어가지 않았던 사실과 그가 부분적으로만 보았던 애초의 경험을 통해 우리는 믿음을 조금 다른 방식으로 이해하게 된다. 애제자의 증언이 시사하는 바는, 믿음은 알지 못하는 것과 처음 직면하는 것을 포함한다는 점이다. 애제자의 목격담은 이전에 '놓쳤던'(missed) 이해의 경험이 믿음에 주요한 영향을 끼친다는, 믿음의 이중적인 측면을 보여준다.

이처럼 애초에 보지 못했던 상황은 증언의 다른 측면을 이야기한다. 바로 증언이 알아볼 수 있는 대상만을 겨냥하고 있지 않다는 것이다. 애제자의 증언은 증거에 초점을 두지 않는다. 그가 보는 것과 믿는 것은 아직 이해되지 못한 것과 연결되어 있다. 본문에는 그가

---

22) 열두 제자 중 하나이며 쌍둥이라고 불리던 토마는 예수께서 오셨을 때에 그들과 함께 있지 않았다. 다른 제자들이 그에게 "우리는 주님을 뵈었소"하고 말하자 토마는 그들에게 "나는 내 눈으로 그분의 손에 있는 못 자국을 보고 내 손가락을 그 못 자국에 넣어보고 또 내 손을 그분의 옆구리에 넣어보지 않고는 결코 믿지 못하겠소" 하고 말하였다.

여드레 뒤에 제자들이 다시 집 안에 모여 있었는데 그 자리에는 토마도 같이 있었다. 문이 다 잠겨 있었는데도 예수께서 들어오셔서 그들 한가운데 서시며 "너희에게 평화가 있기를!" 하고 인사하셨다. 그리고 토마에게 "네 손가락으로 내 손을 만져보아라. 또 네 손을 내 옆구리에 넣어보아라. 그리고 의심을 버리고 믿어라." 하고 말씀하셨다. 토마가 예수께 "나의 주님, 나의 하느님!" 하고 대답하자 예수께서는 "너는 나를 보고야 믿느냐? 나를 보지 않고도 믿는 사람은 행복하다." 하고 말씀하셨다.(요한 20:24-29)

"보고 믿었다"는 구절 바로 다음에 곧바로 "그들은 그 때까지도 예수께서 죽었다가 반드시 살아나실 것이라는 성서의 말씀을 깨닫지 못하고 있었던 것이다"(요한 20:9)라는 진술이 이어진다. 장소를 특정할 수 없는 진실은 당장에 이해할 수 없는 사건과의 조우를 암시한다. 이 때 이해되지 않은 사건의 진실은(애초에 애제자는 보지 못했으며, 성서는 아직 일어나는 사건과 연결되지 않았다) 증언을 통해 받아들여질까? 알아볼 수 있는 증언 내용을 배제시키면 우리는 증거에서 눈을 돌려 증언 그 자체에 집중할 수 있을까? 진실은 그들이 찾는 몸 안에 있지 않을지도 모른다. 대신에 다른 곳, 어쩌면 무언가를 찾고 있는 자신들의 몸 안에도 있을지 모른다.

> 베드로가 돌아다보았더니 예수의 사랑을 받던 제자가 뒤따라오고 있었다. 그 제자는 만찬 때에 예수의 옆 자리에 앉아 있다가 "주님, 주님을 팔아 넘길 자가 누굽니까?" 하고 묻던 제자였다. 그 제자를 본 베드로가 "주님, 저 사람은 어떻게 되겠습니까?" 하고 예수께 물었다. 예수께서는 "내가 돌아올 때까지 그가 살아남아 있기(remain)를 내가 바란다고 한들 그것이 너와 무슨 상관이 있느냐? 너는 나를 따라라." 하고 말씀하셨다(요한 21:20-22).

이렇게 죽음 이후의 낯선 영역에서, 십자가에 돌아가셨지만 부활하신 예수는 제자들에게 생선을 구워주신다. 그는 죽음 전 고별담화에서 자기가 제자들을 떠날 것을 이야기한다. 예수는 제자들이 앞으로 벌어질 일들을 이해하지 못하겠지만, 그 일들의 여파 속에서 그들을 진리로 인도하는 보혜사와 함께 하게 될 것이라고 말한다. 티베리아 바닷가 모래밭에 발이 빠지면서 이제 제자들은, 고별담화의 예견대로, 자신들이 완전히 이해하거나 파악하지 못했던 사건의 뒤를 따라 자신들의 길을 애써 개척해 나가고 있다.

이 장면의 애제자는 고기잡이배에서 맨 먼저 예수를 흘끗 본다. 어부들인 제자들은 밤새도록 고기를 거의 잡지 못했다. 예수가 물가에서 외친다. "얘들아, 무얼 좀 잡았느냐?"(요한 21:5a). 몇 마디 말이 더 오간 뒤, 애제자가 예수를 알아보고 베드로에게 말한다. "저분은 주님이십니다"(요한 21:7a). 이 장면에서 알아차림의 순간은 마리아의 경우와 대비된다. 마리아는 예수를 가까이에서 알아보았다. 예수와 마리아의 만남이 간접적이라는 것은 이미 말했지만, 예수와 애제자의 만남은 더 간접적이다. 애제자에게 만남이라고는 전혀 없다. 애제자가 주님을 알아보고 애제자가 외친 말을 듣자마자, 베드로는 물속으로 뛰어들어 물가로 헤엄쳐 가기 시작했다. 이 이야기에서 두 가지가 특히 두드러진다. 첫째로, 애제자는 먼발치에서 예수를 알아본다. 그는 예수에게 직접 이야기하지 않는다. 예수에게 기대어 있던 그는 이제 멀리서 예수를 가리킨다. 둘째로, 애제자는 예수를 만났기 때문에 그를 알아본 것이 아니다. 또 애제자가 예수를 알아봤다고 해서 예수와 물리적으로 가까워지는 것도 아니다. 오히려 물가의 예수를 만나기 위해 애제자보다는 베드로가 더 빨리 헤엄쳐 갔기 때문에, 베드로가 더 가까이 갔을지도 모른다.

베드로와 애제자는 요한복음 마지막 부분에 짝을 이뤄 다시 등장한다. 아침식사 후, 베드로는 예수와 함께 물가를 거닐며 대화를 나눈다. 애제자가 그 뒤를 따른다. 예수가 베드로에게 물었다. "요한의 아들 시몬아, 네가 이 사람들이 나를 사랑하는 것보다 더 나를 사랑

하느냐?"(요한 21:15b). 베드로는 단호히 대답한다. "예, 주님. 아시는 바와 같이 저는 주님을 사랑합니다." 예수가 "내 어린 양들을 잘 돌보아라" 하고 대답한다. 예수는 두 번 더 같은 질문을 하고, 베드로는 두 번 더 분명하게 대답한다. 베드로가 대답할 때마다, 예수는 양을 잘 돌보라고 명한다. 사랑에 대한 이 세 번의 대화는 종종 예수를 세 번 부인한 베드로와 대조되어 해석된다. 이 사랑의 대화는 베드로의 죽음을 암시하는 예수의 예견으로 마무리된다.[23)]

사랑에 대한 질문이 죽음과 연결된다. 베드로는 예수의 공생애 내내 그를 따랐고, 예수는 베드로가 죽기까지 예수를 따를 것이라고 말한다. 예수가 자신의 죽음을 맞이한 것처럼, 예수를 따르는 베드로도 같은 운명에 처할 것이다. 이것은 잘 알려진 제자도(discipleship) 모델이자 증언 모델이지만, 이것이 복음서의 마지막 장면은 아니다. 대화는 예수를 죽기까지 따르는 베드로의 모습으로 끝나지 않는다. 애제자가 뒤따르는 것을 베드로가 알아차리면서 대화는 중단된다. 베드로가 "주님, 저 사람은 어떻게 되겠습니까?"라고 묻는다. 예수는 "내가 돌아올 때까지 그가 살아남아 있기(remain)를 내가 바란다고 한들 그것이 너와 무슨 상관이 있느냐? 너는 나를 따라라" 하고 대답한다. 예수는 이처럼 베드로에게 따라올 것(to follow)을 다시 명하지만, 이것은 이제 애제자의 상황(to remain)과 대비된다. 베드로를 향해 반복되던 질문은 예수가 사랑했던 애제자에게로 옮겨간다.

---

23) "정말 잘 들어두어라. 네가 젊었을 때에는 제 손으로 띠를 띠고 마음대로 돌아다닐 수 있었다. 그러나 이제 나이를 먹으면 그 때는 팔을 벌리고 남이 와서 허리를 묶어 네가 원하지 않는 곳으로 끌고 갈 것이다" 하고 말씀하셨다. 예수의 이 말씀은 베드로가 장차 어떻게 죽어서 하느님의 영광을 드러내게 될 것인가를 암시하신 말씀이었다. 이 말씀을 하신 뒤 예수께서는 베드로에게 "나를 따라라" 하고 말씀하셨다(요한 21:18-19).

대화가 이렇게 중단된 데는 중요한 의미가 있다. 예수와의 대화 중간에 뒤따르던 애제자가 등장하면서, 베드로는 다른 곳으로 관심을 돌린다. 베드로의 죽음을 다루던 대화는 애제자와 그의 운명에 대한 대화로 그 초점을 옮겨간다. 예수와 베드로가 등장하는 장면에서, 사랑은 예수를 따르라는 명령으로 끝난다. 하지만 이제 이야기의 초점은 예수와 베드로가 아니라 그 둘 뒤에 따라오는 자에게 맞춰진다. 이제 초점은 따라가는 것(following)이 아니라 남아 있는 것(remaining)에 있다.

예수가 베드로에게 한 말은 흔히 꾸짖음으로 해석되는 경향이 있다. 베드로는 예수가 방금 건넨 말의 무게를 직면하기보다 화제를 돌리려 한다. 예수는 이를 강하게 거부한다. 애제자의 상황에 관심을 가지게 되면서 베드로는 예수가 자신에게 내린 명령에 집중하지 못한다. 베드로는 애제자의 상황에 관심을 갖기보다 예수가 자기에게 명한 일에 집중해야 한다. 그것이 바로 예수를 따르는 길이다. 아마도 우리는 이 장면에서 베드로를 꾸짖는 것 이상의 의미를 읽어낼 수도 있다. 어쩌면 우리는 화제를 돌리기보다 이전 대화를 계속하는 것으로 이를 읽어낼 수 있을지도 모른다. 베드로가 애제자에게 관심을 보이면서 대화는 중단되고, 사랑의 질문은 다른 방향을 향하게 된다. 만일 "그가 살아 있은들 그것이 너와 무슨 상관이 있느냐?"라는 이 질문이 예수가 베드로에게 건네려는 네 번째 사랑의 질문이라면 어떻게 될까? 예수는 직접 베드로에게 자기를 사랑하는지 세 번 물었다. 이제 요한복음의 초점은 예수가 사랑하시는 제자에게로 옮겨진다. 이 때 사랑에 대한 질문은 직접적으로 주어지지 않고, 사랑하는 인물을 통해 구체화된다.

우리는 예수의 말씀을 꾸짖음으로 해석하는 대신, 예수의 죽음 후에 남아 있는 것의 의미에 대한 또 다른 모습을 담는 것으로 이해할 수 있다. 남아 있음을 언급하는 것이 단지 애제자의 특별한 운명에 대한 것만은 아니다. 이것은 사랑받는 자가 된다는 것이 어떤 의미인지 좀 더 넓은 시각에서 묻는 질문 가운데 하나다.[24] 만약 이것을 예수가 베드로에게 던진 네 번째 사랑의 질문으로 본다면, 이것은 다음과 같은 질문이 될 수 있다: "그가 남아 있는 것이 너에게 무슨 상관이냐? 그가 살아남아 있은들 그것이 너와 무슨 상관이 있느냐?" 예수는 베드로가 순교할 것을 암시하지만, 대화는 거기서 끝나지 않는다. 계속되는 사랑의 질문이 죽음과 연결되지 않고, 죽음 이후에 남아 있는 것(remains beyond death)과 연결된다. 사랑하는 인물은 살아남은 인물(a figure of survival)이다.

베드로와 애제자가 함께 등장하는 본문을 다시 살펴보면, 애제자는 앞서든지 뒤서든지 늘 베드로에게서 한 걸음 떨어져 있다. 시종일관 애제자는 이름 없이 등장하고, 이런 익명성 때문에 그는 중요한 이야기 속에 등장하는 중요하지 않은 인물처럼 보인다. 요한복음의 마지막 이야기에서, 애제자는 또다시 베드로를 따라 물가를 거닌다. 베드로는 두 번이나 다른 사람들보다 먼저 예수를 직접 대면하는 사람으로 언급된다. 이 이야기에서 애제자는 삼인칭으로 등장하고 말도 하지 않는다. 대신 다른 사람들이 애제자**에 대해** 이야기한다. 애제자가 그 장면 안에 있음에도 불구하고, 대화는 마치 애제자가 거기에 없는 것처럼 진행된다.

---

24) 앞선 질문은 베드로가 예수를 사랑하는지 묻는 것이었다. 사실 애제자를 둘러싼 질문은 다음처럼 뒤집어진다. "예수에게 사랑받는 제자가 된다는 것은 무슨 의미인가?"

하지만 앞서 등장하는 장면들처럼, 이런 위치는 복음서 마지막에 이상하게 뒤바뀐다. 애제자는 베드로보다 더 돋보이게 되며, 무덤 장면에서의 믿음은 애제자에게 돌려진다. 요한복음의 마지막 장면에서 애제자는 베드로가 죽은 뒤에도 살아남을 인물로 언급된다. 또한 이 장면은 믿음의 본질에 대해 중요한 점을 드러낼 수도 있다. 애제자는 예수의 죽음을 모방할 사람은 아니지만, 아마 더 중요하게, 끈질기게 계속되는 사랑의 징표로 이름 없이 남아 있는 사람이 될 것이다. 애제자라는 인물을 통해, 사랑은 죽음이 아니라 살아남음(survival)과 밀접하게 연결된다. 여기서 신앙은 희생이 아니라 증언에 초점을 둔다. 본문은 이렇게 말한다. "그 제자는 이 일들을 증언하고 또 글로 기록한 사람이다. 우리는 그의 증언이 참되다는 것을 알고 있다"(요한 21:24). 증언자로서의 애제자의 역할이 요한복음의 끝에 강조된다.[25)]

요한복음이 끝날 때까지 해결되지 않은 채 남아 있는 질문은 네 번째 사랑에 대한 것이다. "그가 살아 있은들 그것이 너와 무슨 상관이 있느냐?" 이 물음은 문서로 남아 전해졌고 복음서 독자들에게 던지는 질문이 되었다. 나는 이 질문이 필연적으로 성령과 연관된다고 주장한다. 고별담화 속 예수가 남아 있음에 대해 제자들에게 이야기할 때, 그는 죽음의 여파 속 존재 방식에 대해 이야기한다. 제자들이 어떤 방식으로 남아(*menein*) 있든지 간에, 그들은 복음서가 일상적인 동반관계라고 부르는, 제자들 안에 거하는 보혜사-성령과의 연결 속에서 남아 있을 것이다.

과연 애제자는 증언하는 일의 의미를 뭐라고 이야기할까? 첫 번

---

25) 애제자라는 인물과 요한공동체에 대한 언급으로 끝나는 요한복음은, 다른 복음서들과 다르다. 다른 복음서들 끝에는 여전히 예수가 등장하는 반면, 여기서는 예수의 부재 가운데 그를 증언하려고 남아 있는 사람들이 중심인물이다.

째 장면에서, 나는 무덤 사건에서 애제자가 시간적으로나 신체적으로 두 번째에 위치한다는 것을 지적하면서, 이것은 명확하게 전달 가능한 메시지만을 통해 증언이 가능하다고 믿는 우리의 이해를 뒤집는다고 말했다. 믿음이 애제자에게 돌려진 것을 참조하면, 우리는 처음에 보지 못했던 과정이 수난의 여파 속 증언에 의미를 부여하는 것은 아닌지 묻게 된다. 두 번째 장면에서 내가 제시하는 것은, 애제자의 익명성과 베드로와의 관계 설정이 요한복음의 결말을 다르게 해석할 수 있는 여지를 마련했다는 점이다. 요한복음은 베드로에게 죽기까지 예수를 따르는 자라는 특별함을 부여하는 대신에, 애제자의 목격과 증언을 통해 사랑의 개념을 다르게 제시함으로써 우리에게 익숙한 해석에 도전한다. 사랑은 죽는 것이 아니라 남아 있는 것과 연결된다. 요한복음은 애제자를 통해 새로운 형태의 사랑을 우리에게 제시한다. 그것은 바로 증언이다.

여기서 당연하지만 중요한 이야기를 짚고 넘어가려 한다. 만약 그 사건들의 주요 목격자가 막달라 마리아와 애제자라면, 과연 그들의 증언은 믿을 만한 것인지 묻게 된다. 그럼에도 불구하고 내가 이야기하는 것은, 그들이 죽음과 삶의 교차점에서 독특하게 생겨나는 증언 방식들을 드러내고 있다는 점이다. 그들은 단순히 죽음의 사건이 아니라, 죽음과의 관계 속에서 재구성되는 삶을 증언한다. 그들은 삶의 영역으로 넘겨진 죽음의 잔재들(death's remainder)을 증언한다. 처음에 이것은 마치 내가 부활에 대한 그들의 증언에 관해 말하는 것처럼 보인다. 하지만 그렇지 않다. 여기서 나는 그 장면들을 연결시키며 그 중간 영역이라는 독특한 개념의 공간을 그려내고 있다. 이 공간은 죽음과 삶, 수난과 부활에 대한 우리의 이해에 도전한다. 그 중간 영역은 목격과 증언의 복잡함에 주목하도록 주의를 환기시키는 동시에, 목격되고 증언되는 대상을 묻는 중요한 질문을 던진다.

요한복음 본문은 막달라 마리아가 예수를 알아본 것을 우리에게 이야기한다. 애제자는 믿는 자로 명시된다. 하지만 두 경우 모두, 그들의 증언에는 일정한 간격과 중단이 존재한다. 그들은 보기는 하지만, 직접적으로 보는 것이 아니라 계속되는 장애물의 방해 속에서 본다. 그들은 예수를 발견하지만, 그 순간조차도 예수에게서 떨어져 있다. 그들의 증언은 목격된 사건들에 관해 중요한 시사점들을 보여준다. 그 사건들 자체는 어떤 방법으로도 직접 파악되지 않는다. 수난은 모조리 과거 속에 깨끗이 봉인되지 않고, 인식으로 파악될 수 없는 형태들로 삶에 흔적을 남기며 계속된다. 이것이 막달라 마리아와 애제자의 증언이 말하는 수난의 진실이다. 예수의 죽음 사건은 인식으로 포착되지 않는 방식들로 전해진다. 예수의 죽음에 대한 증언이 반복적으로 가리키는 것은 예수가 죽지도 않고 살지도 않은 상태, 즉 존재하지도 부재하지도 않은 상태에 놓였다는 것이다.

나는 몇 가지 질문을 위해 그들 증언의 복잡성에 주목한다. 첫째, 예수가 그들 증언의 대상인가? 둘째, 어쨌든 그들이 누군가, 혹은 무엇인가를 증언하고 있지 않은가? 실패한 증언처럼 보이는 것이 증언의 새 지평이며, 이런 새로운 지평 속에서 그 죽음의 경험은 예수에 대한 어떤 단순한 접근도 불가능하게 만든다. 대신, 막달라 마리아와 애제자의 증언 이야기들에서 얼핏 보인 것 같이, 관심은 예수에게서 다른 곳으로 옮겨진다. 그들이 증언한 내용은 지속적으로 생략된다. 그들로 하여금 가로막힌 채로 목격하고 증언하게 만드는 장애물은, 예수의 모습에 직접 접근하는 일이 수난 이후에는 더 이상 불가능하다는 것을 나타낸다.

하지만, 그들은 예수의 부활을—그들과 함께하는 예수의 현존을—직접적으로 증언하지 않는다. 이것은 분명한 대상이 없는 증언이다. 발타자르의 『세상의 마음』에 나오는 목격자는 일련의 질문들을 통해 이것을 묘사한다. 이것이냐, **아니면** 저것이냐? 목격자는 묻는다. 질문은 우리 이해의 틀이 완벽하지 않다는 사실을 드러내며, 하나의 대조에서 다른 대조로 이어진다. 삶이나 죽음이 아니다. 시작이나 끝이 아니다. 증언은 일어나고 있는 사건을 담아내기에 적절한 표현들을 찾는다. 발타자르는 결국 '졸졸 흐르는 지루함', '혼돈 속의 원천'과 같이 표현들을 섞어 독특하게 이야기한다.[26] 이것은 지도에 표시할 수 없는 지역과도 같다. 이곳에서 무언가 생겨나지만, 그 내용이 무엇인지는 계속 질문으로 남는다. 무엇인가 죽음에서 살아남았고, 무엇인가 여전히 남아 있다. 예수의 몸은 돌아왔지만, 막달라 마리아와 애제자는 애초에 보지 못했던 경험을 통해서만, 그리고 멀리에서만 이 몸을 인식한다.

이런 일련의 변화 속에서 예수에게 맞추어졌던 증언의 초점은 증인들과 그들의 활동으로 옮겨진다. 증인들은 죽음의 여파 속을 살아가는 삶의 활동을 증언하며 존재한다. 수난에서 부활로 이어지는 해석 과정에서, 이렇게 혼란스러운 활동을, 앞으로 펼쳐질 삶의 가능성이 배제된 채로, 죽음이 지속되는 상태를 이야기하는 것으로 해석하는 일은 매우 드물다. 이 활동들은 죽음의 여파 속에서 남아 있는 사람이 된다는 것이 어떤 의미인지를 우리에게 이야기한다.[27] 남아 있

26) Hans Urs von Balthasar, *Heart of the World*, trans. Erasmo Leiva (San Francisco: Ignatius Press, 1979) 152.

27) 에스더 드 보어(Esther de Boer)는 마리아가 계속 등장한다는 점에서, 요한복

는 것은 부활한 삶의 틀 안에 쉽게 통합될 수 없다. 요한복음이 애제자라는 생존자의 이야기로 마무리 되면서, 막달라 마리아의 증언은 그녀를 불안정한 위치에 남겨두며, 그녀의 증언은 유예된다. 그녀의 증언은 받아들여졌는가? 누가 그것을 받아들이기 위해 남을 것인가?[28]

요한복음에서 막달라 마리아와 애제자는 수난과 부활의 주요 증인들로 등장한다.[29] 우리에게 잘 알려진 증언 모델에 따르면, 이들은 이 사건을 받아 전한 사람으로 이해될 수 있다. 그들은 십자가 발치에 서서 사건을 본대로 전한다. 이어서 그들은 다른 이들에게도 사건의 진실을 분명하게 선포한다. 나는 내가 이해한 바를 바탕으로 이렇게 묻는다. 예수의 죽음 직후 그들은 어떤 방법으로, 그리고 얼마나 명확하게 죽음 사건을 받아들이고 전하는가? 목격하고 증언하는 것이 쉽지 않았던 그들의 자리에 좀 더 다가서서 바라볼 때, 그들을 단순히 예수의 죽음과 부활의 소식을 받아 전하는 사람들로 이해할 수 없다는 것이 나의 견해다. 오히려 그들의 증언은 그들이 사건에 대해

음에 등장하는 마리아를 다른 복음서와 구분한다. 계속되는 것은 남아 있는 것과 같은 의미로 해석되곤 한다. 다음을 볼 것. Esther de Boer, *Mary Magdalene: Beyond the Myth* (Harrisburg, PA: Trinity Press International, 1977). "막달라 마리아에 대한 요한복음의 가장 전형적인 특징은, 그녀가 남아 있다는 것이다"(54).

28) 요한복음 본문은 이렇게 말한다. "막달라 여자 마리아는 제자들에게 가서 자기가 주님을 만나 뵌 일과 주님께서 자기에게 일러주신 말씀을 전하였다"(요한복음 20:18). 이 장면은 여기서 끝이 나고, 모여 있는 제자들과 그들에게 나타나신 예수의 이야기가 뒤이어 등장한다.

29) 레이몬드 브라운은 다음과 같이 설명한다. "'Le temoinage de Jean,' *Revue de Theologie et de Philosophie* 38 (1950), 120- 27 에서 마송(C. Masson)은 다시 한 번 이야기한다. 복음서 전체에 걸쳐 요한은 선포와 전도의 언어보다, 목격과 증언의 언어를 더 선호한다. 이는 예수가 한 일을 설명하기 위함이다." 다음을 볼 것. Brown, *Gospel According to John*, 1128.

온전히 이해하지 못한 것과의 간접적인 만남을 드러낸다. 이런 간접적인 만남은 실패한 증언이 아니라, 내가 성령의 활동이라고 믿는 것에 대한 증언이다.

막달라 마리아와 애제자의 증언은 내가 1장에서 개괄한 증언의 세 측면을 잘 보여준다. 두 사람의 경험에서 시간, 몸의 위치, 그리고 대화는 모두 어긋난다. 그들은 죽음의 여파 속에서 목격하고 증언하는 일이 어떤 경험인지를 잘 보여준다. 그러나 이들의 목격과 증언은 자신들의 이야기와 분리되지 않는다. 앞서 등장하는 요한복음의 고별담화와 십자가 이야기는 그들의 증언 형태와 특징에 대한 몇 가지 단서를 제공한다. 요한복음은 '메네인'(*menein*)과 '파라디도나이'(*paradidonai*)라는 아주 중요한 두 단어를 우리에게 소개하며 마리아와 애제자의 증언을 예견한다. 고별담화는 예수가 죽고 난 이후 그 죽음의 여파 속을 살아가는 독특한 방식을 그려내기 위해 '남아 있다', 혹은 '머무르다'를 뜻하는 '메네인'(*menein*)이란 단어를 사용한다. 남아 있음은 위로자-영(the paraclete-spirit)을 통해 증언하는 일과 연결될 것이다. 내가 이제까지 이야기해 온 것처럼, 체포되고, 재판받고, 죽임당하는 이야기 역시 증언 개념에 기여한다. "다 이루었다"는 말과 함께, 예수는 고개를 떨구고 자신의 영을 넘겨준다(*paradidonai*). 넘겨준다는 뜻을 지닌 '파라디도나이'(*paradidonai*)라는 단어는 교환이 이루어지는 것을 나타낸다. 이것은 특정한 형태의 전달을 의미한다. 이 동사는 우리로 하여금 예수가 죽던 순간에 함께 있었던 이들을 주목하게 하며, 죽음에서 나타나는 삶의 형태를 파악하려는 그들의 시도에 주의를 기울이게 만든다.

앞서 언급한 두 단어는 우리에게 좀 더 폭넓은 시각을 제시함으로써 막달라 마리아와 애제자의 증언을 이해할 수 있도록 돕는다. 이러한 방식은 두 가지를 의미하는 성령과 연결된다. 첫째, 이런 방식의 구상을 통해서 그들은 예수의 사건만 증언하는 대신, 다른 형태의 현존, 즉 위로자-영(the paraclete-spirit)의 현존을 증언한다. 둘째, 성령은 그들의 증언 속에 활동한다. 그들은 예수의 부재를 목격하지만 그들이 목격하는 것은 그 이상이다. 그들은 자신들의 활동 속에 무엇인가 살아있는 것을 입증한다.[30] 요한복음의 이런 단어들을 통해 막달라 마리아와 애제자의 증언을 바라볼 때, 우리는 수난과 부활, 죽음과 삶 사이에서의 성령론적 증언의 특징을 잠깐이나마 볼 수 있다.

이 두 단어를 통해 우리는 위태로운 증언 공간으로 끌려들어간 제자들을 목격한다. 그들은 죽음의 공간에서 '프뉴마'(*pneuma*)라 불리는 영에게 넘겨진다. 그 결과 그들은 말이나 몸과의 관계에서 다른 방식으로 자리매김하게 된다. 죽음은 그들이 말과 몸 어느 것 하나에도 쉽게 접근할 수 없게 만들었고, 그들은 이런 상태를 증언하고 있다. 약속된 위로자는 그가 왔는지 가늠할 수도 없을 만큼이나 희미한 모습으로 죽음의 여파 속을 맴돈다. 그래서 우리는 이 영이 성령이라고 분명하게 이야기할 수는 없다. 20장에 이르러 예수가 제자들에게

30) 데리다가 '살아남다'(*survivre*)에 대해 이야기한 것(1 장 참고)으로 돌아가 보자. 삶은 삶의 한계를 넘는 것 안에서 생각된다. 죽음은 다른 형태의 삶을 이루면서 죽음 자체의 한계를 넘어선다. 이런 방식으로 삶은 그 자체를 넘어서는 것으로 여겨진다. 다음을 볼 것. Jaques Derrida, "Living On: Border Lines," in *Deconstruction and Criticism*, trans. James Hulbert (New York: Seabury, 1979), 75-176. 데리다는 텍스트의 경계들과 해석의 과정을 오래 살아남는 것으로서, 즉 "모든 경계와 구분을 허물고 우리로 하여금 텍스트에 대한 지배적인 해석이나 정설로 여겨지는 생각을 넓혀가게 만드는 일종의 뛰어넘기[*déordement*]로서" 탐구한다(83-84). 복음서 텍스트에서 예수의 죽음은 그들을 죽음의 영역(예수의 부재)이나 삶의 영역(예수의 현존)이 아닌, 남아 있는 것과의 기이한 관계 속에 위치시키며 경계를 넘어선다.

공식적으로 성령을 주고 난 뒤에야 이것은 분명해진다. 여기 죽음과 삶 사이, 우리는 인간의 영이나 하느님의 영이나 할 것 없이, 모두 다르게 표현되는 모습을 보게 된다. **이것은 끈질기게 지속되고, 남아 있는 신적인 사랑의 현존이다. 이 사랑은 그들의 목격과 증언 활동 속에, 또 그 활동을 통해 표현된다.** 성령은 눈에 보이는 대상이 아니며, 활동으로 현존한다. 그들 안에서 입증된 힘은 승리하는 힘이 아니라 끈질기게 지속하는 힘이며, 지배하는 힘이 아니라 견뎌내는 힘이다. 옛 것과 새 것 사이, 과거와 현재 사이, 영은 끈질기게 남아 있다. 절박한 물음은 이것이다. 이 활동들이 목격되고 증언될 수 있는가?

고별

> "나는 너희를 고아들처럼 버려두지 않겠다. 기어이 너희에게로 돌아오겠다. 이제 조금만 지나면 세상은 나를 보지 못하게 되겠지만 내가 살아 있고 너희도 살아 있을 터이니 너희는 나를 보게 될 것이다"(요한 14:18-19).

요한복음에서 예수는 십자가 죽음과 증인들의 이야기에 앞서 자신의 죽음 이후 제자들이 이어갈 삶에 대해 이야기한다. 요한복음의 고별담화는 최후의 만찬 자리에서 이루어진다. 이 담화는 유다의 배반을 폭로하는 장면 바로 뒤부터 시작하여, 성부께 기도하는 장면과 로마 군인들에게 체포될 동산에 들어가는 장면 앞에서 끝난다. 고별담화에는 예수가 제자들에게 특별히 건네는 일련의 짤막한 가르침들이 담겨 있다. 예수의 말씀은 스스로의 죽음을 예견한 사람이 사랑하는 이에게 건네는 이별의 말과 닮아 있다. 사람들은 자신의 죽음 이후를 살아갈 사랑하는 이들의 미래를 상상하면서 그들을 향한 바람과 소망을 이야기하곤 한다. 고별담화는 분명 그런 특징을 가졌다. 이것은 고별담화의 장르인 유언의 속성이기도 하다.

게다가 고별담화의 독특한 측면은 내가 소개한 목격과 증언이라는 개념에 힘을 싣는다. 첫째, 예수는 제자들이 자신의 말을 온전히 이해하지 못하리란 사실을 잘 알면서 고별담화를 전한다. 제자들은 나중에서야 예수의 말을 이해하게 될 것이다. 예수는 제자들에게 지금 이야기하지만, 후에 성령이 제자들을 가르치고 깨닫게 할 것이라고 요한복음 14:25-26은 말한다. 요한복음 16:12에서 예수는 자기가 해야 할 말을 당장은 제자들이 감당할 수 없겠지만, 언젠가는 제자들이 진리로 인도될 것이라고 말한다.[31] 예수의 이런 이야기들이 보여주는 바는, 비록 제자들이 다가오는 예수의 죽음을 경험한다 하더라도 그 경험의 대부분을 이해할 수 없다는 것이다. 그들은 이런 일들을 겪게 될 것이지만, 무엇인가 놓치게 될 것이다.

둘째, 시간이 불명확하다. 동사의 시제는 계속 바뀌며, 무슨 일이 언제 일어날지 불분명하다. 이해하기 어려운 상황은 뒤섞인 시간에 대한 언급들과 연결된다. 게일 오데이(Gail O'Day)가 주목한 것처럼, 고별담화는 요한복음의 익숙한 이야기 스타일을 탈피하여 어떤 사건이 일어나기도 전에 그것을 해석한다. 과거, 현재, 미래라는 서로 다른 시간들은 이례적으로 뒤섞여 있다.[32] 고별담화는 "때"로 언급되

31) 요한복음 16:12-13a 를 볼 것. "아직도 나는 할 말이 많지만 지금은 너희가 그 말을 알아들을 수 없을 것이다. 그러나 진리의 성령이 오시면 너희를 이끌어 진리를 온전히 깨닫게 하여주실 것이다."

32) Gail O'Day, "I Have Overcome the World"(John 16:33): Narrative Time

는 특정 시기에 위치한다. "과월절을 하루 앞두고 예수께서는 이제 이 세상을 떠나 아버지께로 가실 때가 된 것을 아시고"(요한 13:1). 이것은 그저 어느 한 때가 아니라 예수가 죽음으로 향하는 특정한 시기로 봐야 한다. 본문은 예수가 떠날 시간을 알고 있었음을 보여준다. "때"는 끝과 함께 시작을 나타낸다. 예수는 제자들과 함께 살았고, 모여든 이들을 가르쳤으며, 아픈 이들을 치유하고, 귀신을 내쫓았으며, 스스로를 거룩한 이로 구별되게 하는 표적을 보였고, 도래할 세상에 대해 이야기했으며, 그의 이야기를 듣는 이들에게 다른 방식으로 세상을 보여주었다. 하지만 그의 이런 활동은 끝을 맞이한다. 일상적인 날들을 차지하던 것들이 중단되고, 때가 시작된다. 하지만 게일 오데이와 수잔 하일렌(Susan Hylen)이 지적한 것처럼, 이때는 얼어붙은 듯 멈춰 있다. "예수의 때에 일어난 사건 속에서, 그리고 그 이후를 살아갈 수 있도록, 예수가 사랑하는 이들을 준비시키기 위해서, 마치 특정한 순간을 위해 시간이 멈춰 있는 것 같다."33)

"얼마 안 되어", "때가 찼다"와 같은 다른 시간적 표현이 도처에 사용된다. 그러나 미래시제로 언급됨에도, 예수는 이미 일어나고 있는 일에 대해 이야기하고 있다. 예수는 제자들에게 자신이 떠날 것을 이야기하고, 우리는 이 사건이 당연히 미래에 일어날 것으로 생각한다. 그 때 예수는 어떤 일들을 예고하고, 그것들이 이미 일어나고 있

---

in John 13-17," *Semeia* 53 (1991): 153-66. "사실, 요한복음에서 이야기 시간이 흘러가는 것에 비추어보면, 고별담화 전체는 그것이 자리 잡은 위치에 어울리지 않는다. ... 고별담화의 특정 부분이 단순히 그 이야기 전체의 시간 순서를 흐트러뜨리는 것이 아니라, 고별담화 자체가 복음서 이야기의 순서를 혼란스럽게 한다.

33) Gail R. O'Day and Susan E. Hylen, *John* (Louisville, KY: Westerminster John Knox Press, 2006), 143.

음을 제자들에게 이야기한다. 고별담화에서 예수는 마치 부활한 예수처럼 제자들에게 이야기한다.[34] 예수가 있는지(현존) 없는지(부재), 오는지 가는지 등, 예수의 상태에 대한 문제는 담화 전반을 통해 다뤄지고 또한 변화되는 시간에 대한 언급에 반영되어 있다.

셋째, 예수는 자기의 부재 속에서 제자들과 함께 할 세 번째 위격인 위로자(the paraclete)에게 호소함으로써 자신이 떠날 것을 이야기한다.[35] 제자들에게 위로자는 친숙하기도 하고, 그렇지 않기도 하다. 예수는 제자들이 이전에 위로자에 대해 알고 있던 것을 이야기하며, 제자들에게 다른 위로자를 보낼 것을 이야기한다. "내가 아버지께 구하면 다른 협조자(한글개역개정판에는 '보혜사,' 공동번역개정판에는 '협조자'로 번역)를 보내주셔서 너희와 영원히 함께 계시도록 하실 것이다"(요한 14:16). 그런데 요한복음에서는 위로자가 언급되는 것이 이곳이 처음이다. 인식론적 유예와 기이한 시간성 한가운데서 예수는 제자들을 홀로 두지 않겠다고 약속한다. 비록 자신은 떠나지만, 예수는 과거 사건과 제자들을 연결시켜 가르치고 안내할 변호자이자 증

---

34) "다시 말해, 고별담화 전체에 걸쳐 우리가 듣는 목소리는 부활한 예수의 목소리이다. ... 이것은 부활 이후의 관점이고, 이는 고별담화가 시간을 초월한 것이 되게 한다"(O'Day, "I Have Overcome," 157).

35) Gail R. O'Day, "The Gospel of John: Reading the Incarnate Words," in *Jesus in the Johanine Tradition*, ed. Robert T. Fortna and Tom Thatcher (Louisville, KY: Westminster John Knox Press, 2001). "'위로자'(paraclete)는 그리스어 명사 *paraklētos*의 음역이다. 요한복음 기자는 성령을 이야기하기 위해 이 명사를 사용한다. 이 명사는 여러 가지 의미를 담고 있다. '설득하는 사람', '위로하는 사람', '도와주는 사람' 등이 그것이다. 요한복음 기자는 신앙 공동체의 삶 속에서 이 의미들을 모두 사용하여 성령의 본질과 기능을 이야기한다. 성령/위로자는 예수가 죽어 하느님께 되돌아간 후에 믿음의 공동체에 남아 있을 것이다. 성령/위로자는 화육(성육신) 사건에서 시작된 하느님의 계시를 이어나간다. ... 따라서 성령은 다음 세대 신앙인들이 예수 안에 계시된 하느님을 아는 것을 가능하도록 만든다"(30).

인을 그들에게 보낼 것이다. 고별담화에 등장하는 이런 위로자의 모습은 요한복음에만 나타나는 독특한 점이며, 육신으로 현존하는 예수를 넘어 하느님의 현존을 이야기하고 있다. 이 위로자는 지속되는 예수의 현존에 대한 약속이며, 동시에 예수를 부재 속에서 기억하는 것이다.

이런 세 측면에 비추어 보면, 예수의 고별담화는 제자들에게 끝을 이야기하기 위한 것은 아닌 듯하다. 오히려 고별담화는 죽음과의 연결 속에서 새롭게 구성되는 삶을 시작하게 한다. 예수는 제자들이 현재와 미래, 떠남과 도착, 끝과 시작의 불가분성과 대면하게 만든다. 예수는 제자들의 삶이 남아 있는 것을 증언하도록 그들의 삶을 정성스럽게 만들어간다.

남아 있기

> 남다(동사): 제거하거나 일부분을 사용한 뒤에도 계속 있음. 같은 장소에 계속 있음. 머무르다. 그대로 있다.[36]

고별담화 중에, 예수는 남아 있기에 대해 이야기한다. 거주하다, 머무르다, 혹은 남다를 뜻하는 '메네인'(*menein*)은 요한복음 전체에 걸쳐 사용되며, 고별담화와 마지막 장에서 가장 두드러지게 사용된다. 이 단어는 관계 속에서 쓰이는 것이기에 늘 어떤 대상을 향한다. 예수는 어디에, 혹은 누군가와 함께 남아 있으라고 제자들에게 말한다.

---

36) *Oxford English Dictionary Online* 2000, s.v. "remain," http://dictionary.oed.com/.

'머물러 있기'(abiding)가 가장 흔한 영어 번역이겠으나, 그리스어 사전들은 '메네인'(*menein*)을 '남아 있다'(to remain)로 번역한다.[37] 나는 이 단어를 증언 문학과 보다 명확하게 연결하기 위해 '남아 있기'로 번역한다. 그렇다. '남아 있다'는 단어는 생존 경험과 직접적으로 연결된다. 이런 방식으로 '메네인'(*menein*)을 번역하면, 이 단어를 '머물러 있다'로 번역할 때 놓칠 수 있는 죽음과의 연관성을 유지한다. 예수가 자신이 떠날 것을 제자들에게 말할 때, 예수는 그 말을 자신이 떠난 후에 그저 남아 있는 사람들로서의 제자들에게가 아니라, 실제로 그의 십자가 처형에서 생존할 사람들로서의 제자들에게 말하는 것이다. 남아 있는 것(*menein* 하는 것)은 예수가 끔찍하게 죽임 당한 십자가 사건에서 살아남는 사람이 되는 것이다. 남아 있기를 이야기할 때, 죽음의 무게와 끔찍함도 함께 전해진다. 예수는 제자들에게 그들이 예수의 죽음 이후 살아남는 생존자들이 될 것이라고 이야기한다. 그러나 '메네인'(*menein*)이란 단어는 그 이상의 것을 전달한다. 이 단어는 죽음을 통해 새롭게 빚어지는 증언하는 삶과도 연결된다.

고별담화 시작 부분에서, 예수는 자기가 떠나더라도 제자들이 '메네인'(*menein*) 할 곳, 즉 있을 곳 혹은 거주할 곳이 있다고 약속한다. 예수는 아버지 집에는 있을 곳이 많다고 이야기하면서, 그가 제자들 곁을 떠나 이 땅에 존재하지 않을 그 때에 제자들을 위한 거처를 마

---

37) Joseph C. Dillow, "Abiding Is Remaining in Fellowship: Another Look at John 15:6," *Biblioteca Sacra* 147 (2001). "영어 단어 'abide'의 뜻은 다음과 같다. '(1) ~를 기다리다; (2) 포기하지 않고 참다, 끈기 있게 견디다, 버티다; (3) 안정을 유지하다, 고정된 상태를 유지하다, 한 장소에 머무르다.' 여기 언급한 것들은 그리스어 단어 *menein*의 뜻과 같다. 하지만, 영어 번역 성서에서 약간의 신비함을 담고 있는 이 단어는, 그동안 신앙과 신뢰라는 뜻을 나타내는 것이었다. 대부분의 그리스어 사전은 *menein*의 뜻을 간단하게 '남아 있기'라고 소개한다"(48).

련하겠다고 말한다. 예수는 떠나지만, 제자들은 남을 것이다. 어떻게 보면 제자들은 집 없는 신세가 될 것이다. 하지만 알고 보면 제자들이 거할 곳은 그리 멀리 있지 않다. 고별담화 중에 예수는 제자들에게 바로 그들 자신이 거처가 될 것이라고 말한다. 제자들은 하느님이 오셔서 거할 장소가 된다. 이후에 예수는 제자들에게 남아 있을 것을 명한다. "내 사랑 안에 남아 있어라."[38] 약속과 명령, 두 경우 모두 '메네인'(*menein*)은 위로자(the paraclete)와 연결된다. 예수는 위로자가 존재할 때에만 남아 있는 것이 가능함을 이야기한다. 동사 '메네인'(*menein*)은 위로자-영이라는 독특한 모습과 연결된다. 남아 있을 힘을 갖는 것은 위로자를 통해서 가능하다.

고별담화에서 위로자는 다섯 군데 언급되며, 제자들에게 주는 선물로는 처음 언급된다.[39] 요한복음 14:16에서 예수는 제자들에게 보낼 다른 위로자, 즉 제자들 안에, 제자들과 함께 거할 진리의 성령을 아버지께 구하겠다고 말한다. 이 선물은 예수가 곧 떠날 것을 고려한 것이다. 그렇다면 위로자는 예수의 물리적 부재 속에서도 계속해서 제자들과 함께하는 하느님의 현존이다. 위로자는 제자들을 위로할 것이며 함께 계신 분이라고 불려질 것이다. 그러나 예수의 말씀은 위로자가 계속 함께 할 것이라고 제자들을 안심시키기만 하는 것이 아니다. 위로자는 단순히 예수가 없는 동안 그를 대신하는 존재가 아니다. 예수가 설명하는 것처럼 위로자는 이런 역할을 넘어선다. 위로자는 제자들이 예수와의 연결을 유지하면서 앞으로 나가도록 도울 것이다.

---

38) 요한복음 15:9, "아버지께서 나를 사랑하신 것처럼 나도 너희를 사랑해 왔다. 그러니 너희는 언제나 내 사랑 안에 머물러 있어라."

39) 요한복음은 다섯 군데의 본문에서 위로자에 대해 말한다(14:16-17, 26; 15:26-27; 16:7-11, 12-15).

"나는 너희와 함께 있는 동안에 여러 가지 이야기를 들려주었거니와 이제 아버지께서 내 이름으로 보내주실 성령 곧 그 협조자는 모든 것을 너희에게 가르쳐주실 뿐만 아니라 내가 너희에게 한 말을 모두 되새기게 하여주실 것이다"(요한 14:25-26). 위로자는 제자들 안에 거하고, 과거, 현재, 미래로 이어지는 대단히 중요한 연결을 마련한다.

위로자는 교사이며 안내자이지만, 목격자이자 증인으로도 언급된다. 위로자가 없다면 제자들은 아주 위험한 결말에 이를 수 있다. 요한복음 14장은 믿는 자들 안에 거하며 교사와 안내자 역할을 하는 위로자의 모습으로 끝을 맺는다. 반면 요한복음 15장은 다르게 끝을 맺는다. 여기에는 두 가지 중요한 점이 있다. 첫째로, 예수는 '메네인'(*menein*)을 다른 형태로 사용한다. 명령형으로 사용하기도 하고, 일련의 조건문과 함께 사용하기도 한다. 포도나무와 가지의 비유를 통해 예수는 제자들에게 남아 있을 것을 명한다. 예수는 남아 있는 것은 새로운 상태에 대해 진술하는 것을 넘어선다고 말한다. 예수는 반드시 남아 있을 것을 강조한다. "너희는 나를 떠나지 마라. 나도 너희를 떠나지 않겠다. … 누구든지 나에게서 떠나지 않고 내가 그와 함께 있으면 그는 많은 열매를 맺는다. 나를 떠나서는 너희가 아무것도 할 수 없다"(요한 15:4-5). 위험한 상황이다. 만약 너희가 내 안에 '메네인'(*menein*)하면, 생명을 얻을 것이다. 만약 너희가 내 안에 '메네인'하지 않으면, 죽을 것이다. 마치 포도나무에서 잘려나간 가지처럼 말이다. 남아 있음은 선택이 아니라 명령이다. 이것은 사랑의 계명과도 관련이 있다.

둘째로, 지금까지 예수는 제자들과 하느님 사이의 관계를 설명해 왔다. 이제 예수는 제자들이 세상과 맺을 새로운 관계를 소개한다.

위로자가 올 때, 그 위로자는 증인으로 올 것이다. "내가 아버지께 청하여 너희에게 보낼 협조자 곧 아버지께로부터 나오시는 진리의 성령이 오시면 그분이 나를 증언할 것이다"(요한 15:26). 다시 한 번, 위로자는 진리의 성령으로 소개된다. 이 성령은 예수를 반대하는 세상에 맞서 예수를 대신해 증언할 것이다. 위로자는 제자들도 증인으로 변화시킬 것이다(요한 15:27). 15장에서 제자들 안에 거하는 위로자는 움직임 없는 정적인 모습이 아니다. 제자들 안에 사는 영은 제자들을 증인으로 변화시킨다. 하지만 증인들의 증언은 미약하다. 이것이 예수의 부재 속에서, 그리고 반대에 직면했을 때 제자들이 행할 증언이다. 만일 위로자가 제자들 안에 거한다면, 위로자는 죽음과 삶이 만나는 곳에서 제자들이 증인이 되게 할 것이다.

'메네인'(*Menein*)은 증언과 반드시 연결되며, 이것은 위로자에 대한 이후의 언급에서, 또 세상과의 관계 속 증언의 역할에서 분명하게 나타난다(요한 16장). 그러나 예수가 제자들에게 이야기하는 세상과의 관계는 제자들이 온전히 알려지지 않은 것들을 지속적으로 증언하는 일과 관련되어 있다. 바로 이것이 내가 말하고자 하는 것이다. 위로자에 대한 소개에서 분명한 것은, 제자들이 잘 알지 못하고 온전히 이해하지 못했기 때문에 위로자가 약속되었다는 점이다. 많은 주석들이 '메네인'(*menein*)을 예수가 제자들에게 동료로서 함께 걸어갈 것을 명하는 것으로 해석하곤 한다.[40] 예수는 앞으로 일어날 모든 일들의 한가운데서 그 관계를 유지하라고 미리 부탁했다는 해석이다. 이 부

---

40) 예를 들어 다음을 보라. Jürgen Heise, *Bleiben. Menein in den Johanneischen Schriften*, Hermeneutische Untersuchungen zur Theologie 8 (Tübingen: Mohr-Siebeck, 1967). 그는 요한복음이 사용한 *meno* 라는 단어를 예수가 걸어간 것과 같이 걸어가라는 명령으로 정의한다.

탁은 흔히 믿음의 관점에서 해석된다. 예수는 제자들에게 자신이 떠난 후에도 계속해서 자신을 믿으라고 요청했다는 해석이다. 그러나 이런 해석은 본문의 배경과 또한 예수의 절박한 고별담화에서 아주 중요한 점을 놓치고 있다. 제자들은 예수에 대한 믿음을 지키는 것 이상의 일을 요청받은 것이다. 제자들은 예수 죽음의 반대편에 세워졌고, 그곳에서 사랑을 증언하라고 요청받은 것이다. 내 안에 남아 있어라. 내 사랑 안에 남아 있어라. 그들은 남아 있는 자의 위치에서 사랑을 바라보라고 요청받은 것이다. 이것은 "예수에 대한 믿음을 지키라"는 설명으로는 담아낼 수 없다.

위로자는 예수가 한 일들을 증언하고 제자들 안에 또한 제자들과 함께 남아 그 일들을 다시 기억나게 할 것이다. 결국 제자들은 사랑하고 증언하라는 명령을 받는다. 제자들과 함께하는 예수 그리스도의 현존, 그리고 예수 안에 남아 있으라는 명령은 죽음의 목전에서 전해진다. 이는 제자들이 남아 있는 생존자가 될 것을 시사할 뿐 아니라, 그들이 죽음의 여파 속에서 '남아 있기'라는 독특한 방식으로 일하며 살아갈 것을 시사한다. 앞서 언급한 〈옥스포드 영어 사전〉의 정의에 따르면, '남다'(remain)는 견디는 것, 살아남는 것, 혹은 모든 것이 사라진 뒤에도 존재하는 것을 말한다. 이것은 또한 기다리는 일과 견뎌내는 일을 지칭하는 것이기도 하다.

예수가 예견한 제자들의 삶의 방식이 어떤 의미인지를 설명하기 위해서는 기다리는 일과 견뎌내는 일이 어떤 것인지 살피는 것이 반드시 필요하다. 예수는 제자들이 남은 자들이 될 것이라고 말한다. 제자들은 함께 남게 된 위로자 성령 안에서 성령과 함께 남아 있게 될 것이다. 그러나 그 명령 속에서 예수는 제자들에게 성령 안에 남아 있으라고 명령한다. 남아 있는 자가 되는 것과 남아 있는 것, 이 둘은 모두 무엇을 의미하는가? 메네인(*Menein*)은 예수의 죽음 이후에 필요하게 될 다른 종류의 현존을 전달하는 한 방식이다. 견뎌내고, 참아내고, 끈질기게 계속하는 모습이 바로 이러한 현존이다. 이것은 고통과 죽음의 흔적의 모습을 항상 수반하는 동행하고 참여하는 현존이다. 예수는 제자들에게 일련의 새로운 관계들(흔히 '상호 내재' mutual indwelling라고 불리는)을 소개하는데, 그 관계 안에서 하느님의 현존 방식은 바뀌게 된다. 이제 하느님의 현존은 제자들의 증언 속에 규정된다. 위로자의 모습을 통해 예수가 이야기하는 이 현존은 증언하는 모습을 띤다. 하지만, 막달라 마리아와 애제자의 증언 장면에서 우리가 본 것처럼, 이 현존은 생략, 오인, 실수로 가득 차 있다.

예수는 제자들을 (그들 안에 그들과 함께 남아 있는) 성령과 연결시키며, 앞으로 일어날 일들을 감당해 낼 제자들의 삶을 빚어 간다. 그러나 우리가 막달라 마리아와 애제자의 경우에서 보는 것처럼, 제자들은 일어나는 일에 대한 온전한 이해를 갖고 일을 감당하지는 못한다. 요한복음 마지막 장면에서 애제자는 '메네인'하는 사람이 된다. 상호 내재 관계를 제자들에게까지 확장할 때 우리는 일어나는 일을 구체적으로 볼 수 있다. 예수의 영은 사라지지 않고 계속된다. 하지만 그의 영이 사라지지 않는 것은 예수의 죽음에서 무엇인가를 받은 제자들의 몸과 활동을 통해서다. 그러나 내가 막달라 마리아와 애제자의 증언을 통해서 보인 바와 같이, 그들의 증언은 죽음 이후의 장면에서 무엇을 받는지 계속해서 묻게 만든다. 그들은 무엇을 받는가?

넘겨줌

예수께서는 신 포도주를 맛보신 다음 "이제 다 이루었다." 하시고 고개를 떨어뜨리시며 그의 영혼을 [넘겨주셨다.] (요한 19:30)

'파라디도나이'(*Paradidonai*)는 '넘겨주다'라는 뜻이다. 요한복음에서 이 단어는 대개 유다의 이야기와 연관된다. 우리가 아는 바대로, 유다는 예수를 배신하고 그를 권세 있는 자들에게 넘겨주었다.[41] '파라디도나이'는 예수와 그가 계시한 것들에 대한 거부를 나타낸다. 예수는 권세 있는 자로 인정되는 대신 사형수로 넘겨진다. 그의 운명은 권세 있는 자들의 손에 달려 있다. 요한복음 19장에서 빌라도는 마지막으로 예수를 넘겨준다. 요한복음 19장 16절은 이렇게 이야기한다. "그래서 빌라도는 예수를 십자가에 못박으라고 그들에게 넘겨주었다"(공동번역개정판에는 '내어 주었다'로 번역).

이 단어는 19장 뒷부분에 다시 사용되는데, 이번에는 그 주체가 바뀐다. 예수는 더 이상 넘겨지지 않고 넘겨주는 주체가 된다. 본문은 예수가 죽는 순간을 우리에게 보여 주며 그가 "그의 영을 넘겨주셨다"고 이야기한다. 다른 복음서들은 예수가 죽는 순간을 숨이 멎는 것으로 묘사한다. 이 장면들에서 예수는 마지막 숨을 쉰다(누가 23:46. 마가 15:37, 마태 27:50을 함께 볼 것). 그러나 요한복음은 앞서 사용했던 '파라디도나이'(*paradidonai*)를 써서 같은 장면을 다르게 묘사한다. 어떤 학자들은 요한복음 저자가 이 장면을 통해 능동적이고 자발적으

41) 유다와 예수에 대한 유다의 배신-'넘겨줌(handing over)'-과 관련되어 여덟 번 언급된다.

로 죽음을 맞이하는 예수의 모습을 이야기했다고 해석한다. 예수는 수동적인 희생자가 아니라, 아버지의 뜻에 순종하는 이로서 자진해서 스스로를 내어 준다.

여기서 우리가 주목해야 할 두 가지 중요한 점이 있다. 첫째, '파라디도나이'(*paradidonai*)라는 단어는 영을 뜻하는 '프뉴마'(*pneuma*)와 짝을 이룬다. 본문이 우리에게 말하는 것은 예수가 그의 영(spirit), 즉 '프뉴마'(*pneuma*)를 십자가에서 넘겨주었다는 점이다. '프뉴마'를 분명히 성령을 지칭하는 것으로 볼 것인지, 아니면 예수의 생명을 지탱해 주는 호흡(breath)을 지칭하는 것으로 볼 것인지는 선택의 여지가 있다. 당연히 첫 번째는 보다 상징적인 어떤 일이 일어나고 있음을 암시한다. 즉, 예수가 성령을 선물로 주고 있다는 것이다. 하지만 성령이라는 이 선물은 나중에 요한복음 20:22에 다시 나온다. 예수가 성령을 두 번이나 주는 것은 이치에 맞지 않는다. 다른 대안은 '프뉴마'를 단순히 살아 있는 예수의 생명의 기운(life spirit)을 지칭한다고 보는 것이다. 이렇게 하면 '프뉴마'는 한낱 숨(breath)과 동의어가 된다. 그러나 '숨'을 나타내기 위해 다른 단어를 사용하지 않은 이유가 궁금하다. 두 경우 모두 영(spirit)을 지칭하는 이 표현은 어느 정도 중요성을 지니며, 그 함축적 의미는 아직 분명하게 밝혀지지 않았다.

하지만 더 중요한 것은 무언가 주고받는 일이 일어난다는 사실이다. 예수는 무엇인가를 넘겨주고 있다. 요한복음이 '파라디도나이' 를 사용하는 것은 받는 사람이 있음을 암시한다. 하지만 다른 복음서들과는 달리, 요한복음에서는 누가 이것을 받는지가 명확하지 않다.[42]

---

42) 브라운(Brown)은 말한다. "예수가 자기 영을 성부의 손에 맡긴다고 분명히 말하는 루가복음과 달리, 요한복음은 예수의 영을 받는 사람을 밝히지 않는다는 사실을 주목할 것이다"(Brown, *Gospel According to John*, 910). 또한 이

예수는 영을 놓아 버리거나 포기하는 것이 아니다. 그는 영을 넘겨준다.[43] 본문은 '파라디도나이'를 사용하여 누군가에게 무언가가 전달되었음을 이야기한다. 이 단어는 우리로 하여금 이것을 받을 사람에게 관심을 갖게 한다. 누가 이 '프뉴마'(*pneuma*)를 받게 될까? 예수는 누구에게 자기 영을 넘겨줄까? 이런 질문은 누가 혹은 무엇이 넘겨지는 것을 받을지를 묻는다. 십자가 발치에 서 있는 사람들은 무엇인가를 받게 될까? 만약 받는다면, 그들이 받는 것은 무엇일까? 이것은 그저 끝이 아니라 예수의 죽음 너머까지 영향을 미치는 어떤 것을 의미한다.

이로써 우리는 처음으로 되돌아간다. 만약 예수가 영(the spirit)을 넘겨주는 것이라면, 이 영은 어떤 형태일까? 이 영은 요한복음 뒤쪽에서 공식적인 선물로 등장하는 성령은 아니다. 또 이 영은 죽음의 순간에 나타나는 것이기에 새로운 삶의 숨도 아니다. 다른 복음서들의 병행구절이 이야기하는 바와 같이, 이 영은 마지막 숨, 죽음의 숨(the death breath)이다. 요한복음 본문에서 이 영은 성령론적으로 언급된다. 이 영이 성령강림절의 성령과 동일하다고 단정할 수는 없지만, 이 내러티브 속에서 이 영은 하느님의 영(the Divine spirit)이 가진 다른 차원을 나타낸다. 이 영의 숨(the spirit breath)은 죽음의 현장에서 방출된다. 그리고 이 영은 중간 영역 속으로 방출된다. 성령론적 관심은

렇게 말한다. "마태오나 루가 모두 예수의 죽음을 예수가 자기 영을 주는 것과 연관시켜 묘사하기는 하지만, 요한은 십자가 발치에 서 있는 이들에게 예수가 성령을 건네주었다는 견해를 이용하는 듯하다. 특별히 교회 혹은 하느님의 새로운 백성을 뜻하는 예수의 어머니, 그리고 그리스도인을 뜻하는 애제자가 성령을 받은 것으로 여겨진다"(931).

43) *Paradidonai* 라는 단어의 중요성은 영어로 번역되는 과정에서(역자주: 또한 한글로 번역되는 과정에서도) 사라졌는데, 요한복음 전체에 걸쳐 활용된 매우 특별한 방식들을 잃어버렸다.

이런 방출을 증언할 사람에게로 옮겨진다. 성서 속 증언이 시사하는 바와 같이, 요한복음과 발타자르의 설명에서, 영의 방출은 남아 있는 것에 대한 특별한 증언을 촉진한다. '파라디도나이'는 죽음 이후 영의 활동을 이야기하는 것이지만, 주고받음이 가진 함축적 의미는 받아들임의 문제를 전면에 내세운다. 우리는 다시 이 장 첫머리에 언급했던 죽음 후 창에 찔린 상처, 즉 생명의 상징인 물과 피가 함께 흘러나온 상처의 이미지로 되돌아간다. 한 증인이 이 낯선 사건을 증언하기 위해 그곳에 있다. 이 증인은 넘겨진 것을 받았을까?

예수가 죽을 때 내쉰 숨(death breath)이 넘겨졌다. 그의 마지막 숨이 중요한 이유는 그것이 넘겨짐의 대상이기 때문은 아니다. 다만 내가 말하고 싶은 것은 이 마지막 숨이 중요한 이유가 '마지막 숨이 말하는 진실,' 즉 남아 있음에 대한 진실 때문이라는 것이다.[44] 진실은 죽음의 일부가 남아 있다는 것이다. 죽음은 어쨌든 삶으로 넘겨진다. 발타자르의 표현을 빌리면, 죽음은 삶에 스며든다. "그것은 삶일까? 죽음일까? 시작일까? 끝일까?" 넘겨진 것을 받을 가능성이 있는 사람이 직면하는 핵심 질문은 이것이다. 넘겨진 죽음이 끈질기게 계속되는 삶을 증언하는 것은 무슨 의미가 있는가? 중요한 것은 여기에서 죽음의 명확한 끝이 없다는 사실이다. 대신 죽음의 몇몇 측면이 끈질기게 남아 있다. '파라디도나이'라는 단어에 비추어 보면, 초점은 죽음에 있는 것이 아니라 그 죽음을 잠재적으로 받아들이는 것(potential reception)에 있다. 요한복음 맥락에서 남아 있는 것은 선택이 아니다. 진리의 위기는 받아들임(reception)의 위기, 즉 받아들여지는

44) 카루스(Caruth)에게 지표가 되는 질문은 이것이다. "트라우마의 정신 병리적인 측면을 넘어서, 어떻게 우리는 트라우마가 이야기하는 바를 들을 수 있을까?" *Trauma: Explorations in Memory*, vii-viii.

것이 온전히 이해되지 않고, 온전히 보이지 않는 위기다.

내가 주장하는 것은, '파라디도나이'(*paradidonai*)라는 단어를 통해 전달되는 독특하고 중요한 성령론적 특징이 있다는 점이다. 십자가 사건의 현장에서 넘겨주는 일은 두 가지를 암시한다. 첫째, 요한복음의 수난 이야기에는 분명한 끝이 없는 대신에 분명하지 않은 시작이 존재한다. 십자가 사건의 현장에서 죽음과 삶은 눈에 띄지 않는다. 다만 중요한 것은 죽음이 종결된 것으로 증언되기보다 무언가 계속되는 것으로 증언된다는 사실에 있다. 둘째, 이 시점에서 공식적으로 주어지는 것이 없음에도 불구하고 무엇인가 현존한다는 것이다. 핵심 질문은 과연 현존하는 그것이 인식되고 받아들여질 수 있을지, 가능하다면 어떻게 가능한지의 문제다. '프뉴마'는 삶과 죽음 모두를 목격하고 증언하는 이 공간을 특징짓는다. 이 영이 어떤 모습을 갖는지는 여전히 불분명하다. 성령과 동일한 것인지도 확실치 않다.[45] 하지만 단서는 그 동사 자체에 있을 수도 있다. 이 영은 예수의 영인지, 성령인지 불분명하지만, 죽음의 여파 속에 목격되는 중간의 영이라는 점만은 확실하다. 영의 활동을 설명하거나 파악하기는 쉽지 않다.

'파라디도나이'라는 단어는 확실한 결론을 거부함으로써 우리를 죽음 이후의 순간에 멈춰 있게 한다. '메네인'처럼 이 단어도 우리로 하여금 죽음의 여파 속에 남아 있는 자들에게 관심을 갖게 한다. 내

45) "그리고 예수의 육체적 갈증의 만족, 즉 성서에 나타난 예언의 성취(19:28)와 특별히 연결되는 이 사건은 '이제 다 이루었다'라는 극적인 예수의 선언을 이끌어낸다. 어떤 지점에서 예수는 넘겨주는가? 무엇을? 그의 영을? 성령을? (그리스어 원문에는 단순하게 *pneuma* 라고 되어 있다).'(Moore, *Literary Criticism and the Gospels*, 161). 내가 여기서 관심을 갖는 것은 요한복음이 예수가 죽을 때 내쉬는 숨에 대해 다른 복음서들의 언급과 다르게 이야기한다는 점이다. 이 순간에, 예수는 제자들에게 성령을 주는 것이 아니라, 예수의 독특한 영에 관한 어떤 것을 제자들에게 넘겨주는 것처럼 보인다.

가 여기서 전개해 나가는 것처럼, 이 단어들은 독특하게 목격하고 증언하는 영역인 중간에 속한 용어들이 된다. 예수의 죽음 이후에 이 용어들은 새로운 의미를 갖게 되며, 제자들이 죽음과 삶에 대한 다른 이해를 갖게 만든다. 이 용어들은 이 세상 속에서의 성령론적 존재 양식을 보여주는 과정에서 아주 중요해진다. 이 존재 양식은 중간 영역에서 나타나는 죽음과 삶의 불가분성, 그리고 증언의 중심성을 모두 진지하게 받아들인다. 이 용어들은 수난 이후의 이례적인 사건들을 강조하며, 수난 이후에 이례적인 방식으로 이어지는 삶을 구성한다. 제자들을 떠나기 전, 예수는 자신의 부재 속을 살아갈 제자들에게 그들이 새로운 방식의 삶을 살게 될 것이라고 이야기한다. 제자들은 이런 예수의 말에 귀를 기울이지 않는다. 그들은 예수가 말한 것을 그대로 이해하지 못한다. 예수는 제자들이 받아들일 준비가 되기 전에 말을 넘겨주며, '예수가 십자가에서 자신의 영을 넘겨줄 때 제자들이 받아들였는가?'의 문제는 그들의 숨과 밀접하게 연관된 질문이 된다. 제자들은 자신들이 미처 알지 못하는 메시지를 받는 자들이 될 것인가? 죽음 속에서 넘겨진 것을 받아들이는 것은 무슨 뜻인가?

중간의 영을 향하여

요한복음의 고별담화에서, 예수는 자신의 죽음을 예견하며 제자들에게 마지막 말을 넘겨준다. 나중에 십자가에서 자신의 영을 넘겨주는 것처럼 말이다. 이러한 넘겨주기(*paradidonai*)는 증언이라는 중간 영역의 특징이다. 그 중간 영역에, 성령은 제자들의 증언 속에 또한 증언을 통해 남아 있다.[46] 요한복음은 대체로 (예수의 신성을 강조하는) 위로부터의 그리스도론(high Christology)을 지지하며 고별담화는 이를 뒷받침하는 것으로 알려져 있다. 하지만 트라우마라는 렌즈로 요한복음을 해석할 때는 성령론적 요소가 매우 독특하게 표현된다. 이런 성령론적 요소는 위로부터의 그리스도론 때문에 가려지곤 한다. 나는 이런 지배적인 해석을 인정하기도 하지만, 요한복음이 십자가를 둘러싼 독특한 증언의 성령론을 주장한다는 사실도 함께 이야기하려고 한다. 앞서 이야기한 성령론적 요소를 전개해 나가는 것은 우리를 십자가로 이끌기보다는 십자가 주변의 사건들과 그 사건들의 기이한 시간성으로 이끌어 간다. 요한복음은 죽음을 넘어서지만 아직 삶의 모양을 이루지 않은 어떤 것을 이야기한다. 위로자와 예수의 마지막 숨은 십자가 이후에 죽음이 넘겨지고 목격되는 상황에 대한 증언을 낳는다. 내가 이야기하는 것은 이렇게 대안적이고 성령론적인 해석이 인간의 삶 속에서 경험되고 목격된 죽음의 실재에 대해 아주 중요한 성서적 증언을 가능케 한다는 사실이다.

고별담화는 우리가 요한복음의 지형을 증언과 생존의 지형으로 해석하도록 한다. 이 지형 속에서 "남아 있는 자가 된다는 것은 무슨 의미인가?"라는 핵심적인 질문이 제기된다. 고별담화 특유의 용어인 남아 있음이 예수의 죽음이라는 상황 속에서 정의된다. 하지만 그런 남아 있기가 영-위로자에 대한 예언과 연결된다는 점에서 요한복음

46) 만약 중간에서 성령론을 이해한다면, 두 가지 영의 모습으로 이해될 수 있다. 첫 번째는 중간 영역에 멈추어 있는 위로자이다. 이 영이 언제 오는지, 어떤 모습으로 올지는 분명하지 않다. 두 번째는 십자가의 죽음에서 방출된 *pneuma* 이다. 이런 모습의 성령에 대한 예는 언급된 적이 드물다. 대신, 이렇게 죽음-삶의 이야기에서 끌어낸 성령에 대한 신학은, 이 성령을 부활과 오순절의 성령과 동일시한다. 공식적으로 숨이 선물로 주어지기 전에 넘겨진 숨은 어떤 의미가 있을까?

은 독특하다. 막달라 마리아와 애제자가 증언하는 진실은, 죽음은 통합되거나 이해되지 **않고** 부서지기 쉬운 남아 있음의 영역으로 넘겨진다는 사실이다. 예수는 고별담화에서 무엇인가–영–는 죽음에서 살아남을 거라고 이야기한다. 요한복음 본문에서 막달라 마리아와 애제자는 죽음을 증언하며, 또한 다른 것도 증언한다. 그것은 바로 **남아 있는 영**, 죽음의 여파 속에서 끈질기게 **살아남는 영**이다.

1장에서 내가 시사한 바와 같이 트라우마를 목격하고 증언하는 일은 끔찍한 사건에 대해 알려지지 않은 것을 전달하는 일, 혹은 그것을 넘겨주는 일과 관련된다. 요한복음 저자는 고별담화에서 '남아 있기'를 언급한다. 이것은 이별과 관련되어 정의되고, 또 예수의 죽음과 연결된다. 하지만 우리에게 주어진 것은 독특한 생존 이야기, 즉 이후의 삶을 보장받지 못한 채 죽음의 여파 속에 남아 있는 것이 의미하는 바를 이야기하는 성서적 증언이다. 우리는 성서와 신학 텍스트들로부터 생겨나는 독특한 증언을 볼 수 있다. 죽음에서 무언가가 살아남는다는 사실이다. 지옥의 심연에서조차 무엇인가 남아 있다.

이 장에서 나는 요한복음에 나오는 죽음과 삶, 즉 십자가와 부활 사이의 사건들을 트라우마라는 렌즈를 통해 살펴보았다. 내가 1장에서 강조한 바와 같이, 트라우마의 위기는 떠나가지 않는 것들, 끔찍한 결말 뒤에 남아 있는 것들에서 비롯된 위기다. 끝난 뒤에도 끈질기게 계속되는 것들의 위기다. 나는 이렇게 남아서 계속되는 것을 이야기하기 위해, 성서 속 언어로 눈을 돌려 죽음이라는 상황을 신중히 살펴보았다. 삶이 다시금 분명해지는 것은 바로 이런 남아 있음 속에서다. 성서의 언어는 우리에게 증언의 어휘를 제공해줄 것을 약속하는데, 이 증언의 어휘는 위로자–영과 남아 있으라는 명령을 포함한다. 이 어휘는 우리가 죽음과 부활, 죽음과 삶을 명확히 구분하여 둘을 이분법적으로 반대편에 놓는 해석에 저항할 때 그 모습을 드러낸다.

수난 사건을 증언하는 것이 어떤 의미인지를 분명하게 설명하는 개념은 없다. 나는 이 사실을 보여주기 위해 요한복음의 막달라 마리아와 애제자를 살펴보았다. 증언의 주된 역할은 무엇일까? 목격한 사건들에 대한 메시지를 전하는 것일까? 만약 그렇다면, 막달라 마리아와 애제자는 많은 점에서 일어난 사건들을 온전히 목격하지 못한 듯하다. 예수나 주변 사람들을 제대로 볼 수 없는 특정한 위치에 있었기 때문이었든지, 아니면 시각에 문제가 있어서 정확하게 볼 수 없었기 때문이었든지 간에, 마리아와 애제자는 일어난 사건들에서 아주 중요한 점들을 거듭해서 놓치는 것처럼 보인다. 그럼에도 죽음의 상황에서 증언하는 일은 그 영향을 즉각적으로 인식할 수 없는 사건을 만나는 다층적인 과정이다. 본문에서 이러한 만남은 마리아와 애제자가 일어난 사건들을 파악하기 위해 애쓰는 것으로 구체화된다. 목격자인 마리아와 애제자는 수난의 여파 속에서 보는 것, 듣는 것, 만지는 것의 해체를 경험한다. 마리아와 애제자가 그처럼 인식되지 않는 삶을 증언하는 일은, 이런 장애물들을 극복하고 증언하는 것이라기보다는, 이런 장애물들을 통해 증언하는 것이다.

이 장 전반에 걸쳐 나는 막달라 마리아와 애제자의 증언에서 난해한 측면들에 집중했다. 우리가 이런 측면들을 인식할 때, 성서가 죽음과 삶의 관계에 대해 이야기하는 아주 중요한 진실이 우리에게 드러난다. 바로 죽음과 삶이 명확하게 구분되지 않는 곳에서 끈질기게 지속되는 어떤 것들이 존재한다는 사실이다. 만약 우리가 마리아와 애제자의 증언에서 난해한 부분들을 얼버무리지 않고 설명한다면, 우리는 죽음과 삶이 만나는 곳인 동시에 죽음과 삶으로부터 생겨나는 증언의 장소이기도 한, 독특한 공간을 보게 될 것이다. 요한복음은 거기서 증언이 태어난다고 우리에게 말한다(요한 19:35).

두 제자의 난해한 증언은 성서 내러티브에 대한 이해나 그에 대한 신학적 해석에서 생략되곤 하는 실재들을 지적한다. 죽음은 끈질기게 계속된다. 삶은 승리한 것이 아니다. 폭풍 이후의 삶이란 존재하지 않으며, 다만 폭풍을 통해 다시 표현된 삶만이 존재할 뿐이다. 내가 강조하는 것은 이렇게 남아 있는 모습에 대한 성서의 증언이 존재한다는 것이다. 하지만 이 증언은 언제든 묻혀버릴 수 있다. 내가 다음 장에서 부각시킬 구원에 대한 해석은 아주 강력하다. 트라우마라는 렌즈를 통해 해석된 막달라 마리아와 애제자의 증언은 앞으로의 삶을 계획하는 것이 불가능함을 시사한다. 그들은 결론나지 않은 채 엉망이 되어 버린 삶, 죽음 너머를 사는 삶을 그려낸다. 그러나 예수의 죽음 이후를 살아가는 그들의 생존은 예수의 고별담화와 남아 있으라는 예수의 명령에 사로잡힌다. 생존은 남아서 사랑하라는 독특한 명령을 통해 주어진 모습이다.

끔찍한 폭력과 고통의 여파 속에서, 사건들을 온전히 재구성하여 정확하게 설명하는 일은 불가능하다. 직접 전해질 수 없는 사건들의 진실은 다른 형태로 전해지는데, 이는 과거의 어떤 것이 되살아나 현재에 표현되려는 시도와 같다. 다른 방식으로 진실이 전해질 수 없는 상황에서, 이렇게 전해진 것은 깨어진 몸과 말에 대한 매우 중요한 증언이다. 막달라 마리아와 애제자는 이런 방식으로 예수의 죽음을 증언한다. 그들은 자신들의 설명 속에서 예수의 몸이 어디 있는지 알아내려고 노력하며, 또 해석과 전달의 어려움도 여기서 드러난다. 그들은 증언 과정에서 지연도 경험한다. 제자들은 죽음 사건과의 관계 속에서 묘사되며, 이들은 사건 자체에 대한 설명을 넘어서 남아 있는 것을 증언한다. 이 증언이 성령론적으로 구성될 때 절망 그 이상의 지형을 보여준다. 이 증언은 증인들의 몸과 호흡 안에서, 또 몸과 호흡을 통해 움직이는 사랑의 활동에 대한 것이다. 여기서 사랑의 활동인 증언은 위로자-영을 약속하며, 이는 그저 부활한 삶에 대한 전통적인 이해로 단순하게 해석될 수 없다. 이제 부활한 삶에 대한 개념도 달라지는데, 부활한 삶이란 승리한 새 삶(victoricus new life)이 아니라 살아남은 사랑에 대한 끊임없는 증언(persistent witness to love's survival)이다. 마리아와 애제자는 이런 삶의 개념 안에서, 그리고 이 개념을 통해 예수의 죽음 사건을 증언한다.

4장

중간의 성령

> 아무도 당신이 승리한 시간을 보지 못했습니다. 아무도 세상의 탄생을 목격하지 못했습니다. 지옥 같은 그 토요일 밤이 어떻게 부활의 새벽빛으로 변화되었는지 아무도 알지 못합니다. 우리는 잠든 채로 날개에 얹혀 심연을 건너왔고, 잠들어 있는 우리는 부활의 영광을 받았습니다.[1)]

발타자르는 『세상의 마음』(*Heart of the World*)에서 성토요일에 대해 묘사한 후, 그 다음 페이지에서 지옥 심연 위를 날아가는 날개 달린 성령의 모습을 보여준다. 이 단락은 성토요일이라는 중간에서 경험한 사건들이 어떤 이유에서인지 지워졌음을 시사한다. 나그네들은 방금 일어난 일에 대해 아무것도 모른다고 한다. 변화가 일어났고, 성토요일의 경험은 어찌된 일인지 놓쳐진다. 그 경험은 보이지 않았고, 증언되지 않았으며, 알려지지 않았다. 발타자르는 '아무도'를 가슴 사무치게 반복하면서 해당 장(章)을 시작한다. 그리고 바로 다음 페이지에서 성령에 대한 선언을 반복한다.

---

1) Hans Urs Von Balthasar, *Heart of the World,* trans. Erasmo Leiva (San Francisco: Ignatius Press, 1979), 157.

누가 '주님이 성령이다'라는 말의 의미를 설명할 수 있을까? **성령**은 우리가 알아차린 것보다 더 분명하게 스스로를 주장하는 보이지 않는 실재. **성령**은 우리 한가운데서 솟아나는 보이지 않는 천국의 향기. **성령**은 우리가 그 솜털에 스치기만 해도 우리 안에 간절한 소망이 넘쳐흐르게 하는, 또 바람이 불어올 때 알아차릴 수 있는 보이지 않는 큰 날개. **성령**은 위로자, 변호자. 그의 부드러움은 후회의 말들을 잠잠하게 하고, 햇빛 아래 한 방울 이슬처럼 그 말들이 사라지게 하네. 비단처럼 가볍고 커다란 하얀 망토가 네 몸을 감싸고, 망토 아래의 몸에 달라붙은 절망의 옷은 누더기가 되어 버리네.[2)]

성령은 성토요일과 부활절 사이에서 보이지 않는 이동 수단이 되어 날아간다. 이런 이동은 시각으로 포착되는 앎이 아니라 독특한 감각 작용으로 포착되는 다른 종류의 앎을 제시한다. 이렇게 경험되는 이동은 어떤 면에서는 경험되지 않는 것이다.

죽음에서 삶으로 넘어가는 과정에서 일종의 성령론적인 몸(body)이 나타난다. 첫 인용문의 묘사가 텅 비어 있음을 이야기하는 것과는 대조적으로, 성령에 대한 묘사는 풍부하고, 생생하며, 에로틱하기까지 하다. 향기, 날개, 옷, 마법사 등, 성령의 이미지는 풍성하다. 우리는 향기를 맡고, 우리를 쓰다듬는 날개의 솜털을 느끼며, 고운 비단처럼 가볍고 부드럽게 우리를 어루만지는 손길을 느낀다. 성령은 보이지 않지만 황무지를 옥토로 바꿀 능력이 있는 뛰어난 정원사 같은 모습으로 창조와 연결된다. 이렇게 날개를 지닌 성령은 밤새도록 우

2) Ibid., 157-58. 저자가 강조를 추가함.

리를 태워 환상 같은 세계로 데려간다.[3]

발타자르의 글 속 장면은 곧 바뀐다. 갑자기 우리는 빈 무덤을 응시하며 죽음의 공간으로 되돌아간다. "아주 조금 전 당신은 눈물의 바다, 빈 무덤에 무릎을 꿇고 있었다. 주님은 돌아가셨고, 당신이 함께 나누었던 조용한 기쁨이 있는 삶도 죽었다는 사실이 당신이 아는 전부였다. 당신은 단지 무덤의 빈 공간을 응시할 뿐이다."[4] 날개짓으로 불어오는 바람은 이제 "당신의 영혼이 내뿜는 차갑고 쌀쌀한 바람"이다.[5] 죽음 후 찾아온 절망에게는 옷도, 두를 천도 없다. 갑자기 우리 독자들은 성토요일 장면에서 십자가 발치에 섰던 증인들이 가졌던 질문과 아주 유사한, 우리를 무력하게 만드는 질문을 경험하면서 무덤 밖 막달라 마리아가 된다. 마리아가 갑자기 묻는다. "이제 믿음의 의미는 무엇일까? … 이제 희망의 의미는 무엇일까? … 또 사랑은?"[6] 그녀의 물음은 삶의 본질과 앞으로 일어날 일들에 대한 것이다. 무덤의 공간으로 옮겨진 우리는 위태로운 부활의 공간에 서 있다.

발타자르는 꿈같은 이동 장면과 무덤 장면을 나란히 놓고, 두 장면 모두에 등장하는 날개 달린 성령을 소개한다. 여기서 막달라 마리아는 사랑이란 이름이 붙은 부활한 예수와의 대화 속에서 "선포하라"는 명령을 받는다: "가서 네 형제들에게 선포하여라."[7] 이 만남 속에

---

3) "당신은 기적의 영역에 살고 있다. 당신은 언제나 행복 속에서 동화 속 아이처럼 살기 시작한다. 당신의 과거는 더 이상 제대로 기억해내기 어려운 꿈과 같으며, 낡은 세계는 액자 속 그림처럼 새로운 장소에 걸려 있다."

4) Ibid.

5) Ibid.

6) Ibid., 158-59. 앞서, 목격자가 물었다. "그것은 하느님인가요? … 그것은 죽음인가요? … 그것은 끝인가요?"(ibid., 150-51).

7) Ibid., 160.

서 사랑은 마리아에게 새 이름을 주며 그녀에게 말한다.

> 이미 나는 네가 날개를 초조하게 퍼덕거리는 모습을 보았다. 가라, 나의 비둘기, 나의 부활을 전하는 자여. 가서 네 형제들에게 부활을 선포하라. 이렇게 함으로써, 앞으로의 복음 선포 속에, 그 불꽃을 계속 이어가는 가운데, 사람들 마음에 내 나라를 세우는 내 손의 필요한 도구로 존재하는 가운데, 내 심장이 너의 마음 속에 뛰는 가운데, 부활과 생명이 존재하기 때문이다.[8)]

발타자르는 동산에서 막달라 마리아가 부활한 주님과 그의 성령을 만나는 장면을 보여준다. 예수는 이 장면에서 마리아를 날개가 있는 피조물인 비둘기로 변화시킨다. 비둘기는 부활과 생명의 성령이다. 그것은 옛 것이 새 것으로 변화되는 즉각적이고도 급격한 변화다. 그리스도의 숨결은 마리아를 재창조한다. "내게 이야기한대로, 기대와 함께 미소를 지으며 숨을 내쉰다. … 나는 천둥소리 속에서 새로운 피조물이다."[9)]

이제 막달라 마리아의 날개는 우리를 과거로 데려간다. 갑작스럽게 떠오른 무덤 장면에서 발타자르는 날개가 달린 성토요일의 성령과 마리아를 연결시킨다. 두 장면을 분리하면, 날개 달린 전달자 마리아는 새로운 생명과 부활을 선포하도록 부름 받는다. 두 장면을 연결하면, 마리아의 증언은 날개 달린 성령과 함께 심연 위를 건너가는 여행으로 물러서게 된다. 두 장면 사이에 명확한 이야기의 중단이 없

---

8) Ibid.
9) Ibid., 159.

음에도, 발타자르는 심연에 내려가는 성령과 부활의 성령이라는 두 가지 성령의 모습을 연결하도록 우리에게 권한다. 둘을 함께 해석하면, 부활에 대한 증언에 심연 여행이 새겨진다. 중간 날(the middle day)의 날개들은 우리 예상을 뛰어넘어 구원 메시지를 재구성한다.

트라우마라는 렌즈를 통해 바라보면, 그리스도교의 십자가 처형과 부활 이야기들 속에서 이야기되는 바와 같이 죽음에서 삶으로의 이행은 더욱 복잡하다. 죽음에서 삶으로 순조롭게 이어지는 길은 존재하지 않는다. 성토요일의 내러티브와 지옥으로 내려가신 사건 내러티브는 죽음과 삶 사이에 끈질기게 계속되는 것을 묘사한다. 발타자르와 스페이어의 작품에서, 지옥으로 내려가신 사건을 이야기하는 수사법은 죽음, 버려짐, 포기, 희망 없음의 언어를 사용하는 트라우마 문학의 수사법과 다르지 않다. 중간 날은 리 집사 집 뒷마당에서 우리에게 신학적 관점을 제시하고, 트라우마로 파괴된 영역에 대해 이야기할 수 있는 지형을 제시한다.

하지만 그곳에는 움직임이 존재한다. 트라우마라는 렌즈를 통해 보았을 때, 이 공간 안에 무엇이 끈질기게 계속되는지를 파악하려는 증인들의 움직임은 하찮은 것이 아니다. 요한복음에서 제자들의 활동과 위로자의 모습은 예수의 부재 속에서 좀 더 미약한 삶의 본질을 이야기한다. 흔히 이런 미약함은 승리를 거둔 부활 이야기에 의해 대충 얼버무려질 수 있다. 앞 장들에서 성령은 죽음과 삶 사이에 위치한 독특한 존재로 나타난다. 두 경우 모두 성령은 쉽게 생략된다. 이 중간의 성령(the middle Spirit)은 누구, 혹은 무엇인가? 만약 중간이 트라우마의 여파 속에서 사람들이 스스로를 찾는 공간이라면, 중간의 성령은 심연 속에 현존하는 하느님의 모습(vision)을 제시한다.

생명의 영

위르겐 몰트만은 성령의 현존을 보여주는 명백하고 변함없는 상징이 하나 있다고 말한다. 바로 생명이 있는 곳에 하느님의 영(the spirit of God)이 있다는 것이다.[10] 죽음이 있는 곳에는 하느님의 영이 부재한다. 몰트만에게 성령은 모든 만물 속에 고동치는 생명의 힘이다. 성령은 창조한다. 성령은 새롭게 한다. 성령은 죽음의 폭력에 저항하여 생명을 가져옴으로써 자유케 한다. 몰트만이 제시하는 십자가와 부활의 변증법에서 죽음과 생명은 서로 맞은편에 서 있다. 그리스도교가 전하는 기쁜 소식은 생명이 죽음을 이기고 그것을 정복했다는 것이다. 이러한 생명과 죽음의 변증법, 그리고 삶이 죽음을 극복했다는 이야기는 그리스도교 신학, 그중에서도 특별히 구원에 대한 해석에 만연해 있다. 이런 성령 개념에 이의를 제기하기는 어렵다. 어쨌든 하느님의 영을 죽음의 영이라고 주장할 수는 없지 않은가? 하지만 성령을 오로지 생명과만 연결시킨다면, 우리는 성령이 죽음과 맺고 있는 중요한 관계를 보지 못할 것이다.[11]

---

10) Jürgen Moltmann, *The Source of Life: The Holy Spirit and the Theology of Life* (Minneapolis: Fortress Press, 1997, 『생명의 샘』, 대한기독교서회), 19. 다음 책도 함께 볼 것. *The Spirit of Life: A Universal Affirmation* (Minneapolis: Fortress Press, 2001, 『생명의 영』, 대한기독교서회). 몰트만의 성령론을 전부 다루는 것은 이 책의 범위를 넘어서는 것이지만, 몰트만이 성령을 생명으로 인도하는 힘으로 보는 것은 흥미로운 일이다. (특별히 『십자가에 달리신 하느님』에서 더 그렇다. *The Crucified God*, trans. R.A. Wilson and John Bowden [New York: Harper and Row, 1973). 몰트만은 성령론을 다루는 자신의 신학 작업에 그가 만난 죽음에 대한 자전적 진술을 항상 포함시킨다. 그의 성령론에는 내가 여기서 전개하는 중간의 성령에 대한 이야기가 저변에 깔려 있다.

11) 마크 월리스(Mark Wallace)와 제인 리나한(Jane Linahan)은 몰트만의 십자가 신학 안에서, 또 그것을 통해 이 점에 대해 탐구한다. 다음 자료를 볼 것.

앞 장들에서 나는 이런 죽음과 삶의 대립을 넘어서는 성령 신학의 가능성에 대해 이야기했다. 죽음과 삶을 서로 대립하는 것으로 이해할 때, 트라우마 여파 속 죽음과 삶의 본질은 충분히 설명될 수 없다. 트라우마 경험은 바로 이 점을 드러낸다. 트라우마라는 렌즈를 통해 보면, 죽음과 삶 사이의 경계는 수잔 브리슨의 말처럼 더 이상 "분명하게 유지되지" 않는다.[12] 죽음과 삶이 남아 있음의 측면에서 이해될 때 아주 독특한 성령론이 나타난다. 나는 이것을 '중간의 성령'이라고 부른다. 이런 성령 이해는 아주 명확히 삶(생명)과 같은 쪽에 놓여 있는 것이 아니다. 대신 이 성령은 죽음과 삶 사이, 보다 미약한 자리에 위치한다. 평범한 표현으로는 죽음과 삶을 설명할 수 없는 곳에 성령이 남았고 고집스럽게 그 자리를 지킨다. 그곳에서 죽음은 완결되지도 않고, 과거에 있지도 않다. 또한 삶은 새롭거나 미래를 향하지도 않는다. 성령을 새로운 삶과 부활과 연결시킬 때, 이 중간의 성령은 흔히 생략된다. 나는 이렇게 다른 어조(key)로 성령론을 이야기하는 성서 속 개념들을 되살려 이런 성령의 모습을 다시 그려낼 것이다. 이를 통해 이 중간의 성령 개념을 되찾으려고 한다.

이 장에서 나는 중간에서의 성령에 대한 신학을 전개하려 한다. 이 작업의 출발점은 신학자 캐서린 켈러(Catherine Keller)의 신학이다. 켈러는 만물이 창조되기 전 심연 위를 맴도는 성령의 모습을 통해 성

Mark Wallace, *Finding God in the Singing River* (Minneapolis: Augsburg, 2005), Jane Linahan, "The Giving Spirit: The Holy Spirit as Bearer of the Suffering of the World in Moltmann's Pneumatology," in *The Spirit in the Church and the World*, ed. Bradford E. Hinze (Maryknoll, NY: Orbis Books, 2003), 49.

12) Susan J. Brison, *Aftermath: Violence and the Remaking of a Self* (Princeton, NJ: Princeton University Press, 2002), 8-9.

령 신학을 구성한다. 나는 두 번째 시작의 영역, 즉 구원을 살펴볼 것이다. 나는 성령을 두 번째 창조의 영역에 두고, 심연을 목격하는 성령의 증언 안에서 그를 가장 잘 이해할 수 있음을 보일 것이다. 중간의 성령은 죽음과 삶 사이에서 증언하는 숨결(the breath of witness)이 된다. 나는 숨과 위로자의 이미지를 함께 사용하여 중간의 성령론을 펼칠 것이다. 비록 증언은 전형적으로 윤리적 관점에서 논의되지만, 나는 증언이 끝장 너머를 상상하는 능력으로서 미학적으로 표현된다고 주장할 것이다. 여기서 나는 이런 예를 보일 것이다. 삶이 우리가 일반적으로 이해하는 대로 인식될 수 없을 때, 성령은 삶의 형태들을 찾으려 한다. 성령의 증언을 통해 구원과 치유는 일시 보류되고 다른 용어들로 대체된다.

심연의 성령

묵시종말론에 대한 재검토로부터 그녀의 테홈(*tehom*)에 대한 탐구에 이르기까지, 성령은 켈러의 신학에서 매우 중요한 위치를 차지해왔다. 그녀는 포스트구조주의와 과정 신학이 만나는 지점에서 성령 신학을 발전시켜 완전무결함(the absolute)과 무질서(the dissolute) 사이를 오가는 성령의 움직임을 밝혀낸다. 성령은 모든 것을 계속 흐르게 함으로써 이원론들에 저항한다. 성령은 대립하는 것들 사이로 대안이 되는 제3의 길을 만들어 이원론을 붕괴시킨다.[13] 이것은 성령론의 현대적 변화와도 일치한다. 이런 변화 속에서 메리 그레이(Mary Grey)

13) Catherine Keller, *Face of Deep: A Theology of Becoming* (New York: Routledge, 2003), 167.

는 그동안 성령론이 "잘못된 이분법의 방법"(false dichotomies)으로 성령을 해석했다고 말한다.[14)]

켈러는 『심연의 얼굴』(*Face of the Deep*)에서 가장 완벽하게 '성령론적 공간'을 만들어낸다. 이 책에서 켈러는 창세기 1장의 루아흐 엘로힘(*ruach elohim*)을 탐구한다.[15)] 켈러는 프랑스 철학에서부터 카발라, 미국 문학에 이르기까지, 다양한 논의를 통해 창조의 말씀이 있기 전의 테홈(*tehom*), 즉 심연이라는 장소(*topos of the Deep*)에서 진동하는 성령의 모습을 추적한다.[16)] 켈러에 따르면, 서양 그리스도교 전통에서 발전된 창조 이야기는, 세속적 위계를 만들고 지배를 유지하는 하느님과 그 지배하의 세상을 이야기함으로써 히브리 성서 속 테홈의 물(*tehomic* waters)을 길들여 왔다고 한다. 이런 개념은 "엑스 니힐로"(*ex nihilo*), 즉 무로부터의 창조라는 개념 아래에 확산되었다. "엑스 니힐로"는 하느님이 말씀으로 창조하기 이전에는 아무것도 존재하지 않았다고 주장한다. 켈러는 "엑스 니힐로"라는 틀 안에서 발전된 성, 인종, 종교에 대한 신학적 발달과 생략들이 치른 대가를 폭로하려고 한다. 이런 신학 밑에 깔린 논리는, 만일 창조 이전에 무엇인가 존재했다면, 전능하신 분으로 독특하게 표현되는 하느님의 능력이 위협받는다는 것이다.[17)] "엑스 니힐로"는 창조의 영역을 하느님

---

14) Mary C. Grey, *Sacred Longings: Ecofeminist Theology and Globalization* (London: SCM Press, 2003), 110.

15) 다음 글도 함께 볼 것. Catherin Keller, "Be This Fish: Creation in Process," in *On the Mystery: Discerning Divinity in Process* (Minneapolis: Fortress Press, 2008), 45-67.

16) Keller, *Face of the Deep*, xvii.

17) 켈러는 이렇게 주장한다. 무로부터의 창조는 "전능함(omnipotent)이라는 교리를 공고히 했다. 만약 이것이 다소 변덕스러운 힘이며, 한 사람(혹은 두 사람, 혹은 …)의 남성이 가진 힘처럼 절대 불변하며 일방적인 것이라면, 이것을 단

의 통제 밑에 자리 잡게 만들고 그것을 지킨다. 창조 이전에는 아무 것도 나타날 수 없다.

켈러에게 '루아흐 엘로힘'(*ruach elohim*), 즉 하느님의 영은 심연의 영역을 열어 '무로부터의 시작'이라는 전통 교리를 깨뜨린다. 이 정통 교리는 다른 이들을 식민화했으며, 힘을 장악하고 다양성을 묵살하는 도구로 기능했다. 성령은 폐쇄적인 하느님이 아니라 스스로를 지속적으로 개방하는 하느님을 성서 독자들에게 보여줌으로써 그리스도교 신학이 왜곡한 테홈의 물을 탈식민화한다. 켈러는 질 들뢰즈의 아이디어를 이용하여 다양한 목소리와 다양한 사람들을 식민화하지 않은 채 연결하는 성령, 즉 "관계에서의 차이"(difference in relation) 역할을 하는 성령을 그려낸다.[18] 켈러는 성령론을 통해 신학적 헌신과 정통 교리들이 낯설고 다른 것들을 침묵시키고 지우고 가두어 둔 방식들을 밝혀내며, 신학이 어떤 특정한 사고방식의 틀을 구축하고 있는 것을 폭로한다. 이 제3의 공간, 즉 성령이라는 사이의 공간(in-between space)에서 하느님은 열린 상태로 계시며 과정 안에 계신다. "바닥을 알 수 없는 심연은 개방을 멈추지 않을 것이다. 하느님의 온생명(the divine manyone)은 펼침(unfolding)을 멈추지 않을 것이다."[19] 하느님이 주신 다양한 삶을 봉인하여 폐쇄하려고 위협하는 논리를 언제나 깨뜨리면서, 성령의 활동은 이런 개방을 가능하게 만든다.

캐서린 켈러가 주장하는 심연의 성령론(pneumatology of the abyss)은 중간의 성령에 대한 나의 이해에 영향을 미쳤다. 켈러는 내가 생

순히 성서 속 위대한 주님에게 있는 전능이라고 할 수 없을 것이다"(ibid., 15-16).

18) Ibid., 177.

19) Ibid., 231.

각한 장소와 비슷한 곳에 성령을 위치시킨다. 그곳은 그리스도교 신학에서 쉽게 생략되고 묻혀 버린 아주 미약한 장소다. 켈러에게 성령은 창조의 심연 속에서 진동한다. 나의 신학 작업에서 성령은 재창조와 구원의 심연 속에서 진동한다. 구원에 대한 그리스도교의 해석 역시 특정한 정통 교리에 의해 좌우되어 왔다. 또한 켈러가 창조에 대한 해석에서 지적하는 대로, 구원 내러티브는 다름(differences)에 대해 말하기를 생략하고, 인간 경험의 복잡한 현실을 덮어버리는 데 일조할 수 있다.[20] 죽음을 이겨낸 삶이라는 내러티브는, 승리했다고 보기 어려운 폭력과 고통이 지속되는 현실에 대한 이야기를 침묵시키는 결과를 낳았다. 이런 '정통적' 해석을 깨뜨리는 일은 앞서 언급한 지배적 내러티브의 균열 사이로 빠져나가는 것을 증언하는 일이다.[21]

성령에 대한 모든 설명의 핵심에는 다음과 같은 질문들이 자리잡고 있다. 성령은 누구, 혹은 무엇인가? 성령이 하는 일은 무엇인가? 나는 죽음과 삶 사이에 있는 성령의 특징과 활동을 탐구하려 한다. 앞 장들에서 나는 성령이 증언하는 영이라고 말했다. 나는 요한복음의 제자들, 발타자르, 그리고 스페이어를 살펴보았고, 이를 통해 온전히 파악되지 않은 죽음의 여파 속에 남아 있는 일이 생각보다 더 복잡한 의미를 지닌다는 사실을 밝혔다. 나는 독특하게 목격하고 증언하는 일은 그리스도론적 해석보다는 성령론적으로 더 잘 이해될 수

---

20) Ibid., xv. 켈러는 이렇게 말한다. "이런 전적인 외부성, 즉 이런 규정된 무한성(bounding boundlessness)이 인간의 모든 차이점들을 말끔히 씻어내는가?"

21) "정통 교리"는 켈러 신학 전반에 등장한다. 이 단어는 대부분 부정적으로 사용되며, 그리스도교 전통 속에서 진리를 봉인하기 위해 사용되었던 생각이나 활동의 어떤 특정한 종결을 보여준다. 예를 들어 켈러는 이렇게 말한다. "창조 신학은 다양한 정통 교리들의 질서를 따랐고, 거의 말라 버렸다"(Keller, *Face of Deep*, 40). "그러나 그리스도교의 깊은 곳에는, 심지어 정통 교리의 깊은 곳에도, 다양한 해석 전통이 살아남았다"(200).

있다고 본다. 성령이 심연을 목격한다고 말하는 것은 정확히 무엇을 의미할까? 켈러의 '테홈'(*tehom*) 속 성령의 시간, 장소, 활동은 성토요일에 심연을 맴도는 중간의 성령의 그것과 매우 유사하다.

중간의 성령이 가진 세 측면은 죽음과 삶 사이에서의 성령의 활동을 해석하기 위한 기본 개념 역할을 한다. 첫째, 성령은 숨이다. 둘째, 성령은 시간 속에서 다르게 활동한다. 셋째, 성령은 사랑이다. 성령에 대한 이러한 진술은 그리스도교의 전통적 진술과 모순되지 않는다. 게다가 이 진술들이 중간이라는 시공간에서 해석될 때는 매우 다른 의미를 지니게 된다. 이 진술들은 트라우마라는 렌즈를 통해 구원에 대한 지배적인 개념들을 바꾸어 버린다.

성령은 숨이다

성령은 하느님의 숨(God's breath)이다. 히브리 성서 곳곳에 쓰인 '루아흐'(*ruach*)라는 단어는 영, 바람, 숨을 의미한다. 가톨릭 신학자 이브 콩가르(Yves Congar)는 숨이라는 이미지를 사용하여 세 권 분량의 성령 연구의 기틀을 잡는다. 그는 이렇게 말한다. "특별히 구약에서, 또 신약에서도 꽤 자주 '루아흐'를 '숨'으로 번역하는 것은 현실주의적이며, 우리가 '영'(spirit)이라는 단어를 사용할 때는 잘 표현하지 못하는 성서와 보고된 자료들을 강조한다."[22] 콩가르는 이 숨을 살펴보기 위해 창세기에서 요한복음에 이르는 본문들과 교부 문헌 및 중세 문헌에서 현대적 표현에 이르는 자료들을 추적한다. 성령에 대한 성서의 진술 속에서, 성령이 거하는 곳에 따라 또한 성령이 교감

22) Yves Congar, *I Believe in the Holy Spirit* (New York: Seabury Press, 1983), 3.

하는 대상에 따라 숨(breath)은 서로 다른 형태들로 살아 있는 피조물 안에 살며, 피조물 사이를 두루 움직인다. 모든 경우에 숨은 피조물 안에서 피조물과 함께하는 하느님의 현존을 알린다.23) 선지자들의 입에서든지, 태초의 물바람 속에서든지, 아니면 언어가 낳은 불협화음 속에서든지, 숨은 하느님과 세상과의 연결을 나타내는 상징이다. 이 관계는 생생하며 역동적이다. 숨은 모든 만물에게 생기를 주어 살게 하는, 만물을 감싸는 생명의 힘이다. 하느님은 숨을 주시는 분(a breath-giver)으로 그려진다. '루아흐'는 다른 방법으로는 생명을 얻지 못할 존재들에게 생명을 주고, 피조물들에게 생기를 준다. 여성성을 반영하여 '루아흐'를 회복시키는 일은 그 단어의 의미를 더욱 풍부하게 하고, 그 결과 출산하는 이미지를 떠올리게도 한다. 또 하나의 이미지는 하느님의 성령에 관한 것으로, 성령은 생명의 숨일 뿐만 아니라 생명을 낳기 위한 산고의 숨(the laboring breaths)이다. '루아흐'는 산고를 겪는 하느님을 증언한다. 하느님은 무언가 새로운 것을 낳기 위해 피조물과 함께 가쁜 숨을 몰아쉰다.

'프뉴마'(*Pneuma*)는 신약에서 영을 나타내는 용어이며 히브리어 '루아흐'를 그리스어로 번역한 것이다. 번역 과정에서 여성형이었던 정관사는 남성형으로 바뀌고, '루아흐'는 숨을 예수의 인격과 연결시키는 맥락에서 새롭게 해석된다. 예수의 인격 역시 남성성이다. 여기서 그 숨이 예수의 숨과 연결됨에 따라, 앞서 언급했던 창조를 낳는 성령의 모습은 없어질 수 있다. '프뉴마'는 세례 받는 예수 위에 맴돌았고, 그에게 내려왔으며, 공생애 동안 함께 했다. 이 영은 예수가 가

23) 유대 전통과 그리스도교 전통 속의 하느님의 현존에 대한 흥미진진한 토론을 살펴보려면 다음 책을 참조할 것. Michael Lodahl, *Shekhinah/Spirit* (New York: Paulist Press, 1992), 44.

르치고, 설교하고, 기적을 행하도록 권능을 주었으며, 그를 인도했다. 부활한 예수는 이 숨을 내쉬어 제자들에게 주며, 제자들은 이 숨을 통해 예수와 같은 일을 감당할 힘을 얻는다.

우리는 수난과 부활 사이, 죽음의 현장에서 이 숨을 만난다. 십자가 위의 예수는 그의 영, 그의 숨을 내어 주고 운명한다. 이 숨은 생명의 숨이 아니라 죽음의 숨이다. 만일 '영'을 숨으로 해석한다면, 여기서 우리는 십자가에서 주고받는 숨을 더 자세히 살펴볼 필요가 있다. 넘겨준다는 뜻의 '파라디도나이'(*paradidonai*)는 여기서 일어나는 일의 의미를 바꾸어 놓는다. 숨을 넘겨주었다는 것은 죽음 자체의 어떤 것이 넘겨졌다는 뜻이다. 예수가 이 숨을 넘겨주었다. 하지만 누구에게 넘겨주는가? 이 숨은 어디로 간다는 말인가? 이런 질문들은 중간의 영을 설명하는 데 아주 중요하다. 이어지는 본문에서 부활한 예수는 제자들이 모여 있는 집에서 "성령을 받아라" 하고 말하며 숨, 즉 성령을 내쉰다. 이렇게 숨을 먼저 주고받는 일은 성령에 대해 아주 다른 점을 드러낸다. 우리는 성령의 다른 순간, 다른 모습을 증언하고 있다. 이것은 켈러가 혼돈의 영역으로 조금 더 들어가서 '루아흐 엘로힘'(*ruach elohim*)에 대해 이야기한 것과 다르지 않다. 켈러에게 하느님의 성령은 단순히 창조에 대한 진술과 동일 선상에 놓일 수 없으며, 부활에 대한 진술과도 같은 선상에 놓일 수 없다. 그래서 우리는 심연, 즉 죽음의 공간에 남게 된다. 거기서 우리가 만나는 숨은 중단된 삶을 보여준다. 그리고 이것은 다른 형태의 삶의 시작이 된다.

요한복음 19장 30절이 우리에게 이야기하는 것은, 십자가에서 마지막 말을 건넨 예수가 고개를 떨어뜨리며 영을 넘겨주었다는 것이다. 다른 복음서들은 예수가 죽기 전에 마지막 날숨을 넘겨주었다고 설명한다.[24] 요한복음의 "넘겨주다"라는 표현은 주변 구절들에서 중요하게 다뤄지는 주고받음을 숨과 연결 짓는다. 예수는 처형되기 위해 관료들에게 넘겨진다. 예수도 죽기 직전 자기 어머니를 애제자에게 넘겨준다. 이와 같이 조금 더 넓은 문맥에서 숨의 '파라디도나이'는 일련의 의문을 제기한다. 무엇이 넘겨진다는 말인가? 누구에게? 성서학자들은 넘겨지는 대상에 대해 의견을 달리한다. 게일 오데이는 이 영이 생명을 지칭한다고 말한다. "마태복음 27장 50절에서처럼 여기서 '영'(*pneuma*)은 '생명'과 동의어로 쓰였다."[25] 그렇다면 예수가 그의 생기(life-spirit)을 내쉰 것은 단지 그가 죽었음을 나타낸다.

그러나 다른 이들은 이 장면에서의 숨을 좀 더 중요한 것으로 본다. 여기서 숨은 단지 예수의 죽음을 알리는 것이 아니라, 십자가 곁에 서 있는 이들에게 예수가 주는 선물을 표현한 것으로 보인다.[26]

---

24) "예수께서 다시 한 번 큰소리를 지르시고 숨을 거두셨다"(마태오 27:50). "예수께서는 큰소리를 지르시고 숨을 거두셨다"(마르코 15:37). "예수께서는 큰소리로 "아버지, 제 영혼을 아버지 손에 맡깁니다!" 하시고는 숨을 거두셨다"(루가 23:46).

25) R. Alan Culpepper and Gail R. O'Day, *Luke/John*, vol. 9 of *The New Interpreter's Bible* (Nashville: Abingdon, 1995), 833.

26) 레이몬드 브라운은 영을 주는 이 장면을 상징으로 설명한다. 그는 이렇게 이야기한다. "마태오와 루가 모두 예수가 마지막으로 영을 내준 것과 연결시켜 예수의 죽음을 설명한다. 반면에 요한은 예수가 영(성령)을 십자가 발치에 있던 이들에게, 특별히 교회 혹은 하느님의 새 백성을 상징하는 예수의 어머니와 그리스도인을 상징하는 애제자에게 넘겨주었다는 주장을 받아들이는 것으로 보인다. 7 장 39 절에서, 요한은 예수가 영광스럽게 되자마자 예수를 믿는 사람들이 성령을 받았다고 단언한다. 그렇기 때문에 영광의 시간 속 절정의 순간에 성령을 주는 것은 상징적인 일이 될 것이라는 견해가 부적절한 것은 아니다. 만일 '예수가 영을 넘겨주었다'는 해석이 타당하다면, 우리는 십자가에서 승귀된 예수에게 **궁극적인** 목표를 두는 독자들에게 이런 상징적인 설명이 연상되고 **예상될 수** 있음을 강조할 것이다. 요한복음은 부활 후인 20 장 22 절에 가서야 실제로 성령을 주는 일이 이루어진다고 본다." Raymond E. Brown, *The Gospel According to John (XIII-XXI)*, The Anchor Bible, ed. William Foxwell Albright and David Noel Freedman (Garden City, NY: Doubleday,

레이몬드 브라운이 언급하듯 20장에서 십자가 발치에 서 있는 이들은 이 영이 '실제로 주어지기' 전에 그것을 받았다. 이런 해석을 통해 십자가에 달린 예수의 마지막 숨은 성령의 첫 선물이 된다. 부활한 예수의 입에서 나와 제자들에게 간 두 번째 숨은 좀 더 공식적인 선물이다. 후자의 숨은 "성령을 받아라"라는 말과 함께 언급된다. 요한복음 20장에서 부활한 예수는 제자들에게 성령을 넘겨주고, 그 영을 받으라고 자기 숨을 통해 명한다. 이것은 제자들에게 들어가 생기와 생명을 주는 힘이며, 예수가 제자들 가운데 시작한 활동을 제자들이 이어 나가게 만드는 힘이다. 게일 오데이는 다음과 같이 말한다. "20장 19-23절에서 분명히 밝힌 것처럼, 네 번째 복음서인 요한복음에서 성령의 선물 및 공동체의 사명의 표현은 예수의 부활 및 승천과 깊이 연결되며 서로 떨어질 수 없다."[27] 브라운은 요한복음 19장 30절에는 숨을 받았다는 표현이나 암시는 없다고 말한다.[28] 그렇다면 이 구절 속 날숨에서 우리는 무엇을 생각할 수 있을까? 브라운의 설명처럼 전자의 숨은 상징적인 것으로, 후자의 숨은 활동하는 것으로 설명될 수 있다. 하지만 이것은 하느님의 숨(이 경우에는 죽음의 숨)이 증인들의 숨과 섞이는 '파라디도나이'(*paradidonai*)의 기묘한 순간을 보여주는 것이기도 하다. 이것은 단순하게 이해될 수 없는 주고받음이다.

중간 영역에서 숨을 정확히 묘사하는 것은 불가능하다. 숨의 특

1970), 931.

27) O'Day, *Luke-John*, 847.

28) "누가복음의 예수가 자신의 영을 성부의 손에 부탁하는 것과는 달리, 요한복음은 예수의 영이 누구에게 넘겨지는지 명확히 제시하지 않는다. 바로 이 사실을 주목해야 한다"(Brown, *Gospel According to John*, 910).

성으로 인해 한 번의 숨이 끝나고 다음 숨이 시작되는 곳이 어디인지 예측하는 일은 어렵다. 십자가에서 영-숨(spirit-breath)이 내보내지고, 부활 이전의 영역에 이렇게 토해진 날숨은 부활의 성령과는 다른 독특한 성령론의 시작을 보여준다. 중간 영역에서 해석하면 들숨과 날숨은 죽음을 넘어서는 활동이지만, 여전히 부활이 이야기하는 생명 사건보다는 앞에 위치한다. 이렇게 토해진 날숨은 더 이상 예수의 몸 안에 있지 않다. 죽음의 순간 숨은 넘겨진다. 예수의 시신을 찾는 막달라 마리아와 애제자는 이제 더 이상 몸으로 현존하는 하느님을 찾을 수 없다는 사실에 직면한다. 이제 하느님의 현존은 숨을 통해 계속된다. 그러나 흥미로운 것은 하느님의 현존이 순전히 천상의 모습으로 제시되지 않는다는 점이다. 본문의 주안점은 증인들의 몸과 그들의 돌아섬들, 그리고 그들의 움직임들이다. 실제로 제자들은 그들이 목격하고 있는 부재를 증언한다. 애제자는 거듭 무덤을 오가면서, 또 마리아는 자기 눈물을 통해서 증언한다. 내보내진 숨이 그들에게 들어가기는 하지만, 이것은 요한복음 20장 22절에서와 같이 공식적인 것이 아니다. 죽음의 숨(the breath of death)은 제자들에게 들어와 그들 안에서 바람을 일으킨다. 하지만 그 숨은 제자들 안에서 죽음의 숨 이상의 것이 된다. 그 숨은 남아 있는 것을 증언하는 숨(a breath of witness to what remains)이 된다. 제자들의 몸과 행동 안에서 숨은 변화된다. 제자들은 구원 내러티브에서 종종 간과되곤 하는 결정적 순간을 보여준다. 이 순간 숨은 생명이 아니라 알아차리기 어려운 것이다. 정복하거나 지배하는 방식의 현존이 아니라, 스러지지 않은 채 남아 있는 하느님 사랑에 대한 증언으로, 심연 위를 맴돌며 죽음과 삶 사이를 오가는 것, 이것이 바로 숨이다.

이 숨은 알려지지 않는 것과 설명되지 않는 것을 증언할 힘을 준다. 이 숨은 언어를 통해서 말할 수 없고, 표현할 수 없고, 접근할 수 없는 것을 증언하도록 힘을 불어넣는다. 죽음과 삶 사이의 공간에 서서 증언하는 이들은 뭐라고 표현할 수 없는 중간성(middleness)의 영역을 경험한다. 그들은 언어로 담을 수 없는 것을 증언하면서 언어와의 독특한 관계를 명백히 보여준다. 만일 그들이 중간에서의 경험이 가진 깊이를 증언하려면, 언어 안에는 이런 경험들이 넘쳐난다는 사실을 직시해야 한다. 이 경험들은 언어의 테두리를 넘어선다. 바울 서신의 설명처럼 성령의 언어를 말로 표현하기에는 너무 심오하고, 그래서 한숨과 신음을 통해 더 적절하게 표현되는 이유가 바로 이것이다.[29] 성령의 언어는 증언의 언어다. 새로운 언어, 즉 바울 서신이 "기도"라는 표현을 통해 묘사하는 언어는 산산이 부서진 모습을 증언하는 언어이다. 어쩌면 에제키엘서에서 죽음의 골짜기에 있는 마른 뼈들에게 불어오는 것처럼, 숨은 산산이 부서진 표현들 사이에 불어오는 것이다. 그래서 숨은 언어를 붕괴시키고 언어의 깨어짐 너머에 남아 있는 것을 언어의 균열을 통해 증언한다.

하느님의 태초의 숨(the primal breath of God)은 지속된다. 하지만 죽음과 삶 사이에서 이 숨은 이후의 삶에 대한 보장 없이 연약한 모습으로 내보내진 것이 된다. 성토요일의 분명한 진술은 하느님이 죽었다는 것이다. 숨이나 삶의 뚜렷한 징후가 존재하지 않는다. 하지만 그 중간에서, 이렇게 내쉬어진 숨이 목격되고 증언된다. 증언은 숨에 의해 지속되고, 죽음의 여파 속에서 활동하는 이의 몸 안에서 계속된다. 고별담화는 이미 이런 증언을 위로자와 연결하고 있다. 고별담화

---

29) 로마서 8:26.

의 표현들이 중간 영역에서 이어진다. 언제 약속된 위로자가 올까? 이미 위로자가 온 것일까? 숨은 내보내지고 제자들은 위로자가 예고된 상황 가운데 남게 된다. 제자들에게 온 위로자의 활동은 과거뿐 아니라 미래와도 연결되는 새로운 관계를 보여준다. 심연에 대한 켈러의 새로운 해석에 따르면, 태초의 숨은 정돈되지 않은 혼돈 속에서의 시작을 증언한다. 부활이나 새로운 삶을 장담할 수 없는 중간 영역에서도 마찬가지다. 죽음의 상황에서 하느님의 숨은 넘겨지며, 이 숨을 받아들이는 일은 위로자 및 증인들과 연결된다. 그렇게 죽음의 여파 속에 남아 있는 이들은 하느님의 숨이 내보내지는 것을 목격하고 증언한다. 이런 마지막을 증언하는 것은 무슨 의미가 있을까?[30]

3장에서 나는 자기 영(*pneuma*-숨)을 넘겨주는 예수를 언급하는 요한복음의 관심이 십자가 사건 이후의 성령으로 전환되는 것을 이야기했다. 나는 십자가의 날숨으로 나온 이 죽음의 숨으로부터 제자들에게 주어진 성령에 이르기까지, 성령의 활동에 대해 살펴보았다. '파라디도나이'(*paradidonai*)라는 표현은 트라우마 담론에서 말하는 전이(transmission)라는 개념과 일맥상통한다. 이런 전이는 일어나고 있는 일을 머리로 이해하는 것에 의존하지 않는다. 제자들은 그들이 이해하지 못한 것을 넘겨받고 있다. 구체적으로 말해서 그들은 죽음-숨(death-breath)을 들이쉬었다. 이 숨은 제자들의 숨과 구분할 수 없게 되며, 제자들을 과거 및 미래 모두와 관계 맺도록 하면서, 나중에 제자들 안에서 그 영향이 드러날 사건과 연결시킨다. 전이는 독특한 성령론적 순간을 드러낸다. 바로 흔히 이야기되지 않은 채 남아 있는,

30) 발타자르가 이런 미약한 주고받음에 관심을 가진 것을 기억해야 한다. 그것이 바로 성부와 성자의 관계를 유지하는 성령의 역할을 고수하는 것이 발타자르에게 중요한 이유다.

내러티브 속 중간이라는 순간이다.

요한복음의 고별담화에서 위로자가 예고되기는 하지만, 그가 언제 어떤 모습으로 오게 될지는 정확히 가늠할 수 없다. 예수와 그의 현존을 입증할 수 없는 중간 영역에서, 위로자가 담당하는 중요한 역할은 그 중간 영역을 목격하고 증언하는 것이다. 예수는 자신이 제자들을 떠난 뒤에 위로자가 올 것이며, 위로자는 제자들에게 예수를 기억하며 예수와 함께 했던 시절을 떠올리게 할 것이라고 약속한다. 하지만 위로자는 제자들이 온전하게 예수를 이해한 적이 없었다는 사실 또한 상기시킬 것이다. 이처럼 위로자 안에서는 다른 방식의 이해가 펼쳐질 것이다. 부활한 예수가 다시 나타나면서 그의 떠남과 재림 사이에는 또 다른 중간 영역이 시작된다. 위로자는 예수의 부재 속에서 제자들 속에 또한 제자들과 함께 남아 있을 것이다. 위로자에 대한 말씀이 미약한 중간 영역에서 전해지고, 제자들은 자신들이 이 미약한 공간에 있다는 사실을 깨닫는다. 하지만 이 말씀은 죽음 이후를 살아가는 새로운 삶의 방식과 제자들을 연결시킨다. 어떤 면에서 위로자에 대한 약속과 막연한 위로자의 도래는 요한복음 마지막 장에 담겨 있다.

나는 숨과 위로자의 이미지를 한 데 묶어 성령을 남아 있는 영역에서 왔다 갔다 하며 증언하는 숨으로 상상해 본다. 켈러가 지적하듯, 성령은 심연과 분리된 채 전혀 새로운 재창조를 이야기하는 정연한 논리를 깨뜨린다. 숨으로서의 성령은 죽음과 부활 사이의 혼돈이라는 심연 속에서 그 심연에 대해 증언한다. 그럼에도 이 숨은 예수와 분리되지 않는다. 이것은 넘겨진 죽음과의 불확실하고도 기이한 만남을 통해 예시된다. 발타자르의 『세상의 마음』 속 짧은 글 안에 언급된

기진맥진함(weariness)이라는 개념은 죽음-상황의 무게를 보여주는 것이지만, 활동으로서의 기진맥진함은 하나의 끝장을 넘어서는 어떤 것을 의미한다. 그는 이렇게 묻는다. "새로운 창조의 시작이 아닌 이런 찔끔찔끔 떨어지는 기진맥진함이 혼돈 속의 원천이 아닐까?"31) 그럼에도 이것을 '새로운 삶'이라는 용어로 표현하는 것은 적절하지 않다. 이것은 죽음과 삶, 끝과 시작이라는 이원론적은 틀로는 설명할 수 없는 삶이다.

켈러는 우리에게 익숙한 성령 개념에 문제를 제기하고 새로운 성령의 모습을 제안한다. 첫째, 성령은 고정된 본질(essence)이나 존재(Being)가 아니다. 켈러는 성령을 규정하면서 본질이 아니라 그 운동(movement)에 초점을 둔다. 성령은 진동, 흘러감, 날아감, 영원하고 한계 없는 하느님의 드러남이다. 둘째, 성령은 비물질적인 것이 아니다. 성령을 물질과 분리시키는 전통적인 이해는 성령의 태곳적 숨(the primal breath of Spirit)을 끊어버려 '질식시켜' 왔다. 켈러는 숨, 생기, 새의 이미지를 사용하여 성령을 물질과 연결한다. 이것은 성령을 물질과 단절된 천상의 것으로 묘사하는 전통적 이해와 반대되는 것이다. 켈러는 다음과 같이 말한다. "세상으로부터 도피하는, 실체 없는 영과는 거리가 먼 이런 성령론적 물질성(pneumatological materiality)은 새와 같이 역동적인 모습 속에 구체적으로 드러난다."32) 켈러는 성령이 물질과 분리되지 않고 연결되어 있음을 주장한다. 성령은 몸, 육체, 숨 안에 활동한다.

죽음과 삶 사이에서 성령은 어떤 모습인가? 성령은 이 중간 영역

---

31) Balthasar, *Heart of the World*, 152.
32) Keller, *Face of the Deep*, 232.

에서 남아 있는 것을 목격하고 증언하는 이들 가운데 남아 있다. 이렇게 남아 있는 행위는 죽음과 삶 두 가지 모두와 뚜렷이 대조되는 것으로 둘 중 어느 것도 아니며, 중간 영역이라는 생존의 지형 속에서 죽음과 삶이 만나는 일이다. 고별담화에서 예수가 제자들에게 이야기한 것은, 위로자 성령이 남아서 변함없이 그들과 함께 할 것이라는 약속이다. 이 성령 안에서 성령과 함께 일한다는 것은 하느님의 숨인 성령이 제자들 안에서 형체를 갖추고, 죽음의 여파 속을 살아가는 제자들 안에서 끊임없이 구체화되는 것을 의미한다. 예수의 날숨으로 남아 있는 이들의 숨은 변화되었다.

그 숨은 제자들에게 힘을 주며 그들을 인도한다. 숨은 제자들이 혼돈에 형체를 부여하고 그것을 변화시킬 수 있도록 그들에게 힘을 준다. 발타자르와 스페이어는 형체가 없는 성토요일의 특징을 계속해서 이야기한다. 구체적인 형체를 찾는 일은 도전이다. 제자들에게 이 형체는 그리스도-모습(the Christ-form)이다. 스페이어가 그리스도-모습을 모방하고 있기 때문에 그녀의 몸은 중요하다. 하지만 그들의 작업을 통해 증명된 것처럼, 온 몸으로 하는 그녀의 증언은 그저 커다란 진실을 가리키고 뒷받침하는 역할을 할 뿐이다. 성령론적으로 스페이어는 '메네인'(*menein*)하는 것, 즉 남아 있는 것이 의미하는 바를 증언한다. 그녀의 분명한 증언은 중간에서의 성령론적 힘이다.

나는 성령론적 형체, 혹은 좀 더 정확히 말해 새로운 모습의 삶을 낳는 성령론적 운동을 이야기하려 한다. 성령은 형체(form)를 만들어 내는 숨이다. 이것은 그리스도와 배타적으로 연결될 수 없고, 남아 있는 증인들의 숨과 연결된다. 숨 혹은 위로자라는 이미지는 확실한 형체가 없다. 숨은 물질에 불어 넣어지지만 형체는 없다. 위로자는 예수와 연결되어 현존하지만, 위로자를 이해하는 것은 어렵고 모호하며 그 위치를 특정할 수도 없다. 숨과 위로자 모두 자신의 연약함 속에 증언되는 하느님의 현존을 보여준다. 하느님의 현존은 넘겨주기, 즉 전달을 통해 증언된다. 예수가 제자들에게 머무르고 남아 있을 것을 이야기할 때, 그는 제자들을 자신과 연결하는 방법으로 제자임을 확인하는데, 이것은 늘 간접적이다. 이런 미약한 연결은 머무르는 것이 무엇을 의미하는지 보여준다. 하느님의 숨은 남아서 머무르는 제자들을 통해 활동하며, 제자들은 하느님의 숨이 활동하는 현장이 된다.

이것이 과거와 미래를 연결하면서 제자들이 증인이 되게 하는 목적을 가진 숨이다. 제자들 안에서 성령은 혼돈(산산이 부서진 형체)을 증언하면서, 또 상상할 수 없는 새로운 모습을 낳으면서, 형체 없는 모습과 형체 있는 모습 사이를 계속 왔다 갔다 한다. 발타자르의 『세상의 마음』에 나오는 이름 없는 증인과 성서 속 막달라 마리아는 이렇게 상상할 수 없는 공간에 서 있고, 그들은 숨의 힘을 받은 자신들의 활동을 통해 형체를 갖춘다. 그들의 숨은 단지 살아있음을 보여주는 것이 아니라 한결 더 역동적이다. 숨은 힘이다. 우리는 그 힘 안에서, 그 힘을 통해 마침내 삶을 상상해야 한다.

이제 몸이 남아 있다는 사실이 중요하다. 우리는 막달라 마리아, 애제자, 스페이어와 같은 성토요일의 인물들이 자기 숨으로 삶을 새롭게 표현했다고 이해할 수 있다. 몸이 트라우마의 언어와 함께 간직한 이 증언은 타당하다. 말로 표현되지 않았지만 몸이 간직하고 있는 지식으로서 성령은 육화되었다. 그렇기 때문에 스페이어의 몸을 통해 하느님의 현존이 표현된다고 본 발타자르의 증언은 큰 의의를 갖는다. 발타자르는 하느님의 영은 새롭게 표현되기를 원하고 있으며, 새

로운 모습을 띤다고 주장한다.[33]

트라우마로 인해 경험한 고통은 그 끔찍함을 형언할 수도, 볼 수도 없기에 더욱 심화된다.[34] 트라우마를 목격하고 증언하기 위해 뛰어들 때, 우리는 보이지 않게 나타나는 것을 보게 된다. 전통적인 심리치료는 이야기를 회복시킨다. 트라우마에서 생존한 사람이 그 경험을 말로 표현할 때 치료 과정이 시작될 수 있다. 몸을 좀 더 중요하게 생각하는 심리치료에서는 경험을 가시화하는 과정을 몸과 연결시킨다. 내담자는 세상에 의해 마비되지 않고, 말 그대로 세상 속으로 다시 들어가는 방법을 배운다. 신학적으로, 숨이라는 이미지는 이렇게 경험을 가시화하는 과정에서 반드시 필요한 단계를 말한다. 숨은 삶을 위해 꼭 필요하다. 그러나 목격하고 증언하는 숨은 트라우마의 여파 속에서 삶을 재구성하는 데 필요하다. 이러한 재구성은 일종의 고난을 통한 재탄생의 과정이다. 증언하는 숨인 성령은 억압되었던 것을 가시화한다. 성령은 확실한 형체를 드러내지 않은 채, 형체가 있는 상태와 형체가 없는 상태 사이를 왔다 갔다 한다. 켈러는 확신

33) 성령은 "어느 때 보다도 가장 큰" 하느님의 신비이며 사랑이다. 다음을 볼 것. Sachs, "Deus Semper Major—Ad Majorem Dei Gloriam: The Pneumatology and Spirituality of Hans Urs von Balthasar," *Gregorianum* 74, no. 4 (1993): 631-57. 거기서 삭스는 발타자르에 대해 이렇게 이야기한다. "성령은 완전한 하느님의 사랑이 **성령 안에** 있다는 사실과, 그 사랑이 절대로 고갈되지 않으며 영원히 새롭다는 사실을 직접 목격한 객관적 증인이다. … 성령은 성부와 성자 사이의 사랑이 낳는 가장 큰 '과잉' 혹은 '열매'이다. 이 성령 안에는 하느님의 사랑의 살아 있는 '역사'와 열린 '미래'와 같은 것들이 있으며, 이것은 어느 곳에나 계신 삼위일체 하느님 안에도 있다"(641, 644-45). 삭스는 발타자르 신학에서 성령론적으로 "어느 때 보다도 가장 큰" 모습이 허버트 뮬렌(Herbert Mühlen)의 연구로부터 끌어낸, 고전적인 전통에 대한 혁신이라는 점에 주목했다.

34) 다음에 언급된 책에서 이런 경향을 아주 잘 보여준다. Elaine Scarry, *The Body in Pain: The Making and Unmaking of the World* (New York: Oxford University Press, 1985).

(confidence)과 확실성(certainty)을 구분하는데, 트라우마와 관련하여 이 구분은 중요하다. 성령의 힘, 혹은 성령에 대한 확신은 대개 삶을 상상하는 것이 불가능한 상황에서 그것을 상상하는 능력 안에 있다.

성령의 증언은 삶의 형체들(forms of life)을 낳는다. 성령을 죽음-숨(the death-breath)과 오순절-숨(the Pentecost-breath) 사이의 영역으로 물러서게 하는 것은 상상하는 시간의 필요성을 인정하는 일이며, 죽음의 여파 속에 남아 있는 것을 가시화하여 그것을 새 모습으로 탈바꿈 시키는 것의 중요성을 인정하는 일이다. 트라우마 치료 과정에서 상상하는 능력은 시적인 사치가 아니라 생존과 치유에 반드시 필요한 요소다. 신학적인 용어로 표현하면 상상력은 부활에 필수적이다. 죽음에서 생명으로 이어지는 직선적 구원 이야기(the linear redemptive narrative of death to life)에서는 죽음이 계속되는 현실이 생략될 수 있다. 또한 죽음이 남아 있는 가운데 삶을 상상하는 일도 생략될 수 있다. 그렇다면 상상하는 시간은 트라우마 여파 속에서 꼭 필요하다. 증인의 숨으로서의 성령은, 삶의 도래를 당연하게 여기는 대신에, 삶을 낳는 것의 중요성을 증명하며 또한 상상의 중요성을 증명한다. 우리는 삶을 볼 수도, 확신할 수도 없기 때문에, 새로운 형태의 삶을 상상해야만 한다. 이렇게 먼저 상상하는 시간은 삶의 숨 이전에 있는 목격하고 증언하는 숨의 표현이다.

숨은 볼 수도, 어딘가에 담을 수도 없다. 숨은 범주화된 개념 이전의 공간, 즉 구분 짓고 순서를 정하는 일이 있기 전 공간에서 왔다 갔다 한다. 이 숨은 다음에 이야기하는 바와 같이 성서 내러티브의 뜻을 명확히 한다. 부활 이전의 영역은 알아차리는 일, 이름 붙이는 일, 말하는 일과 같은 해석상의 복잡함으로 가득하다. 그렇다면 우리는 어떻게 말하기를 증언하기와 분리하여 이해할 수 있을까? 만약 앞서 이야기한 범주화 이전의 영역이 언어와 말하기의 범위 밖에 있다면, 우리는 접근할 수 없을 것이다. 하지만 이 책 앞부분에서 나는 말하기로는 거의 이루어지지 않는 증언을 다시 해석했다. 막달라 마리아와 애제자는 말로 규명하거나 담아낼 수 없는 증언을 보여주며, 우리는 보통 이런 종류의 증언은 실패한 것으로 이해한다. 막달라 마리아와 애제자는 경험이 목격되거나 증언될 수 없는 영역, 더 이상 그 경험을 직접 이해할 수 없는 영역, 즉 경계가 없는 중간이라는 시공간의 지형을 증언한다. 그들은 우리가 간접적으로만 이 공간들에 접근 가능함을 보여준다. 이것은 단순히 그 공간들이 신비하다거나 전혀 접근할 수 없다고 말하는 것이 아니다. 그 공간들에 접근하기 위해서는 우리가 하느님의 현존과 구원에 대한 익숙한 개념을 수정해야만 한다는 것이다. 만일 증언이 막달라 마리아의 증언처럼 보인다면, 만일 현존이 숨과 관련해서 이해된다면, 또 만일 시야가 눈물이라는 베일을 통해 다시 정의된다면, 중간 영역은 단지 익숙한 개념들을 부서뜨리기만 하는 것이 아니다. 중간 영역은 익숙한 개념이 깨져 버린 그 상태를 통해 다시 그 개념을 우리에게 제시한다.

요한복음 분문의 중간 영역에서, 일어나는 사건을 보고, 만지고, 느끼는 것은 어려운 일이다. 하느님의 현존을 분별하는 것은 불가능하지는 않을지라도 어렵다. 우리는 막달라 마리아와 애제자 같은 제자들을 통해 어렵게 그것을 파악할 수 있다. 그들은 죽음에서 벗어나 활동한다. 그들이 목격하고 증언하기가 어려운 것은 그들이 실패했기 때문이 아니라, 그들이 목격하고 증언하는 사건의 특성과 그 사건이 갖는 특이한 현상 때문이다. 막달라 마리아와 애제자의 복잡한 증언을 통해, 초점은 그들이 증언하는 내용에서부터 그들의 증언 활동 자체로 옮겨진다. 십자가 사건 이후 그들이 거하는 영역은 일어나는 일을 쉽게 찾아내거나 그것에 이름 붙이는 일을 불가능하게 만든다.

하나님의 운동은 이런 숨 안에서 추적 가능하다. 요한복음의 설명에서 하나님은 죽음의 여파 속 증인으로서 남아 있는 위로자이다. '루아흐 엘로힘'은 켈러가 말하는 태초 이전의 '테홈'(*tehom*) 영역 안에서 진동한다. 이 진동은 빛에 그림자를 드리우는 것이 아니라, 오히려 켈러가 수면 아래의 물결(the undertow)이라 부르는 심연을 증언하는 것이다. 증언하는 숨은 활발하고 창조적인 삶의 현존이 아니라, 깊은 곳, 설명할 수 없는 중간에서의 운동이다. 이 숨은 그 활동을 통해만 본질을 규명할 수 있는 숨-영(a breath-spirit)이라고 해석될 수 있다. 왔다 갔다 하기, 내어 주기, 전달하기, 넘겨주기와 같은 것이 숨의 운동을 나타낸다. 중요한 것은 이런 모습들이 무엇으로도 담을 수 없는 인간 경험의 심연을 목격하고 증언할 수 있는 영역을 열어냄으로써 태초 이전의 활동을 보여준다는 점이다. 제대로 표현할 수 없는 공간을 통제하는 현존이 아닌 숨을 통해 주목하면서, 요한복음 본문은 쉽게 가려지거나 간과되는 하나님의 모습을 증언한다. 그 모습은 창조적이고 활발하게 세상에서 움직이는 생명의 영의 모습이 아니다. 오히려 이것은 남아 있는 존재들에게 사랑의 전달을 통해 증언하는 사랑의 숨이다. 이렇게 죽음과 삶 사이를 오가며 진동하는 것이 사랑의 운동이다.

켈러는 우리가 살고 있는 세계의 불확실성을 반영하기 위해서는 성령에 대해 새로운 방식으로 말하고 써야 한다고 주장한다. 켈러는 이렇게 말한다. "만약 신학 담론이 살아있다면, 그것은 신학 담론이 가진 성서본문에 대한 역사적인 빽빽함과 창의적이고 생동감 넘치는 희망 사이의 작은 틈(interstices)에서 말할 것이다."[35] 성령론은 진부한 이야기와 도그마를 넘어 새로운 방식으로 쓰여지며 이야기되는 신학 작업과 관련이 있다. 그러나 왔다 갔다 하며 진동하는 성령의 활동이 중요한 것은 이것이 특정한 사고의 틀로 환원될 수 없는 하느님의 특징을 보여주기 때문이다. "테홈의 가장 자리, 그것의 기슭에서, 종교언어의 태초의 진동은 긍정과 부정, 말과 침묵 사이를 오가며 마치 파도처럼 리듬을 탄다."[36] 성령은 그 둘 중 하나를 붙잡는 대신, 좀 더 보잘것없는 영역에서 제3의 길을 찾는다. 성령은 이렇게 길을 만들며 시(詩)라는 새로운 언어를 제안한다. 여기서 숨이라는 이미지가 도움이 된다. 우리는 숨 없이 말할 수 없다. 숨은 한마디 말을 감싸고(리듬), 말을 방해하기도 하고(말더듬이와 숨 막힘), 말의 무게를 담기도 한다(침묵). 숨은, 한 마디 말로 간단히 표현될 수 없지만, 몸과 말을 다시 연결한다.

형태(form)와 무형(formlessness) 사이에서 성령의 언어는 독특하다. 성령의 언어는 말과 연결되어 있지만 그 말과 다른 방식으로 관계 맺는다. 켈러가 설명하는 것처럼, 심연을 오가며 움직이는 진동은 고정된 말씀이라는 개념을 깨뜨린다. 켈러는 창조 이야기가 하느님의 말씀과의 연관 속에서 창조 당시의 하느님의 현존에 대해 이야기하는 신학에 근거하여 쓰였으며, 이 신학이 대개 로고스 중심적이라는 사실을 밝힌다. 내가 앞서 이야기한 바와 같이, 구원 이야기 역시 그리스도의 모습으로 온 하느님의 말씀과 밀접하게 연결되어 있다. 심연

35) Keller, *Face of the Deep*, xviii
36) Ibid.

의 성령은 계속해서 이런 모습을 보여준다. 켈러는 성령이 신 죽음(the death of God) 이후의 신학 담론을 가능하게 한다고 주장한다. 켈러는 이렇게 말한다. "이제는 운이 다한 근대적 이성이라는 유토피아를 추억하는, 전근대적 위엄에 대한 향수를 넘어서기 위해서는 구체적으로 어떤 신학 작업이 필요할까? 아마도 이 작업은 역설적이게도 불확실성의 가장자리에서의 화육/성육신(an incarnation)이리라."[37] 켈러의 성령론은 논리보다는 시에 비유할 수 있는, 다른 방식으로 읽고 쓰는 신학 방법을 개척했다. 성령은 한 형태를 고수하기보다 계속해서 자신의 형태를 만들어간다. 이런 점에서 켈러는 생략되었던 스페이어와 발타자르 초기의 증언으로 우리를 돌아가게 한다. 성토요일을 묘사한 발타자르의 책이 증명하는 것처럼, 형태를 찾기 위한 몸부림은 상상하는 활동이다. 마지막 이후의 삶을 상상하기 위해서는 성령의 활동이 반드시 필요하다.

영은 시간 속에서 다르게 움직인다

죽음과 삶 사이에서, 성령의 움직임은 앞을 향한다고 해석할 수 없다. 오히려, 중간이라는 영역은 점진적으로 앞으로 나아가는 이야기를 깨뜨린다. 성령의 운동은 직선적(linear)이지 않다. 켈러는 태초의 혼돈 속에 성령을 위치시킨다. 성령은 심연 속을 맴돈다. '루아흐 엘로힘'에 대한 켈러의 해석은 전통적인 그리스도교의 시간 이해에 정면으로 도전한다. 전통적으로 모든 것의 처음으로 여겨지는 창조 사건은 구원 역사의 시작이다. 이와는 정반대로, 켈러는 성령의-시간(Spirit-time)은 거듭해서 되어져가는(continual becoming) 시간이라고 주

37) Ibid.

장한다. 태초에서 종말로 이어지는 역사를 직선으로 이해하는 것은 역사 속 하느님의 활동이 직선적이며 진보한다는 것을 나타낸다. 켈러는 이렇게 말한다. "이 장에서 말하는 개괄적인 나선형의 모양은 시간 그 자체를 위한 모델을 제시한다. 과정 속의 각 순간은 자신의 역사를 개괄하지만, 그 순간이 가진 생생한 되어감을 첨가한다. 이런 순간의 흐름은 직선형이나 순환형(circular)이 아니라 나선형(helical)이다. 성령의-시간은 우리가 공유하는 되어감(our shared becoming)의 시간이며, 우리가 아는 것을 넘어 펼쳐진다."[38] 켈러에게 나선형의 시간이 중요한 이유는 창조가, 그리고 태초의 시작이 일회적인 사건이 아니라는 데 있다. 오히려 성령의 활동은 여러 번의 시작을 증명하고, 거듭 반복되는 시작의 순간과 끝의 순간을 증명한다. 성령은 단 한 번의 태초를 고수하고, 단 한 가지 방식의 해석을 고수하는 그리스도교 이야기의 시간성을 무너뜨린다. 그렇다면 되어감이란 인간의 시간 개념이나 역사 개념으로 담을 수 없는 하느님의 나타남을 보여주며, 시작과 끝에 반대되는 용어이다. 켈러는 이렇게 말한다. "따라서 이렇게 되어감의 신학(becoming theology)은 태초라는 한쪽 끝, 일직선으로 이루어진 구원의 역사, 직선으로 된 시간의 끔찍한 종말이라는, 직선적인 시간을 가정하여 세워진 패러다임을 계속 해체한다."[39]

나는 3장에서 요한복음을 해석하며 그리스도의 수난을 둘러싼 독특한 시간성을 언급했다. 고별담화는 죽음 사건보다 앞서며, 죽음의 다른 면에 위치한 삶의 전조가 된다. 죽음 사건은 새로운 방식으로 자기를 이해하는 데 중심이 된다. 하지만 이 사건은 알 수 없는 것이

38) Keller, *On the Mystery*, 174
39) Keller, *Face of the Deep*, xvii.

라고 이야기할 수 있으며, 성령과 함께 하는 제자들에게 펼쳐질 것이다. 요한복음의 성령의 시간은 구원의 역사를 직선적으로 보는 설명들과는 다른 양상을 띤다. 요한복음의 시간은 복잡하며, 성령은 이러한 복잡함에 둘러싸여 있다. 3장에서 살펴본 바와 같이, 막달라 마리아와 애제자가 경험한 시간과 장소의 혼란은 증언의 개념을 새롭게 구성한다. 이들은 왔다 갔다 하며 증언하는데, 삶을 향한 하나의 방향을 제시하지 않는다. 대신에 이들은 삶 속의 죽음(death-in-life)을 증언하고, **남아 있음**(remaining)으로 재해석되는 삶을 증언한다. 만일 우리가 구원의 역사를 직선형으로 가정하지 않는다면, 우리는 막달라 마리아와 애제자의 활동을 다중적이며 또한 진행 중인 증언의 순간들로 볼 수 있다. 만약 죽음을 과거의 사건으로 생각하지 않고 제자들에게 계속되는 사건으로 생각하면, 제자들은 자기 삶을 죽음과 분리시켜 이해하기보다 죽음과의 연결 속에서 이해하게 될 것이다. 성령은 예수의 부재 속에서 제자들과 동행하며, 이렇게 전개되는 사건의 당사자다.

'두 번째 혼돈'(the second chaos), 즉 재창조에서 성령은 단지 앞으로 나아가지 않고 앞뒤를 오가며 진동한다.40) 발타자르에 따르면, 성토요일의 심연은 특정 시간에 국한된 것이 아니다(timeless). 이런 시간적 애매함 속에, 성령은 죽음에서 부활을 향해 나아가는 움직임을 방해한다. 부활은 더 이상 죽음에서 완전히 벗어난 것으로 표현되지 않는다. 구원 내러티브는 대개 죽음에서 부활로 이어지는 직선적인 시간의 진행 속에서 이해된다. 태초 이전에 있었던 성령은 이런 시간성

40) Balthasar, *Mysterium Paschale: The Mystery of Easter*, trans. Aidan Nicholas (Grand Rapids: William B. Eerdmans Publishing Co.), 173.

에 의문을 제기한다. 켈러에게 성령의 시간은 직선이 아니다. 이런 내용은 켈러의 책 『심연의 얼굴』 첫 문장에 나타나있다. "시작은 계속 이어진다. 모든 곳에서. 결말이 한창일 때도. 그래서 숙달되거나 준비되는 일은 드물다."[41] 켈러는 성서 본문 속의 시간적 틀을 드러내기 위해 무한(infinities)이라는 개념을 다시 사용한다.[42] 창조와 구원의 내러티브는 역사와 진보(progress)라는 특정한 해석에 근거를 두어 왔다. 새로운 과학의 등장과 모든 것이 점점 발전할 것이라는 근대적 낙관론에 대한 강한 비판으로, 그리스도교의 시간 개념에 대한 도전도 계속되었다. 켈러는 시간에 대한 기존의 진술이 가진 한계와 문제성을 인식하는 신학자 중 한 사람이다.

트라우마라는 렌즈를 통해 바라볼 때, 왔다 갔다 하며 진동하는 증언(oscillatory witness)이란 개념은 아주 크게 도움이 된다. 트라우마 문제의 핵심은 경험이 반복된다는 것이다. 과거는 분명한 시간 묘사를 어긋나게 하는 방식으로 현재에 끼어든다. 이것이 바로 트라우마에서 생존한 사람들이 겪는 고통의 현장이다. 생존자들의 현재를 사는 능력은 심각하게 망가진다. 죽음에서 생명으로 곧장 옮겨지는 직선적인 내러티브는 시간의 반복을 충분히 설명하지 못하고 생략하는 경향이 있다. 시간을 나선형으로 보는 관점은 반복되는 트라우마를 설명하는 방법이 될 수 있을까? 플로라 케시지기안(Flora Keshgegian)은 직선적인 시간에 대한 켈러의 비평을 받아들여 진전시킨다. 그녀는 직선적인 시간의 문제를 트라우마와 직접 연결시킨다. 케시지기안

41) Keller, *Face of the Deep*, 3.

42) "시작도 끝도 없는 우주, 아마 그 **한가운데서** 모든 새로운 것들이 일어날 것이며, 창조는 이러한 우주에 끼어든 사건으로 가장 잘 표현된다. '창조'에 대한 담론은 변함없이 '시작과 끝의 이야기'를 다시 쓴다"(ibid., 4).

은 트라우마가 "직선적인 시간 밖에 위치하는" 특성이 있다고 말한다.[43] 구원의 역사를 직선적으로 이해하는 한, 신학자들은 트라우마가 헝클어 놓은 시간을 설명할 수 없을 것이다. 케시지기안은 트라우마 경험이 가진 독특함을 더 나은 방법으로 이해하기 위해 비극적인 시간과 묵시종말적 시간에 대한 최근의 신학 연구들을 조사한다. 그녀는 이렇게 말한다. "비극적인 사건은, 직선적이며 목적론적인 시간 개념이 항상 들어맞는 것인지 물으며, 다른 종류의 시간을 가리킨다."[44] 비극에는 뚜렷한 시작도 끝도 없다. 대신에 비극은 마치 자기가 실존이라는 끝없는 순환의 일부인 양 사건을 이야기한다.[45] 묵시종말론 역시 직선적인 시간 개념을 반박하는 또 다른 현장이다. 그래서 케시지기안은 켈러의 이전 저작 『묵시종말론—지금과 그 때』(*Apocalypse Now and Then*)를 예로 든다. 켈러는 묵시종말론에 반대하는 신학을 발전시켜 케시지기안의 표현대로 "불행은 곧 끝난다고 주장하는 '결말주의'(endism)에서 벗어나 지금 여기로서의 현재를 중요하게 여기고 삶 자체를 귀하게 보는, 보다 영-중심적인 영성(spirit-centered spirituality)으로 가기 위한 길"을 찾는다.[46]

케시지기안에 따르면, 결말주의라는 특정한 관점으로 미래를 바

---

43) Flora Keshgegian, *Time for Hope: Practices for Living in Today's World* (New York: Continuum, 2006), 102.

44) Ibid., 112.

45) 비극이라는 장르를 통해 그리스도교 내러티브를 재해석하는 캐슬린 샌즈(Kathleen Sands)를 인용하여 케시지기안은 다음과 같이 이야기한다. "미학적인 형태로서의 비극은 트라우마를 제의적 공간과 밀접하게 연결시킨다. 이곳에서 비극은 조용히 재현되기보다는 장엄한 목소리로 탄식한다." Kathleen Sands, *Escape from Paradise: Evil and Tragedy in Feminist Theology* (Minneapolis: Augsburg Fortress Press, 1994). Keshgegian, *Time for Hope*, 113 에서 재인용.

46) Keshgegian, *Time for Hope*, 119.

라보는 영성은 트라우마를 경험한 사람이 현재에 제대로 존재할 수 없게 만든다. 케시지기안은 구원의 역사를 직선적으로 이야기하는 것은 트라우마로 인한 시간과 공간의 뒤틀림을 묵살하는 것이라고 주장한다. 또한 이런 직선적인 시간 이해는 일반적인 고통에 대해 말하기에는 무리가 있는 장소인 십자가에 초점을 둔다. 궁극의 목적(*telos*)이라는 특정한 시간 개념은 십자가에 대한 구원적 해석, 즉 하느님이 죽음을 통해 죽음 안에서 모든 것을 끝내고 궁극적 완성을 이룰 것이라는 믿음의 밑바탕에서 고동친다. 케시지기안에 따르면, 트라우마 속에서의 시간 문제는 문제점과 해결이라는 관점에서 접근할 수 없다. 그녀는 말한다. "만약 우리가 시간과 그로 인한 상처를 해결하거나 '치유'하려 하지 않을 수 있다면, 또 우리가 반창고를 붙이듯 낡은 내러티브로 상처를 덮어버리지 않는다면, 트라우마를 겪은 이들의 헝클어진 시간 감각은 전통적인 직선적 관점을 바로잡는 역할을 할 것이다."[47] 케시지기안은 트라우마라는 '블랙홀'을 목격하고 증언할 다른 방법을 찾는다. 비극과 묵시종말 이야기는 남아 있는 것들의 모호한 시간을 이야기한다. 직선적 관점은 낡은 것이다.

직선적인 구원 이야기는 매력적이기도 하다. 켈러는 새로운 시작에 끌리는 마음과 과거의 힘든 경험을 뒤로하고 떠나고 싶은 마음은 지극히 자연스러운 인간의 욕망이라고 말한다. 우리는 삶에서 부정적인 경험을 극복하고 그것으로부터 빠져나가고 싶어 한다. 정통 신학이 고통과의 완전한 단절을 통한 새로운 시작을 약속하는 한, 정통 신학은 이러한 앞으로 나아가는 움직임을 촉진할 수 있다. 그러나 트라우마 경험은 과거와의 완전한 단절을 거부한다. 심연에 대한 켈러

47) Ibid., 121.

의 묘사는 이런 어려움을 이야기한다. 켈러는 심연이라는 혼돈의 영역에 머무는 것을 통해, 새로운 시작이라는 내러티브 뒤로 혼돈의 영역을 감춰버리는 것을 거부한다. 창조에 대한 신학적 진술이 테홈의 심연과 창조를 완전히 단절된 것으로 제시하는 한, 앞서 이야기한 상실들을 증언하지 못한다. 켈러는 앞으로 나아가려는 우리의 욕망을 신학이 종종 강화한다고 믿는다. 켈러는 다음과 같이 이야기한다.

> 많은 것들을 잃었다. 상상할 수도 없고, 되돌릴 수도 없다. 우리는 상실을 슬퍼함으로써 우리 자신을 잃어버리지 않는다. 태초의 생성 능력을 슬퍼하는 중에 이미 시작의 흐름은 시작되었다. 테홈 아래의 흐름은 고통스러운 것일지도 모른다. 새로운 시작에의 끌림은 상처에 대한 모욕처럼 보일 수 있다. 이것은 죽음의 현실 속에서 뿐만 아니라 가능성의 상실 속에서 우리 마음을 힘들게 한다. 어두운 수면 위로 왜곡되고 소용돌이치는 우리의 모습이 기이하게 비춰진다. 우리는 우리 심연 밖에 있다.[48]

물 밑의 흐름(undertow)이라는 이미지는 반복되어 돌아오는 트라우마를 고찰하는 데 도움이 된다. 물 밑의 흐름은 그 힘이 강하지만, 표면에서는 그것이 보이지 않는다. 또한 트라우마처럼, 물 밑의 흐름은 표면에서 볼 수 없는 트라우마 경험의 강력한 실재를 상징한다.

나는 구원 내러티브가 부활을 중간의 심연에서 완전히 벗어난 것으로 묘사하는 한, 트라우마의 핵심을 망각하는 일에 일조한다고 본다. 나는 트라우마라는 렌즈를 통해 바라보면서, 성급히 부활절을 선

48) Keller, *On the Mystery*, 66.

포하여 새 삶과 부활을 말하는 관점에 반대해왔다. 다양한 그리스도교 전통에서 수난에서 부활로 이어지는 예전은 아주 매끄럽다. 죽음은 지나가고, 새 삶이 도래한다. 코넬 웨스트(Cornel West)는 이런 접근이 가진 문제점을 드러낸다. 그는 그리스도교의 예언자 전통에 기반을 두고 미국 교회의 대부분이 외면하고 싶어하는 성토요일을 언급한다.[49] 그는 미국의 그리스도인들이 승리와 기쁜 소식을 원한다고 이야기한다. "하느님은 죽었다"는 성토요일의 선언은, 승리한다 하더라도 그것이 그렇게 빨리 도래하지는 않을 것임을 상기시켜, 우리가 가던 길을 멈추게 한다.[50] 성토요일을 덮어버리는 일을 좀 더 넓은 차원에서 보면, 역사 속 억압, 폭력, 그리고 불의를 덮는 일과 연결된다. 웨스트에게 성토요일을 잊는 것은 역사의 생략, 진리의 생

---

49) Cornel West, Lannan Foundaion, lecture delivered in Santa Fe, NM, June 25, 2003. 웨스트는 이렇게 말한다. "깊은 각성, 깊은 실망, 깊은 깨어남, 그리고 또 뭘까요? 고통을 통한 인내, 어두움을 통과하려는 몸부림입니다. 왜요? 이것이 단순히 승리에 대한 것이 아니기 때문입니다. 이것은 목격하는 것을 견디고 증언하는 일에 대한 것입니다. 우리는 이것을 미국에서 가장 두드러진 종교성 속에서, 특별히 그리스도교에서 볼 수 있습니다. 보통 미국 그리스도교의 **상점**과 같은 모습에서 말입니다. 이것은 모두가 승자와 동일시되는 일입니다. 그리고 이것이 바로 교회가 부활 주일에는 사람들로 꽉 차지만, 성금요일에는 비어있는 이유입니다. 나는 승자가 나타나면 등장하겠습니다. 하지만 로마 제국에 의해 정치범 취급을 받는 주인공에 대해서는 저에게 이야기하지 마십시오. 불의에 의한 무의미한 죽음에 대해서도 제게 이야기하지 마십시오. 니체가 하느님이 죽었다고 말하는 것처럼, 그리스도인들에게조차도 하느님이 죽었던 성토요일에 대해서도 물론 저에게 이야기하지 마십시오. 이 시대의 그리스도교 사상 안에는 신(神)죽음론이 너무 적습니다. 그러나 하느님은 성토요일에 죽었습니다. 그리고 그 사실을 부인할 수 있는 사상은 없습니다."

50) Cornel West, "Philosophical View of Easter," in *The Cornel West Reader* (New York: Civitas Books, 1999). 코넬 웨스트는 이 글 서문에서 다음과 같이 말한다. "이것은 내가 가장 좋아하는 부분이다. 비록 내가 지금은 그것의 구원-역사라는 관점을 전적으로 거부하지만 말이다. 성금요일을 중심에 두는 것은, 특히 니체에게 신이 죽은 것처럼 그리스도인들에게 하느님이 죽은 성금요일을 중심에 두는 것은 내가 부활절을 너무 빨리 받아들이지 않도록 막아 주었다"(415).

략을 상징한다. 웨스트가 성토요일을 언급하는 것은 과거를 잊지 말고 의식적으로 기억하자고 주장하기 위함이다. 성토요일은 과거를 드러내지만, 그렇다고 과거를 약화시키지는 않는다. 성토요일이 제시하는 것은 아직 변화되지 않은 상태의 과거를 수용하면서 과거를 인식하는, 과거를 지향하는 삶의 방식이다.

성토요일은 굴하지 않는 인내를 그리스도교 신앙 고백의 일부로 이야기한다. 이는 "계속하고, 또 계속하는 것"이며, 웨스트가 '블루스 피플'(blues people)의 존재 방식이라고 설명하는 것이다. 웨스트는 아프리카계 미국인들의 역사와 영성을 정해진 목적지가 없는 여행으로 묘사한다. 고통과 억압이라는 과거의 기억은 이렇게 계속되는 여정 속에 스며들어 있다. 목적지 없이 움직이는 것은 성토요일을 지내는 사람들의 특징이기도 하다. 이 때 역사적 기억이 아주 중요하며, 웨스트가 이해하는 성토요일은 고통스러운 기억들이 이름 붙여지고 폭로되는 신학적 현장이다. 부활의 언어는 여러 측면에서 억압자의 언어(the language of the oppressor)다. 웨스트는 보다 연약한 영역으로 삶을 물러서게 만든다. 이렇게 함으로써 그는 시간과의 독특한 관계를 설명한다. 그것은 생존자의 시간, 죽음에서 생명으로 옮겨 가는 것을 확신할 수 없는 위태로운 이들의 시간이다.

그렇다면 이렇게 시간과의 불확실한 관계 속에서 우리의 활동을 어떻게 이해해야 할까? 중간이라는 시공간에서 과거, 현재, 미래가 만나며, 예수는 이 만남의 장소에 있는 위로자 성령에 대해 이야기한다. 성령은 기억의 표상이다. 제자들 속에서 그들과 함께 있는 예수에 대한 기억은 제자들 안에서 구체화되어 나타날 것이다. 또 예수를 기억하는 제자들은 예수에 대해 알려지지 않은 모든 것들, 즉 사건 당시에는 이해하지 못했던 예수의 죽음이라는 기억 때문에 괴로움을 겪는다. 중간의 성령에 주의를 기울일 때, 직선적인 시간 안에서 치유를 이해하는 관점으로부터 벗어날 수 있다.

성령은 사랑이다

중간의 성령이 사랑이라는 말은 무슨 뜻일까?[51] 죽음과 생명 사이, 성령의 활동은 사랑의 본질에 대해 무엇을 말하는가? 중간의 성령은 날숨과 들숨의 과정으로 표현되는 미약한 숨(fragile breath)의 이미지로 그려진다. 켈러는 이 미약한 숨을 하나님의 능력이 사그라지거나 위협받는 것으로 해석하는 대신 관계적인 표현으로 해석한다. 사랑은 하나님의 현존을 보장하거나 혼돈을 통제하는 것으로 표현되지 않는다('엑스 니힐로'[*ex nihilo*]라는 무로부터의 창조에 대한 해석에서 입증된 바와 같다). 오히려 미약함(the fragility)은 하나님이 피조물과 근원적으로 연결되어 있다는 증거다. 전통적으로 하나님은 세상 밖에서 세상을 지배하는 존재로 이해되었으며, 하나님의 능력은 이러한 지배로 이해되었다. 켈러는 성령에 대한 신학을 전개하며 이를 반박한다. 하나님의 사랑을 전통적인 하나님의 능력과 연결하여 이해한다면, 그 사랑은 계급적 우위에 있는 존재로부터 시혜의 차원으로 주어지는 것이다.

켈러에 따르면, '루아흐 엘로힘'(*ruach elohim*)은 사랑을 다르게 해

---

51) 성령과 사랑의 이러한 연결은 성령을 사랑의 끈, 혹은 성부와 성자 사이의 사랑으로 보는 전통적인 삼위일체의 설명과 일치하는 것이다. 다음을 볼 것. Augustine, *De Trinitate,*『삼위일체론』(분도출판사); Thomas Aquinas, *Summa theologiae* Ia, q. 36, 37; Hans Urs von Balthasar, "The Holy Spirit as Love," in *Explorations in Theology*, vol. 3, trans. Brian McNeil (San Francisco: Ignatius Press, 1993), 117-34.

석할 수 있는 근거가 된다. 켈러는 왔다 갔다 하는 성령의 진동을 "낯선 에로스"라 부른다.[52] 켈러는 성령이 임재하는 '테홈'의 영역을 이야기하기 위해 '에로스'(*eros*, desire)라는 말과 이미지를 이용한다. 켈러는 성령이 성부와 성자를 잇는 사랑의 끈이라고 보는 아우구스티누스의 삼위일체적 성령 이해를 다시 사용한다. 하지만 켈러는 이 사랑이라는 끈을 '에로스'와의 관계 속에서 다시 정의한다. 성령의 '에로스'를 통해 다시 정의된 하느님의 사랑은 끊임없이 흐른다. 성령은 창조를 향한 하느님의 활동이다. 성령의 활동은 리듬이 있고 에로틱하기도 하다. 성령은 경직된 관점과 양극단의 논리에 맞선다. 이런 맞섬과 그 결과로 생겨나는 공간은 사랑을 구성한다. 하느님은 만들어져 가는 세상과 얽혀 있고, 연결되어 있으며, 세상 속에 들어와 있다. 심연에서 왔다 갔다 하는 성령의 진동이 드러내는 것은 바로 이러한 사실이다.[53] 성령의 진동은 단호하고 역동적이며 늘 위험이 따른다. 하느님은 세상 밖에서가 아니라 모든 피조물과의 친밀한 연결 속에서 강하다. 여기서 켈러는 과정신학의 가장 독특한 주장 하나를 제시한다. 하느님은 세상에 대해 취약하며(vulnerable) 세상의 영향을 받는다는 것이다. 하느님의 갈망(divine desire)으로 표현되는 성령은 열린 마음과 여린 모습이 가진 힘을 나타낸다.

켈러를 비롯한 현대 신학자들은 에로스를 회복하려고 한다. 그 이유는 전통적인 사랑의 개념이 인간의 사랑과 육체적 존재의 물질성(materiality)을 이야기하지 못하기 때문이다. 이 신학자들에 따르면, 하느님의 사랑을 아가페(*agape*)의 측면으로 묘사하면서, 물질적 존재

52) Keller, *Face of the Deep*, 230
53) Ibid., 233.

에 영향을 받지 않는 사랑을 이야기하기 위해 갈망에 대한 이야기가 생략되어 왔다고 한다. 따라서 그 신학자들은 '에로스'와 그것이 가진 중간적 위치를 되찾기 위해, 풍요(Plenty)와 결핍(Lack)이라는 부모로부터 사랑이 태어난다고 말하는 플라톤의 『향연』(*Symposium*)에로 되돌아간다. 이는 사랑이 보다 미약하게 시작되었다는 이야기이며, 플라톤주의와 만난 그리스도교는 이 이야기를 생략했다는 것이다.[54] 에로스의 불확실한 자리를 다시 주장하면서, 신학자들은 이것을 다시 강조하는 것이 그리스도교의 주장을 약화시키지 않으며, 오히려 그리스도교 담론으로 하여금 중간이라는 시공간의 진실을 드러낸다고 말한다.

중간에서, 심연에 대한 질문은 이것이다. 사랑이라는 숨(the breath)은 사그라질 수 있을까? 발타자르와 스페이어는 자신을 비우는 하느님의 사랑이라는 관점에서 사그라드는 숨을 해석함으로써 이 질문에 대답한다. 그들은 지옥 심연에서 비워진 사랑의 모습을 우리에게 제시한다. 발타자르와 스페이어는 구원으로서의 케노시스적인 사랑, 자기 비움으로 스스로를 드러내는 사랑을 옹호한다. 이들의 사랑 개념은 요한복음의 사랑 이해에서 온 것이며, 요한복음이 담고 있는 희생 개념에서 비롯되었다. 물론 요한복음이 이런 해석을 지지하긴 하지만, 이것은 다른 방향으로 해석될 수도 있다. 사랑이 아주 명백히 희

---

54) Plato, *The Symposium* (Cambridge, UK: Cambridge University Press, 2008, 『향연/파이드로스/리시스』, 서광사). 다음을 볼 것. Pseudo-Dionysius, *Divine Names*, ed. John Farina and trans. Colm Luibheid (New York: Paulist Press, 1987). 위(僞)디오니시우스는 예외이다. 4장 1 1ff 절에서 그는 하느님의 사랑을 에로스(*eros*)라고 부를 것을 주장했다. 그는 이렇게 함으로써 아가페(*agape*)라는 단어로는 나타낼 수 없는 하느님 사랑의 본질을 표현할 수 있다고 믿었다.

생적인 것은 아니다. 오히려 중간을 통해 바라볼 때, 사랑은 죽음을 넘어서는 것, 혹은 죽음에서 살아남은 것을 목격하고 증언하는 활동이 될 수 있다. 우리가 그저 앞으로 나아가는 대신 이야기를 되돌려 해석하면서 죽음과의 연결을 놓치지 않는다면, 사랑은 희생된 것도, 성취된 것도, 완결된 것도 아니다. 사랑은 넘겨진다. '파라디도나이'(*paradidonai*). 다시 말해 남겨진다. 우리가 사랑을 십자가 사건과 배타적으로 연결시키면 희생이라는 개념이 강화되기 쉽다. 그러나 초점을 십자가에서 성토요일이라는 중간으로 옮겨 다른 측면에서 바라보면, 사랑은 목격하고 증언하며, 남아 있음의 견지에서 다른 방향으로 해석된다.

이 책 3장에서 말한 것처럼, 그리스어 동사 '메네인'(*menein*)은 트라우마의 언어와 연결하여 해석될 때 특별히 중요한 의미를 지닌다. 나는 '메네인'을 지속되는 현존에 대한 약속으로 해석하는 대신 죽음과 불투명한 미래 속에서 끈질기게 버티는 힘으로 해석한다. '머물러 있기'(abiding)라는 표현을 '남아 있음'(remaining)이라고 바꾸어, 우리는 제자들을 향한 예수의 명령을 목격과 증언의 감당이라는 측면에서 생각해 보고자 한다. 제자들은 목격하고 증언하는 과정에서 쉽게 보거나, 만지거나, 분간할 수 없는 것들과 끊임없이 만났다. 제자들이 예수 안에 남아 있다는 것은 그들이 성령과의 연결이라는 다른 방식으로 예수와 연결됨을 의미한다. 이것을 트라우마라는 렌즈를 통해 해석하면, 제자들은 죽음과 삶이 아슬아슬하게 엇갈리는 곳에 서게 되며, 남아 있는 것을 목격하고 증언하게 된다. 예수가 제자들에게 명한다. "나의 사랑 안에 남아 있으라." 성령은 제자들에게 남아 있을 수 있는 힘을 준다. 결국 남아 있게 하는 힘 역시 사랑과 연결된다.

사랑, 위로자, 숨, 이 세 가지는 고별담화에서 한데 묶인다. 예수가 죽기 전에 말했던 이런 표현들은 죽음 이면의 삶을 나타낸다. 기이한 시간에 행해진 고별담화는 제자들이 예수의 말을 이해했는지 묻는다. 나는 이미 앞에서, 예수가 자신이 하는 말을 당시에는 제자들이 이해할 수 없을 것이라고 밝혔음을 언급했다. 일어나고 있는 사건을 인식하고 수용하는 일은 미뤄졌다. 제자들은 예수의 말을 당장 감당할 수 없을 것이다(요한 16:12). 그들은 나중에야 알게 될 것이며, 이는 성령의 도움으로 가능할 것이다. 성령은 틀림없이 제자들을 인도할 것이다.

그 중간에서의 약속은 사랑이 남는다는 것이다. 숨은 사라지지만, 사라지지 않는 것이기도 하다. 숨을 넘겨줄 때 숨은 지속된다. 목격과 증언은 이런 사랑을 찾아내어 볼 수 있게 한다. 죽음의 여파 속에서 다른 형태의 사랑을 드러내는 것이다. 이렇게 목격과 증언은 숨을 되살리지만, 이것은 삶의 숨과는 다른 것이다. 목격하고 증언하는 숨은 죽음과 생명이 함께 존재하는 필연적인 순간을 보여준다. 트라우마 후 생존이 갖는 역동성은 이런 순간이 필연적이고 중요하다는 사실을 드러낸다. 가냘픈 생존의 숨과 이러한 생존을 목격하고 증언하는 숨의 만남은 죽음과의 만남이며, 삶의 위기와의 만남이다. 다시 말해 이것은 죽음 이후를 살면서 겪는 위기와의 만남이다.[55] 요한복음의 막달라 마리아와 애제자는 이런 만남을 이야기하고 있다. 그들은 죽음 이후의 혼돈을 만났고, 그것을 목격하고 증언하면서 결과적으로 그들의 삶은 달라졌다.

---

55) Cathy Caruth, *Unclaimed Experience: Trauma, Narrative and History* (Baltimore: Johns Hopkins University Press, 1996), 7.

고별담화에서는 이러한 목격과 증언이 사랑과 동일시되며, 위로자와 연결된다. 예수는 위로자와의 관계에서 사랑을 말한다. 성령은 예수의 떠남과 돌아옴을 연결할 것이며, 제자들을 향한 예수의 사랑은 위로자 안에서 위로자를 통해 지속될 것이다. 우리는 제자들이 부활의 삶이라는 승리의 영역이 아니라, 죽음 이후의 복잡한 영역으로 들어가는 것을 본다. 예수는 이 영역을 부활이 성취할 승리한 삶에 도달하기 위해 괴로움을 견뎌내는 공간으로 정의하는 대신 전혀 새로운 언어를 제시한다. 예수는 사랑하고 남아 있으라는 새 계명을 주고, 가지치기 당하는 포도나무와 출산의 고통을 겪는 어머니라는 두 가지 비유를 들어 제자들의 삶을 설명한다. 이것은 죽음에서 부활로 이어지는 과정을 견디라고 제자들에게 주는 일시적인 이야기가 아니다. '계명'이라는 단어는 보다 철저한 재구성을 뜻한다. 마치 이스라엘 사람들이 하느님 사랑과 이웃 사랑이라는 두 가지 계명을 중심으로 삶을 꾸려 나가는 것처럼, 제자들의 삶은 죽음과 삶 사이의 중간 영역을 통해 새롭게 정의된다. 사랑하라는 계명은 남아 있으라는 명령과 긴밀하게 연결된다. '내 안에 남아 있으라.' '내 사랑 안에 남아 있으라.'

고별담화는 시간적, 공간적으로 설명하기 어려운 문제들로 가득 차 있기에, 제자들로 하여금 그들이 들어갈 곳을 위해 준비하도록 한다. 고별담화에서 예수는 이전처럼 단순히 자신의 죽음을 예고하는 대신, 세상을 해석하는 방식과 세상과 관계 맺는 방식이 변화될 것을 예고한다. 이런 변화는 '때', '그 날', '지금까지'와 같은 시간적 표현의 변화를 수반한다. 언제 예수가 떠나는가? 언제 위로자가 오는가? 장차 있을 사건의 발생 장소와, 그 사건이 무엇인지 알아내는 문제가 담화 전체에 나타난다.[56] 예수는 자기가 올 것과 갈 것을 이야기하고, 제자들은 그 이야기에 계속 혼란스러워 한다. 예수는 제자들에게 그들이 온전히 이해할 수 없는 사건에 뿌리를 둔 삶이 시작될 것을 선언한다. 죽음 사건을 이해하지 못한 채, 이 시작은 온전히 알려지지 않은 것들 주변에 놓인 일련의 관계들을 이야기한다.

사랑은 죽음과 삶 사이의 작은 공간에서 새롭게 정의된다. 사랑은 죽음에 대한 담화를 통해 마음속에 다시 그려지고, 그 과정 속에서 죽음과 삶 사이에 놓인 중간의 용어가 된다. 중간의 사랑은 죽음과 삶 사이에서 불어오는 숨으로 정의된다. 고별담화는 순전히 희생적이고 케노시스적 용어로 이해되는 사랑의 개념에서 벗어나, 죽음에서 벗어나는 길을 만드는 사랑의 활동과 연결된 제자들의 삶을 (사랑의 명령을 통해) 다시 써간다. 제자들은 오로지 생명의 성령에 의해서만 능력을 받는 것이 아니라, 죽음의 여파가 지배하는 영역을 오가며 진동하는 중간에 있는 성령의 숨에 의해서도 능력을 받게 될 것이다. 제자들은 죽음의 한복판에서 생명을 선언하기보다는, 인간 경험의 깊은 심연을 목격하고 증언할 힘과 죽음을 견딜 능력을 얻을 것이다. 이제 제자들은 눈에 보이는 예수의 현존이 아니라, 제자들 안에서 제자들을 통해 움직이는 숨을 통해 사랑을 이해할 것이다.

사랑에 대한 새로운 표현은 알 수 없고, 볼 수 없으며, 사건이 일어나는 동안은 직접 그것에 접근할 수 없는 그 죽음-사건의 복잡한 역동성을 인정하는 언어다. 고별담화는 죽음 사건에 대해 아는 것이 없는 상황에서 제자들이 자기 삶을 꾸려나갈 길을 제시한다. 제자들

---

56) 이러한 경향의 좋은 예가 요한복음 13:36 에 나온다. "그 때 시몬 베드로가 '주님, 어디로 가시겠습니까?' 하고 물었다. 예수께서는 '지금은 내가 가는 곳으로 따라올 수 없다. 그러나 나중에는 따라오게 될 것이다.' 하고 대답하셨다."

에게 약속된 하느님의 모습은 목격하고 증언하는 활동에 의해 정의된다. 위로자 성령의 숨은 온전한 이해의 부재 속에서 목격하고 증언한다. 그렇다면 사랑은 단지 죽음과 연결되어 정의되지 않는다. 이 사랑은 알 수 없는 것에 의해 표현된다. 담화를 통해 증언의 역동성은 움직이기 시작한다. 공간과 시간의 한계는 붕괴되고, 앞서 소개된 하느님의 모습은 증언과 관련되어 설명되며(부재와 현존을 모두 증언하는 복잡한 특성), 사랑은 이해의 실패를 통해 태어난다. 내가 1장에서 언급한 "히로시마 내 사랑"(*Hiroshima mon amour*) 속 연인들에 대한 캐시 카루스의 이야기를 떠올려 보자. 온전히 알려지지 않은 과거에 의해 엉망이 되고, 산산조각 났고, 괴로움을 당했던 몸과 말, 이것들과 함께 무언가 여기서 모습을 드러낸다. 카루스에게 이것은 프로이트가 죽음 욕동에 대한 자신의 재해석 속에서 목격한 '새로운 언어'이기도 하다.[57] 요한복음은 이것을 사랑이라고 이야기한다.

사랑이 남았다 / 남은 사랑

『세상의 마음』에서 사랑은 유산으로 남는다. 발타자르와 스페이어는 이 유산을 십자가 모양의 사랑, 즉 십자가 처형사건 속에서 특별한 모습을 띠는 사랑이라고 부른다. 그러나 중간이라는 시공간에서 보면, 사랑은 죽음 이후에 재탄생하는 일련의 관계들을 위한 이름이 된다. 죽음과 생명이 만나는 연약한 교차점에서 독특한 사랑 개념이 싹튼다. 고별담화에서 이 사랑은 두 번이나 반복해서 새로운 계명

57) Cathy Caruth, "Parting Words: Trauma, Silence, and Survival," in *Acts of Narrative*, ed. Carol Jacobs and Henry Sussman (Stanford, CA: Stanford University Press, 2003), 47-61.

으로 제자들에게 소개된다(요한 13:34-35, 15:12-13). 이렇게 사랑을 소개하는 두 부분 사이에, 새로운 관계를 보여주는 구절이 나온다. "아버지께서 나를 사랑하신 것처럼 나도 너희를 사랑해 왔다. 그러니 너희는 언제나 내 사랑 안에 머물러 있어라"(요한 15:9). 아버지-아들 관계를 모범으로 삼는 사랑은 고별담화의 해석을 통해 강하게 뒷받침될 수 있다. 요한복음 저자는 제자들이 아들을 향한 아버지의 사랑과 유사한 사랑을 알게 될 것이라고 역설한다. 이 점에서 13절은 종종 사랑의 모범에 대한 묘사로 부각된다. "벗을 위하여 제 목숨을 바치는 것보다 더 큰 사랑은 없다"(요한 15:13). 사랑하는 이를 위해 자기 목숨을 바치는 모습에서 사랑이 드러난다. 그래서 자기희생 모델은 주된 사랑의 모범이 된다. 마치 성자가 자기 목숨을 희생한 것처럼, 그를 믿는 자들도 친구를 위해 자기 목숨을 내놓겠다는 각오를 보임으로써 자기희생의 모범을 따라야만 한다. 희생적인 사랑은 가장 숭고한 그리스도인의 사랑으로 묘사되곤 한다. 레이몬드 브라운은 이렇게 설명한다. "그리스도인의 사랑은 단순히 자기 목숨을 내어주는 데만 있지 않다. 자기 목숨을 내어 주는 사랑이 예수에게서 왔기 때문에, 그리스도교의 사랑은 이러한 자기희생을 낳는 경향이 있다."[58] 고별담화 속 예수가 자기희생 모델을 지지한다고 보는 관점은 널리 퍼져 있다. 결국 '사랑'이라는 용어의 내용을 채우고, 사랑에 대해 결정적으로 진술하는 이는 예수다.

그러나 이런 사랑의 모범이 전부는 아니다. '자기 목숨을 바친다'는 표현은 요한복음 10장에 반복되는 선한 목자의 비유를 떠올리게 한다. 예수는 이렇게 말한다. "나는 착한 목자이다. 착한 목자는 자기

58) Brown, *Gospel According to John*, 664.

양을 위하여 목숨을 바친다"(요한 10:11). '정하다, 배치하다, 포기하다' 라는 뜻을 가진 그리스어 동사 '티테미'(τίθημι)는 양과 목자의 관계를 묘사하기 위해 이 장에서 세 번 사용된다. 예수는 자기 목숨을 바칠 것이라 말하고, 17절에서 이를 거듭 이야기한다. 대개 우리는 이것을 미래 지향적으로 해석하여 예수가 자기의 죽음과 부활을 예견한 것으로 본다. 하지만 본문을 전체적으로 보면, 선한 목자 비유는 단지 예수의 죽음과 부활을 예고하는 데만 초점을 둔 것이 아니다. 오히려 자기 목숨을 버리는 목자 이야기 전에 양과 친밀하며 양을 보호하는 목자에 대한 묘사가 등장한다. 또한 목자가 양을 부르는 장면은 다섯 번 언급된다. 3절을 보면, 목자가 양들의 이름을 부를 때 양들은 목자의 음성을 듣고 우리 밖으로 나온다고 말한다. "문지기는 목자에게 문을 열어주고 양들은 목자의 음성을 알아듣는다. 목자는 자기 양들을 하나하나 불러내어 밖으로 데리고 나간다"(요한 10:3). 양들은 목자의 음성을 안다. 4절은 이렇게 말한다. "이렇게 양떼를 불러낸 다음에 목자는 앞장서 간다. 양떼는 그의 음성을 알고 있기 때문에 그를 뒤따라간다"(요한 10:4). 이런 광경은 양들이 낯선 사람이나 도둑에게 반응하지 않는 모습과 대비된다(요한 10:8). 목자가 각각의 양들을 이름으로 부르기 때문에 양은 목자의 음성을 안다. 양들을 반응하게 한 것은 단순히 목자의 음성이 아니라, 각각의 이름을 부르는 목자의 세심함이다.59)

비유는 마치 양과 목자의 관계를 요약하듯 14절에서 다음과 같이 이야기한다. "나는 착한 목자이다. 나는 내 양들을 알고 내 양들도 나

59) 이것은 내가 2 장에서 막달라 마리아와 예수의 만남을 분석한 부분을 생각나게 한다. 인식은 단지 예수의 목소리에 의해서 생겨나는 것이 아니라, 예수가 부르는 막달라 마리아의 고유한 이름에 의해 생겨난다.

를 안다"(요한 10:14). 예수가 자기 목숨을 바치겠노라 말하는 것은 이렇게 이름을 부를 정도로 친밀하게 서로를 안다는 사실에 근거한다. 양들에 대한 목자의 관계는 양들을 부르고, 양들의 소리를 듣는 행동으로 명확해진다. 이 관계는 비유라는 수사법을 사용하여 예수와 성부의 관계를 보다 분명하게 묘사한다. '자기를 바칠 것'을 언급하는 것은 이 땅에서의 예수의 사역을 죽음과 연결시키는 독특한 해석으로의 이행을 반영한다. 그러나 양과 목자 사이의 역동성은 부르고, 듣고, 이름 붙이는 행위에 의해 구성된다. 이 본문이 성부의 뜻을 따라 스스로 자기 생명을 희생하는 예수와 연관시켜 해석되긴 하지만, 이 비유를 이런 모델로만 축소시키는 것은 양과 목자 사이의 부름과 응답이 가진 힘을 간과하는 것이다. 양은 목자를, 목자는 양을 안다. 본문이 보여주는 사랑의 모습은 단지 양을 대신한 목자의 희생으로만 설명될 수 없다. 오히려 사랑은 말하고 듣는 과정에 근거한다.

이 구절은 막달라 마리아의 증언과 자주 연결된다. 양인 그녀는 부활한 목자인 예수의 음성을 듣는다. 막달라 마리아의 증언에 대한 이전 장의 분석에 비추어 보면, 우리는 왜 그녀의 증언이 단순한 희생으로만 해석될 수 없는지를 알 수 있다. 내가 말한 바와 같이 그녀가 인식하는 과정은 감각의 혼란을 수반한다. 이것은 직접 소통될 수 없는 것과 죽음에서 넘겨진 진실을 이해하려는 노력의 과정이다. 내가 1장에서 설명한 것처럼, 도리 라웁은 듣는 사람에게 뿐만 아니라 말하는 사람에게도 아직 표현되지 않은 경험의 전달에 대해 이야기하면서 비슷한 방식으로 이러한 증언의 윤곽을 그렸다. 사랑에 대해 막달라 마리아의 증언이 우리에게 말하는 것은 무엇인가?

사랑의 계명이 자기 목숨을 희생하라는 명령으로 해석되면 (성부의 뜻에 따라 성자의 희생을 모방하는) 그것은 성부와 성자와의 관계 속에서만 사랑을 해석하는 것이며, 십자가를 그 사랑의 절정(*telos*)으로 봐야 할 것이다. 그러나 고별담화에서 사랑은 증인이라는 다른 위로자에 대한 약속을 통해 제시된다. 성부와 성자의 관계는 일련의 관계들로 대체된다. 요한복음 19장 5절은 '남아 있다'는 말의 특징을 이야기한다. 우리가 3장에서 살펴본 바와 같이, 이 동사는 위로자 성령에 대한 약속과 밀접한 관련이 있다. 성부－성자의 관계를 모방하는 일에 성령－위로자가 함께한다. 그리스어 동사 '메네인'은 성부와 성자 사이의 직접적인 교류를 혼란에 빠뜨린다. 자기 목숨을 버리는 것은 반드시 세 번째 위격인 성령에 비추어 해석되어야 한다. 레이몬드 브라운은 "목숨을 바친다"는 구절이 히브리 랍비 전통에서 "자기 목숨을 넘겨준다"(*ideio masar mafso*)는 표현에서 왔을 거라고 말한다.[60] 예수는 위로자 성령에 대한 약속을 통해 자기 생명을 제자들에게 넘겨준다. 만약 사랑이 목숨을 넘겨주는 것이 죽음 속에서가 아니라면, 그것이 죽음을 **통한** 어떤 방법으로 보인다면, 사랑은 성령의 모습과 복잡하게 얽히게 될 것이다. 내가 이야기한 바와 같이, 성령론적으로 이러한 넘겨주기를 이해하면, 남아 있는 것을 목격하고 증언하는 모습이 드러난다. 가장 큰 사랑이라는 표현은 죽음에서 쏟아져 나오는 사랑의 희생이나, 죽음을 이기고 승리한 사랑이라는 해석을 통해서만 이해되는 것이 아니라 그 둘 사이의 심연에 남아 있는 사랑에 대한 해석을 통해 이해될 것이다.

이 성령으로부터 도출되는 사랑의 모델은 무엇인가? 발타자르는 말한다. "성부 하느님이 버려진 아들의 자기희생을 통해 인류를 구원

---

60) Brown, *Gospel According to John*, 386.

한 것처럼, 이웃에 대한 그리스도교의 사랑은 자기희생의 결과다."[61] 발타자르는 이런 사랑을 선포한다. 구원은 성자의 죽음으로 가장 분명하게 드러난 이 사랑을 보고 아는 것을 통해 이루어진다. 사랑은 희생을 통해 나타나며, 이 희생은 넉넉하고 깊은 사랑으로 표현되는 철저한 자기 비움이다. 이것은 발타자르가 확실히 강조하는 것 중 하나이기도 하며, 그가 극적인 자기 비움(kenotic)의 영역을 십자가에서 지옥의 심연으로 옮겨가면서까지 이야기하는 것이다.

수난에 대한 사복음서들의 이야기들 중에서 특별히 요한복음의 수난은 성부로부터 받은 사명의 완성이며, 이것은 사랑을 위해 자기 목숨을 기꺼이 내어 주는 성자의 희생으로 표현된다. 하지만 고별담화의 수사법은 죽음을 넘어 끈질기게 목격하고 증언하는 사랑 또한 감동적인 모습으로 그려 낸다. 여기서 핵심은 죽음의 시점에 사랑이 드러나는 데 있는 것이 아니라, 사랑의 생존이 불가능하다는 데 있다. 이렇게 죽음 당시 시작되는 사랑을 설명하는 수사법은 미래에 투영되며, 죽음 당시에는 그 사랑의 의의와 완성이 아닌, 사랑의 출발점을 발견하게 된다. 우리는 남아 있는 사랑(remaining love)에 대한 수사법이 수난에 대한 케노시스적 이해(kenotic readings of passion)를 대체한다고 볼 수 있다. 따라서 여기서 중심이 되는 것은 희생된 성자도, 부활한 성자도 아니며, 남아 있는 성령(the remaining Spirit)이다.

중간이라는 시공간에서 볼 때 사랑과 죽음의 연결은 유지되지만, 그것은 자기희생으로 표현되지 않고 목격과 증언을 수반하는 죽음을 지향한다. 중간에서의 사랑은 죽음과 특별한 관계로 수정된다. 중간에서 우리는 하느님의 숨이 소멸될 수 있는 현실에 직면한다. 마르틴

---

61) Balthasar, *Moment of Christian Witness*, 34.

루터의 찬양 "내 주는 강한 성이요"에 나오는 하느님 이미지와는 반대로 사랑은 뚫을 수 없는 성채가 아니다. 오히려 사랑은 가냘픈 숨, 사그라질 수도 있고 사그라지기도 하는 숨이다. 사랑의 '변하지 않는' 측면은 양도되어 넘겨지는 사랑과 관련이 있다. 남아 있는, 지속되는, 살아남은 사랑은 죽음에 승리했거나 희생된 것이 아니며, 죽음을 극복하거나 없애는 것도 아니다. 이 사랑은 죽음에서 살아남은 것이다.

만약 십자가에서 내쉰 숨이 중간이라는 시공간으로 넘겨졌다면, 사랑은 이 숨의 목격자이자 증인이다. 우리가 애제자의 경우에서 보았듯이, 죽음의 현장에서의 하느님과 인간의 만남은 매우 혼란스러운 경험이다. 이 만남은 일어나고 있는 일을 파악하려는 노력을 포함한다. 발타자르는 죽음의 공간에서 사랑이 스며 나온다고 이야기한다. 그러나 이렇게 흘러나오는 사랑을 켈러가 말하는 '테홈'의 성령에서 비롯된 것으로 이해하면, 이것은 단지 성자의 사랑이 남긴 유산이 아니라, 심연을 목격하고 증언하면서 남아 있는 사랑이 된다. 요한복음에서 '파라디도나이,' 즉 넘겨줌이란 단어는 여기서 큰 의미를 갖게 된다. 성령은 예수로부터 제자들에게로 신비한 넘겨짐 속에서 남아 있게 하는 힘, 지속하는 영으로 변화된다.

성령이 남았다. 십자가는 하나의 끝이지만, 중간을 통해 보면 죽음과 삶 사이의 영역에서 새로운 시작을 찾을 수 있다. 이것은 단지 사랑이 사라지는, 사랑의 끝이 아니다. 이것은 아주 미약한 시작이며, 이 시작으로 하느님의 숨은 삶을 보장하기 어려운 공간으로 넘겨진다. 고별담화를 통해 예수는 독특한 형태의 사랑을 통해 규정되는 삶의 공간으로 제자들을 넘겨준다. 하느님의 영은 소멸되지 않고 남는다. 또 성령이 우리 안에 거한다는 주장을 생각해보면, 우리는 이렇게 남은 성령과 함께 한다는 것이 무엇을 뜻하는지 생각할 수 있다.

결론

자기를 비우는 사랑의 희생이나, 정복하는 사랑의 승리와 연결되어 표현되는 구원하는 사랑은 요한복음이 넘겨주는 진실을 생략한다. 바로 사랑이 남는다는 사실이다. 그러나 이런 진실은 죽음과 생명 사이의 위태로운 움직임이 증언하는 내용이 아니라 그 움직임을 증언하는 과정이다. 중간이라는 시공간에 숨이 존재한다. 숨은 침묵도 말도 아니다. 숨은 그 둘 사이의 움직임, 둘 모두가 될 수 있는 가능성, 또 각각의 불가능성과 필연성이다. 새 계명인 사랑은 심연 속으로 증인들을 부른다. 이 사랑은 생명을 선언하는 힘으로 드러나지 않고, 죽음 속에서, 죽음을 통해, 하느님 사랑의 숨을 증언할 수 있는 능력으로 드러난다. 중간에서, 삶은 보일 수 없다. 그렇기 때문에 삶은 반드시 목격되고 증언되어야 한다. 희생하는 사랑이나 승리하는 사랑 모두 이런 목격과 증언의 차원을 표현하지 못한다.

앞 장에서 나는 성서적으로나 신학적으로 볼 때 죽음 사건이 완결된 것인지 물었다. 나는 죽음 사건의 미완결성을 목격하고 증언하는 일의 어려움을 밝혔다. 발타자르는 "죽음과 부활 사이에 계속되는 것은 무엇일까?"라고 묻는다. 그의 이렇게 힘든 목격과 증언에 관심을 갖게 하며, 죽음이 만연한 상황에서 무언가 나타나는 일말의 가능성에 관심을 갖게 한다.[62] 그러나 무엇이 끈질기게 계속되는지 묻는

62) Hans Urs von Balthasar, "We Walked Where There Was No Path," in *You Crowned the Year with Your Goodness* (San Francisco: Ignatius Press, 1989), 90.

이 질문은 성토요일을 묘사하는 발타자르의 저작에서 우리가 보듯 질문 자체의 생략 때문에 난항을 겪는다. 그럼에도 발타자르와 스페이어는 트라우마 생존 경험에 필적할 만한 신학의 영역과 신학적 어휘를 제시한다.[63] 생존자는 죽음과 생명 사이, 끝과 시작 사이, 마치 성토요일과 같은 공간 속에 있다. 두 사건 사이의 극명한 차이는 더 이상 유지되지 않는다. 이렇게 분명한 차이가 사라지는 것은 생존에 대해 이야기하는 독특한 신학적 증언을 필요로 한다.

성령 신학은 언어로 담을 수 없는 경험을 고려한다. 이 경험은 '지속되고 있음'에도 불구하고 인식되지 않고 잊혀지는 경험이다. 거기에 무엇이 남는가? 무엇이 지속되는가? 2장에서 밝힌 바와 같이, 성토요일은 생존 경험과 일맥상통하는 어휘를 드러낸다. 성토요일은 소외되고, 혼란스러우며, 하느님께 버림받은 공간이다. 그러나 이 공간은 빈번히 덮어지고, 잊혀지며, 이해되지 않기 때문에 죽음에서 삶으로 나아가는 적극적인 내러티브의 일부분이 될 뿐이다. 그렇기 때문에 이 공간을 성령론적으로 그려내는 것은 중요하다. 중간이라는 공간에 신학적 의의를 부여하게 되면 죽음에서 삶으로의 이행을 추동하는 그리스도교 내러티브에 대한 저항이 뒤따른다. 중간은 이렇게 앞으로 나아가는 것을 멈추게 하며, 이를 통해 폭풍이 지난 후에도 끈질기게 지속되는 폭풍과 그 속에서 살아가기 위한 몸부림을 목격하고 증언할 수 있게 한다.

죽음과 삶 사이에 주의를 기울이면서, 신학적 조망은 발타자르가

63) 사실, 스페이어는, 지옥으로의 이런 여행 가운데, 그녀가 다른 고통의 장소로 옮겨졌다고 주장한다. 그녀가 환상을 본지 몇 년 되지 않았을 때에는, 그녀의 환상은 2차 세계대전과 일치했다. 몇몇 환상들은 수용소나, 다른 학살의 현장으로 그녀를 데려갔다. Hans Urs von Balthasar, *Kreuz und Hölle* I, vol. 3, *Die Nachlasswerke* (Einsiedeln, Switzerland: Johannes Verlag, 1966).

언급하는 바와 같이 혼란스러운 위험에 처했다. 성토요일은 구원의 논리에 도전한다. 하지만 어떤 방식으로 이 논리가 도전받을까? 발타자르에게 구원의 논리는 여전히 그리스도론적 형식을 유지하는 것이다. 발타자르에 따르면, 죽음과 부활 사이를 예수가 연결한다. 성토요일의 구원이 독특한 이유는 예수의 지옥 여정이 심연에 대한 적극적인 승리를 말하는 것이 아니라, 예수가 지옥으로 내려간 일 그 자체를 이야기하고 있기 때문이다.[64] 역설 속에 드러난 구원은 성자와 성부 사이에서 규정된다. 완전한 비어있음 속에 충만함이 있고, 어둠 속에 빛이 있으며, 버려짐 속에 완성이 있다. 발타자르에 따르면, 신학자들이 이러한 역설을 표현할 방법을 미처 알지 못했던 것이 문제였다. 하지만 구원의 논리에 대한 도전은 그리스도론적으로 그려진 역설에서 비롯된 것이 아니라 지속되는 성령이라는 성령론적 차원에서 비롯된 것이다. 발타자르와 스페이어에게 성령은 지옥 심연에서 성부와 성자의 사랑을 지켜내는 존재이다. 성령은 앞서 언급한 역설이 비극적인 드라마로 전락하게 내버려두지 않고, 그 역설을 가능하게 만든다. 성령에 대한 발타자르의 해석은 그의 삼위일체적 신앙과 일치한다. 그러면서도 그의 해석은 성령에 대한 다른 해석을 배제하지는 않을 것이다.

내가 여기서 주장하는 바는 성령이 남아 있다는 것이다. 성령의 활동은 목격과 증언의 측면, 그리고 사랑의 측면으로 해석될 수 있다.[65] 여기서 목격과 증언은 죽음에서 삶으로 이어지는 단선적인 길

---

64) "그는 길이 없는 길을 따라 걷는 사람, 뒤따르는 발자국을 남기지 않으며, 출구도, 시간도, 존재도 없는 지옥을 통과해 걷는 바로 그 사람이다. 또 그는 곁에 있는 아담 안에서의 형제들을 구원하기 위해, 위로부터 오는 기적으로 엄청난 깊이의 심연에서 구출된다"(Balthasar, "We Walked," 91).

을 따라가지 않는다. 성령은 발타자르의 주장대로 신성을 지키는 것이 아니라, 죽음과 삶 모두에 대한 증인으로 남아 있다. 성령은 죽음을 통과하여 형성된 새로운 모습의 삶을 낳는 숨이다. 만일 성령 신학이 이런 방식으로 전개된다면, 그것은 떠나지 않는 상실과 생략으로 이루어진 트라우마 경험을 증언하게 될 것이다. 또 이런 성령 신학은 죽음이 지속되는 현실 속에서 다른 방식으로 삶을 상상하는 힘과 그 필요성을 증명할 것이다. 나는 성령이 삶과 연결된다는 사실을 반박하려는 것이 아니다. 내가 반박하려는 것은 일반적인 성령 이해의 근거가 되는 죽음과 삶을 대척점에 놓는 관점이다. 이러한 중간의 성령은 삶 속에 지속되는 죽음에 대해 이야기할 수 있는 방법을 제시한다. 이로써 중간의 성령은 트라우마로 인한 고통과 트라우마 이후의 생존이라는 현실을 목격하고 증언한다.

성령 신학은 이런 지속적인 목격과 증언을 사랑과 동일시한다. 부활 전의 심연에서는 삶이 다시 소생하리라는 어떠한 보장도 없다. 성령과 삶을 동일선상에 놓는 대신, 나는 아직 삶을 상상할 수 없는 상황을 목격하고 증언하는 성령의 모습을 제시한다. 성령을 너무 성급하게 삶과 연결하면, 중간에서의 성령의 모습은 잃어버리게 된다. 성령의 힘이 죽음에 맞서는 삶의 힘으로만 표현될 때, 죽음과 삶 사

---

65) Hans Urs von Balthasar, "The Holy Spirit as Love," in *Creator Spirit*, vol 3 of *Explorations in Theology*, trans. Brian McNeil (San Francisco: Ignatius Press, 1993). "여기서 사도행전은 숨을 통해 십자가에서 나온 성령의 신비에 가장 가깝게 다가선다. 십자가의 피에 대한 증언에서 비롯된 사도행전은 십자가에 관한 증언들을 가득 담고 있다. 그는 하나님의 아들이 죽기까지 사랑하신 것을 증언하는 반면, 제자들이 죽음의 위협 속에서 이것을 증언하도록 한다. '성령이 충만하여'(사도행전 7:55) 하늘에 오른 성자를 본 환상을 증언한 스데파노는, 그렇게 함으로써 돌로 쳐 죽임을 당하게 되었다"(130). 뿐만 아니라 그가 이해하는 증언은 죽음과 나란히 있음에 주목하라.

이에서 나타나는 것을 증언하는 중간의 성령이 가진 힘은 논의되지 않게 된다. 창세기에서 '테홈'의 숨(breath)은 가려진 하느님의 깊은 신비를 목격하고 증언한다. 요한복음에서 성령의 숨은 하느님과 인간 모두가 겪는, 가려진 고통의 깊은 신비를 목격하고 증언한다. 삶은 고별담화에서 이야기되는 성부, 성자, 성령, 그리고 믿는 자들 사이의 일련의 목격하고 증언하는 관계를 통해 새롭게 구성된다. 삶은 죽음에 비추어 규정되며, 이 작은 틈에서 사랑이 싹튼다.

대개 성령은 요한복음의 표현대로 일정한 형체 없이 불어오는 모습으로 언급된다. 바람(*pnuma*)은 제가 불고 싶은 대로 분다.66) 이것은 성령이 독립적이며 혼돈 가운데 있으며, 심지어 변덕스럽다는 인상을 주기도 한다. 그러나 중간에서 해석할 때 성령의 바람은 좀 더

---

66) 요한복음 3:8 을 볼 것. 또 다음을 볼 것. Wendy Farley, *The Wounding and Healing of Desire: Weaving Heaven and Earth* (Louisville, KY: Westminster John Knox Press, 2005). "거룩한 삼위일체의 세 번째 구성원은 성령이다. 성령은 그녀에게서 파생되는 일종의 힘 때문에 과격하다. 성령은 사물들을 열광하는 방향으로 몰아가서 말씽을 일으킨다. 또, 성령은 어디든, 지옥이라도, 그녀가 가고 싶은 곳으로 분다. '바람은 제가 불고 싶은 대로 분다. 너는 그 소리를 듣고도 어디서 불어와서 어디로 가는지를 모른다.' 대부분의 교파들은 오로지 오순절에 있었던 그녀의 불꽃만을 기억했고, 성령에 대해 계속 침묵하려 했다"(97). 팔리(Farley)는 성령을 지칭할 때 여성 대명사를 사용한다. 나는 그러한 팔리의 성령 이해에 주목한다. 하지만 팔리는 요한복음 3 장의 *pneuma* 를 인격을 갖은 존재가 아니라 '바람'으로 번역한다. 나는 성령의 힘을 여성적이라고 주장하는 팔리의 주장에 동의한다. 그러나 이것은 성령을 하느님의 여성적인 측면으로 보는 것이 아니며, 성령을 여성적인 속성으로 나타난 하느님으로 보는 것도 아니다. 다음을 볼 것. Elizabeth Johnson, chap 3. in *She Who Is: The Mystery of God in Feminist Theological Discourse,* 2nd ed. (New York: Crossroad 1992, 2002, 『하느님의 백한 번째 이름』, 바오로딸), 42-60. 대신, 그리스도교 전통이 성령에 대한 여성들의 증언에 침묵해 온 것이 어느 정도인지에 나는 큰 관심을 둔다. 그리고 나는 여성의 몸이 화육하고 또한 하느님의 숨에 형태를 주는 방식들을 설명하려 한다. 성령을 '그녀'라는 여성 대명사를 사용하여 지칭하는 것은 그리스도교 역사 속에서 생략된 것에 대한 증언이며, 이것이 하느님의 속성을 성별이라는 측면에서 이야기하는 것이 되어서는 안 된다.

선명한 목적과 방향을 갖는다. 성령은 목적 없이 움직이지 않고, 죽음이 지배하는 현실 한가운데서 끊임없이 새로운 형태의 삶을 찾는다. 카루스가 강조하듯 중간은 윤리적으로 중요하다.[67] 중간의 성령은 생명에 대한 처방전을 거부하고, 심지어 생명의 확실성조차 거부한다. 대신 성령은 불확실성의 한가운데에서 움직인다. 켈러는 확실성과 확신을 구분하며, 성령을 후자와 동일시한다. 켈러에 따르면, 성령론적 확신은 완전무결함(the absolute)과 무질서(the dissolute) 사이에서의 확고한 의지(resolute)로부터 나온다. 이러한 확고함은 남아 있는 이들의 태도와 보장되지 않은 삶을 상상하겠노라 다짐하는 그들의 결단을 묘사한다. 이러한 성령은 발타자르와 스페이어가 그려낸 것과는 다른 능력을 필요로 한다. 이 성령이 요구하는 것은 모방이 아닌 상상이다.

나는 이 장의 시작에서 지옥 심연 위를 날개치며 날아가는 성령의 모습을 이야기했다. 성토요일의 여정은 부활한 예수에 대한 막달라 마리아의 증언과 나란히 놓여 있다. 이 장에서 나는 이렇게 나란히 놓여 있는 모습이 어떤 의미인지 살펴보았다. 나는 성토요일의 여정으로 관심을 돌려, 부활에 선행하는 목격과 증언의 영역, 삶에 대한 주장, 부활 사건과 관련된 새로운 사실을 확인했다. 나는 이것을 성령론적으로 설명했다. 뿐만 아니라 막달라 마리아의 증언이 미래를 향해 확장되는 것이 아니라, 과거의 미약한 영역으로 돌아가는 것임을 이야기했다. 마리아는 다른 이들을 데리고 중간이라는 공간을 왔다 갔다 하며 심연 속을 움직인다. 그녀는 새로운 것을 선언할 뿐 아

---

67) 다음을 볼 것. Cathy Caruth, "Traumatic Awakenings: Freud, Lacan, and the Ethics of Memory," in *Unclaimed Experience*, 91-112.

니라 남아 있는 것을 증언한다. 막달라 마리아의 증언은 결국 생략된다. 복음서에서 그녀의 선언은 중단되고, 그녀의 증언이 받아들여졌는지는 명확하지 않다. 마리아의 숨과 그녀의 활동은 죽음과 삶 사이의 작은 틈에서 성령론적 감각을 드러낸다. 이런 의식은 듣는 행위를 통해서만 볼 수 있게 되는, 볼 수 없는 상황에 의해 형성된다. 또한 듣기 위해서는 이름을 다르게 불러야 한다. 여기서는 손을 대는 것 역시 중단된다.[68]

트라우마라는 렌즈를 통해 볼 때, 중간의 성령을 생기를 주는 생명력으로 이야기하는 것은 완벽한 설명이 아니다. 또 여기서 성령은 부활의 성령이나 성령 강림절의 성령과 동일한 모습도 아니다. 죽음의 여파 속에서 성령은 '남아 있기' 혹은 '끈질기게 계속하기'와 같은 말로 표현된다. 이것은 죽음과 생명이 섞여 있는 모습을 의미하며, 결국 다른 형태의 구원 이야기를 시사한다. 철저한 결말(a radical ending)과 불가능한 결말(an impossible ending) 사이에서, 성령은 남아 있는 모습으로 목격되고 증언된다. 이제껏 우리는 이러한 성령으로부터 싹트는 삶의 형태들을 상상해 본 적이 없다. 남아 있는 것에 형태를 주는 상상력을 펼치는 것은 성서에 나오는 '메네인'이란 개념을 새롭게 정의할 것이다. 중간의 성령에 관한 신학은 구원을 다른 방식으로 제시한다. 이런 성령 신학을 전개하는 것은 무엇처럼 보일까? 그것은 무엇을 필요로 할까?

---

68) 이 장 초고에 대한 답변으로 성령론적인 몸인 이러한 감각을 짚어 준 캐서린 켈러에게 감사한다.

5장

사랑 안에 남아 있기

폭풍은 지나갔지만 '폭풍 이후'는 늘 여기에 있습니다

—줄리어스 리 집사

내 사랑 안에 머물러 있어라(요한복음 15:9하)

트라우마 이야기는 떠나가지 않는 폭풍에 대한 것이다. 또 남아 있는 것들에 대한 이야기이기도 하다. 줄리어스 리 집사는 사람들이 이런 이야기를 듣고 싶어하지 않는다고 말한다. 오히려 뉴올리언스는 이미 카트리나에서 회복되었다고 주장하며, 서둘러 행복한 결말로 넘어가려는 시도들이 엄청난 압박으로 다가온다고 말한다. 지방 정부는 건물을 해체하는 일에 몰두하고 있다. 폭풍이 남긴 흔적뿐 아니라 폭풍 이전의 현실마저 지우려는 갈망이다. 폭풍 이후 새 출발에 대한 요구 속에서 이전 삶의 모습은 위협 당한다. 구원에 대한 그리스도교의 특정한 해석은 종종 과거를 극복하고, 잊고, 씻어 버리라는 압력을 강화한다. 대개 부활의 승리를 이야기하는 내러티브는 끔찍한 사건을 경험한 이들에게 완벽히 새로운 시작을 약속하는 방식으로 영향을 미친다. 십자가와 부활에 대한 직선적인 해석은 죽음과 삶을 연속된 것으로 본다. 죽음 이후에 삶이 있다는 것이다. 삶은 죽음을 벗어나 승리를 거둔다. 이런 식의 해석이 줄 수 있는 것은 기껏해야 감정적인 희망과 미래에 대한 약속뿐이다. 또 이런 해석은 고통과 상실이 엄연히 존재하는 현실을 제대로 이야기하지 않으며, 고통을 미화하고 폭력을 정당화한다.

재건, 재생, 재발견 등, '재'라는 표현방식에는 희생이 따른다. 리 집사가 지적하는 것처럼 백지 상태에서의 새 시작을 약속하는 것은 그 재난지역에 존재하는 다채로운 삶의 역사에 대한 모독이다. 과거는 단순하게 지워버릴 수 없다. 리 집사는 타지역 사람들이 뉴올리언스에 보여준 지원에 대해 감사하지 않는 것이 아니다. 다만 이런 지원이 언제까지 어떻게 지속될 수 있을지, 미래에 대한 기대가 너무 이른 것은 아닌지 염려하면서 상황을 지켜보고 있다. 그런 상황 속에서는 뉴올리언스를 위한 승리도, 구원자도 없다. 그곳에는 늘 여기에 있는 방식으로 버티고 남아 있는 방법이 있었다. 뉴올리언스에 대한 구원(redemptive) 내러티브에 저항하고, 자기 신앙의 내러티브를 평범하게 해석하는 일에도 저항하면서 리 집사는 다른 해석을 만들어가고 있다.[1)] 나는 줄곧 남아 있는 것을 이야기했고, 그동안 자주 표현

---

1) 이 장 전체에서 나는, 어떤 경우에는 "구원하는, 구원의"(redemptive)라는 단어를 사용하고, 또 어떤 경우에는 "구원"(redemption)을 사용한다. 먼저 맥아담스가 이야기하는 "구원하는 자기"처럼 구원에 대한 특정한 견해를 지칭할 때는, "구원하는, 구원의"(redemptive)를 사용할 것이다. "구원" (redemption)은 하느님이 세계와 맺는 관계를 이야기하기 위한 다양한 이미지와 언어를 포함한 보다 포괄적인 용어로 사용한다.(역자주: 번역 과정에서는 redemptive 를 표시하였다).

되지 않았던 실존적 차원을 이야기했다. 또한 남아 있는 것에 신학적 의미를 부여하고, 복잡한 트라우마의 영역에 이름을 붙이고, 중간의 성령에 대해 말하려 했다. 십자가와 부활 사이에서 바라볼 때, 우리는 새로운 존재 방식, 다시 말해 승리하지 않은 삶의 모습을 향하게 된다. 이 삶은 승리하는 대신에 **남아 있는 모습**으로 존재하는 삶이다. 리 집사가 말하는 "언제나 여기에"는 요한복음의 '메네인'에 새로운 의미와 무게를 부여한다. 리 집사는 죽음을 통과해서 길을 만드는 사랑을 증명하기 위해 성령을 필요로 한다.

이 장에서 나는, 트라우마의 여파 속에 남아 있는 사람들과 공동체들의 이야기 속에서 성령의 움직임을 표현하는 소리를 들으려고 한다. 중간으로부터 그들은 구원에 대해 무엇을 드러낼까? 나는 막달라 마리아, 애제자, 발타자르, 스페이어의 목격과 증언을 추적했던 것과 비슷한 방법으로 그들의 이야기 속 성령의 활동을 추적한다. 그들의 이야기 속에는 죽음과 삶, 십자가와 부활의 논리로 단순하게 해석될 수 없는 중간이라는 공간에서 생겨난 증언이 있다. 그 이야기들은 사랑 안에 남아 있는 모습을 보여주는 특별한 형태로, 중간의 독특한 언어와 활동을 보여준다.

여기서 나는 중간의 성령에 대한 신학을 고통, 십자가, 구원에 대한 현대적 논의 안에 위치시킨다. 속죄 신학에 대한 최근의 비판들은 우리로 하여금 죽음과 삶의 이야기로 눈을 돌리게 한다. 또한 이를 통해 우리는 그리스도교 안에서 구원 내러티브가 구성되어 온 방식을 다시 살펴보게 된다. 최근의 신학적 비판들은 십자가 사건이라는 고통에 기반한 구원에 대해 깊은 우려를 나타낸다. 나는 남아 있음의 영역인 중간으로부터 이러한 논의에 접근한다. 중간에서 볼 때, 좀 더 문자 그대로 말해서 리 집사의 뒷마당에서 볼 때, 구원은 무엇처럼 보이는가? 중간에서 바라볼 때, 우리는 고통과 다른 방식으로 관계 맺으며 그것에 적응하고 있다. 중간은 우리를 고통스럽게 만드는 내러티브를 전개하지 않는다. 오히려 중간에서 끈질기게 지속되는 고통을 목격하고 증언할 것을 요청한다. 중간에서 바라보면, 구원은 죽음을 넘어서면서도 명확하게 살아있다고 할 수 없는 사태를 목격하고 증언하는 능력에 관한 것이다. 남아 있는 것을 끈질기게 증언하는 가운데, 구원은 항상 여기 있는 것 안에서 새로운 표현을 찾는다.

그런데 구원이란 말을 사용하다 보니, 나는 중간이라는 공간이 단순히 구원을 재해석하는 것이 아니라는 사실을 깨달았다. 역사 속에서 우세했던 구원 모델을 비판하는 과정에서 나는 구원에 대한 많은 그리스도교적 논의의 밑바탕을 이루는 가정들이 무엇인지 알게 되었다.[2)] 구원은 그리스도교의 기초가 되는 은유(metaphor)이기 때문에 대체로 의문의 여지없이 그대로 받아들여진다. 한 가지 모델을 고치는 것으로 충분한가? 아니면 트라우마가 이 은유를 산산조각내서 우리를 구원의 파편들에 직면하게 만드는가? 중간에 펼쳐진 광경은

2) 이제까지 우위를 차지했던 모델은 인간의 조건과 하느님의 본질에 대한 특정한 가정들을 내포하고 있다. 트라우마는 이 가정들에 도전한다. 인간의 조건은 죄와 죄책감만으로 가장 잘 설명될 수 있다는 생각이 이러한 가정의 한 예이다. 반면 많은 트라우마 연구들은 수치심이 인간 조건의 보다 근본적인 측면이라는 것을 지적한다. 트라우마 연구에서 두드러지는 것은 우리가 인간의 연약함과 상처 입기 쉬운 모습과 얼마만큼 대면하고 있는지, 또 우리가 어느 정도로 다른 이들에게 상처를 주고받는지에 관한 것이다. 심리치료사 로라 브라운(Laura S. Brown)은 이렇게 이야기한다. "우리가 트라우마의 내재성을 받아들이지 못할 때는 상처 입지 않기 위해 망토를 두르고 있다. 그러나 우리가 삶 속에 자리한 트라우마의 내재성을 받아들이면 그 망토를 잃게 된다." Laura S. Brown, "Not Outside the Range," in Cathy Caruth, ed., *Trauma: Explorations in Memory* (Baltimore: Johns Hopkins University Press, 1995), 108.

끊임없이 계속되는 증언 중 하나다. 이것은 구원론의 틀(redemptive framework) 안에 포함될 수 있는가? 나는 이렇게 산산조각난 모습이 우리를 십자가 사건의 현장에서 이야기된 구원하는 고통(redemptive suffering)이라는 언어에서 떠나, 중간에서 이야기된 남아 있음의 언어로 옮겨가게 한다고 믿는다. 죽음과 삶 사이, 완전히 파괴된 그곳에서 신학의 언어는 그 자체의 부서짐과 맞닥뜨린다. 이것은 우리가 세계를 표현하기 위해 사용했던 범주들이 산산이 부서지는 경험이다. 한스 우르스 폰 발타자르는 죽음과 부활 사이에 끈질기게 계속되는 것이 무엇인지를 묻는 질문, 바로 그 중간 날의 질문이, 말끔하게 정리된 이제까지의 신학을 위협할 것이라고 주장한다. 발타자르는 우리가 중간을 진지하게 받아들인다면, 그것은 아르키메데스적인 도면들을 해체하게 된다고 경고한다.[3] 이제 질문은 이것이다. 이렇게 산산조각 난 다음, 이런 해체 다음에 무엇이 남았는가?

구원하는 자기

미국인들은 자신들의 삶을 이야기해 보라는 질문에, 거의 비슷한 답변을 하는 경향이 있다. 그것은 바로 구원의 내러티브이다. 이것은 댄 맥아담스(Dan McAdams)의 책 『구원하는 자기』(*The Redemptive Self*)의 중요한 통찰이다.[4] 내러티브 심리학자인 맥아담스는 성인 미

3) 발타자르의 성토요일 설교를 볼 것. Hans Urs von Balthasar, "We Walked Where There Was No Path," in *You Crown the Year with Your Glory: Sermons throughout the Liturgical Year,* trans. Graham Harrison (San Francisco: Ignatius Press, 1989), 87-92.

4) Daniel P. McAdams, *The Redemptive Self: Stories Americans Live By* (New York: Oxford University Press, 2006).

국인들 수백 명을 인터뷰하여, 능력 있는 삶의 이야기들을 전달하는 전형적 양식을 찾아냈다.[5] 맥아담스는 에릭 에릭슨(Eric Erikson)의 이론에 입각해서 "다음 세대의 복지와 발전을 촉진시키는 데" 헌신하는 성인들을 조사했다.[6] 맥아담스는 이런 성인 미국인들이 압도적으로 "다른 주제들 중에서도, 인간 구원의 능력을 강조하는 이상적인 이야기 각본을 통해 자신들의 삶을 이해한다"고 말한다.[7] 이렇게 이상화된 이야기는 진보적이고 직선적이며, 세 가지 뚜렷한 활동으로 표현된다. (1) 본래의 결백하거나 선량한 상태, (2) 이후의 타락, 고통, 혹은 헤어짐, (3) 구조, 회복, 혹은 변화가 그것이다. 맥아담스에 따르면, 이런 사람들은 인생에서 중심이 되는 전환점을 찾아낸다. 인생의 전환점에서 그들은 고통과 어려움을 만나지만, 이후에 그 고통은 지나가고 보다 더 큰 성취를 이룬다. 맥아담스는 여기에 뚜렷하게 나타나는 세속화된 종교적 개념들에 주목한다("모든 구름에는 은빛으로 빛나는 부분이 있다", "고통 없이는 얻는 것도 없다"와 같은 문화적 관용구에 반영되어 있다). 구원의 이미지와 구원의 언어가 유행하는 현상은 개인적으로나 집단적으로 미국인들의 자기 정체성 속에, 미국인들의 피 속에 구원이 자리 잡고 있음을 나타낸다.[8] 맥아담스는 다

---

5) 맥아담스는 이렇게 말한다. "거의 모든 사람들이 자기 삶의 이야기 속에서 일종의 구원을 찾아낼 수 있다. 그러나 높은 생산성을 지닌 성인 미국인들은 그들이 떠올리는 구원하는 장면과 상황에 더 많은 의의와 중요성을 부여하며, 보통의 경우보다 더 많은 구원을 자신들의 삶 속에서 찾아낸다"(ibid., 7-8).

6) Ibid., 4.

7) Ibid., 7.

8) 2008-9 년의 경기 침체를 다룬 "나는 덴버를 꿈꾼다"라는 특집 기사에서, 데이비드 브룩스(David Brooks)는 최근 퓨(Pew) 리서치 센터의 연구에 대해 다음과 같이 논평했다. "그들이 제일 먼저 찾아낸 것은 미국인들은 암흑기일 때조차, 이후의 전망을 살핀다는 것이다. … 요컨대, 미국인들은 아마 우울한 상태로 몸을 낮추고 버티고 있는지도 모른다. 하지만 그들은 여전히 미국인이다.

음과 같이 말한다. "구원하는 이야기들(redemptive stories)은 미래에 대한 희망과 인간의 진보를 단언한다. 삶의 상황이 얼마나 나빠 보이든지 간에, 이런 구원하는 내러티브는 언제나 좋아질 희망이 있다고 이야기한다."[9] 결국, 좀 더 나은 것—좀 더 새로운 것—이 생겨난다. 결국 선이 악을 이기고 승리한다. 생명이 죽음을 이기고 승리한다.[10]

많은 면에서 이런 구원 내러티브는 성장과 성공을 촉진했다. 하지만 동시에 이런 내러티브는 고통에 침묵했고, 고통스러운 현실을 외면했다. "구원이 실패할 때"라는 제목을 붙인 부분에서 맥아담스는 구원하는 자기(The Redemptive Self)가 내포하고 있는 위험을 확인한다.[11] 그는 구원을 추구하는 과정에서 힘들고, 복잡하고, 모호한 경

그들은 아직도 미개척지에 끌리며, 한계를 보고 가만히 있지 못한다." David Brooks, "I Dream of Denver," NYTimes.com February 17.

9) McAdams, *Redemptive Self*, 17.

10) 이런 각각의 삶의 이야기는 미국인들 공통의 이야기를 반영한다. 이 이야기는 서부개척과 명백한 사명설(역자주: Manifest Destiny, 미국의 개척자들이 북미 전체를 지배할 운명을 타고 났다는 19세기의 주장)에 기반한 이야기이고, 미국이 선택받은 나라로 보는 이야기이다(ibid., 7, 18). 투쟁을 통해 성취된 행복한 결말에 대한 믿음은 국가의 이야기가 되었다. 명백한 사명설, 자유, 선택받음과 같은 개념은 이런 국가의 이야기의 발달에 핵심적이다. 이런 개념들은 서부 개척의 불을 지폈고 미국인들에게 독특한 정체성과 사명감을 제공했다. 하느님의 주권과 섭리 같은 신학 개념들이 이를 뒷받침하는 경우가 많았다. 하느님이 선택한 이들을 바라보고, 돌보고, 축복하신다(Ibid., 7, 18).

11) 맥아담스는 묻는다. "그래서 … 이런 좋은 이야기에 어떤 잘못이 있을까?" (McAdams, 242). 이러한 구원의 내러티브는 미국인들의 정체성이 가진 최고의 장점과 최악의 단점을 드러낸다. 최고의 장점으로 보자면, 구원하는 내러티브(redemptive narrative)는 우리에게 의미를 주고, 우리가 주변 사람들의 삶에 의미있는 공헌을 할 수 있도록 우리를 격려한다. 최악의 단점으로 보자면, 이러한 내러티브는 폭력과 자기애를 정당화한다. 맥아담스 따르면 생산적인 미국인들이 사회단체나 기관에 헌신하여 많은 것을 기부하지만, 동시에 그들은 강한 개인주의자인 경우가 많다고 한다. 특별함에 대한 요구와 선택받았다는 믿음은 미국 우월주의를 강화하기도 했으며, 이것은 발전하는 파트너십과 협력에 점점 문제가 되기도 하였다. 구원하는 내러티브는 "구원이라는 이름으로 침략을 묵과하기도 했다"(ibid., 256). 예를 들어, 맥아담스는 2001년 9.11 테러에 대한

험들이 미묘하게 부정되는 것을 목격했다. 구원될 수 없는, 구원되어서는 안 되는 일들이라 하더라도 구원하는 체제에 부합되게 맞추어졌다. 그는 이렇게 말한다. "우리는 어려운 이야기들을 보면서 해피엔딩을 기대하고, 심지어는 해피엔딩을 요구하는 사회에 살고 있다. 나는 불행한 일들이 구원받을 것이며, 구원받아야 한다고 기대하는 미국인들의 삶 속에는 일종의 학대가 있다고 믿는다. … 고통을 견뎌내야 하지만, 반드시 구원되는 것은 아니다."[12] 맥아담스는 미국적인 구원이 일종의 허울이나 몽상이 될 수 있다고 경고했다. 또 그는 이런 구원이 복잡한 인간의 실존을 바라보게 만들기보다는 외면하게 한다고 경고했다. 우리가 트라우마와 관련하여 이런 사실을 고찰해 보면, 구원하는 결말(redemptive ending)을 추구하기 위해 트라우마의 고통—남아 있는 고통—이 생략되는 것을 보게 된다.

맥아담스가 구원이 **능력 있는** 사람들의 내러티브라고 이야기하는 것에 주목해 보자. 이 사람들은 회복하고 변화할 능력이 있는 사람들이며, 어느 정도 그것을 경험한 사람들이다. 신학자 샤론 베처(Sharon Betcher)는 특정한 형태의 구원이 완벽함과 온전함을 목표점으로 미화한다고 이야기하면서, "창조-타락-구원이라는 존재론적 역사"에 기반한 그리스도교의 구원론의 틀(redemptive framework)을 비판한다.[13] 베처는 이런 구원 내러티브가 몇 가지 고유한 가정들과 이해관계를

정치적 대응에 주목하라고 한다. 결백과 선량함에 대한 신념이 국가적으로 해석되면 국제적인 폭력을 조장하고 정당화할 수 있다. 선택받았다는 정체성에 대한 믿음은 미국 우월주의로 해석될 수 있고, 미국은 선하고 다른 나라는 악하다는 믿음으로 해석될 수 있다. 우월주의와 결부되었을 때, 이러한 미국적 정체성은 개인적으로나 집단적으로 극히 해로운 것일 수 있다.

12) Ibid., 264.

13) Sharon Betcher, *Spirit and the Politics of Disablement* (Minneapolis: Augsburg Fortress Press, 2007), 43.

포함하고 그것들과 함께 움직인다는 사실을 상기시킨다. 인생의 목표를 완벽함, 온전함—그리고 나는 여기에 새로움을 추가한다—으로 놓고 몰아가는 것은 아마도 큰 희생을 치를 때 가능할 것이며, 베처에게는, 이것이 비장애인들에게 유리한 것일지도 모른다. 그녀는 성령 신학이 궁극적으로 온전하고 완벽한 결말이 주는 치유라는 개념에 무게를 두는 한, 그것은 장애인들에게는 복음이 되지 못한다고 주장한다. 대신에 우리는 '경사진 신학'(theology on the slant)이 필요하다. 이것은 다른 방식으로 능력 있는 이들(역자주: differently abled, 장애인들을 표현하는 데 쓰이는 하나의 어휘)을 위한 구원은 어떤 모습일지 고민하기 위해 장애 연구라는 렌즈를 통해 구원을 바라보는 신학이다.[14]

맥아담스와 베처가 보기에 무슨 수를 써서라도 구원에 이르도록 압박하는 것은 사람들의 삶에 이상적인 이야기를 억지로 가져다 붙이는 폭력이다. 만일 우리가 이런 종교적인 이야기 속에서 살아간다면, 우리는 우리가 이해하는 그 이야기의 모습이 어떤 것인지, 또 그런 이해에는 어떤 한계가 있는지 반드시 알아야 한다. 이것은 그저 상황 속에서 신학을 하려는 노력일 뿐이다. 종교적 이야기들의 영향 속에서 살아가는 개인과 공동체에게, 그것이 이야기된 방식을 추적하는 것은 중요하다. 무엇이 강조되었는가? 무엇이 이야기되지 않고 남겨졌는가? 맥아담스가 묘사하는 주류 신학의 구원 내러티브는 죽음과 삶이 정반대에 있다고 해석하면서, 죽음을 극복하고 승리한 삶을 이야기해왔다. 이 내러티브는 구원하는 결말(redemptive ending)을 위해 엄청난 희생을 강요할 수 있다. 극복하라고, 다시 시작하라고, 새롭게

---

14) Ibid., 4. 베처의 책이 가진 힘은, 그것이 단지 장애가 있는 이들을 위한 신학을 이야기하는 것이 아니라, 장애에 관한 연구라는 렌즈를 통해 모든 이들을 위한 그리스도교 신학을 다시 생각하는 것이다.

출발하라고, 과거는 지나갔고 새 것이 왔다고 말이다. 리 집사에게 쏟아지는 메시지들의 이면에도 이런 압박들이 깔려 있다.

남아 있는 것들에 대해 이야기하는 성령론은 구원하는 내러티브가 트라우마의 고통을 뭉개버리는 것을 비판한다. 이런 성령론은 십자가에 근거를 둔 구원하는 고통(redemptive suffering)이라는 논리에 대안을 제시한다. 바로 **구원이 부활 안에서가 아니라 중간에서 이루어진다**는 주장이다. 그렇다면 중간에서 구원은 무엇처럼 보이는가? 나는 2장과 3장에서 죽음과 삶 사이의 독특한 활동을 살펴보았다. 마찬가지로 여기서 나는 "항상 여기에"라고 표현되는 리 집사의 상황과 허리케인 카트리나 이후에 공동체 안에서 활동하는 성령에 대해 다시 이야기하고자 한다. 뉴올리언스의 상황에서 구원하는 내러티브는 인간의 고통에 의미가 있다고 이야기함으로써 가시적으로 작동하고 있다. 구원이라는 단어는 허리케인이 파괴한 것들과 그 여파 속 생존자들의 삶을 이해하기 위해 널리 사용되고 있다. 하지만 죽음과 부활에 대한 주류 신학의 논리로는 도저히 설명할 수 없는 부분들이 뉴올리언스에 존재한다. 또한 그 논리를 깨뜨리고 구원이 가진 증언적 차원에 길을 내어주는 결정적인 요소들도 그곳에 있다. 데이비드 고틀리(David Goatley)의 용어로, 성령의 즉흥곡(improvisations of the Spirit)이 그곳에 있다.[15]

15) 다음을 볼 것. David Emmanuel Goatley, "The Improvisation of God: Toward an African-American Pneumatology," *Memphis Theological Seminary Journal* 33, no. 1 (Spring 1995).

2008년 1월, 뉴올리언스

뉴올리언스의 '하나된 그리스도인 침례교회'에 새해가 왔다. 폭풍이 있기 전, 교회는 매주 사람들로 가득 찼었다. 지금은 교인의 사분의 일만 남았다. 이 지역의 상황을 그대로 보여준다. 저소득층 주민들의 집은 무너졌고, 도심지역에 살던 수천 명의 사람들은 삶의 터전을 잃고 다른 곳으로 이주해야만 했다. 교회에서 몇 블록 떨어진 커낼 스트리트 주변의 고가 밑에는 집 잃은 사람들이 모여 사는 텐트촌이 나타났다. 교회는 교인들을 찾으며 힘겨운 시간을 보내고 있었다. 폭풍 바로 직후 많은 사람들이 애틀랜타로, 휴스턴으로, 혹은 다른 지역으로, 버스에 실려 도시를 빠져 나갔다. 그들은 뉴올리언스의 상황이 안정될 때까지 다른 지역에서 지낼 수 있도록 임시 거주지를 약속 받았다. 많은 이들이 자신이 살던 집에 연락할 수 없었고, 자신이 돌아갈 집이 남아 있는지도 알지 못했다. 뉴올리언스에서 빠져나가는 편도 티켓만 있을 뿐 집으로 돌아올 티켓은 없었다. 교인들은 흩어졌다. 드와이트 웹스터(Dwight Webster) 목사와 그의 아내는 허리케인 카트리나 이후 캘리포니아와 뉴올리언스를 오갔다. 그들은 지난 2년 동안 보험회사와 협상했지만 다른 집을 구입하기에 넉넉한 돈을 마련하지 못했다. 그들이 한창 왔다 갔다 하는 사이에도, 교인들에게는 그 둘 모두가 여기에 있다는 것이 감사한 일이었다.

카트리나 이후 교회에 방문한 사람을 환영하는 시간은 뉴올리언스로 돌아온 사람들을 환영하는 시간으로 바뀌었다. 내 뒤에 앉은 한 여자가 속삭였다. "오, 그녀가 왔네. 무슨 일이 있었는지 궁금했어." 몇몇 사람이 일어나서 이야기했다. "저 돌아왔습니다." 이러한 증언은 익숙한 유랑 이야기이다. 카트리나의 홍수는 그들을 집에서 내쫓았고, 이제 그들은 자기들이 돌아올 길을 만들었다. 카트리나는 그들의 삶에 선명한 상처를 남겼다. 한 목사가 우리에게 말했다. "뉴올리언스 사람들의 삶은 카트리나 이전과 카트리나 이후로 나눠집니다." 웹스터 목사는 이런 이야기들을 멈추고 다시 교인들을 환영했다. 집으로 돌아온 사람들에 대한 증언은 흑인 교회의 오랜 증언 전통이다. 진실이 이야기될 때 그들은 "나에게 증인이 있을까?"라는 물음으로 그 진실을 확인한다. 그 주 일요일 뉴올리언스에서의 예배는 옛 것이면서도 새로운 것이었다. 그 예배는 일종의 중간에서의 즉흥곡이었다. 교인들의 목격과 증언은 늘 여기에 있는 현실을 아우르고 있었다.

웹스터 목사의 설교가 끝난 뒤 오르간의 부드러운 울림에 맞추어 찬양대가 응답송을 부르기 시작했다. 음악은 "폭풍은 이제 끝났다"라는 목소리가 끼어든 채로 고조되고 있었다. 익숙한 이 노래는 허리케인 카트리나 이전의 시간을 향하고 있었지만, 정작 이 노래는 카트리나 이후의 시간에 불려지고 있었다. 이러한 역설을 무시할 수는 없다. 그 상황에서 찬양대는 돌보시는 하느님을 찬양하고 있었다. 보험회사로부터 보상 받을 길이 없었던 웹스터 목사는 연방위기관리국(FEMA: Federal Emergency Management Agency)의 추가적인 도움을 요청하는 편지를 몇 번이나 쓰고 있는 상황에서 이 찬양을 들었다. 웹스터 목사는 집을 잃었고 현재도 거처할 곳이 없다. 그렇게 폭풍의 영향은 끈질기게 계속되고 있었다. 그러나 그 리듬과 노래가 선언하는 바는 카트리나의 여파 속에서 그 의미가 달라졌다. 그 선언은 현재라는 현실에 기반한 것이 아니라, 신자들을 또 다른 시간과 연결하는 고집스러운 증언 속에 기반을 두었다.

예배가 끝나고 우리는 교인들과 함께 점심식사를 했다. 베라(Vera)라는 한 교인이 우리가 앉은 긴 테이블 한 쪽 끝에 앉아 있었다. 베라는 우리가 만난 다른 많은 사람들처럼 "카트리나가 덮쳤을 때 어디에 계셨어요?"라는 질문에 대한 대답을 가지고 있었다. 그 질문은 마치 그녀의 생일이나 사회보장번호(역자주: 미국에서 우리의 주민등록 번호와 비슷한 역할을 하는 고유 번호)와 같은 기본적인 정보를 이야기하는 것처럼 거의 무의식적이었다. 그녀는 배턴 루즈(Baton Rouge)에 있는 그녀의 임시 거주지를 둘러보고 가는 길이라고 했다. 우리가 만났던 다른 사람들과는 달리 그녀는 타임지 표지에 사진이 실리는 인물이 되었다. 언론들이 영웅이라고 강조하면서 소개했던 사진 중 하나였다.[16] 베라는 어머니의 휠체어를 밀면서 카트리나로 불어난 물을 건너고 있었다. 물에는 유독물질도 있었다. 그녀가 말했다. "물이 순식간에 어머니 가슴까지 차올랐어요." 그녀가 말하는 그 엄청난 물을 상상할 수 있을까? 물은 아주 빠른 속도로 차올랐다. 그녀는 간신히 어머니를 10번 고속도로의 고가로 모시고 갔다. 그곳에는 수백 명의 사람들이 뉴올리언스 밖으로 대피시켜줄 버스를 기다리고 있었다. 사람들은 이미 그곳에 도착했지만, 그들이 탈 버스는 그곳에 없었다.

베라는 사람들과 함께 어쩔 수 없이 고가도로 위에서 밤을 지새웠던 경험을 이야기했다. "여러분들이 상상하는 것보다 하늘은 훨씬 어두웠어요." 도시 전체가 정전된 상황에서, 별빛 아래의 어둠은 더욱 짙었다. 그녀는 그런 하늘을 본 적이 없었다고 했다. 베라는 마치 하나님이 별들을 통해 "나는 빛이다"라고 말씀하시는 것 같았다고 이야기하면서, 10번 고속도로의 고가 위에서 느낀 것들을 우리에게 전

16) *Time*, September 12, 2005, cover photo.

해 주었다. 도시 곳곳에서 모여든 사람들이 어두운 하늘 밑에서 이야기를 나누기 시작했다. 우리와 함께 뉴올리언스에 갔던 켈리는 베라의 이야기를 다음과 같이 적었다. "베라는 베갯잇에 음식, 물, 옷과 다른 물건들을 챙겨갔기 때문에 다른 사람들에게 조금 더 나눌 수 있었다고 했다. 그녀는 그곳에서 한 사람이 크래커가 있다고 이야기하면, 다른 사람은 땅콩버터가 있다고 소리쳤다고 말했다."[17]

다른 많은 특집 기사들과 마찬가지로 베라의 이야기 역시 맥아담스가 이야기한 구원 내러티브(redemptive narrative)를 따르고 있다. 하지만 베라의 이야기는 승리나 행복한 결말이라는 의미에서 구원하는 이야기가 아니다. 그 이야기는 오히려 구원하는 내러티브의 한계를 넘어서는 생존의 이야기다. 베라는 하느님께서 모든 것을 계획하셨다고 말한다. 가장 끔찍하고 파괴적인 사건 속에서도 베라는 구원하는 하느님, 모든 것을 선하게 인도하시는 하느님을 이야기한다. 하지만 베라는 다른 현실도 이야기한다. 10번 고속도로 고가 위에서 베라는 뉴올리언스의 하늘이라는 캔버스 위에 펼쳐진 삶을 똑똑하게 보았다. 베라는 삶에 대한 표식이 없는 현장에서 삶을 알아차린다. "그것이 빛나고 있나요? 그것이?" 그녀가 묘사한 그날 밤의 풍경은 발타자르의 『세상의 마음』에 나오는 성토요일의 증언을 떠올리게 한다.[18] 어둠 속에서 무엇이 모습을 드러낼까? 베라는 삶 속의 죽음, 혹은 죽음 속의 삶에 대한 이야기, 즉 완벽한 승리라고 볼 수 없는 힘겨운

---

17) 다음을 볼 것. "One Woman's Story of Survival," 블로그 Wading in the Water. http://wadinginthewater.blogspot.com, Kelly Drescher, January 7, 2008. "그것은 카트리나의 여파 속에서 10 번 고속도로 위의 삶이었다. … 사람이나 동물을 막론하고, 10 번 고속도로 고가 위에서 그들은 이 공동체의 일부였다."

18) *Heart of the World*, 2 장을 볼 것.

이야기를 증언한다. 성령의 증언은 숨으로 전해져 중간에 있는 증인들의 활동 안에 남아 있다.

중간에서 바라볼 때 우리는 이전에 보지 못했던 것들을 보게 된다. 본디 이야기 안에 있었지만 그 때에야 갑자기 새 의미를 갖게 되는 그 이야기의 일부이다. 뉴올리언스에 함께 갔던 우리 일행은 다음날 저녁에 그곳에서의 경험을 나누었다. 뉴올리언스에서 이틀을 보내며 우리는 홍수 중에 일어난 일들에 대한 여러 가지 상반된 이야기들을 들었고, 뉴올리언스의 미래에 대한 서로 다른 기대들을 접했다. 정치적 관점, 인종적 관점, 사회경제적 관점, 종교적 관점들이 어우러져 홍수 전후를 설명하고 있었지만, 이야기들 속에 깊은 현실이 표현되는 경우는 드물었다. 많은 경우에 이런 내용들이 이야기되는 것은 어렵거나 거의 불가능하다. 이런 내용들은 아주 소수의 사람들만 듣고 싶어하는 진실을 담고 있다. 시몬 베유는 무언의 울음/속울음(mute cry)이라는 이미지로 고통스러운 경험에 대해 이야기한다.[19] 이런 울음은 너무나 깊고 몸서리쳐지는 것이어서 고통을 경험한 사람 속에 단단히 똬리를 틀고 있다.[20] 고통에 주의를 기울이라는 도전—베유가 하느님의 사랑에 비유하는 것—은 이런 울음을 들으라는 요청이며, 모든 면에서 이야기되지 않는 것을 들으라는 요청이다. 베유는 사실 모든 사람들의 가슴 속에서 이런 울음이 들려온다고 말한다. 모두가 이런 울음을 간직하고 있지만, 우리는 다른 사람에게서 이런 울

19) Simone Weil, "Human Personality," in *The Simone Weil Reader,* ed. George A. Panichas (New York: Moyer Bell, 1977), 313-39.

20) 베유는 고통을 불행과 구분하는 것은 고통이 지닌 사회적 차원이라고 말한다. 고통은 다른 이들과의 연결을 완벽히 빼앗아 간다. 다음을 볼 것. "The Love of God and Affliction," ibid., 461.

음소리를 들으려고 하지는 않는다. '학업의 올바른 활용에 대한 성찰(Reflection on the Right Use of School Studies)'이라는 글에서 베유는 '집중 훈련'을 설명한다. 이 훈련은 문제를 해결하기보다는 그것을 품고 일하는 것이다. 또한 이 훈련은 자신의 이야기를 주입하지 않고, 어떻게 문제를 만날 것인지를 연습하는 것이다.[21] 집중 훈련을 통해 상대방은 자신의 진실을 말하게 된다. 고난 가운데 있는 사람에게 고통은 피상적으로 접근할 수 있는 것이 아니다. 나는 이런 집중 훈련을 수면 아래의 흐름에 대한 증언이라고 부른다. 이 훈련을 통해 다른 방식으로 세상을 인식하는 길이 만들어진다.

뉴올리언스에서 들었던 단편적인 이야기들은 우리에게 '모든 대립되는 이야기들을 어떻게 함께 묶을 수 있는가?'라는 질문을 남겼다. 우리와 함께 했던 캣(Cat)이 말했다. "아마도 우리가 트라우마에 대해 알 수 있는 유일한 것은 **단 하나의** 이야기는 없다는 사실인지도 몰라요." 우리는 올바르고 진실한 이야기가 아니라 일관성 없는 이야기를 들어야 하며, 그것이 바로 목격하고 증언하는 일의 핵심이다. 우리는 뉴올리언스에 영향을 끼치고 있는 여러 가지 대립되는 신학적 관점들을 들었다.[22] 베라는 하느님이 하늘을 통해 섭리하시고 돌보시는 모습을 이야기하고 있었다. 이와 같은 구원 이야기들은 그동

---

21) Simone Weil, "Reflection on the Right Use of School Studies towards the Love of God," ibid., 44-52.

22) 허리케인 카트리나에 대한 신학적 응답에 대해서는 다음을 볼 것. Cheryl A. Kirk-Duggan, ed., *The Sky Is Crying: Race, Class, and natural Disaster* (Nashville: Abingdon Press, 2006). 커크 더건(Kirk-Duggan)은 말한다. "간단한 대답이 갖는 신학적 위험은, 우리가 다른 이들의 모든 상황을 충분히 파악하지도 못한 채 그들을 희생양으로 만들 수 있다는 점이다. … 몇몇 삶의 상황과 도전에는 만족할 만한 대답이 없다. 비록 이것이 불가피한 한계를 계속 생각하지 않는다는 뜻은 아니지만 말이다"(xvii).

안 수없이 반복되어 왔다. '하나된 그리스도인 침례교회'의 성찬식에서처럼, 십자가의 예수가 흘린 피로 성취된 구원을 이야기하는 속죄 신학도 계속 되풀이되었다. 하지만 중간에서 바라볼 때, 우리는 십자가와 부활이 가진 승리의 논리를 넘어서는 성령의 활동에 눈을 돌리게 된다.

죽음을 이기고 승리한 삶을 보여주는 구원 이야기(redemptive narrative)와 나란히 고동치는 깊은 리듬, 어떤 저류(底流)가 그 교회의 교인들 속에 흐르고 있다. 이런 흐름이 목격되고 증언될 때 구원에 대한 보다 다층적인 이야기가 재현된다. 이것들은 그 자체로 구원하는 이야기가 아니다. 그것들은 조각, 혹은 데이비드 제임스 던컨(David James Duncan)이 "강의 이빨"(river teeth)이라고 부르는 온전히 표현되지 않고 사라지지도 않는 이야기들의 일부분이다.[23] 이런 흐름은 쉽게 덮어짐에도 불구하고 남아 있다. 중간이라는 산산이 부서진 렌즈를 통해 볼 때, 우리는 모든 것을 다르게 보게 된다. 또한 이런 다름은 리 집사의 진술에 신학적인 근거가 될 수 있다. 리 집사는 죽음이 남긴 것과 그 후에 구체화되는 생명의 감각에 대한 성령론적인 증언, 즉 독특한 성령론을, 지적하고 실행한다.

성령의 활동은 남아 있는 것에 주의를 기울이는 일과 밀접한 관련이 있다. 중간에서의 독특한 성령론은 이미 트라우마 상황에 영향을 미치고 있다. 신학 작업은 이런 성령의 활동에 이름을 붙이고 신학적 의미를 부여하는 것이다. 이런 조각들은 생존이라는 구체적인 상황 속에서 성령을 인식하는 것이 어떻게 보이는지 드러내기 시작

23) David James Duncan, *River Teeth: Stories and Writings* (New York: Doubleday, 1995).

한다. 이런 증언은 우리에게 익숙한 구원 이야기(redemptive narrative)의 균열로부터 나타난다. 내가 여기서 제시하는 것처럼, 중간에서의 증언은 대개 표면에 떠오르지 않는 것들을 밝혀내는 방식으로 작동한다. 이런 의미에서, 중간에 대한 증언은 트라우마의 고통에 대한 새로운 신학적 응답을 드러내고, 우리 삶의 뼈대를 이루는 새로운 어휘와 이미지를 찾아서 구원의 경계를 확장한다. 그렇게 이 증언은 구원 내러티브와 나란히 달린다. 이런 성령의 활동을 강조하는 것은 요한복음 마지막에 있는 독특한 진실을 이야기하는 것이기도 하다. "예수께서는 이 밖에도 여러 가지 일을 하셨다. 그 하신 일들을 낱낱이 다 기록하자면 기록된 책은 이 세상을 가득히 채우고도 남을 것이라고 생각된다"(요한 21:25). 사건의 진실은 하나의 설명 혹은 하나의 해석으로는 샅샅이 다뤄질 수 없다. 이처럼 이야기는 한 가지로 다 설명될 수 없지만, 대신 남아 있는 이들에게 계속적으로 넘겨진다.

프렌치맨 스트리트의 작은 재즈 클럽에서 한 밴드가 마일즈 데이비스(Miles Davis)의 'So What'을 연주하고 있다. 밴드의 트럼펫 주자가 갑자기 끼어들었다. 그 소리는, 차를 몰고 뉴올리언스의 그 재난 지역을 지날 때 들었던 섬뜩한 소리처럼 들렸다. 죽음이 떠도는 이곳은 많은 것을 잃었다. 그러나 고독한 트럼펫 연주는 무언가 삶을 향한 길을 나타내는 소리이기도 했다. 샤론 웰치(Sharon Welch)는 재즈가 중간에서의 윤리에 대한 하나의 비유가 된다고 이야기한다.[24] 재즈 속에는 남아 있는 어떤 리듬이 있다. 당신은 나아가야 할 길을 분명히 알 수 없을 때조차 계속 남아 있는 이 리듬을 발견한다. 수면

24) Sharon D. Welch, *Sweet Dreams in America: Making Ethics and Spirituality Work* (New York: Routledge, 1999).

아래의 흐름이라는 이미지가 홍수로 불어난 물의 영향을 설명하는 데 아주 적절한 것처럼, 재즈라는 이미지 역시 뉴올리언스의 예전 느낌과 새로운 느낌을 잘 설명한다. 물론 두 이미지는 우리가 이미 알던 방식으로 전달되지 않는다. 베라는 밤하늘이라는 캔버스에 그림을 그렸고, 트럼펫 연주자는 늦은 밤 마일즈 데이비스의 곡에서 반복되는 부분을 연주했다. 발타자르가 기진맥진한 사랑의 시냇물이 삶을 향한 길을 만들어내는 모습을 이야기하듯, 이들은 풍경과 소리를 통해 삶을 향한 길을 만들어가고 있었다.

러브스토리

구원은 모든 것을 회복하고 새롭게 하는 하느님의 일입니다.[25)]

'구원'이라는 용어는 망가진 상태를 고치거나 회복시킨다는 뜻을 담고 있다. 구원은 손상된 사물이나 사람이 그 상태를 벗어나 더 나은 모습으로 바뀌는 것이다. 각각의 종교에 따라 구원은 다르게 설명되겠지만, 그리스도교의 구원은 망가진 인간과 자연 세계가 원상태로 회복되는 과정을 다루는 일련의 이미지들을 중심으로 설명된다.[26)] 태초에는 모든 것이 좋았고, 완벽했고, 죄가 없었다. 중간에서 이런

---

25) Esther D. Reed, "Redemption," in *The Blackwell Companion to Modern Theology,* ed. Gareth Jones (Oxford: Blackwell Press, 2004), 227.

26) 이러한 구원 담론은 매우 인간중심적으로 흘러왔다. 이러한 고발은 샐리 맥페이그의 신학 전반에 드러난다. Sallie McFague, *Metaphorical Theology: Models of God in Religious Language* (Minneapolis: Fortress Press, 1982, 『은유신학』, 다산글방), and *The Body of God: An Ecological Theology* (Minneapolis: Augsburg Press, 1993).

좋은 모습은 위기를 겪는다. 태초에 주어진 인간성은 죄와 불순종으로 손상되고, 모든 것은 엉망이 되며, 만물의 조화는 깨어진다. 이 상황은 회복되어야 한다. 일반적으로 구원은 깨어진 창조를 회복하는 하나님의 활동으로 이해되었다. 하느님은 만물을 대신해 일하신다. 하느님의 일하심은 하느님과 이스라엘 간의 언약 관계에서부터 예수의 화육(성육신)과 공생애, 그리고 그의 죽음과 부활까지 다양하게 표현된다. 그리스도교의 틀로 해석하면, 하느님은 이러한 회복을 위해 육신이 되어 만물 가운데 계신다. 결국 모든 것은 원래대로 회복될 것이다. 본질적으로 구원은 하느님의 러브스토리다.[27]

이런 러브스토리가 다양한 방식으로 이야기되었던 반면, 주류 신학의 구원 내러티브는 예수의 십자가 죽음(Jesus' death on the cross)을 구원의 중심으로 해석해왔다. 타락의 문제와 예수의 십자가 사건이라는 해결책은 그리스도교에서 널리 이야기되는 주제였다. 그레이스 잰슨(Grace Jantzen)은 이렇게 말한다. "만일 우리가 구원을 생각한다면, 인간의 상태는 문제가 있는 것으로 상정해야 한다. 이 상태의 인간은 반드시 구조되어야 하며, 그렇지 않으면 재앙이 닥칠 것이다."[28] 이런 러브스토리는 죽음을 향했다. 잰슨은 서구 철학과 신학에 죽음의 논리(a logic of death)가 만연해 있다고 주장한다. "나는 전통적인 종교철학이(그리고 서양 문화가) 대부분 폭력, 희생, 죽음에 몰두해왔고, 죽을 수밖에 없는 인간의 현실에 바탕을 둔 인간의 유한성뿐만 아니

---

27) David H. Kelsey, *Imagining Redemption* (Louisville, KY: Westminster John Knox Press, 2005). 이 책은 구원에 대한 유용한 담론을 이야기한다. 이러한 담론은 그리스도교 안에서, 그리고 고통과의 관계 속에서 이해된 것이다.

28) Grace Jantzen, *Violence to Eternity*, ed. Jeremy Carrette and Morny Joy (New York: Routledge, 2008), 209.

라, 본질적인 철학적 범주로서의 인간의 유한성 위에 세워졌다고 생각한다." 잰슨은 이런 죽음 중심의 사고(thano-centrism)가 주류의 논리를 지배했기 때문에, 그리스도교 전통 안에 존재했던 풍성함에 대한 전망(a vision of flourishing)은 계속해서 생략되었다고 주장한다.

초기 그리스도교 역사가인 캐런 킹(Karen King)은 영지주의 문서들(gnostic texts)을 연구한 자신의 책에서 동일하게 이런 경향을 이야기한다. 그녀는 다음과 같이 말한다.

> 신약성서로 묶여진 초기 그리스도교 문헌들의 다양성에도 불구하고, 모든 신약성서 본문은 한 가지 관점을 따른다. 바로 예수의 죽음과 부활, 그리고 묵시종말적 재림이 구원의 핵심이라는 것이다. 니케아 신조는 이 점을 강조하여 예수의 동정녀 탄생과 함께, 예수의 죽음과 부활, 그리고 재림을 그리스도교 신앙의 중심으로 고백하고 있다.[29]

당시 읽혔던 다양한 텍스트들이 다른 부분을 강조하고 있음에도 불구하고, 결국 구원하는 고통(redemptive suffering)의 이야기가 "승리했다."[30] 그렇게 4세기의 신조에 뿌리를 둔 그리스도교는 다른 해석들을 봉인했다. 킹은 말한다. "이런 신조들이 전통의 중심을 차지했던

---

29) Karen King, *The Gospel of Mary of Magdala: Jesus and the First Woman Apostle* (Santa Rosa, CA: Polebridge Press, 2003), 163.

30) 발터 바우어(Walther Bauer)를 인용하며, 킹은 바우어가 "역사적 내러티브들이 보기에는 다양해 보여도" 그것들은 공통적으로 어떤 것을 미리 가정하고 '이야기한다'고 말한다. 이런 공통의 특징들은 그녀가 그리스도교의 "주류의 이야기"라고 부르는 것을 구성한다. 신조를 바탕으로 한 그리스도교와 "정통"은 동의어이다(ibid., 159).

점을 생각해보면, 몇몇 초기 그리스도교 공동체가 예수의 죽음을 구원에서 전혀 가치 있게 생각하지 않았을 뿐 아니라 예수의 재림을 기다리지도 않았다는 사실은 놀라운 일이다.[31] 이런 영지주의 문서에 대한 관심이 증가하면서 초기 그리스도교의 종교적 상황에 대한 여러 가지 해석과 대안적인 구원 개념을 이야기하는 것이 가능해졌으며, 이를 통해 주류의 이야기에 의문이 제기되었다.

또한 구원의 죽음-중심성(death-focus)은 십자가를 둘러싼 현대신학의 주요 관심사로 떠올랐다. 1990년대 중반, 다양한 전통에 속한 신학자들이 고전적인 속죄 신학에 의문을 제기했다.[32] 이런 신학자들 중 상당수는 구원 내러티브(redemptive narrative)가 고통당하는 이들과 그들이 속한 공동체의 삶에 끼치는 영향에 주목했다. 마크 하임(S. Mark Heim)은 이것을 속죄 신학의 "심리 사회적 악영향"이라고 명명했다.[33] 특히 페미니스트 신학자들과 우머니스트 신학자들은 십자가

---

31) Ibid., 164. 그 밖의 다른 곳에서, 그녀는 최근 발견된 초기 그리스도교 문헌들에 대해 논평한다. "그 문헌들이 보여주는 것은, 그리스도인들의 이야기를 정경과 신조라는 렌즈를 통해 거꾸로 읽는 것은 그동안 한 종류의 그리스도교의 형성 과정만 설명했을 뿐이며, 그마저도 부분적이라는 사실이다. 보다 넓은 시각으로 보면, 우리는 신약성서가 완성되어 가던 시기의 교회와 니케아 신경이 어떻게 다양한 가능성들로부터 등장하게 되었는지를 보다 분명히 알게 된다. 이런 다양한 가능성들은 실험과 타협과 매우 빈번한 충돌을 통해 생겨난 것들이었다. 니케아 신조는 구원이 동정녀 탄생, 예수의 죽음, 부활, 그리고 승천에 의해 이루어졌음을 강조했다. 하지만 몇몇 그리스도교 분파는 오로지 예수의 가르침만을 중점적으로 다루었을 뿐 이런 교리들은 언급조차 하지 않았다. 이들 중 일부는 예수를 화해와 영적 진리를 전하는 이로 해석하며, 자비로운 하느님이 피의 속죄를 필요로 한다는 생각을 거부했다"(157).

32) S. Mark Heim, "Why Does Jesus' Death Matter?" *The Christian Century,* March 7, 2001; "Visible Victim," *The Christian Century*, March 14, 2001.

33) 다음을 볼 것. S. Mark. Heim, "Saved by What Shouldn't Happen," in *Cross Examinations: Readings in the Meaning of the Cross Today*, ed. Marit Trelstad (Minneapolis: Augsburg Fortress Press, 2006), 212.

의 폭력이 사람들이 경험하는 억압과 트라우마와 어떻게 연결되는지에 주목했다.[34] 우머니스트 신학자 들로레스 윌리엄스(Delores Williams)는 자신의 대표적인 책 『광야의 자매들』(*Sisters in the Wilderness*)에서 그리스도교 전통이 죄 많은 인간들을 대신하는 궁극적인 대리자(ultimate surrogate) 예수의 구원 이해를 지지했다고 이야기한다.[35] 윌리엄스는 이런 대리자, 혹은 대리모라는 이미지를 거부하며 인류는 예수의 죽음을 통해서가 아니라 예수의 "생명에 대한 목회적 비전"(ministerial vision of life)을 통해 구원받았다고 주장한다.[36]

『재의 잠언』(*Proverbs of Ashes*)이라는 책에서 신학자 레베카 앤 파커(Rebecca Ann Parker)와 리타 나카시마 브록(Rita Nakashima Brock)은 예수의 십자가 고난을 통한 구원을 거부한다. 그들은 그리스도교 전통 속에서 구원의 절정으로 해석되는 예수의 죽음이 학대(abuse)를 신성화하는 현실을 폭로한다.[37] 그리스도교의 성서 안에 구원이 있

34) 여기서 우리는 지도 만들기라는 이미지와, 가르침이 사람들을 신앙적인 삶에 맞추도록 하는 상황을 다시 한 번 살펴보자. 우리가 우려하는 바는 고통받는 신성한 이야기에 대한 묘사들이 고통받는 사람들을 그대로 고통받는 상황 속에 머무르게 할 것이라는 점이다. 이 책의 서론을 볼 것.

35) 역사 속에서 흑인 여성들은 대리모 역할과 연결되어 왔다. 앞서 이야기한 구원에 대한 설명은 이러한 역할을 영구화한다. 윌리엄스는 말한다. "그렇기 때문에 대신하는-하느님이라는 이미지가 흑인 여성을 구원하는 능력을 가졌는지, 아니면 이 이미지가 흑인 여성들의 대리모 경험과 이들에 대한 착취를 지지하고 정당화하는지를 묻는 것은 흑인 여성들에게는 아주 당연한 일이다. 흑인 여성들이 이러한 구원 이해를 받아들일 때, 과연 그들이 대리모로 착취당하는 것을 수동적으로 받아들이지 않을 수 있을까?" Delores Williams, *Sisters in the Wilderness* (Maryknoll, NY: Orbis Books, 1993), 162.

36) Ibid., 167.

37) 맥아담스(McAdams)는 구원하는 폭력(redemptive violence)에 대한 부분에서 브록(Brock)과 파커(Parker)를 인용한다(McAdams, *Redemptive Self,* 259). 가장 최근에 발표된 그들의 책 *Saving Paradise*은 이러한 통찰을 더 진전시키고, 그리스도교의 역사를 샅샅이 살펴본다. 이를 통해 죽음으로써 구원하는 예수라는 개념이 전통 속에서 시기적으로 나중에 형성되었고, 당시에 널

다면, 그것은 부활의 이야기와 부활 후의 만남들 안에 있다. 구원하는 능력(redemptive power)은 예수의 죽음 안에 있는 것이 아니라 부활을 경험한 공동체 안에 있다. 브록은 "구원은 화육(성육신)을 고백하는 공동체적인 실천들과, 삶 속의 성령, 그리고 부활과 낙원에 대한 계속되는 성령의 약속으로부터 나온다"고 말한다.[38] 지배적인 구원 이야기는 오로지 십자가에서 성취된 '업적'(work)에 비추어 부활을 해석한다. 부활은 승리의 시작이지만, 그 승리는 죽음에 깊이 뿌리내리고 있다. 죽음이 중심에 자리 잡은 그리스도교는 기쁜 소식이 아니라 고통당하는 이들을 휘두르는 나쁜 소식(bad news)이라는 비판이다.

이런 비판은 사람들로 하여금 고통에 대한 잘못된 해석과 고통의 현실을 덮고 지나가는 구원의 허식(gloss)에 주목하게끔 했다. 이런 신학자들은 풍성함과 낙원의 이미지를 통해, 죽음에 중점을 두는 관점을 거부하고 생명에 관심을 갖는 신학을 추구한다. 그들은 이런 풍성함과 낙원이라는 초기의 이미지가 죽음을 강조하는 서구 신학의 논리에 의해 대부분 생략되었다고 주장한다. 죽음이 구원 내러티브의 가장 중요한 특징이 되었다는 것이다. 이런 비판은 전통을 이끌어 온

리 퍼져 있지 않았음을 보여주기 위함이다. 사실 그리스도교 전통에서 낙원이라는 이상이 시기적으로 더 앞선 것이었으며, 더 널리 알려진 구원의 전망이었다. 이런 작업은 그리스도교 역사 속에서 삭제된 구원을 보여주려는 것이다. 다음 두 책을 볼 것 . Rita N. Brock and Rebecca Ann Parker, *Saving Paradise: How Christianity Traded Love of This World for Crucifixion and Empire* (Boston: Beacon Press, 2008); *Proverb of Ashes: Violence, Redemptive Suffering, and the Search for What Saves Us* (Boston: Beacon, 2001).

38) Rita N. Brock, "The Cross of Resurrection and Communal Redemption" in Trelstad, *Cross Examinations,* 250. 브록과 파커의 최근 책 *Saving Paradise*은 죽음에 집착한 서구 그리스도교에 의해 소멸된 내러티브를 찾아내는 포괄적인 탐구다.

그리스도교의 역사와 주된 해석이 무엇인지 드러내는 장점이 있다. 앞서 언급했던 신학자들은 전통적인 그리스도교의 구원론이 생략했던 것들을 다시 드러낸다. 그들은 구원의 상징(redemptive symbol)으로서의 십자가를 거부하면서, 예수의 생애와 그의 일, 그리고 구원의 원천이 되는 공동체를 향한 예수의 통찰을 언급한다. 그들은 죽음을 넘어서는 생명을 주장한다.

하지만 이렇게 생명으로 옮겨가는 것은 그 자체로 의도치 않은 생략을 낳을 수 있다. 죽음과 생명을 정반대에 놓음으로써 삶의 자양분이 되고 삶을 지탱시켜 주는 일련의 이미지들조차도 다른 것들로 바뀌게 된다. 이런 비판들이 완전히 새로운 시작을 찾고 죽음과 반대되는 이미지를 회복하려고 애쓰는 과정에서 죽음과 삶이 기이하게 얽혀 있는 경험을 이야기하는 것은 불가능하지 않을까? 죽음은 삶 속에 들어와 끈질기게 삶을 괴롭힌다. 나는 이런 상황과 남아 있는 것을 증언하는 과정에서 죽음과 삶을 반대편에 놓는 것에 반대해 왔다. 앞서 언급했던 예리한 비판들은 분명 필요한 것이지만, 한편으로 이런 비판들은 중간의 영역을 배제한 채 죽음과 삶을 이해하는 해석을 영구화 할 수 있다. 심지어 이런 비판들은 남아 있는 실재들을 덮는 데 일조할 수 있다.

중간으로부터의 구원

나는 중간으로부터의 구원이라는 문제를 다시 살펴보려 한다. 구원을 위해 반드시 고통이 필요하다는 논리가 문제가 많음에도 불구하고 전통 속에서 이런 관점이 지배적이었으며, 전통 속에 죽음이 만연해 있다는 지적도 사실이다. 죽음은 단지 승리한 삶으로 가는 길을 가로막는 장애물에 불과하다는 이야기인 양, 결국 생명은 죽음을 이긴 것으로 이해되어 왔다. 만일 죽음이나 생명의 사건이 아니라 중간에서 구원을 해석한다면 어떻게 될까? 앞서 언급한 비판들은 남아 있는 것들을 발견하기는 하지만, 그것들을 온전히 설명하지는 못했다. 트라우마와 그 고통에 대한 지각은 이런 논의에 보다 특별함을 더한다. 바로 고통의 특별한 차원을 드러냄으로써 우리로 하여금 또 다른 신학의 자리에서 구원에 대한 새로운 질문을 계속하게 한다.

트라우마 연구들은 앞서 언급한 논의에 대해 중요한 두 가지 통찰을 내놓는다. 첫째, 트라우마의 고통은 그 원인이 되는 어느 한 사건에만 머물러 있지 않다. 사건 그 자체 속에, 그리고 사건 이후에도 남아 있는 트라우마의 이중구조 때문에 우리는 사건 당시를 넘어서는 고통을 해석해야 하며, 트라우마 사건이 계속되는 기이한 현실을 설명해야 한다. 만약 우리가 십자가의 고통을 트라우마와 연결시켜 해석하면, 트라우마는 십자가와 따로 떼어낼 수 없다. 오히려 고통의 현장은 중간이라는 공간까지 확장된다. 이 공간에서 트라우마에 대한 신학적 담론은 죽음의 사건인 십자가에 대한 해석을 넘어서야만 한다. 이로써 죽음과 부활 사건은 새로운 물음과 만나게 된다. '그 둘 사이에 무엇이 끈질기게 계속되는가?'

둘째, 구원은 치유와 회복과 같은 심리치료 용어와 신학적으로 동의어처럼 쓰여 왔다. 트라우마 연구는 우리가 회복을 다른 관점으로 바라보도록 하며, 이를 통해 회복의 신학적 연관어인 구원을 우리에게 다시 돌려준다. 현실에서 계속 반복되는 트라우마의 시간성은 회복이 극복하고 넘어서는 직선적 개념이 아님을 보여준다. 트라우마는 과거와의 완전한 단절이 불가능한 현실을 보여준다. 과거의 죽음은 앞으로의 삶과 분리될 수 없다. 트라우마는 죽음이 돌아온다고 말한다. 죽음은 이후의 삶을 끈질기게 괴롭히며 계속해서 돌아온다.[39] 트라우마를 겪은 이의 삶 속에는 '죽음'이 끈질기게 남아 있다. 여기서 우리는 켈러의 표현대로 구원이라는 틀이 죽음이 남아 있는 현실을 이야기하기 위해서 성급하게 삶으로 나아가지 않을 수 있는지를 묻게 된다. '구원'이라는 용어는 항상 하느님이 세상과 맺는 관계의 방식을 나타낸다. 구원하고 회복하는 하느님의 이미지로 꽉 차있는 주류의 구원 해석은 리 집사를 비롯한 교인들에게 이겨내라고 노래하던 찬양대의 노랫소리와 자연스럽게 겹쳐진다. "모든 일이 합하여 선을 이룬다." "이것도 하느님의 뜻이다." 이런 익숙한 주장들은 지배적인 구원 내러티브들(redemptive narratives)에서 비롯되며, 남아 있는 고통을 은폐하고 생략하는 데 일조할 것이다.

중간에서 바라보면, 신학자들은 끔찍하도록 잊히지 않고 남아 있는 죽음의 모습을 반드시 설명해야 한다. 마찬가지로 구원에 대한 어떤 해석이라도 죽음과 삶이 떼려야 뗄 수 없다는 사실을 인정해야만 한다. 십자가에 대한 흑인여성주의의 비판에 대해 제임스 콘(James Cone)은 비판의 중요성을 인정하면서도 십자가를 구원의 장소로 보지 않으려는 관점에 대해서는 신중한 입장을 취했다. 콘에게 십자가의 현장에는 여전히 구원하는 무언가(something redemptive)가 있다. 그가

39) 트라우마 연구 초창기에 플래시백은 대표적인 증상으로 여겨졌다. 대개 단편으로만 존재하여 온전하게 이야기할 수 없는, 시각적인 과거의 이미지들이 현재를 침범해 들어온다. 이러한 증상은 1차 세계대전 참전 군인들에게서 처음으로 발견되었는데, 그들은 마치 과거의 유령에 놀란 것처럼 보였다. 이 이미지들은 그들을 트라우마 사건으로 다시 데려갔고, 현재에 있는 그들의 몸은 반응을 나타냈다. 이는 과거 경험이 현재에 신체적으로 다시 체험한 것을 의미한다.

인정하는 바와 같이 십자가는 그리스도교 전통에서 계속해서 문제가 되었다. 십자가는 비극적인 고통의 기억을 상징한다. 십자가가 사형대(the lynching tree)였다고 보는 콘은 미국의 흑인들이 트라우마를 경험했다는 명백한 사실을 이야기한다. 콘은 이제 끔찍한 고통의 기억에 직면하기 위해서는 십자가를 똑똑히 바라봐야 한다고 주장한다. 물론 간단한 일은 아니다. 고통의 끔찍한 기억이 다뤄지는 것은 십자가를 응시할 때가 아니라 중간에서 바라볼 때다. 이렇게 바라보는 시선은 남은 이들에게 넘겨진 십자가의 시선이다. 콘은 '사형(lynching)의 공포, 잊히지 않는 잔혹한 고통의 기억'과 같은 트라우마 용어를 사용한다. 그는 신학자들에게 묻는다. 과연 십자가의 공포를 목격하는 사람으로 남는 것은 무엇을 의미하는가? 이런 기억은 어떻게 우리에게 전해질 수 있는가? 우리는 끈질기게 계속되는 이 사건을 어떻게 이해할 수 있을까? 콘은 이런 질문들을 던진다. 하지만 그는 오로지 죽음 사건에서만 구원이라는 변화를 찾아낸다. 또한 그는 예수의 모습에서만 그것을 찾아낸다. 바로 공포 속에서 죽임 당한 그리스도의 아름다운 모습 말이다.

마찬가지로, 리타 나카시마 브록(Rita Nakashima Brock)과 레베카 파커(Rebecca Parker)는 『재의 잠언』(*Proverbs of Ashes*) 끝부분에서 다음과 같이 말한다. "그리스도교는 해결되지 않은 트라우마가 남긴 흔적을 간직하고 있다. 예수의 부활과 이후에 이어지는 예수의 활동은 승리가 아니라 언뜻 보이는 생존의 힘이며, 홍수에서 살아남은 불씨의 힘이다."40) 이런 진술 속에서, 그 저자들은 부활을 생존이라는 공

40) Brock and Parker, *Proverbs*, 250. 대신 그들은 구원할 능력이 없는 끔찍한 죽음과 그 뒤에 이어지는 승리하지 못한 부활, 아니 더 정확히 이야기하면, 생존 가능성을 보여주는 부활을 묘사한다. 그들은 예수의 죽음과 부활이, 또 예수

간 속으로 끌어당긴다. 그럼으로써 승리한 구원 이야기(a triumphant narrative of redemption)에 저항한다. 그 저자들에게 치유는 죽음과 폭력의 이야기로부터 나올 수 없으며, 치유의 약속이란 트라우마의 여파 속에서 언뜻 보이는 하느님의 현존 안에 숨어 있는 것이다. 그들의 결말은 생존의 힘을 증언하며, 따라서 학대에서 생존한 사람들의 힘을 증언한다. 아직 생존이 갖는 신학적 특별함은 연구되지 않았다. 그럼에도 그들은 놀랍게도 진실을 이야기하고 있다. 바로 해결되지 않은 트라우마의 흔적을 그리스도교가 품고 있다는 것이다. 내가 이 책에서 제시한 트라우마라는 렌즈를 통해 이것을 바라보면, 그리스도교 전통 속에 끈질기게 남아서 잊히지 않는 구원 이야기를 브록과 파커의 입장에서 생각하는 것은 흥미로운 일이다.

브록과 파커는 전통적인 십자가 신학을 수정하고 있기는 하지만, 고통과 구원을 다루는 신학적 논의의 자리가 트라우마의 고통을 통해 어떻게 바뀌는지는 말하지 않는다. 트라우마의 고통에 대한 담론은 십자가를 넘어 생존의 영역인 중간으로 확장되어야 한다. 트라우마의 독특한 구조는 죽음과 삶이 분리되지 않는다는 사실을 보여준다. 죽음은 삶과 분리되지 않고, 죽음 사건을 넘어서게 된다. 그렇다고 통합되지 않고 죽음 사건을 넘어선 죽음은 삶 속에 섞이지도 않는다. 그 대신에 독특한 생존 경험이 다른 신학적 자리를 요청하게 된다. 브록과 파커는 죽음과 부활, 둘 중 어느 한 쪽에서 구원을 찾으려고 함으로써, 신학적 성찰이 가능한 아주 중요한 현장을 놓치고 만다.

브록과 파커는 십자가가 그리스도교 전통 속에서 끈질기게 출몰

자신이 어떤 특별한 힘을 가졌다고 이야기하지 않는다. 그들은 구원과 생명을 동일시했지만, 구원을 예수와 전적으로 동일시하지는 않았다. 예수는 상호 관계 속에서 풍성한 생명으로 표현될 때만 구원이라고 할 수 있다.

한다는 것과 그리스도교가 생명을 주기 위해서는 그 유령들을 반드시 추방해야 한다는 주장에 동의한다.41) 하지만 트라우마라는 렌즈는 우리 눈을 십자가 이후로 향하게 하여, 우리의 마음을 괴롭히는 이 문제를 외면하지 않고 직접 대면하게 만든다. 그렇기 때문에 나는 십자가에 드리워진 그늘과 끈질기게 계속되는 십자가의 문제가 단순히 전통이 야기한 골치 아픈 결과—트라우마의 용어로 하면, 전통의 병적인 측면—라고 생각하지 않는다.42) 나는 뇌리를 떠나지 않는 십자가의 끔찍함이 하느님과 사람의 고통에 관한 진실을 이야기한다고 믿으며, 이런 진실은 예수의 수난이나 부활을 구원으로 보는 관점이 수용할 수 없는 진실이다. 수난과 부활 이야기 속에서 드러나는 이런 진실은 수난과 부활을 구원하는 것으로 보는 전통적인 해석에 도전한다. 그것은 남아 있음에 관한 진실이다. 비록 브록, 파커, 콘은 이 진실을 어느 정도 생략하였지만, 이 진실에는 이름이 붙여졌다. 콘은

---

41) 콘(Cone)에게 십자가는 구원될 수 있는 것이고, 그렇기에 여전히 구원하는 것이다. 다음을 볼 것. Cone, "Strange Fruit: The Cross and the Lynching Tree," *Harvard Divinity Bulletin* 35, no. 1 (Winter 2007). "십자가와 나무 사형 틀을 함께 놓고 보면, 둘은 서로를 해방하는 것일 수 있다. "십자가와 나무 사형 틀은 서로에게 필요하다. 나무 사형 틀은 착한 그리스도인의 거짓 경건으로부터 십자가를 해방할 수 있다. 십자가형은 1 세기의 사형 방법이었다. 십자가는 나무 사형틀을 구원할 수 있다. 그렇기에 십자가는 사형 당한 검은 몸에 종말론적인 의미를 부여한다. 이것은 십자가와 사형틀 두 가지 모두의 궁극적 의미를 위한 작업이다." (53) 그는 십자가의 끔찍함에 대해 이야기한다. 그에게 십자가는 여전히 신학적 의미를 필요로 하는 슬픈 기억이다. 윌리엄스, 브록, 파커에게 십자가는 구원될 수도, 구원되어서도 안 되는 것이다. 2006 년 하버드 신학대학원의 잉거솔 강연에서(Ingersoll lecture) 콘(Cone)은 신학자들에게 십자가의 의미를 계속해서 찾아야 한다고 강조했다. 이런 요구는 "낯선 열매" (Strange Fruit)라는 글에 두드러지게 나타나지는 않는다. 그는 강연에 참석한 신학생들에게 이 작업에 함께해 줄 것을 간곡히 부탁했다. 이것은 신학 작업이 계승되는 훌륭한 한 예이다.

42) 다음을 볼 것. Cathy Caruth, *Unclaimed Experience,* 4; *Trauma*, 156.

우리에게 십자가에 의미를 부여하고, 십자가에서 돌아서지 말라고 촉구한다. 하지만 나는 십자가 이후에 남은 것에 의미를 부여할 것을 촉구한다. 콘이 십자가의 역설에서 가능성을 찾아낸 것처럼, 나는 십자가 이후에 그것을 전하고 증언하는 십자가 너머의 활동에서 가능성을 찾아낸다. 십자가를 외면하거나 의존해서는 신학적 의미를 발견할 수 없다. 그러나 십자가 자체로 눈을 돌리면 수난과 부활 사이의 활동은 죽음과 삶 사이의 보다 희미한 관계를 인정하게 된다.

뇌리를 떠나지 않는 십자가의 끔찍함은 고통에 대한 다른 관점을 밝혀낸다. 이 관점은 죽음 너머에서 끈질기게 지속되는 차마 말로 표현할 수 없는 현실에 대한 증언에 기초한다. 십자가의 끔찍함에 신학적 의미를 부여하는 것은 그것을 미화하거나 구원하는 것이 아니다. 다만 '그것이 말하는 진실'[43]을 그대로 받아들이는 것이다. 사회학자인 에버리 고든(Avery S. Gordon)은 그의 책 『유령 같은 일들』(*Ghostly Matters*)에서 폭력의 역사를 분석하면서, 이 역사들이 사회학 연구로는 잘 설명되지 않는 '복잡한 인간성'을 구성하면서 개인과 공동체 안에 살아 있다고 주장한다.[44] 과거의 유령들이 현재의 실재들을 구성한다. 고든은 우리가 이 유령들을 주의 깊게 살피면, 그들이 말로 표현할 수 없는 과거의 진실을 이야기한다고 말한다. 하지만 그들이 하는 일은 그 이상이다. 고든에게 뇌리를 떠나지 않는 끔찍한 일은 그저 부정적이기만 한 것이 아니다. 그것은 현재에 '해야 할 무

43) 여기서 나는 카루스의 표현을 가져왔다. *Trauma: Explorations in Memory*, vii-viii.

44) Avery F. Gordon, *Ghostly Matters: Haunting and the Sociological Imagination* (Minneapolis: University of Minnesota Press, 2008), 4-5. 고든의 "복잡한 인간성"이라는 개념을 볼 것.

언가'를 드러낼 잠재력이 있기 때문이다.[45] 바로 이 '무언가' 때문에 고든은 뇌리를 떠나지 않는 끔찍함을 트라우마와 분명하게 구별한다. 반면에 나는 성서에 나오는 넘겨짐을 비슷한 방식으로 해석한다. 요한복음을 보면, 명령, 다시 말해서, 해야 할 무언가가 전해진다. 트라우마의 역학 관계와 그것의 전달은 우리가 해석하며, 바라보고 살아가는 거룩한 이야기에 대해 알려진 것과 알려지지 않은 것 모두를 넘겨준다. 그리고 이것이 전통에 대한 해석을 재구성하게 만든다. 나는 우리가 그리스도교 전통이 끊임없이 받아들여 온 십자가를 생각해야 한다고 본다. 우리는 십자가를 그저 트라우마를 일으키고(traumatize) 재발시키는(retraumatize) 상징이라고 생각해서는 안 된다. 십자가는 우리의 뇌리를 떠나지 않고 죽음이 남긴 진실을 목격하고 증언하라고 명령하는 상징이다. 이렇게 중간에서 바라보면 우리는 새로운 신학적 영역으로 들어가게 되며, 목격하고 증언하는 일과 연결시킨 해석에 이르게 된다. 이로써 구원하는 고통이라는 관점은 약화된다. 또한 중간에서의 신학 작업은 구원 내러티브를 재정립하라는 요구 속에서도 인간 경험의 밑바닥을 이야기하라고 우리를 닦달한다. 이러한 작업은 전통 속에 늘 존재했던 구원하는 고통을 이해할 수 있게 한다.

십자가의 여파 속에서, 우리는 특정한 방식으로 고통을 바라보게 된다. 우리는 성령 안에서, 그러나 동시에 끔찍한 곳에서 고통을 바라본다. 세린 존스(Serene Jones)는 아기를 가질 수 없거나 아기를 잃었던 여성들의 경험을 삼위일체적 사건인 십자가와 연결시킨다. 존스는 고통 그 자체가 구원의 원천은 아니라고 강조한다.[46] 그녀는 구원의

45) Ibid., 139.

46) Serene Jones, "Hope Deferred: Trinitarian Reflections on Infertility, Stillbirth and Miscarriage," *Modern Theology* 17, no 2 (April 2001).

원천은 고통이 아니라 "고통의 한가운데서 버티고 있는 사랑"이라고 말한다.[47] 트라우마와의 관계 속에서 바라보면, 이런 사랑을 통해 우리는 십자가의 신학(a theology of the cross)에서 중간의 신학(a theology of the middle)으로 눈을 돌리게 된다. 고통이 죽음 사건과 떨어질 수 없는 것과 같이, 사랑도 홀로 그곳에 존재할 수 없다. 이런 사랑을 중간이라는 공간에서 성령과 연결시키면, 구원과 고통을 십자가에서 떼어놓고 해석함으로써 생겨났던 난해한 문제는 사라지게 될 것이다.

승리하는 구원 이야기의 밑바닥에는 무엇이 흐르고 있을까? 그곳에는 승리하고 극복했다는 외침에도 불구하고 통합되지 않는 고통의 파편들이 남아 있다.[48] 나는 이렇게 남은 것을 '메네인'이라는 개념과 또 성령의 모습과 연결시킴으로써, 그 특징과 신학적 의의를 살펴보고자 했다. 고통은 동반되고, 또한 목격된다. 성령은 십자가 사건 및 부활 사건과의 연결의 끈을 놓지 않지만, 이 사건들에 대한 특정 이해는 해체시킨다. 이 책에서 나는 전달(마지막 숨을 넘겨주기)이라는 개념을 제시한다. 이 단어는 기적적인 부활에서의 시작이 아니라 혼돈 속의 시작을 나타낸다. 이러한 시작은 남아 있는 것을 목격하는 증인들의 숨이 가지는 특징이다. 나는 통합되지 않는 고통의 조각들은 반드시 고려되고 목격되어야 한다고 주장해왔다. 이러한 현실에도 불구하고 신학은 '사랑이 남았다'고 선언한다. 내가 이 책에서 소개하는 중간의 성령이라는 개념은 끈질기게 지속되는 죽음을 증언하고, 죽음의 여파 속 삶의 독특한 활동을 보여준다. 죽음의 파편들이 남아 있다. 하지만 증인의 숨 또한 거기에 남았다. 십자가는 남은 것들의

47) Ibid., 242.

48) 4 장의 '저류'(undertow)에 대한 언급을 참조할 것.

영역에 끈질기게 남아 있지만, 이제 성령론적 가능성과 만난다.[49)]

죽음과 삶 사이, 목격하고 증언하는 성령의 활동은 죽음과 삶 사이를 흐르는 저류(undertow)를 추적하고 삶을 감지하는 두 가지 활동으로 설명된다. 이런 성령의 활동은 사건이 끝난 후에도 한참 동안 남아 있는 고통에 주의를 기울이는 일이다. 또한 연약하고 부서지기 쉬워 보이는 삶의 방식들을 목격하고 증언하는 일이기도 하다. 내가 2장에서 설명한 것처럼, 발타자르와 스페이어는 그리스도인의 삶이란 그리스도의 죽음을 본받는 것이라고 규정했다. 그들에게 목격하고 증언하는 일은 곧 그리스도의 고통을 모방하는 것을 뜻한다. 하지만 발타자르와 스페이어는 공식적인 신학 영역에 포함되지 않는 다른 이야기 하나도 전했다. 그들은 중간을 목격한 증인의 이야기를 들려준다. 이 증인은 하느님의 현존을 알아차리지 못한 채 방향을 잃어버린 지옥의 모습을 목격하고, 삶을 향한 길을 개척하기 위해 서서히 흘러가는 기진맥진한 사랑을 목격한다. 사랑은 삶이 없음에도 삶을 알아차릴 수 있는 공간, 즉 생명의 공간으로 서서히 흘러들어간다. 성령 안에서의 삶은 이렇게 흘러가는 사랑의 모습 그 자체이다.[50)] 성령은 거기에 끈질기게 버티고 계신다. 성령은 죽음과 삶을 오가며, 남아 있는 것을 추적하고 앞으로의 길을 찾는다. 끈질기게 버티는 성령은 남아 있는 죽음뿐만 아니라, 살아남은 사랑까지도 목격하고 증언한다.

---

49) 브록(Brock)과 파커(Parker)식으로 이야기하면, 부활의 성령을 말하는 성령론은 이렇게 떠나지 않는 현상을 감안해야 한다. 둘은 떼려야 뗄 수 없다.

50) Hans Urs von Balthasar, *Heart of the World*, trans. Erasmo S. Leiva (San Francisco: Ignatius Press, 1979), 152.

저류를 추적하기

성령의 첫 번째 활동은 죽음이 남긴 것을 목격하고 증언하는 일이다. 죽음이 지속되는 방식을 이해하는 데는 밑바닥을 흐르는 저류(底流)라는 이미지가 도움이 된다. 저류는 수면 아래에 있는 물의 흐름을 지칭한다. 파도는 해안으로 밀려가지만, 저류는 반대방향으로 쓸려 간다. 보이지 않아도 저류의 힘은 대단한 것일 수 있다. 주디스 허먼은 『트라우마』 서론에서 트라우마 경험을 구성하는 재발과 망각의 패턴을 지적한다. 트라우마 연구에서 이러한 패턴은 잘 들어맞는다. 대중들이 트라우마를 인식하는 시기가 있는가 하면, 그것이 희미해져 잊혀지는 시기도 있다. 허먼은 트라우마 연구자들이 이 패턴을 반드시 주목해야 한다고 말한다. 이런 재생과 망각의 패턴은 밀물과 썰물의 이미지로 잘 표현된다. 저류의 힘을 설명하는 것은 트라우마를 다루는 작업의 한 부분이다. 신학 작업도 비슷해서, 삶으로 밀려들어 온 죽음이라는 저류를 목격하고 증언하는 성령의 활동을 추적한다. 켈러는 '테홈'에 존재하는 저류의 힘을 깨닫고, "테홈의 저류는 고통스러운 것일 수 있다"고 말한다. 테홈의 신학(a theology of *tehom*)은 상실, 슬픔, 그리고 삶의 혼돈을 다룬다.[51] 이러한 실재들은 남았지만, 성령 안에서, 성령을 통해 목격되고 증언된다.

마크 루이스 테일러(Mark Lewis Taylor)는 '영을 추적하기'(tracking Spirit)라는 표현을 만들어냈다.[52] 그는 현대적으로 표현된 대중문화

51) Catherine Keller, *On the Mystery: Discerning God in Process* (Minneapolis: Fortress Press, 2008). 여기서 켈러는 다음과 같이 말한다. "바다의 신비 주변에 살면서 바다 풍경의 선명한 가능성을 되찾는 것은, 바다의 비극적 측면을 잊어버리는 것이 아니다. 그것은 성례전적 시학(sacramental poetics)이라는 은총의 가능성을 경험하는 한 방법이다"(66-67).

속에 존재하는 성스러움을 분석한다. 테일러는 브루스 스프링스틴(Bruce Springsteen)과 같은 음악가의 리듬과 가사 속에서, 또한 "못 말리는 패밀리"(Arrested Development) 같은 드라마 속에서, 영에 대한 신학 담론을 미국의 음악가들이나 예술가들의 활기찬 기개와 연결시킬 방법을 모색한다. 그에게 신학적 과제란 이러한 문화적 표현 속에서 신적인 현존을 추적하는 것이다. 신학자로서 테일러는 신학 담론을 예술가들과 음악가들의 풀뿌리 문화운동과 연결하는데, 이런 운동들은 미국의 제국주의와 자본주의가 가진 생명을 위협하는 폭력에 반대한다. 신학을 문화비평의 자리에 두려고 했던 테일러는 성령론적으로 이것을 실현시킨다. '영'은 신학적 의미나 문학적 표현이 풍부하게 공유되는 용어다. 테일러는 말한다. "신학은 영이 남긴 자취를 파악하기 위해 탐색하고 연구하는 성찰의 과정이다. 신학은 남겨진 자취를 추적한다. 이를테면 한계상황에 있는 사람과 떠도는 사람이 남긴 자취, 완전함을 추구하는 환상가가 남긴 자취, 혹은 해방을 바라며 싸우는 사람들이 남긴 자취를 추적한다."[53] 테일러는 신학자들에게 자신들이 추구하는 진리를 위해 이런 영의 리듬과 음색에 채널을 맞추라고 촉구한다.

테일러는 '추적'(tracking)이라는 단어를 선택함으로써 미국이 인간의 정신을 억압하고, 낙인찍고, 침묵시키기 위해 사용했던 감시 및 편견 주입하기를 지적하고, 이 단어에 함축된 부정적인 의미를 유지

---

52) "Tracking Spirit: Theology as Cultural Critique in America," in Dwight N. Hopkins and Sheila Greeve Davaney, eds., *Changing Conversations: Religious Reflection and Cultural Analysis* (New York: Routledge, 1996). 6장을 참조할 것.

53) Ibid., 137.

한다. 추적자는 자기가 찾고 있는 것이 쉽게 드러나지 않는다는 사실을 알고 있다. 그렇기 때문에 추적은 그저 보기만 하는 행위가 아니라, 표면에 드러나지 않는 것을 파악하는 일까지 포함한다. 추적은 특정한 진실을 말하지 못하도록 하는 기관과 개인의 힘을 밝힌다. 나는 1장에서 트라우마의 고통이 눈에 보이는 구체적인 흔적이나 폭력의 징후가 없기 때문에 더욱 악화된다는 사실을 강조했다. 어떤 흔적이나 징후가 없는 상황에서는 목격하고 증언하는 작업 또한 어려움을 겪는다. 이런 트라우마의 역학 관계와 동일 선상에 있는 테일러의 추적이라는 개념은 수면 아래에서의 성령의 활동에 대해 이야기한다. 막달라 마리아와 애제자는 이러한 추적 활동을 묘사한다. 실수한 것처럼 보이는 순간에, 그들은 흐릿한 눈으로 그 남아 있는 영역의 저류를 목격하고 증언한다.

삶을 느끼기

죽음이 남아 있다면, 삶을 죽음과 떼어놓고 상상할 수 없다. 삶은 기적과 같이 새로운 것이 아니라, 복잡하고 모호한 남아 있기의 과정이다. 나는 생존으로서의 삶이 갖는 느낌을 전하기 위해 살아가기와 남아 있기를 구분 지었다. 또 나는 생존이 남아 있기와 머무르기라는 개념을 통해 성서과 연결됨을 제시했다. "그가 남아 있는(역자주: 공동번역에는 '살아 있는'으로 번역) 것이 너와 무슨 상관이 있느냐?" 요한복음의 이 마지막 질문은 남아 있기와 연결하여 삶을 재구성한다. 베드로의 죽음 이후에도 살아남게 되는 애제자는 요한복음의 마지막까지 남아 있으며 삶에 대한 새로운 이해를 보여준다. 여기서 삶은 희생이나 모방이 아니라 증언하고 목격하는 것으로 실현된다. 남아 있는 삶은 한 질문을 통해 전해진다. 죽음 사건에 대해 알려진 것과 알려지지 않은 모든 것이 이 질문으로 전해진다. 예수는 다시 한 번 제자들에게 말한다. 비록 제자들은 그들에게 일어나는 일을 이해하지 못하겠지만, 그들은 성령과의 관계 속에서 성령의 인도를 받을 것이라고 말이다. 이런 렌즈로 바라보면, 삶은 그다지 확연한 움직임이 있는 것이 아니며, 미리 정해진 것도 아니다. 트라우마 사건의 여파 속에서, 사람들이 이전에 알던 삶의 방식과 삶의 모습이 고스란히 회복되기란 불가능하다. 그 대신에 트라우마 이후의 삶은 죽음의 막강한 영향을 받은 모습일 수밖에 없다.

삶을 느끼는 것은 상상을 구체화시키는 일이다. 베셀 반 데어 콜크(Bessel van der Kolk)는 트라우마 치료 과정에서 세상과 몸의 기본적인 연결이 회복되어야 한다고 말한다. 그가 연구를 통해 발견한 것은, 트라우마로 겪게 되는 여러 가지 상실 중에서 상상력을 잃는 것이 가장 파괴적이라는 사실이다. 트라우마가 치유되기 위해서는, 극단적인 끝 너머를 상상하는 능력, 새 삶을 상상하는 능력이 반드시 회복되어야 한다. "심리치료사로서 우리가 얼마나 성공적인지를 보려면, 우리가 기뻐하는 능력, 희망하는 능력, 상상하는 능력을 어느 정도로 회복시킬 수 있는지를 보면 된다"고 그는 말한다.[54] 신뢰와 의미에 대한 느낌을 되찾는 일은 순전히 인지적인 과정만은 아니다. 그것은 세상에 대한 다른 감각과 연결되는 것이다. 삶을 느끼는 것은 이렇게 다시 연결되는 과정이다. 이것은 상상할 수 없는 것과 대면한 상태에

54) Bessel A. van der Kolk, "The Body Keeps the Score: Integration of Body and Mind in the Treatment of Traumatized Peope"(Lecture, The Trauma Center, Brookline, MA, January 24, 2007).

서 상상하는 것이다.[55)]

이러한 성령의 두 번째 운동은 다시 삶으로 들어가 삶을 느끼는 과정을 목격하고 증언하는 것이다. 여기서 성령은 눈으로 볼 수 있는 확실한 삶이 아니라, 희미하고 파악하기 힘든 이제 막 시작한 삶을 목격하고 증언한다. 저류를 목격하고 증언하는 과정에서, 그리고 그 과정을 통해 삶에 대한 새로운 감각이 생겨난다. 이 감각은 부활한 삶에 대한 신학적 해석보다 더 진실하고 지속 가능한 것이다. 사람들이 매달릴 수 있는 허울 좋은 구원이나 미리 정해진 이상적인 삶이란 없다. 나는 감각 혹은 감각기관이라고 할 수 있는 이러한 목격과 증언이 그 중간에서 나온다고 본다. 사람들은 '사물에 대한 감각'을 통해 인지적으로 완전히 파악되지 않는 주변 환경에 적응한다고 이야기한다. 이 감각은 지형에 대한 사전 조사와 같다. 이 감각은 그곳에 있는 것과 그곳 깊은 데 있는 내면의 감각, 즉 영 사이의 기이한 상호작용을 드러낸다. 삶 속에 남아 있는 것을 목격하고 증언하는 경험 역시 인식할 수 없는 것을 만난다는 점에서 이와 비슷하다. 사람들은 이런 만남을 통해 직접적으로 알지 못하는 것에 다시 적응하려고 한다. 그렇게 적응하려는 노력은 자기 길을 찾으려는 시도 속에서 여러 감각들의 상호작용과 관련된다.

느끼는 것은 알려지지 않은 것에 직면한 사람이 그것에 적응해 가는 한 방법이다. 발타자르의 책 『세상의 마음』에 나오는 성토요일의 제자는 혼돈과 어둠의 한가운데에서 자신의 위치를 찾아가고 있다. 발타자르의 수사법은 방향감각이 상실된 이런 상태를 드러낸

---

55) Kelsey, *Imagining Redemption*, 97-106. 켈시는 여기서 상상에 대해 잘 다루고 있다.

다. 정확하게 무슨 일이 일어나고 있는지 확인할 수 없는 상황 속에서 감각이 깨어난다. 마리아와 애제자가 목격하고 증언한 부활에 비해 부차적으로 여겨졌던 그들의 활동에서 이런 독특한 성령론적 감각이 나타난다. 성령이 제자들을 진리로 인도할 것이라는 요한복음의 약속은 이러한 감각의 성서적 표현일 것이다. 죽음 사건에 대해 알려지지 않은 것이 삶 속으로 들어간다. 이런 활동, 이런 감각이 삶을 다르게 표현하게 하고, 달라진 삶을 살게 한다.

이런 감각을 나는 다른 방식으로 표현해 보고 싶다. 트라우마 사건이 뇌의 인지적이고 개념적인 방식으로가 아니라 몸에 기억되는 현상을 생각해 보면, 우리는 중간에서 성령의 활동은 오로지 개념적인 것이 아니라 감각적인 것으로 생각할 수 있다. 트라우마 연구는 또한 세상은 안전한 곳이라고 안심시켜 준다고 해서 트라우마를 겪은 사람들이 자신들이 사는 세상과 다시 연결되는 것은 아니라는 점을 주장한다. 생존자들에게 안전함은 머리로 '안전하다'라고 생각해서 회복되는 것이 아니다. 물론 그런 생각이 도움이 될지는 몰라도, 그것은 부차적이다. 안전함은 좀 더 근본적인 차원, 즉 감각적인 수준에서 회복되어야 한다. 트라우마를 경험한 사람들에게 세상은 자신들의 감각을 자극하는 지뢰들이 잔뜩 깔린 곳이다. 트라우마 경험이 재현되는 것은 생각 때문일 수도 있지만, 감각적 경험들—전에 트라우마 상황에서 경험한 소리나 냄새 같은—에 의한 경우가 훨씬 더 많다. 트라우마를 겪은 사람이 세상과 다시 연결되기 위해서는 자신과 세상과의 신체적 연결을 재차 확인하고 탐색함으로써 자기 몸의 움직임과 다시 연결되어야 한다. 트라우마를 치유하는 과정에서 사람들을 자기 호흡과 연결시키는 것은 가장 중요한 첫 단계이다. 성령은 하느님의 숨이기 때문에, 이런 과정에는 성령론적 가능성이 풍부하다. 자기 호흡에 다시 접근하는 것은 트라우마를 겪은 이들에게는 세상과 다시 연결되는 길과 같다.

막달라 마리아의 증언 속에서 그녀는 어떤 직접적인 감각을 통해서 예수를 알아보지 못한다. 대신 서로 영향을 주고받는 여러 가지 느낌들의 합창과 같은 감각기관이 그곳에 있다. 성령은 시각, 청각, 촉각, 후각 등의 감각들을 통해 마리아가 다른 방식으로 세상에 적응하여 살아갈 수 있도록 하며, 이를 목격하고 증언한다. 마리아는 예수의 고별담화를 죽음의 상황에서 넘겨진 말씀으로 받아들인다. 마리아는 죽음의 여파 속에서 삶을 느끼기 시작한 것이다. 이 책 2장과 3장에서 설명한 바와 같이 목격하고 증언하는 일은 삶의 모습을 알지 못한 채 삶으로 나아가려는 시도, 또한 어둠 속에서 사물에 대한 감각을 획득하려는 노력을 수반한다. 희미하게 깜빡거리며 남아 있는 불꽃은 심연을 목격하고 증언하는 성령의 활동이다. 희미한 숨, 기진맥진한 사랑이 버티고 있다. 우리가 성령을 숨으로 상상한다면, 우리는 앞서 이야기한 감각들이 숨의 힘을 받은 것으로 생각할 수 있다. 그렇다면 성령의 목격과 증언은 죽음이 남긴 것을 돌보고 삶을 느끼며 추적하는 활동이다. 구원을 중간에서 다시 생각하는 것은 성령을 추적하고 감지하는 성령론적 활동을 필요로 한다.

신학의 증언

언어는 심연에서 비틀거리며, 트라우마 현장에서는 산산조각이 난다. 토마스 아퀴나스와 위(僞)디오니시우스(Pseudo-Dionysius)로부터 내려오는 진실은 우리가 하느님에 대해 이야기할 때는 늘 부분적이고 온전하지 않은 언어로 이야기할 수밖에 없다는 것이다.[56] 우리는 이런 사실을 떠올리며 심연에서 다른 방법으로 이야기할 길을 찾아야 한다. 마크 조던(Mark D. Jordan)은 영성 형성의 한 방법으로 이해되는 부정(否定, negation)이 새로운 형식의 길을 제시한다고 말한다. "그것[부정]은 하느님을 기대하면서 언어를 깨뜨려 연다."[57] 이렇게 깨어진 언어를 가지고 말하는 것은 신학적 담화의 하나다. 말하는 활동과 말없는 활동 속에, 즉 긍정과 부정의 길 속에, 이런 말하기 방법은 남아 있는 것, 즉 늘 여기 있는 것을 목격하고 증언할 잠재력을 가진다.

따라서 우리가 그 중간이라는 곳에 성령론적인 의미를 부여할 때, 우리가 구원을 해석하기 위해 사용했던 언어들은 문제가 된다. 성령론적으로 해석하면, 구원은 더 이상 지배적인 이야기(a master story)에 포함될 수 없다. 그렇기에 그 이야기 자체가 다른 형식으로 바뀌어야 한다. 바뀌는 이야기들의 장르는 증언이라는 장르와 비슷하며, 엘리 위젤에 따르면 이 장르는 침묵을 강요하는 폭력에 맞서는 것이다. 이 장르는 이야기 전체가 다 말로 표현될 수는 없다고 본다.[58] 죽음과 삶 사이의 목격자 성령은 남은 것들에 대해 반드시 필요한 증언을 한

56) *Rewritten Theology: Aquinas after His Readers* (Oxford: Blackwell Publishing, 2006), 29-32 에서 마크 조던(Mark D. Jordan)이 토마스 아퀴나스의 수사학적 전략에 대해 논한 부분을 보라.

57) Mark D. Jordan, *Telling Truths in Church* (Boston: Beacon Press, 2003), 62.

58) 다음 책들을 볼 것. John Beverly, *Testimonio: On the Politics of Truth-Telling* (Minneapolis: University of Minnesota Press, 2004), Latina Feminist Group, *Telling to Live: Latina Feminist Testimonios* (Durham, NC: Duke University Press, 2001)

다. 이 증언은 어떤 형식을 취할까? 만약 이것이 증언의 공간이라면, 증언이라는 장르는 이 공간과 적절히 연결될 것이다. 성령은 증언의 차원에 있는 신학 담론을 다시 상기시키고, 이를 통해 우리가 사용하는 신학 어휘들에 숨을 불어 넣는다. 성령론적 해석은 목격한 진실을 증언하는 다른 어휘들을 발굴하여 구원의 언어를 분쇄시킨다. 이것은 성령론적 해석이 구원 내러티브를 불가피하게 대체하는 과정이 아니라, 그 구원의 언어를 무너뜨리면서 진실을 말하고 증언하는 다른 어휘들을 만들어가며 나란히 이루어지는 과정이다. 우리가 지옥으로의 하강을 묘사하는 발타자르와 스페이어의 글에서 보듯이, 중간의 언어는 추적 과정과 유사할 것이다.

하지만 테일러는 신학이 추적 능력을 가졌다고 보는 견해에 대해 회의적이다. 테일러는 추적을 해석의 기술로 본다. 특정 장르와 스타일에 매여 신학을 논하는 신학자들이 이런 유의 문화적 추적에 필요한 활동들을 해낼 수는 없다. 테일러는 말한다. "체계를 세워나가는 조직신학의 통합적 접근이 원래 영이 가진 강렬함과 해방적 실천의 절박함을 억누르지 않고, 그것들과 함께 성취 가능한 것인지는 아직 불명확하다."[59] 레베카 촙(Rebecca Chopp) 또한 이 점에서 회의적이다. 만일 신학이 트라우마를 겪은 인간의 현실에 대한 응답을 목표로 한다면, 신학 담론의 형식은 반드시 다시 검토되어야 한다. 촙은 신학이 증언하고 진실을 말하기 위해서는 시(詩)적으로 표현되어야 한다고 본다.

증언의 도덕적 요구에 부응하여, 신학은 내가 '시학'(poetics)이라

59) Taylor, "Tracking Spirit," 142.

부르는 것을 통해 빚어진다. … 이제 신학은 언어, 상징, 규칙, 이미지의 재구성이 신학을 규정하는 담론임을 받아들이며 상상력이 넘치는 담화의 영역을 탐색한다. 신학은 재구성되는 과정에서 단순히 은유를 덧붙이거나 제거하는 것이 아니라, 도덕적 상상을 새롭게 형성한다.[60]

레베카 촙은 현대 신학이 이런 진실들을 걸러냈다고 주장한다. 신학은 이 점에서 목격하고 증언하는 일에 실패했다. 촙은 삶의 이야기들에 응답하는 신학을 구상한다. 삶의 이야기들은 주류의 이야기에 순응하지 않고, 신학 담론 형성에 영향을 끼쳤다. 촙과 테일러는 신학의 형식을 재구성하려는 신학자들의 의지가 강할수록 신학적 증언의 가능성이 높아진다고 보았다.

트라우마 이론들은 텍스트를 쓰고, 읽고, 해석하는 작업에 강한 의문을 제기한다. 이런 렌즈를 통해 보면, 신학 언어의 특징과 기능은 좀 더 새로운 것이 된다. 하지만 이런 '새로움'은 죽음을 통해 형성되는 것이며, 이 언어는 생존의 언어, 악몽에 시달리는 언어이다. 모든 것을 포괄하는 의미의 틀(overarching frameworks of meaning)은 산산이 부서져 중간이라는 파괴된 영역에 흩어져 있다. 이런 텍스트들을 해석하는 사람들은 그 깨어진 틀의 파편들을 목격하며, 심연에서 들려오는 살아남은 언어로서의 신학 언어를 다시 발견한다. 우리는 이 언어에 주목할 수밖에 없다. 이 언어가 진실을 품고 있기 때문이

60) Rebecca Chopp, "Poetics of Testimony," in *Converging on Culture: Theologians in Dialogue with Cultural Analysis and Criticism*, ed. Delwin Brown, Sheila Greeve Davaney, and Kathryn Tanner (New York: Oxford University Press, 2001), 66.

아니라, 봉인될 수 없는 진실을 증언하고 있기 때문이다. 신학의 가능성은 자신감 넘치는 선언을 할 때가 아니라, 증언의 자리에 설 때 나오는 것이다. 여기서 코넬 웨스트의 말이 떠오른다. "이것은 존재의 한 방식, 즉 목격하고 증언하는 방식에 대한 이야기다."61) 우리에게 익숙한 여러 구원 내러티브들(redemptive narrative)은 그저 심연의 표면을 스치듯 지나친다. 허울 좋게 반짝거리는 구원은 트라우마 생존자들에게 가장 큰 적일 것이다. 이 구원은 약속만으로는 도저히 실현할 수 없는 삶의 모습을 약속한다. 많은 이들에게 삶은 죽음을 이긴 승리가 아니다. 그들에게 삶은 죽음 한가운데서 끈질기게 버티는 것이며, 그들의 삶 중심에는 죽음이 자리하고 있다.

트라우마 속에서의 생존은 바로 이 작은 틈 사이, 즉 극단적인 끝과 믿기 어려운 시작 사이에서의 경험이다. 중간은 우리가 알던 세계가 무너져 내린 후에 남아 있는 세계이다. 중간은 살아남은 존재들의 세계이다. 조너선 리어(Jonathan Lear)는 그의 책 『근본적 희망』(*Radical Hope: Ethics in the Face of Cultural Devastation*)에서 크로우 부족(Crow Nation)의 마지막 추장이었던 플렌티 쿠즈(Plenty Coups)의 증언을 둘러싼 윤리를 연구했다. 쿠즈는 생존을 증언하고 있었다. "그 후로 아무런 일도 일어나지 않았다"는 플렌티 쿠즈의 말은 리어가 진행하는 윤리 연구의 전제가 되었다. 이 말을 통해 플렌티 쿠즈는 크로우 부족의 삶이 끝났다고 말한다. 도덕이라는 익숙한 틀의 경계들이 사라진 곳, 즉 문명의 끝에서 쿠즈의 이 말은 리어로 하여금 다른 급진적인 형태의 윤리를 개념화하게끔 하는 자극제가 되었다.62) 플렌

---

61) Cornel West, Lannan Foundation lecture delivered in Santa Fe, NM, June 25, 2003.

62) Jonathan Lear, *Radical Hope: Ethics in the Face of Cultural Devastation*

티 쿠즈는 크로우 부족이 겪은 점진적 자원 고갈 경험, 그리고 원주민 보호구역으로의 이주 경험을 이야기한다. 그는 이 경험을 이제까지의 삶의 방식과 정체성의 죽음이라고 보았다.63)

> 크로우 부족민으로서 내가 해야 할 일은 하나도 남지 않았다. 내가 심사숙고해야 할 대상도, 작정해야 할 무엇도, 계획해야 할 어떤 것도 남아 있지 않다. 크로우 부족민으로서의 나는 존재하기를 멈추었다. 남은 것이라고는 부족민의 죽음을 목격하며 서 있는 유령 같은 존재뿐이다. 이 목격자가 "그 후로 아무런 일도 일어나지 않았다"는 수수께끼 같은 말을 하는 것은 당연할 것이다.64)

리어가 보기에 이 이야기는 인간의 연약함과 확고했던 근본적인

(Cambridge, MA: Harvard University Press, 2006). 리어는 이렇게 이야기한다. "그 후로 아무런 일도 일어나지 않았다. 플렌티 쿠즈(Plenty Coups)가 그 말이 의미하는 바가 무엇인가? 그의 말을 통해 그를 본다면, 무언가 플렌티 쿠즈가 '이것'이라고 지칭할 만한 사건–예를 들어 버팔로들이 사라졌다든가–이 일어났고, 그 후로는 그런 일이 일어나지 않았을 것이다. 아니면 시간적 정확성을 확보하기 위해, 플렌티 쿠즈가 과거를 돌아보았더니, 한 사건이 일어난 뒤로 아무것도 일어나지 않았던 어떤 순간을 보게 되었다고 이야기할 수 있다. 이는 역사의 끝에서 과거 어떤 순간을 떠올리게 하는 회고적 선언과 같은 것이다. 그러나 역사 그 자체를 고갈시키는 것은 무엇을 의미하는가?"(3).

63) 크로우 부족의 경험과 그들이 알던 삶의 끝은 리어로 하여금 좀 더 보편적인 인간 실존을 생각하도록 했다. 리어는 "이것 이후로 아무런 일도 일어나지 않았다"라는 말의 전적인 영향을 인정하는 것이 암울한 일이라고 고백한다. 그는 또 "나와 관계있는 것은 우리가 인간인 이상 겪게 되는 존재론적인 약함이다"라고 이야기한다(ibid., 50).

64) Ibid., 50. 유령 같은 존재(ghostlike existence)는 수잔 브리슨(Susan Brison)이 "귀신같은 존재"(spectral existence)라고 이야기하는 것과 비슷하다. Susan Brison, *Aftermath: Violence and the Remaking of a Self* (Princeton University Press, 2002), 9. 두 사람 모두, 죽음과 삶의 경계가 없어진 이후의 삶의 방식에 대해 이야기하고 있다.

삶의 방식이 와해되었음을 입증한다. '이러한 와해의 목격자가 된다는 것은 어떤 것일까?' 리어는 플렌티 쿠즈의 증언을 분석하면서 붕괴된 세계 이후의 윤리를 생각하라고 권한다. 중간이라는 공간에 주의를 기울이는 일은 이처럼 익숙한 틀의 상실과 직면하는 것을 포함한다. 리어는 이런 직면 과정에서 무언가가 드러난다고 이야기한다.

리어는 우리가 세계를 이해하고 규정짓는 기본 틀의 붕괴에 대해 생각하도록 이끈다. 그래서 그를 인용한 것이다. 리어는 폐허가 된 리 집사의 집 뒷뜰에 서 있다. 리어는 남아 있는 것은 트라우마가 만들어낸 삶이라고 말한다. 크로우 부족은 최후를 맞이했다. 하지만 플렌티 쿠즈의 증언은 남은 것을 가리킨다. 이런 플렌티 쿠즈의 증언이 리어의 생각 속에서 떠나지 않았다. 부족이 최후를 맞았을 때, 그 후의 삶의 가능성이란 무엇일까? 리어는 다음과 같이 말한다.

> [플렌티 쿠즈]는 크로우 부족민의 죽음을 목격하고 있다. 그러나 틀림없이 이것은 재탄생을 위한 땅을 개간하기 위해서일 것이다. 죽음을 인정하지 않는다면, '크로우 부족의 한 사람'처럼 살려는 모든 공허한 노력들이 판을 칠 것이다. 이제 더 이상 **진정한 크로우 부족의 한 사람**으로 살 수 있는 길은 현실에 존재하지 않는다고 인정할 때만, **진정한 크로우 부족의 한 사람**으로 살아갈 수 있는 새로운 길이 나타날 것이다.[65]

목격하고 증언하는 일은 이렇게 처절한 끝과, 또한 믿기 어려운 시작과 만나는 것을 포함한다. 리어는 이런 증언에서 '재탄생'이 유일

65) Lear, *Radical Hope*, 51.

한 가능성임을 강조한다.

목격자요 증인인 플렌티 쿠즈의 자리는 내가 예로 든 요한복음 속 증인들의 모습과 잘 연결된다. 쿠즈에게 극단적인 끝 너머를 목격하고 증언하는 것은 무슨 의미일까? 또한 리어에게 플렌티 쿠즈의 이야기를 목격하고 증언하는 것은 무슨 의미일까? 요한복음 본문을 해석할 때, 첫 번째 질문은 안을 향한 것으로서 제자들을 향한 물음이며, 두 번째 질문은 밖을 향한 것으로서 요한복음 본문을 읽고 해석하는 이들을 향한 물음이다. "그 후로 아무런 일도 일어나지 않았다"는 문장은 "이제 다 이루었다"는 십자가에서의 선언과 비슷하게 해석될 수 있다. 이 마지막 말들은 듣는 이들의 마음에 남아 그들을 괴롭게 한다. 이런 극단적인 끝 이후 새로운 삶이 이어지는 것도 아니다. 이렇게 극단적인 끝을 목격하고 증언하는 일을 통해 구원 이야기(narration of redemption)가 형성되어야 한다. 구원 이야기가 이러한 목격담과 증언을 묵살한다면, 그것은 리어의 표현대로 "공허한" 삶의 모습을 보여주는 일이 될 것이다.[66] 그 대신에, 만일 예수가 십자가에서 내쉰 숨을 우리가 받는다면 우리는 다른 방식으로 세상을 대할 수 있게 된다. 여기서 말하는 극단적인 끝과 이를 받아들이는 것은 목격하고 증언하는 과정 중에 삶을 다시 만들어 낸다. 나는 트라우마의 여파 속 삶의 경험을 신학적으로 이야기하는 방법을 모색하기 위해서 성서 속에서 남아 있음(*menein*)이라는 어휘를 찾아냈다.

플렌티 쿠즈와 요한복음 모두 이해 가능한 세계의 상실과 인식 가능한 삶의 상실을 이야기한다. 리어는 이해 가능한 세계의 상실을 경험한 크로우 부족의 경험은 새로운 시인을 필요로 한다고 말한다.

---

66) Ibid., 51.

그는 이렇게 주장한다.

> 그럼에도 필요한 것은 크로우 부족의 새로운 시인이다. 크로우 부족의 과거를 받아들이는 사람은 이를 그리워하거나 모방할 대상으로 여기기보다, 크로우 부족이 생기 있는 모습으로 새롭게 살며 존재하는 길을 위해 사용해야 할 것이다. 여기에서 '시인'은 가장 폭넓은 의미에서 의미 있는 공간을 창조적으로 만들어간다. 이렇게 시인은 새로운 가능성의 영역을 확실하게 열어 낸다.[67)]

플렌티 쿠즈는 새로운 가능성의 장을 열었다. 쿠즈가 그렇게 할 수 있었던 것은 희망의 근거를 발견했기 때문이 아니라 오히려 그렇지 못했기 때문이었다. 상상력은 리어가 상상하는 근본적인 희망에 반드시 필요하다.

하지만 이러한 증언은 무엇처럼 보일까? 앞에서 나는 증언을 더 복합적으로 이해해야 한다고 강하게 이야기했다. 나는 증언을 트라우마의 역학 관계를 통해 재구성하면서, 신학적 증언을 트라우마 생존과 연결시켰다. 홀로코스트 이후의 증언 문학은 삶의 한 형태로서의 트라우마 생존을 아주 깊이 탐구했다. 극단적인 끝 이후에 어떤 삶의 모습이 나타날 수 있을까? 삶은 증언과 복잡하게 얽혀 있다. 삶의 무게가, 절박하고 위태로운 삶의 모습이, 죽음이라는 극단적인 사건을 통해 재해석된다. 그러나 엘리 위젤(Elie Wiesel)부터 쁘리모 레비(Primo Levi), 로렌스 랭어(Lawrence Langer)에 이르는 많은 작가들은 목격한 것을 증언해야 한다는 윤리적 요구가 미학과 분리되지 않는다고 주

67) Ibid.

장한다. 그들은 논리를 믿지 못했다.68) 목격한 것을 증언하는 일은 논리의 영역을 초월하여 삶과의 관계를 요구한다. 증언은 끝 너머를 상상하는 능력을 필요로 한다. 불가능한 미래를 앞에 두고, 삶이 존재하지 않는 그곳에서 삶을 상상하기 위해서다. 이러한 상상력은 윤리적이며 미학적인 것이다. 리차드 커니(Richard Kearney)는 윤리와 미학이 교차하는 지점에 상상이 있다고 말한다. 그에게는 상상력을 복원해야 하는 절박함이 있다. 이것은 엘리자베스 카스텔리(Elizabeth Castelli)가 증언의 다른 차원을 복원할 것을 촉구하는 것과 같은 맥락이다. 커니는 다음과 같이 말한다. "오늘날 우리에게는 그 어느 때보다도 상상력이 필요하다. 상상력을 통해 이 세상에서 다르게 존재하는 법과 다르게 존재할 가능성을 보여주기 위해서다."69)

---

68) 코넬 웨스트의 래넌 재단(Lannan Foundation)에서의 강연을 참조할 것: "이것은 하룻밤 사이의 승리에 대한 것이 아니며, 응급조치에 대한 것도, 간단한 해결책에 대한 것도 아니다. 이것은 당신이 되고 싶은 사람에 대한 것이며, 당신이 남기고 싶어하는 유산에 대한 것이다. 이것은 블루스 가사를 생각나게 한다. '너무 오래 우울해져 있어서, 이제 나는 걱정이 없네. 내가 어쨌든 계속 하는 이유가 바로 이거야.' 전혀 논리적이지 않은 내용이다. 우리가 논리에만 의존한다면 우리는 심각한 문제를 겪게 된다."

69) Richard Kearney, *Poetics of Imagining: From Husserl to Lyotard* (New York: Harper Collins, 1991), 228. 전체를 인용하면 다음과 같다. "오늘날 우리에게는 그 어느 때보다도 상상력이 필요하다. 상상력을 통해 이 세상에서 다르게 존재하는 법과 다르게 존재할 가능성을 보여주기 위해서다. 아마도 지금은 재-구성이(re-membering) 오르페우스를 대신할 수 있도록 그를 찢어버려야 할 시간인 듯하다(역자 주: 오르페우스가 찢어 죽임을 당한 후 그의 가호로 많은 문인들이 배출되었다는 신화를 빗댄 표현이다). 아마도 지금은 험프티 덤프티(역자주: 동요에 나오는 달걀을 의인화한 인물이다. 담장에 앉아 있다 떨어진 주인공은 예전처럼 돌아갈 수 없다는 내용을 담고 있다)를 비롯한 다른 어린 시절의 이미지들을 다시 되돌릴 시간일 것이다. 조이스(Joyce)와 함께 옛 아일랜드인들이 꿈꾸었던 『복원된 피네간의 경야』(*Finn-again-awake*)를 다시 상상하기 위해(역자주: 아일랜드 출신 작가 제임스 조이스[James Joyce]의 작품을 두고 하는 말) 상상은 상상의 꼬리를 문다는 것을 다시금 확인하기 위해. '상상은 죽었다'(*'L'imagination est morte'*)라는 포스트모던의 통보에 응답하여 상상은 꼬리에 꼬리를 물고 '생생한 상상'(*'Vive l'imagination!'*)으로 나

그리스도교 신학자들에게 희망은 익숙한 개념이다. 희망은 성령과 연결된다. 하지만 근본적인 희망에 대한 리어의 요청은 우리로 하여금 희망에 대해 다르게 생각하게 한다. 리어에게 일반적인 희망과 다른 근본적인 희망은, 미래를 상상할 수 없는 상황에서 상상력을 작동시키는 힘이다. "그것은 기본적으로 **되살아나는 것**에 대한 희망이다." 리어는 말을 이었다. "아직 상상할 수 없는 삶으로 되돌아가기 위한 희망이다."[70] 그리스도교 신학은 희망을 부활의 성령과 연결시키곤 한다. 부활사건은 새로운 삶과 새로운 시작에 대한 약속이다. 희망은 앞으로 나아가게 하는 힘이 있다. 그러나 트라우마라는 렌즈를 통해 해석된 희망은 상상력을 훨씬 더 강조한다. 신학적으로 볼 때 '상상력'은 '희망'보다도 더 보잘것없고 미덥지 못한 어휘다. 지금까지 내가 제시한 성령론에서 부활은 보장된 삶(guaranteed life)이 아니라 목격과 증언 속에 나타나는 삶이다. 새로운 방법과 새로운 형태로 삶을 상상하는 것은 목격과 증언에서 아주 중요한 부분이다.

그레이스 잰슨은 왜 '구원'이라는 용어가 우리의 신학적 상상력을 포로상태로 만들었는지 묻는다. 우리가 구원에 대한 해석들에 질문을 제기하더라도, 구원의 중심 구조와 그 기초가 되는 가정들은 여전히 그대로 남아 있다. 잰슨은 구원은 언제나 풍성함(flourishing)을 누르고 승리했다고 이야기한다. 이 풍요로움은 여성신학이 구원과 동일한 개념에 놓는 것으로 세상을 향한 하나님의 뜻과 세상 속에서의 하나님의 활동에 대한 그리스도교적 전망이 늘어나는 것이다. 잰슨은 다음과 같이 주장한다. "구원의 언어가 그리스도교 신학 사상에 너무 깊

타난다는 것을 확인하기 위해."

70) Lear, *Radical Hope*, 95.

이 뿌리내렸기 때문에. 우리는 넓은 의미의 은유를 통해 신학 작업을 하고 있었다는 사실을 거의 인식하지 못했다. 구원의 언어는 문자 그대로 신학적 진리가 되어버린 듯하다."[71] 잰슨은 그동안 구원이 인간의 상태를 부정적으로 이해하는 방식과 연결되었다고 이야기한다. 잰슨은 구원이 인간의 삶을 죽음과 연결시키는 은유라고 본다. 구원에 대한 다양한 해석이 존재하지만 가장 중심이 되는 은유는 그대로 남아 있다. 조너선 리어는 구원이 극단적인 끝 너머에서, 깨진 모습 너머에서 끈질기게 나타난다고 이야기하는데, 이제까지 우리는 다른 모습의 구원을 상상해왔다. 만일 풍요로움이 구원을 대체한 개념이 아니라, 구원이 무너진 곳에서 싹튼 희망이라면 어떻게 될까? 잰슨이 시사하는 것처럼 우리가 이제까지의 구원에 대한 해석을 넘어서는 그리스도교 담론을 상상한다면 어떤 일이 벌어질까?

이 지점에서 리어는 우리를 떠난다. 사실 리어가 상상한 윤리적 담론은 그 경계를 확장한 것일 뿐만 아니라 그 경계를 넘어서는 것이기 때문이다. 우리 그리스도교 신학자들에게 구원의 여파 속에 서 있으면서, 가장 익숙했던 의미 체계의 붕괴를 목격하는 것은 무슨 의미일까? 이것은 그리스도교의 주장들에 대한 허무주의적 춤이 아니다. 사실 이것은 죽음이 계속 출몰하는 남아 있는 영역 속으로 넘겨진 복음서 증언의 궤적이다. '남아 있는 자가 된다는 것은 무엇인가?'

사랑 안에 남아 있기

우리는 이 세상에서 계속되는 잔학함과 고통의 다른 표현들을 목

71) Jantzen, *Violence to Eternity*, 208.

격하고 있다. 우리가 그 영향을 알 수도 없는 새로운 전쟁(new war)과 보이지 않는 힘을 행사하는 초국적 자본이 정당한 것으로 받아들여지는 시대에 살고 있다. 이런 현상은 트라우마라는 고통을 만들어내는 생략에 주목하여 고통을 신학적으로 설명할 것을 요청한다. 혹자는 모든 "고통은 그냥 다 고통"이라고 이야기할지도 모르겠다. 그럼에도 신학적으로 새롭게 설명되어야 하는 고통의 다른 표현과 영향이 존재한다. 나는 이런 현상을 고통의 보이지 않는 측면과 고통을 지워버리는 힘이 증가한 것으로 이해한다. 트라우마에 대한 논의들은 이렇게 보이지 않는 실재들과 관련이 있다. 트라우마에 대한 논의는 보일 수 있는 범위 밖에 있는 존재들에 지속적으로 주목하도록 돕는다. 다른 방식으로 고통을 바라보면, 우리는 보이지 않고 현실과 거리가 있으며 반복되는 트라우마의 모습들을 이야기할 수 있다. 신학 담론에 대한 도전은 바로 이런 이야기들을 자세히 설명하는 것이다.

내가 이야기한 바와 같이, 우리가 트라우마라는 렌즈를 통해 성서와 신학 서적들을 해석할 때 성령은 다르게 표현된다. 중간에서의 성령 신학은 우리가 트라우마 속에 있는 독특한 차원을 통해 고통을 신학적으로 다시 고찰할 수 있도록 돕는다. 베셀 반 데어 콜크(Bessel van der Kolk)는 트라우마가 끼친 중요한 영향 중 하나가 인간 영혼의 위기라고 말한다.[72] 세상 속에서의 의미와 신뢰를 완전히 잃어버리는 것 그것이 바로 영혼의 위기이다. 종교적으로 말하면 영혼의 위기는 인간과 신 사이의 관계의 핵심을 보게 한다. 하느님의 영과 인간

72) Alexander C. McFarlane and Bessel van der Kolk, "Trauma and Its Challenge to Society," in *Traumatic Stress: The Effects of Overwhelming Experience on Mind, Body, and Society*, ed. Bessel A. van der Kolk, Alexander C. McFarlane, and Lars Weisaeth (New York: Guilford Press, 1996), 24-46.

의 영혼 사이의 관계를 밝히는 것은 성령론 연구의 핵심이다. 성령 신학은 이러한 영혼의 위기에 어떻게 대처할 수 있을까?

나는 시간적으로나 공간적으로 트라우마는 어느 한 곳에 위치할 수 없음을 설명하면서, 트라우마는 그 여파 속 복잡함을 설명하는 성령론의 영역으로 우리를 이끌어 간다고 이야기했다. 또 이 과정을 통해 남아 있음의 성령론을 제시했다. 나는 이처럼 증언을 기반으로 한 실천을 상상해본다. 이 실천은 계속해서 고통이 생략되는 상황에서도 우리가 고통을 알아볼 수 있도록 한다. 내가 중간에 관심을 갖게 하고 심연에 있는 성령을 살펴보게 이끌었던 이미지를 나는 다시 한 번 가까이 살펴보고 싶다. 나는 스페이어와 발타자르가 하느님의 깊이를 설명하는 장면에서 트라우마의 언어를 들었다. 아드리엔 폰 스페이어의 지옥을 통과한 여행은 방향감각을 잃고 버려진 하느님의 이미지였다. 발타자르와 스페이어 모두 하느님의 생존을 증언했다. 이렇게 버림받은 상황을 증언하는 성령은 승리한 모습이 아니라 기진맥진한 모습이다. 하느님의 사랑은 없앨 수 없다. 오히려 하느님의 사랑은 살아남았다. 성령은 남아 있는 것으로 또한 남은 것들을 목격하는 힘으로 나타난다. 이는 모순되는 진술이 아니라 죽음과 삶 사이에 무엇이 나타나는지를 제시하는 것이다. 하느님과 인간은 그 중간이라는 영역에서 만나고, 둘의 호흡은 심연에서 섞이게 된다. 중간은 인간의 조용한 울음과 하느님의 조용한 울음이 만나는 곳이다.[73] 심연에서 성령은 영혼과 만난다.

삶을 추적하고 감지하는 일은 우리 경험에서 말로 표현할 수도,

---

73) 다음을 볼 것. Simone Weil, “Human Personality,” in *The Simone Weil Reader,* 313-39.

알 수도 없는 부분을 찾아내 신학적 중요성을 부여하는 작업이다. 또한 우리가 하느님이라고 알고 있는 분의 일부를 증언하는 작업이기도 하다. 증인들의 일은 수면 아래의 저류를 추적하고 삶을 감지하는 것이다. 또 이렇게 목격하고 증언하는 일은 우리가 상상하는 것보다 더 깊이에 있는 것을 증언하는 일이며, 하느님 사랑의 특징을 증언하는 것이기도 하다. 중간에서 하느님의 사랑은 남아 있는 모습으로 목격되고 증언된다. 하느님의 사랑은 보이지 않아서, 우리가 모방할 수 없다. 오히려 하느님의 사랑은 지친 모습으로 그곳에 남아 있다. 우리는 이런 하느님의 사랑을 계속해서 상상할 수밖에 없다. 『십자가에 달리신 하느님』에서 위르겐 몰트만(Jürgen Moltmann)은 하느님이 세상의 고통으로부터 멀리 떨어져 있는 것이 아니라, 세상의 고통을 하느님의 존재 안에 품었다고 주장한다. 이러한 주장을 통해 몰트만은 홀로코스트를 신학적으로 설명하려 했다. 십자가에 달리신 하느님이라는 그의 신학은 신 죽음(death of God)의 신학, 혹은 무신론에 대한 반박이기도 하다. 몰트만은 신**의**(of) 죽음 대신 신 **안에서의**(in) 죽음을 이야기하는 십자가를 설명한다. 이런 십자가 신학은 대규모의 고통 안에서 하느님의 현존을 이야기함으로써, 우리가 하느님과 세계의 관계를 이해하는 방식에 도전한다. 트라우마라는 렌즈를 통해 보면, 십자가의 현장은 남아 있는 것들의 영역으로 확장된다. 이 영역은 남아 있는 죽음의 일부가 불안과 괴로움을 일으키는 곳이다. 이렇게 중간으로 옮겨 가면서 십자가에 달리신 하느님(the crucified God)은 이제 성령의 모습으로 남아 계신 하느님(the remaining God)이 된다. 그러나 기진맥진한 사랑이며 연약한 숨(호흡)인 성령은 증인들의 숨과 활동 속에서 그 형태를 찾는다. 끈질기게 잊히지 않는 모습은 반드시 실천해야 할 사랑의 명령을 전달하는 것이기도 하다.[74] 추적하고 삶을 감지하는 일은 사랑이 거의 보이지 않는 곳에서 사랑을 보여주는 신성한 일이다.[75]

우리가 이런 신성한 이야기를 생존의 이야기로 해석할 때, 우리가 이해할 수 없는 죽음의 여파 속에 남아 있다는 것이 과연 무슨 의미인지를 밝혀야만 한다. 우리가 이런 신성한 이야기를 목격하고 증언하는 것은 그 이야기가 말하는 진실을 함께 받아들이는 것이기도 하다. 그 진실은 사랑이 남았고, 우리가 사랑의 증인이라는 것이다.[76] 결국 해피엔딩으로 끝내라는 것이 유혹이다. 하나의 통일된 구원 이야기를 유지하려는 것은 그리스도교 신학의 강한 전통이다. 살아남은 사랑의 이야기는 우리 논리를 언제나 묵살할 수 있는 보잘것없고 연약한 것이다.[77] 『신학의 탐구』(*Explorations in Theology*)[78]에

---

74) Gordon, *Ghostly Matters*, xvi.

75) 극단적인 고통에 반응하여 거룩하게 되는 일을 탁월하게 설명하기 위해서는, 다음을 볼 것. Melissa Raphael, *The Female Face of God in Auschwitz: A Jewish Feminist Theology of the Holocaust* (New York: Routledge, 2003). 라파엘(Raphael)은 시체를 닦고 관리했던 아우슈비츠의 여성들에 대해 이야기한다.

76) 이것은 다음 책의 한 대목을 반영한다. Cormac McCarthy, *The Road* (New York: Vintage, 2006) 이 책에서 한 아버지와 아들은 길에서 다른 생존자를 만난다. 그 생존자는 이렇게 말한다. "하느님은 없고, 우리가 하느님의 예언자들이다"(170).

77) 이 이야기가 넘겨지는 과정에서(이 이야기가 설명되는 과정에서), 여러 형태의 폭력이 나타났다. 구원을 얼버무리고, 폐기하는 일이 완전히 가려졌다. 이렇게 넘겨짐은 보다 안전하고 안정적인 시도로 이해되었다. 내가 여기에서 보인 바와 같이, 사랑의 생존은 보다 더 연약한다.

78) "탐구"라는 표제어를 보다 문자적으로 번역하면 "조각들" 혹은 "스케치들"이 된다. 이것은 다음 책의 서문에 나타난다. Hans Urs von Balthasar, *Spirit and Institution*, vol. 4 of *Exploration in Theology,* trans. Edward T. Oakes (San Francisco: Ignatius Press, 1995). 발타자르는 이렇게 말한다. *Explorations in Theology* 이전 호에서 이야기 된 것처럼, 이번 호에 있는 글들에 비추어 볼

서 발타자르는 "말로 표현할 수 없는 존재의 신비"[79]를 입증하는 하느님의 영역을 펼친다. 이를 통해 신성의 깊이에서 움직이는 성령을 상상한다. 화육(성육신)에서 충분히 표현되었지만 이런 표현은 늘 경직될 위험이 있다. 살아 있는 단어가 '죽이는 문자'가 될 수도 있는 것이다. 영원한 대화는 중단될 수 있다. 성령은 늘 표현되려는 속성이 있다. 이런 표현이 냉정한 논리가 되지 않기 위해서 성령은 이 표현에 숨을 불어 넣는다. 그 성령은 심지어 성부와 성자에 대해 알려지지 않은 깊은 영역을 증언한다. 발타자르의 책 『말씀 너머에 놓인 알려지지 않은 것』(*Unknown Lying Beyond the Word*)에 나오는 그 이미지가 하느님의 심연을 표현하는 어휘를 제시한다. 그러나 심연에서의 성령 이야기는 발타자르가 직접적으로 이야기할 수 없는 하나의 사랑이야기다. 하지만 이 표현은 내 안에 남아 있으라는 명령, 그리고 사랑 안에 남아 있으라는 명령으로 전해진다.

성령은 멈추지 않는, 끊어질 수 없는 숨이다. 나는 이 책에서 이 숨이 가장 깊은 곳으로 전해진다고 주장했다. 또한 이러한 숨을 받게 되는 중간 날의 증인들이 있다고 주장했다. 가장 깊은 곳에서 변화가 싹튼다. 중간은 삶의 모든 근원으로부터 가장 멀리 떨어져 지옥으로 내려가는 공간이다. 발타자르와 스페이어는 "지옥 정복"에 반대하면서 지옥으로 내려가는 내러티브를 전개했다. 지옥에서 추적할 수 없는 성자의 활동은 능동적이거나 승리한 것이 아니다. 기진맥진한 사

때, *Spirit and Institution* 라는 평범한 제목은 주제를 조직적으로 다루려는 시도가 아니라는 것을 보여준다. … 이것은 그저 밑그림이다. 이것이 이루려는 것은 다양한 각도에서 중심 주제에 접근하는 것이다. … 아마도 조직적인 접근에 목마른 영혼은, 이런 단편적인 조각들을 벗어나 무엇인가를 이루려고 노력한다. … 하지만 저자는 그러한 일들을 신뢰하지 않는다"(11).

79) Balthasar, *Exploration in Theology*, 106.

랑이 약하게 흘러가는 모습은 정복의 모습이 아니라, 연약한 모습으로 끈질기게 남아 있는 사랑의 이미지다. 깊은 곳에서 목격하는 이들에게 이 사랑이 넘겨진다. 중간에서부터 얼핏 이전과 다른 삶의 전망이 보인다. 바로 남아 있는 삶이다. 이런 변화, 지옥 심연에서의 이런 구원은 그 심연으로부터의 구출이 아니라, 심연 속에 존재하는 방식에 대한 것이고, 그것은 곧 남아 있는 것들 한복판에서 생겨난 삶을 감지하기 위한 목격과 증언의 실천이다. 중간의 이야기는 심연에서 빠져나온 이야기가 아니라 심연 자체의 변화에 대한 이야기이다.

캐시 카루스는 프로이트가 트라우마의 병리적 측면을 넘어서서 트라우마가 말하는 진실을 그려냈다고 주장한다. 트라우마라는 렌즈를 통해 보면, 앞서 언급한 텍스트들은 인간의 고통과 그 고통이 지속되는 상태에 대해 이야기한다. 죽음은 집요하게 계속된다. 이 텍스트들은 위태롭고 연약한 사랑의 모습을 그려낸다. 사랑이 남아 있다. 발타자르에게 하느님의 이야기는 반드시 비극과 생존의 이야기를 넘어서는 것, 신학적으로 심연에서 구조된 것이 되어야 한다. 하지만 신학자들이 구조를 수행하지 않는다면 어떻게 될까? 아마도 하느님의 이야기는 비극적인 것도 승리한 것도 아닌, 남아 있는 하느님의 이야기, 살아남은 사랑의 이야기가 될 것이다. 이 이야기는 심연에서 들려오는 울부짖음이다.[80] 남겨진 물음은 이것이다. 우리가 이런 울부짖음을 목격하고 증언할 수 있을까?

80) Cathy Caruth, "Introduction: The Wound and the Voice," in *Unclaimed Experience: Trauma, Narrative and History* (Baltimore: Johns Hopkins University Press, 1966), 1-9.